该教材系四川大学2016年立项建设教材

# 财务会计

## （第二版）

牟 文 曹麒麟 何 勇 主编

# Financial Accounting

经济管理出版社
ECONOMY & MANAGEMENT PUBLISHING HOUSE

**图书在版编目（CIP）数据**

财务会计（第二版）/牟文，曹麒麟，何勇主编 . —北京：经济管理出版社，2017.2
ISBN 978 - 7 - 5096 - 4964 - 0

Ⅰ.①财… Ⅱ.①牟… ②曹… ③何… Ⅲ.①财务会计 Ⅳ.①F234.4

中国版本图书馆 CIP 数据核字（2017）第 036120 号

组稿编辑：王光艳
责任编辑：许　兵
责任印制：黄章平
责任校对：王淑卿

出版发行：经济管理出版社
　　　　　（北京市海淀区北蜂窝 8 号中雅大厦 A 座 11 层　100038）
网　　　址：www. E - mp. com. cn
电　　　话：(010) 51915602
印　　　刷：玉田县昊达印刷有限公司
经　　　销：新华书店
开　　　本：787mm×1092mm/16
印　　　张：19.25
字　　　数：468 千字
版　　　次：2017 年 8 月第 1 版　　2017 年 8 月第 1 次印刷
书　　　号：ISBN 978 - 7 - 5096 - 4964 - 0
定　　　价：58.00 元

# 前　言

2006 年 2 月 15 日，财政部颁布了新的《企业会计准则——基本准则》和《企业会计准则第 1 号——存货》等 38 个具体会计准则；2006 年 10 月，财政部又颁布了《企业会计准则——应用指南》。财政部于 2014 年修订了 2006 版的《企业会计准则第 2 号——长期股权投资》《企业会计准则第 9 号——职工薪酬》《企业会计准则第 30 号——财务报表列报》《企业会计准则第 33 号——合并财务报表》《企业会计准则第 37 号——金融工具列报》五项企业会计准则，新增了《企业会计准则第 39 号——公允价值计量》《企业会计准则第 40 号——合营安排》《企业会计准则第 41 号——在其他主体中权益的披露》三项企业会计准则，发布了一项准则解释，并修改了《企业会计准则——基本准则》中关于公允价值计量的表述。会计教育应随着会计实务的发展而发展。我国会计制度改革速度快、涉及面广，在新形势下，原有教材的某些内容显得过时、陈旧，而实务中迫切需要的新知识又未能及时补充，因此，我们编写了本书，希望能够满足会计教学与会计实务的需求。

本书是四川大学 2016 年立项建设教材。该书以 2014 版《企业会计准则》和相关法律法规为依据，汲取了近年来我国财务会计的研究成果和同类教材的精华，并结合作者多年会计理论研究、会计教学与会计实务的经验，在 2009 年 8 月第一版的基础上修订而成。

本书第一章为绪论，介绍会计基本理论和我国现行会计法规体系。第二章至第十三章为通用业务会计，分别阐述了六大会计要素的确认、计量、记录和报告问题，各章均附有习题。本书具有以下特色：第一，内容精练。基于作者多年从事财务会计的一线教学和会计实务工作的经验，并结合目前财务相关专业的财务会计课程课时少、内容多的特点，本书所介绍的均为企业普遍存在的业务，内容全面、精练，篇幅适中。第二，内容新颖、丰富。本书根据财政部 2014 年新修订的《企业会计准则》及其指南、新企业所得税法等最新政策编写，每章前面均有导入案例，每章后面附有习题。第三，可操作性强。本书立足于我国现有会计实务，以企业常规的经济业务为主线，力求贴近企业实际，理论联系实际，注重实际操作，是一本系统学习财务会计相关知识的实用教材。本书既可作为财经类本科、专科生教材，也可作为其他如经济类、法学类、理学类学科的专业教材或辅助教材。

全书共分为十三章，由牟文负责拟订编写大纲并提出编写要求，各章编写分工如下：第一章、第四章、第八章、第十章、第十三章由牟文编写；第二章、第六章由何勇编写；第三章、第十二章由曹麒麟编写；第五章由向天芯编写；第七章由何勇军编写；第九章由程宏伟编写；第十一章由钟朝宏编写。第二章、第三章练习题由谭荀编写；第四章练习题由蔡绍波编写；第五章练习题由武燕芳编写；第六章、第七章练习题由李晓芹编写；第八章、第九章练习题由杨晓舟编写；第十章、第十一章练习题由徐兴桃编写；第十二章练习题由李艾洋编写；第十三章练习题由叶静思编写。最后，由牟文负责全书的总纂、修改、校对和定稿。

由于受编写时间及作者水平所限，书中可能会有疏漏与不足之处，敬请广大读者批评指正。

编　者

2017 年 8 月　成都

# 目　录

# 第一章

# 绪　论

📖 章首案例

### 王先生创业

　　王先生是某公司的技术人员，已有5年的工作经历，并积累了一定的资金及其他相关资源，王先生决定自己创业，创办了A公司，王先生为该公司投入800000元，并以该公司名义向朋友借入200000元。通过前期准备A公司于2017年1月开业，2017年1月A公司实现500000元的收入，发生350000元的费用，实现150000元的利润。A公司开业时的财务状况如何？截止到2017年1月31日，A公司财务状况又如何？怎样计算？如何反映？2017年1月A公司损益情况及现金流量如何？怎样计算？如何反映？

　　通过本门课程的学习，对上述这些问题将会得到较为全面和深入的了解。
　　账务会计是对企业已发生的并已取得合法合规原始凭证的经济业务进行事后的记录、计量、分类、汇总和报告的过程，通过记账、算账和报账最终形成企业账务报告的企业管理活动。

# 第一节　财务会计基本理论

## 一、会计与社会经济环境的关系

　　会计学上有一句名言，"经济越发展，会计越重要"。它简明扼要地阐述了会计与社会经济环境的基本关系。会计发展史无可辩驳地表明，会计总是随着经济发展而发展；而发展后的会计又会进一步推动经济的发展。在这两方面中，前者表现得尤为突出。关于会计与社会经济环境关系的原理，堪称会计学第一原理。社会经济环境中与会计有关的各因素的总和，称为会计环境。

**1. 社会经济环境对会计的影响**

　　（1）社会经济发展对经济管理提出了更高的要求，从而为会计发展提供了强大的动力。例如，在产业革命以后，集中化、机器化的大工业生产取代了分散的手工生产，企业生产管理变得复杂起来。同时，产品的生产成本由原来的作坊主估算演变为单独专门的计算，最终融入了复式记账体系，成为财务会计的重要内容之一，成本会计学也逐步成为一门完整的会计学科。又如，第二次世界大战之后，出现了许多资本雄厚、规模庞大、跨行业经营的跨国公司。国际资本往来需要筹资者与投资者拥有"通用的商业语言"。现实中，各国的会计实务、会计信息又有着千差万别。为解决会计信息的国际可比性，国际会计便应运而生，并推动了国际资本流动，促进了经济发展。

（2）社会环境的变动，不断暴露出会计原有的局限，为会计发展提出了新的挑战，从而开辟了会计发展的新领域。例如，传统的会计计量是以货币币值不变为假设、以历史成本为基础的。但是，作为计量尺度的货币本身，价值并不稳定，历史成本与现行市价常常出现差异。用价值不断变动的货币进行计量，正如用一把"热胀冷缩"的尺子测量长度，得到的结果不足为决策的依据。这是一种所谓的"会计信息制度性失真"。为了解决这一世界性会计难题，会计学者开辟了"物价变动会计"这一新领域，并在实务中得以应用。又如，随着知识经济时代的来临，人力资源在企业长远发展中日益表现出举足轻重的作用。传统会计将人力投资费用化，在会计报表中看不到实际金额可能庞大的人力资源投资，导致经营者行为短期化。有鉴于此，不少人提出建立"人力资源会计"，将人力资产、人力资本纳入复式账户体系。

（3）科学技术的进步，尤其是电脑与网络在经济管理中的应用，为会计发展提供了有力的技术手段。例如，随着电脑的日益普及，电算化会计日益发展成熟。我国的会计技术正在越过机械化这一阶段，直接从手工操作过渡到电算化。会计电算化使会计人员从烦琐的工作中解脱出来，大大提高了工作效率，使会计信息的及时性显著提高；因计算过于复杂过去无法在实际中运用的一些管理会计模型，由于电算化而重新获得了生命力，会计越来越能提供复杂多样、满足不同管理需要的信息。又如，网络的出现与迅速发展对会计的影响也十分巨大。一方面，由于会计信息系统正在逐步扩展成为管理信息系统，或者说会计信息系统与企业的其他管理信息系统正逐步实现对口联网，传统上财务会计与管理会计分割的局面有可能被打破，二者已出现了融合的趋势；另一方面，网上适时报告开始出现，并极可能成为未来会计报告的一种全新模式。

### 2. 会计对社会经济环境的影响

会计对社会经济环境的影响，主要表现在会计信息的作用上，经过调查研究发现，在国民经济运行所需的信息总量中，会计信息一般占 60% ~ 70%。会计信息的作用可以从多个侧面考察，既有积极的，也有消极的；既有宏观的，也有微观的；既有国内的，也有国外的，可谓千丝万缕，不一而足。

从正面来说，会计信息可以满足国家宏观经济调控的需要，满足投资者、债权人了解企业状况的需要，满足企业内部经营管理的需要。相反地，虚假的会计信息可能造成极大的危害。例如，1929 ~ 1931 年发生了世界性的经济危机。其间，企业纷纷破产倒闭，股票价格猛跌，信用制度破坏，社会生产力遭到巨大破坏。危机中，企业提供的虚假会计报表，引起人们对企业生产经营情况的误解，做出错误的判断，造成社会经济秩序的混乱。危机过后，人们普遍认识到企业粉饰报表、弄虚作假，客观上对资本主义金融证券市场的混乱和经济危机起了推波助澜的作用。面临这种状况，美国相继出台了一系列法规，要求所有的证券上市企业都必须执行统一的会计处理方法和程序。当前，我国的会计信息失真问题也比较严重。根据 1999 年财政部对全国 110 家酿酒企业会计信息质量的抽查公告，有 102 家企业的会计信息严重失真，其比例高达 92%。会计作假的动机多种多样，有偷税、上市、配股、升官等；其手段也是花样百出，有利用摊提账户、利用损失挂账等手段的，更有利用关联方、资产重组等手段的。治理会计信息失真已成为我国会计工作中的一件大事。

证券市场在现代经济运行和社会发展中起着十分重要的作用。按证券交易方面的有关法规规定，股票上市的公司，必须在上市时以及上市后，每个年度公开发表足以说明其财务状况、经营成果和现金流量的会计报表。会计报表不仅要有公司的公章、公司负责人和财务负责人签章，还必须附有会计师事务所的注册会计师审计报告。这一系列的要求，都是为了防止弄虚作假，防止当事人利用职权、利用公司内幕信息非法牟利。证券交易和证券市场的管理都离不开会计。会计确保证券交易公开、公平地进行，促进经济生活井然有序地进行。

在企业内部管理中，从日常的差旅费报销、工资计算与发放到投资项目的效益评估、财务预算的编制与执行等，都离不开会计核算。在西方发达国家中，企业总裁的出身最初多为懂技术的工程师；后来，随着买方市场的出现，营销经理成了"抢手货"；而今，拥有财务与会计背景的总经理正日渐增多，并显示出其独特的优越性。

## 二、财务会计理论结构

会计理论是随着会计实践产生和发展的。随着商品经济、经济理论特别是企业理论的发展，会计理论逐步形成了一套比较完整的体系，即会计理论结构。会计理论结构的主要内容如下：

会计理论结构以会计目标为起点。会计目标主要明确为什么要提供会计信息、向谁提供会计信息、提供哪些会计信息等问题。在会计发展初期，会计报表主要显示的是资产的保管和使用情况，会计信息主要向企业的业主提供。股份公司制度出现后，会计报表不仅要向股东提供，也要向债权人提供。随着股份公司规模的扩大、股东人数的剧增，会计报表需要向社会提供。此外，企业职工、政府、供应商等也需要企业会计信息。会计信息如何满足不同利益集团的需要，是一个基本的会计理论问题。

会计假设是指会计人员为实现会计目标，而对所面临的变化不定、错综复杂的会计环境做出的合乎情理的判断。在我国，也将会计假设称为会计基本前提。理论界较为公认的会计假设有四个，即会计主体、持续经营、会计分期和货币计量。当前，由于电子商务、衍生金融工具等的迅速发展，会计假设出现了会计主体虚拟化、会计分期模糊化、持续经营不确定性增强、货币计量与非货币计量同时应用等发展趋势。

会计要素是会计核算对象的具体化，是会计用于反映会计主体财务状况、确定经营成果的基本单位。会计要素建立在会计目标和会计假设的基础之上，同时又是确定会计处理方法和会计核算程序的基础。

会计原则是指为实现会计目标，在会计基本假设的基础上确定的基本规范和规则，是对会计核算和会计信息的基本要求。会计原则可分为两类：一是会计信息质量要求，如可靠性、相关性、可比性、一贯性等原则；二是会计确认计量的要求，如历史成本、配比、谨慎等原则。我国《企业会计准则》中论述了 12 个会计原则。从国外经验看，还有必要增加实质重于形式、成本小于效益等原则。

会计程序及会计处理方法是在会计原则的指导下，对某一经济业务或会计事项确认、计量与报告的会计技术方法。如固定资产首先以其购置成本入账，然后分期计提折旧并计入各期费用，这种账务处理的不同步骤，称为会计程序；但计提折旧是采用直线法还是加速折旧法，则属于会计处理方法的问题。会计程序和会计处理方法是由企业根据自身的生产经营特点而选择使用的，因此也称企业会计政策。

# 第二节　财务会计的对象与处理程序

会计对象是指会计核算与会计监督所指向的客体。从总体上看，会计对象是企业生产经营活动或行政事业单位的各种活动中的资金运动，通常简称为经济业务。

## 一、会计要素

会计对象可划分为六大会计要素，即资产、负债、所有者权益、收入、费用、利润。其中，前三者称为静态要素，反映一定时点上某一会计主体的财务状况；后三者称为动态要素，反映一定期间内某一会计主体的经营成果。六大会计要素之间具有紧密的联系，并构成了会计等式：资产 = 负债 + 所有者权益；收入 − 费用 = 利润。每一类会计要素还可进一步细分为若干账户。

资产是指过去的交易、事项形成并由企业拥有或者控制的资源，该资源预期会给企业带来经济利益。资产最基本的性质是"资产预期会给企业带来未来经济利益"。如果忽略了这一性质，在实务工作中可能产生如下问题：无论企业拥有或控制的资源能否给企业带来未来经济利益，均作为企业的资产，从而造成实际已经损失了的资源仍然在会计报表的资产方列示。例如，由于技术进步，原有设备已经被淘汰或长期闲置不用，或从国外引进的设备因原材料供应等原因在国内无法使用，这些不能使用的设备无法给企业带来经济利益，其价值若反映在会计报表的资产方，将造成企业虚增资产、虚增利润，对外提供的财务会计报告所反映的信息因此也失去了真实性。资产中所包含的未来经济利益，是指直接或间接地增加流入企业的现金或现金等价物的潜力，这种潜力既可以单独也可以与其他资产结合起来产生现金净流入。

负债是指过去的交易、事项形成的现时义务，履行该义务预期会导致经济利益流出企业。从理论上讲，负债有两个基本特征：一是企业的现时义务；二是负债的清偿预期会导致经济利益流出企业。

所有者权益是指所有者在企业资产中享有的经济利益，其金额为资产减去负债后的余额。所有者权益的基本特征是企业的剩余利益，它可以因投资者用资产投资而增加，因企业销售商品、提供劳务等获得利润而增加，因分派给投资者利润而减少；同时，投资者也承担相应的风险，如被投资企业经营亏损，投资者不仅无利可图，还可能损失所投入的资金。

收入是指企业在销售商品、提供劳务及让渡资产使用权等日常活动中所形成的经济利益的总流入。收入的基本特征：第一，收入是企业日常活动产生的收益。"日常活动"是企业持续的、主要的或核心的业务活动。第二，收入会增加企业的经济利益，并表现为不同的资产增加或负债减少。需要说明的是，我国的收入定义仅仅包括营业收入。

费用是指企业为销售商品、提供劳务等日常活动所发生的经济利益的流出。这是狭义的费用定义。广义的费用包括企业各种耗费和损失。费用与资产有不可分割的联系。一切费用至少是某一瞬间的资产，或者说费用是已逝去的资产。费用是企业持续的、主要的或核心的业务活动的结果，是企业因日常活动而付出或耗用的资产，或因此而承担的负债，即费用的发生是以经济利益的减少为条件的。应当注意的是，我国定义的费用与收入相联系，不包括生产费用；费用的发生会导致经济利益流出企业，但与收入的"总流入"不同，因为损失也会造成经济利益流出企业。

利润是企业在一定会计期间的经营成果。我国将利润作为单独要素，不同于国际会计准则，主要有两方面的原因：第一，利润在我国是反映企业经营成果的重要指标，将利润作为会计要素，符合我国国情；第二，我国没有将损失和利得作为会计要素，也未对此加以定义，将利润作为要素可以涵盖损失和利得的所有含义。收入和利得、费用和损失是两对比较相似的概念，它们都会导致所有者权益的增减变动。由于它们来自不同的方面，从理论上讲，应当加以区别。但是，损失只是一种对利润的纯扣减，利得只是对利润的纯增加，二者都是对利润的调整，不单独作为会计要素并不影响财务会计报告的真实性。

各种会计要素是构成财务会计报告的重要组成部分。通过这些要素所反映的项目及金额，可以表明企业的债权人和投资者对企业各种资源的要求权，以及交易和事项对其产生的影响。正确地定义会计要素是合理地确认和计量各项会计要素的前提。

## 二、交易和事项

会计准则中，经常将会计处理对象称为交易、事项。如非货币性交易、或有事项、资产负债表日后事项等。但是，对于这两个术语的含义，我国目前尚无权威解释。一般认为，交易和事项都是引起资产、负债和净权益变动的原因。

事项是某一个体所遭遇的结果。它可以分为两类：一类是发生在某一个体内部的事项，如生产中原材料或设备的耗用；另一类是涉及某一个体及其周围事物交互作用的外部事项，如与另一个体的交易，向另一个体所购、销产品的价格变动，洪水、地震以及竞争对手的某项改进技术等。内部事项和外部事项往往是结合起来的。例如，取得职工的劳务，涉及交换交易，是外部事项；而耗用这些劳务，常常与劳务的取得同时发生，则是生产活动的一部分，涉及一系列内部事项。事项可以是某一个体自己发动的，如购进商品或使用房屋，也可以完全地或部分地并非某一个体及其管理方面所能控制，如利息率的变动，故意破坏或盗窃行动、税款的征收等。

交易是一种特定的外部事项。交易也分为两类：一类是互惠性的交易，即交换。它是指参加交易的每一方都有价值物的收入和放弃，如产品或劳务的购买或销售。另一类是非互惠的交易，即某一个体向另一个体承担一项负债或转交一宗资产（收受一宗资产或撤销一项负债），而没有直接收到（或交付）价值作为交换。非互惠的转交与交换（互惠的转交）恰好相反。

## 三、财务会计的处理程序

财务会计处理程序是指对交易或事项进行会计处理时，按一定顺序有机结合在一起的各个环节，具体包括确认、计量、记录和报告四个环节。

### 1. 确认

确认是将某一项目，作为资产、负债、营业收入、费用等正式地记入或列入某一个体财务报表的过程。它包括同时用文字和数字描述某一项目，其金额包括在报表总计之中。对于一笔资产或负债，确认不仅要记录该项目的取得或发生，还要记录其后发生的变动，包括从报表中予以消除的变动。这就是所谓的初始确认和再确认。确认一个项目和有关的信息，应符合以下四个基本的确认标准：

（1）符合定义。项目要符合财务报表某一要素的定义。

（2）可计量性。具有一个相关的计量属性，足以充分可靠地予以计量。

（3）相关性。有关信息在用户决策中有举足轻重的作用。

（4）可靠性。信息是真实的、可核实的、无偏向的。会计要素的确认涉及三个层次：一是各项发生的会计事项是否应记入企业账户，或企业发生的会计事项应归属于哪个会计主体；二是企业发生的会计事项应记入企业的哪个账户（或确认为哪种会计要素）；三是企业发生的会计事项何时记入企业的账户。

### 2. 计量

计量是指在会计工作中，运用一定的计量单位，选择被计量对象的合理的计量属性，从而确定应予记录的各经济业务所引起的要素及其各项目的变动量，即货币金额。美国著名会计学家井夙雄治认为，"会计计量是会计系统的核心职能"。会计要素的计量涉及两个方面的问题：一是计量单位；二是计量属性。计量单位有名义货币单位和一般购买力单位两种。当前，在财务报表中列报的各种项目，是用不同的属性来计量的，视项目的性质及计量属性的相关性和可靠性而定。在现行实务中这种做法还将继续下去。采用最广泛的计量属性是历史成本（也称实际成本、原始成本）。运用非历史成本计量属性的有存货计价的成本与可变现净值孰低法、投资计价的成本与市价孰低法、对盘盈固定资产计价上采用的现行重置成本等。

### 3. 记录

记录是指将符合确认标准的交易、事项或情况记录于会计账簿的过程。会计记录环节要确定所用账户的名称和方向。目前，国际通行的记账方法是借贷记账法。确认、计量是记录的前提，记录是确认、计量的结果。我国的行业会计制度侧重于对会计记录环节进行规范，而会计准则比较强调确认、计量和报告。可以说，会计记录是"动手"的环节，是表面层次的处理；确认、计量是"动脑"的环节，需要深入经济业务的本质，依据会计准则规定的原则进行分析、判断。

### 4. 报告

报告是财务会计处理程序的最后环节，是指按照一定的要求，编制并对外提供财务会计报告，以满足会计信息使用者需求的过程。财务会计报告是根据账簿记录编制的，它是指企业对外提供的反映企业某一特定日期财务状况和某一会计期间经营成果、现金流量的文件。财务会计报告分为年度、半年度、季度和月度财务会计报告。年度、半年度财务会计报告包括会计报表、会计报表附注和财务情况说明书。会计报表包括资产负债表、利润表、现金流量表及相关附表。

# 第三节 企业会计法规

## 一、企业会计法规体系

我国已形成以《中华人民共和国会计法》（以下简称《会计法》）为中心、《企业会计制度》为基础的相对比较完整的会计法规体系。会计法规体系已经成为会计工作顺利进行和健康发展的有力保障，成为社会主义市场经济发展的重要保证。

从纵向上看，我国的企业会计法规体系包括以下内容：①《会计法》。《会计法》是我国会计工作的根本大法，是从事会计工作、制定其他各种会计法规的依据。它规定了会计工作的基本目的、会计管理权限、会计责任主体、会计核算和会计监督的基本要求、会计人员和会计机构的职责权限，并对会计法律责任作了详细规定。②国务院规定的有关会计工作的行政法规。主要有《总会计师条例》《会计专业职务试行条例》《企业财务会计报告条例》等。③《企业会计制度》。是指国务院财政部门根据会计法制定的有关会计核算、会计监督、会计机构和会计人员以及会计工作管理的制度。

从横向上看，我国的企业会计法规体系包括以下内容：①会计核算方面的法规。如《企业会计准则》《企业会计制度》等。②会计监督方面的法规。如《会计基础工作规范》、《内部会计控制规范》等。③会计机构和会计人员方面的法规。如《总会计师条例》《会计专业职务试行条例》和《会计从业资格管理办法》等。④会计工作管理方面的法规。如《会计档案管理办法》《会计电算化管理办法》等。

## 二、会计法

《会计法》于1985年1月21日第六届全国人民代表大会常务委员会第九次会议通过，

1999 年 10 月 31 日，第九届全国人民代表大会常务委员会第十二次会议再次对会计法进行修订，自 2000 年 7 月 1 日起施行。修订后的《会计法》共 52 条，分为总则、会计核算、公司和企业会计核算的特别规定、会计监督、会计机构和会计人员、法律责任、附则共七章。

《会计法》总则部分指出，《会计法》的立法目的：规范会计行为，保证会计资料真实、完整，加强经济管理和财务管理，提高经济效益，维护社会主义市场经济秩序；明确了《会计法》适用于国家机关、社会团体、公司、企业、事业单位和其他组织；规定了单位负责人对本单位的会计工作和会计资料的真实性、完整性负责；还规定了国务院财政部门主管全国的会计工作，县级以上地方各级人民政府财政部门管理本行政区域内的会计工作。

会计核算部分强调，各单位必须根据实际发生的经济业务事项进行会计核算；重申了会计年度、记账本位币；对会计凭证、会计账簿和财务会计报告登记、编制、审核等作出了详细规定，如"原始凭证金额有错误的，应当由出具单位重开，不得在原始凭证上更正"。

公司、企业会计核算的特别规定是新设的一章，主要针对公司、企业会计核算的特殊性和重要性，强调了公司、企业会计核算的法律适用，并对公司、企业的会计核算作出了若干禁止性规定。

会计监督部分要求各单位建立健全内部会计监督制度，要求单位负责人保证会计机构、会计人员依法履行职责，并对财政、审计、税务等政府部门在会计监督方面的职责作出了规定。

会计机构和会计人员部分，对会计机构和总会计师岗位的设置、建立内部稽核制度、会计人员从业资格、会计人员职业道德和继续教育等作出了规定。

法律责任部分则对单位或有关个人的会计法律责任作出了具体规定。

## 三、会计机构和会计人员的管理法规

1990 年 12 月 31 日，国务院发布了《总会计师条例》。该条例指出，全民所有制大、中型企业设置总会计师，事业单位和业务主管部门根据需要，经批准可以设置总会计师；还对总会计师的职责、权限和任免作出了详细规定。

在《会计法》重新修订后，作为其重要配套规章，财政部于 2000 年 5 月 8 日发布了《会计从业资格管理办法》，取代了 1996 年发布的《会计证管理办法》。财政部于 2016 年 5 月对《会计从业资格管理办法》进行了再一次的修订，并于 2016 年 7 月 1 日起施行。实施会计从业资格管理，对于提高会计人员的业务素质和工作水平，督促各单位依法任用合格的会计人员等，具有重要作用。该管理办法要求从事会计工作的人员必须取得会计从业资格，持有会计从业资格证书；并对会计从业资格的管理部门、会计从业资格的取得、注册登记和年检以及违反该管理办法的处罚等进行了规范。

1998 年 1 月 23 日，财政部发布了《会计人员继续教育暂行规定》，财政部于 2013 年 8 月发布了《会计人员继续教育规定》，自 2016 年 7 月 1 日起施行，该规定取代了 1998 年的《会计人员继续教育暂行规定》。《会计人员继续教育》规定了会计人员继续教育的意义、任务、对象、级别、内容和形式、组织与实施、检查与考核等。

## 四、会计工作管理法规

1996 年 4 月 19 日，国务院颁布了《国务院关于整顿会计工作秩序进一步提高会计工作质量的通知》。同年 6 月 17 日，财政部颁布了《会计基础工作规范》及《关于会计基础工作规范化的意见》。《会计基础工作规范》分为总则、会计机构和会计人员、会计核算、会计监督、内部会计管理制度及附则共六章，101 条。

1998 年 8 月 21 日，财政部、国家档案局联合颁布了《会计档案管理办法》。会计档案的保管期限分为永久、定期两类。定期保管期限分为 3 年、5 年、10 年、15 年、25 年五类。

财政部颁布的关于会计工作管理的法规还有 1994 年颁布的《代理记账管理暂行办法》《会计电算化管理办法》《会计核算软件基本功能规范》，1995 年颁布的《会计改革与发展纲要》，1996 年颁布的《会计电算化工作规范》等。

## 五、会计核算规范

会计核算规范是国家统一会计制度的重要组成部分，在企业会计法规体系中处于十分重要的地位，对于保障正常的会计工作秩序、保证会计信息的真实可靠有着至关重要的作用。目前，会计核算规范主要包括会计制度和会计准则两部分。

**1. 会计制度**

（1）《企业会计制度》。《企业会计制度》颁布于 2000 年 2 月 27 日，2002 年 1 月 1 日起在股份有限公司施行。《企业会计制度》包括总则、资产、负债、所有者权益、收入、成本和费用、利润及利润分配、非货币性交易、外币业务、会计调整、或有事项、关联方关系及其交易、财务会计报告、附则共十四章。

（2）《金融企业会计制度》。《金融企业会计制度》颁布于 2001 年 12 月 29 日，2002 年 1 月 1 日起在上市的金融企业范围内实施。《金融企业会计制度》包括总则、资产、负债、所有者权益、收入、成本和费用、利润及利润分配、外币业务、会计调整、或有事项、关联方关系及其交易、财务会计报告、证券投资基金、信托业务、附则共十五章。

（3）《小企业会计准则》。《小企业会计准则》颁布于 2011 年 10 月 18 日，2013 年 1 月 1 日起在小企业实施。《小企业会计准则》包括总则、资产、负债、所有者权益、收入、费用、利润及利润分配、外币业务、财务报表、附则等内容。

**2. 会计准则**

我国的《企业会计准则》由基本准则和具体准则两个层次组成。

新《企业会计准则》颁布于 2006 年 2 月 15 日，于 2007 年 1 月 1 日起在上市公司实施，鼓励其他企业执行。基本准则规定了会计核算的一般原则、会计要素、各主要项目的核算原则以及财务会计报告的基本要求。基本准则是制定会计核算制度的依据，也是制定具体准则的依据。

具体准则是根据基本准则制定的有关企业会计核算的具体要求。财政部 2006 年 2 月 15 日颁布的具体会计准则共计 38 项，按规范对象的不同，大体上可以分为三类：一是有关通用业务的具体准则，如收入准则、存货准则、长期股权投资准则等。二是特殊行业的特定业务准则，如石油天然气开采准则、生物资产准则、原保险合同准则等。三是报告准则，如现金流量表准则、关联方披露准则、资产负债表日后事项准则等。

财政部于 2014 年正式修订了《企业会计准则——长期股权投资》《企业会计准则——职工薪酬》《企业会计准则——财务报表列报》《企业会计准则——合并财务报表》《企业会计准则——金融工具列报》五项企业会计准则。新增了《企业会计准则——公允价值计量》《企业会计准则——合营安排》《企业会计准则——在其他主体中权益的披露》三项企业会计准则，发布了一项准则解释，并修改了《企业会计准则——基本准则》中关于公允价值计量的表述。

# 第二章

# 货币资金

📖 章首案例

## 上市公司出纳挪用公款炒股案

湖南省某上市公司出纳梁某，采取偷盖公司银行印鉴和法人章，使用作废的、没有登记的现金支票等方法，在近 5 年期间先后挪用 3000 多万元用于炒股，给单位造成损失 1137.8 万余元。长沙市中级人民法院以挪用公款罪和挪用资金罪，判处梁某 17 年徒刑。

货币资金是流动性最强、控制风险最高的资产，企事业单位的货币资金遭挪用、贪污和诈骗等案例可以说屡见报端，而这些案例的发生与单位的货币资金内部控制不健全或未能有效执行有密切关系。

上述案例可以说是非常典型，其作案手法并不复杂，就是利用单位内控漏洞，挪用资金，并通过伪造相关凭证、账单、印鉴或偷盖印鉴等手法掩盖舞弊行为，而单位监督、检查机制不健全，使得舞弊行为长期未能被发现。

货币资金是指企业生产经营过程中处于货币形态的资产，按其形态和用途不同可分为库存现金、银行存款和其他货币资金。货币资金是企业流动性最强的资产，是企业的重要支付手段和流通手段，因而是企业流动资产的管理和审查重点。

# 第一节　库存现金

库存现金通常是指存放于企业财会部门、由出纳人员经管的货币。库存现金是企业流动性最强的资产，企业应当严格遵守国家有关现金管理制度，正确进行现金收支的核算，监督现金使用的合法性与合理性。

## 一、库存现金的性质和范围

### 1. 库存现金的性质

库存现金是指存放于企业并由专人保管作为企业零星开支使用的货币资金。它是流动性最强的资产，是可以立即投入流通的交换媒介，具有普遍的可接受性，可以用其随时购买所需物资、支付费用、偿还债务、存入银行等。

**2. 库存现金的范围**

库存现金的范围通常有两种理解，即广义的库存现金和狭义的库存现金。狭义的库存现金仅指企业的库存现金。广义的库存现金除企业的库存现金还包括银行存款和其他符合库存现金定义的票证，如支票、本票、汇票等。本章所述的库存现金是指狭义的库存现金，包括企业的人民币库存现金和外币库存现金。

## 二、库存现金管理的有关规定

**1. 库存现金的使用范围**

根据国务院颁布的《现金管理暂行条例》，企业可以使用库存现金的范围主要包括以下内容：职工工资、津贴；个人劳务报酬；根据国家规定颁发给个人的科学技术、文化艺术、体育等各种奖金；向个人收购农副产品和其他各种物资的价款；各种劳保福利费及国家规定的对个人的其他支出；出差人员必须随身携带的差旅费；结算起点以下的零星支出；中国人民银行确定需要支付库存现金的其他支出。

企业的一切经济往来，除在上述范围内使用库存现金外，其他一律通过银行进行转账结算。

**2. 库存现金的库存限额**

库存现金限额是指企业保留库存现金的最高金额，由企业的开户银行按其实际需要核定，一般为3～5天的零星开支需要量，边远地区和交通不便地区企业库存现金可以多于5天但不超过15天的零星开支需要量。企业超过限额部分的库存现金必须及时送存银行，限额不足可向银行提取。

## 三、库存现金的内部控制

库存现金是企业流动性最强的资产，最容易被侵吞、盗窃或挪用，为防止发生意外或损失，企业对库存现金必须建立严格的内部控制制度，其主要内容如下：

第一，会计和出纳必须明确分工，实行钱、账分管。出纳人员除经管库存现金日记账和银行存款日记账外，其他任何账簿出纳人员都不能登记。

第二，将库存现金收入业务和库存现金支出业务分开处理，不准"坐支"库存现金。

第三，出纳人员应及时清查库存现金、核对账目，做到日清月结。发现库存现金长款或短款，应及时查明原因，报请领导批准处理。会计人员和出纳人员应定期或不定期地核对账目，以保证账账相符。

第四，严格审核库存现金收支业务，企业的一切库存现金收支都必须以经有关人员审核的合法的原始凭证为依据，出纳人员收付库存现金后，应在有关凭证上盖上"库存现金收讫"或"库存现金付讫"戳记，以表示款项已经收付。

## 四、库存现金的核算

### 1. 库存现金收入的核算

企业库存现金收入的主要来源是结算起点以下的零星销售款、职工交回的差旅费剩余款、从银行提取库存现金等。企业收入库存现金时，应根据审核无误的原始凭证，借记"库存现金"科目，贷记有关科目。

### 2. 库存现金支出的核算

企业支出库存现金时必须严格遵守有关库存现金管理制度。企业支出库存现金时，应根据审核无误的原始凭证，贷记"库存现金"科目，借记有关科目。

企业还应设置"库存现金日记账"，由出纳员对库存现金进行序时核算。

### 3. 库存现金长款、短款的核算

企业在对库存现金清查过程中，若发现账实不符，应及时进行账务处理，将账面数调整为实际数，将库存现金短款或长款分别计入"待处理财产损溢"科目，待查明原因后再转入其他有关科目。如查明库存现金短缺原因是由于有关责任人的过失造成，则应由有关责任人赔偿；若是记账差错，则应更正错误；若库存现金长款、短款原因无法查明，则列入当期损益。

【例2-1】某企业发生库存现金清查业务，编制会计分录如下：

（1）库存现金清查，发现库存现金长款100元，原因待查。

借：库存现金　　　　　　　　　　　　　　　　　　　　　100

　　贷：待处理财产损溢　　　　　　　　　　　　　　　　　　　　100

（2）经反复查核，仍无法查明以上库存现金长款的具体原因，报请单位领导批准，转作营业外收入。

借：待处理财产损溢　　　　　　　　　　　　　　　　　　100

　　贷：营业外收入　　　　　　　　　　　　　　　　　　　　　100

（3）进行库存现金清查，发现库存现金短款200元，原因待查。

借：待处理财产损溢　　　　　　　　　　　　　　　　　　200

　　贷：库存现金　　　　　　　　　　　　　　　　　　　　　　200

（4）上述200元短款原因已查明，系出纳员过失造成，应由出纳员赔偿，向出纳员发出赔款通知书。

借：其他应收款——出纳员　　　　　　　　　　　　　　　200

　　贷：待处理财产损溢　　　　　　　　　　　　　　　　　　　200

# 第二节　银行存款

银行存款是企业存于银行或其他金融机构的款项，按照国家相关规定，每个企业都要在银行开立银行账户，用来办理存款、取款和转账结算。

## 一、银行存款的管理

银行存款是企业存于银行或其他金融机构的款项，银行存款管理主要包括银行开户管理和结算管理两部分。

### 1. 银行开户管理

按照银行结算办法规定，企业应在银行或其他金融机构开立账户。账户根据不同的用途可以分为基本存款户、一般存款户、临时存款户和专用存款户。基本存款户是存款人办理日常转账结算和库存现金支取的账户；一般存款户是存款人在基本存款账户以外的银行借款转存，与基本存款账户的存款人不在同一地点的附属非独立核算单位开立的账户，该账户不能支取库存现金；临时存款户是存款人因临时经营活动需要开立的账户；专用存款户是存款人因特定用途需要开立的账户。存款人只能在银行开立一个基本存款账户。

### 2. 结算管理

企业除在规定范围内使用库存现金外，其余一律通过银行进行转账结算。企业办理转账结算，账户内必须有足够的资金，以保证支付。银行和在银行办理结算的单位都必须恪守信用，履约付款；谁的钱进谁的账，由谁支配；银行不予垫款等结算原则。并根据结算业务的特点，采用妥当的结算方式办理各种结算业务。

## 二、银行结算方式

根据中国人民银行有关结算办法规定，我国企业采用的银行结算方式主要有如下几种：

### 1. 支票

支票是单位或个人签发的，委托办理支票存款业务的银行在见票时无条件支付确定的金额给收款人或者持票人的票据。单位和个人在同一票据交换区域内均可使用该种结算方式。

支票结算方式是同城结算中应用比较广泛的一种结算方式。它分为两种：一种是现金支票，另一种是转账支票。印有"现金"字样的支票称为库存现金支票，它只能提取库存现金。印有"转账"字样的支票称为转账支票，它只能转账。无"现金"或"转账"

字样的称为普通支票，它既可以提取库存现金，又可以转账。在普通支票左上角划两条平行线的，为划线支票，划线支票只能用于转账，不得支取库存现金。支票的提示付款期限为自出票日起 10 日，中国人民银行另有规定的除外。支票起点金额为 100 元。存款人领购支票，必须填写"票据和结算凭证领用单"并加盖预留银行印鉴。存款账户结清时，必须将全部剩余空白支票交回银行注销。

企业应防止签发超过存款余额的空头支票。签发空头支票，银行除退票外，还按票面金额处以 5% 但不低于 1000 元的罚款。持票人有权要求出票人赔偿支票金额 2% 的赔偿金。出票人预留银行的印鉴是银行审核支票付款的依据。企业签发支票时，应在支票上加盖预留银行印鉴。银行也可以与出票人约定使用支付密码，作为银行审核支付支票金额的条件。

### 2. 银行本票

银行本票是银行签发的，承诺在见票时无条件支付确定的金额给收款人或者持票人的票据。单位和个人在同一票据交换区域内均可使用。

银行本票由银行签发，见票即付，全额结算。银行本票的付款期限为自出票日起最长不超过两个月，在付款期内银行本票见票即付。银行本票分定额本票和不定额本票：定额本票面值为 1000 元、5000 元、10000 元和 50000 元。不定额银行本票起点金额为 100 元。

企业支付购货等款项时，应向银行提交"银行本票申请书"，填明收款人名称、申请人名称、支付金额、申请日期等事项并签章。出票银行受理银行本票申请书后，收妥款项签发银行本票。出票银行在银行本票上签章后交给申请人。申请人取得银行本票后，即可向填明的收款单位办理结算。

收款单位可以根据需要在票据交换区域内背书转让银行本票。

### 3. 银行汇票

银行汇票是汇款人将款项交存当地出票银行，由出票银行签发的，由其在见票时，按照实际结算金额无条件支付给收款人或持票人的票据。单位和个人均可使用银行汇票进行异地款项结算。

银行汇票的付款期限为自出票日起 1 个月内，起点金额为 500 元。企业支付购货等款项时，应向出票银行填写"银行汇票申请书"，填明收款人名称、汇票金额、申请人、申请日期等事项并签章，银行受理银行汇票申请书，收妥款项后签发银行汇票，然后将银行汇票和解讫通知一并交给申请人。申请人应将银行汇票和解讫通知一并交给汇票上记明的收款人。收款人在收到付款单位送来的银行汇票时，应在出票金额以内根据实际需要的款项办理结算，并将实际结算金额和多余金额准确、清晰地填入银行汇票和解讫通知的有关栏内，银行汇票的实际结算金额低于出票金额的，其多余金额由出票银行退交申请人。

### 4. 商业汇票

商业汇票是由出票人签发，由承兑人承兑，并于到期日无条件支付确定的金额给收款人或者持票人的票据。它适用于在银行开立存款账户的法人以及其他组织之间真实的交易或债权债务的结算。

商业汇票按承兑人的不同可以分为商业承兑汇票和银行承兑汇票，前者由银行以外的付款人承兑，后者由银行承兑。商业汇票的付款期限由交易双方商定，但最长不得超过6个月，商业汇票的提示付款期限根据商业汇票类别的不同，有不同的规定。见票即付的商业汇票，自出票日起1个月内向付款人提示付款；定日付款、出票后定期付款或者见票后定期付款的商业汇票，自到期日起10日内向承兑人提示付款。商业承兑汇票承兑时，购货企业应在汇票正面记载"承兑"字样和承兑日期并签章。承兑不得附有条件，否则视为拒绝承兑。汇票到期时，购货企业的开户银行凭票将票款划给销货企业或贴现银行。销货企业应在提示付款期限内通过开户银行委托收款或直接向付款人提示付款。如果购货企业的存款不足支付票款，开户银行应将汇票退还销货企业，银行不负责付款，由购销双方自行处理。银行承兑汇票由在承兑银行开立存款账户的存款人签发，承兑银行按票面金额向出票人收取0.5‰的手续费。购货企业应于汇票到期前将票款足额交存其开户银行，以备由承兑银行在汇票到期日或到期日后的见票当日支付票款。汇票到期时，承兑银行凭汇票将承兑款项无条件转给销货企业，如果购货企业于汇票到期日未能足额交存票款，承兑银行除凭票向持票人无条件付款外，对出票人尚未支付的汇票金额按照每天0.5‰计收罚息。

商业汇票可以背书转让，符合条件的商业汇票持票人可以持未到期的商业汇票向银行申请贴现。

采用商业汇票结算方式，可以使企业之间的债权债务关系表现为外在的票据，使商业信用票据化。收款人应根据购货企业的资金和信用情况不同，选用商业承兑汇票或银行承兑汇票。

### 5. 委托收款

委托收款是收款人委托银行向付款人收取款项的结算方式。单位和个人均可在同城或异地办理委托收款结算。委托收款还适用于收取电费、电话费等付款人众多、分散的公用事业费等有关款项。

企业委托开户银行收款时，应在银行印制的委托收款凭证中写明付款单位的名称、收款单位名称、账号及开户银行、委托收款金额的大小写、款项内容、委托收款凭据名称及附寄单证张数等。企业的开户银行受理委托收款后，将委托收款凭证寄交付款单位开户银行，由付款单位开户银行审核，并通知付款单位。

委托收款款项划回的方式有两种：一种是邮寄划回，另一种是电报划回。该结算方式不受金额起点限制，付款期为3天。付款单位应在收到委托收款的通知次日起3日内，主动通知银行是否付款。如果不通知银行，银行视同企业同意付款，并在第4日从单位账户中付出此笔委托收款款项。

付款人在3日内审查有关债务证明后，认为债务证明或与此有关的事项符合拒绝付款的规定，应出具有关证明向银行提出拒绝付款。

### 6. 汇兑

汇兑是汇款人委托银行将其款项支付给收款人的结算方式。单位和个人的各种异地款项的结算，均可使用汇兑结算方式。

汇兑分为信汇、电汇两种。信汇是指汇款人委托银行通过邮寄方式将款项划转给收款人。电汇是指汇款人委托银行通过电报将款项划给收款人。这两种方式由汇款人根据需要选择使用。付款人汇出款项时，应填写银行印发的汇款凭证，列明收款人名称、汇款金额及汇款的用途等项目，送达开户银行，委托银行将款项汇往收汇银行。收汇银行将汇款收进单位存款户后，向收款人发出收款通知。

### 7. 托收承付

托收承付是根据购销合同由收款人发货后委托银行向异地付款人收取款项，由付款人向银行承认付款的结算方式。它适用于国有企业、供销合作社以及经营管理较好并经开户银行审查同意的城乡集体所有制工业企业。办理托收承付结算的款项，必须是商品交易以及因商品交易而产生的劳务供应的款项。代销、寄销、赊销商品的款项，不得办理托收承付结算。

托收承付结算每笔的金额起点为10000元。新华书店系统每笔金额起点为1000元。采用托收承付结算方式时，购销双方必须签有符合《经济合同法》的购销合同，并在合同上订明使用托收承付结算方式。收款人按照购销合同发货后，填写托收承付凭证及有关证明和交易单证送交开户银行办理托收手续。收款人开户银行接受委托后，将有关结算凭证寄往付款人开户银行，由付款人开户银行通知付款人承认付款。付款人收到托收承付结算凭证和所附单据后，应立即审核是否符合订货合同的规定。承付货款分为验单付款与验货付款两种，验单付款承付期为3天，从付款人开户银行发现承付通知的次日算起；验货付款承付期为10天，从运输部门向购货企业发出提货通知的次日算起。承付期内购货企业未表示拒绝付款的，银行视为同意承付。付款人开户银行对付款人在承付期不满足支付的款项，按逾期付款处理，并根据逾期付款金额和逾期天数，按每天0.5‰计算逾期付款赔偿金。逾期付款天数从承付期满日算起。银行审查拒绝付款期间不算付款人逾期付款，但对无理的拒绝付款而增加银行审查时间的，从承付期满日起计算逾期付款赔偿金。赔偿金实行定期扣付，每月计算一次，于次月3日内单独划给收款人。付款人开户银行对逾期未付的款项进行扣款的期限为3个月，期满时付款人仍无足够资金支付的，银行退回单证给收款人。

对于下列情况，付款人可以在承付期内向银行提出全部或部分拒绝付款：没有签订购销合同或购销合同未注明托收承付结算方式的款项；未经双方事先达成协议，收款人提前交货或因逾期交货付款人不再需要该项货物的款项；未按合同规定的到货地址发货的款项；代销、寄销、赊销商品款项；验单付款，发现所列货物的品种、规格、数量、价格与合同规定不符，或货物已到，经查验货物与合同规定不符的款项；验货付款，经查验货物与合同规定或与发货清单不符的款项；货款已经支付或计算错误的款项。付款人提出拒绝付款时，必须填写"拒绝付款理由书"并签章。

### 8. 信用卡

信用卡是指商业银行向个人和单位发行的，凭此向特约单位购物、消费和向银行存取库存现金，且具有消费信用的特制载体卡片。该结算方式单位和个人均可在同城和异地使用。

信用卡按使用对象分为单位卡和个人卡；按信誉等级分为金卡和普通卡。凡在中国境内金融机构开立基本存款账户的单位可申领单位卡。单位卡账户的资金一律从其基本存款账户转账存入，不得交存库存现金，单位卡一律不得用于 100000 元以上的商品交易、劳务供应款项的结算，不得支取库存现金。信用卡在规定的限额和期限内允许善意透支，透支额金卡最高不得超过 10000 元，普通卡最高不得超过 5000 元。透支期限最长为 60 天。透支利息，自签单日或银行记账日 15 日内按日息 0.5‰ 计算，超过 15 日按日息 1‰ 计算。超过规定限额或规定期限，并且经发卡银行催收无效的透支行为称为恶意透支。

### 9. 信用证

信用证是开证行应进口商的请求开给出口方的一种保证付款的书面凭证，银行承担在信用证条款完全得到遵守的条件下向出口方付款的责任。它是国际结算的一种主要方式。经中国人民银行批准经营结算业务的商业银行总行以及经商业银行总行批准开办信用证结算业务的分支机构，也可以办理国内企业之间商品交易的信用证结算业务。

在信用证结算方式下，银行以自己的信用担保进口方在支付货款时一定取得货物的单证，向出口方担保交出货物单证就一定可以得到货款。因此，信用证结算运用的是银行信用，风险较小。

## 三、银行存款的核算

银行存款的核算主要包括收入和支出核算两部分。企业应设置"银行存款"总分类账户核算企业存入银行的各种款项，存款增加时，计入该科目的借方；存款减少时，计入该科目的贷方，借方余额表示期末尚余的存款额。

企业还应设置"银行存款日记账"，由出纳员对银行存款进行序时核算。

## 四、银行存款的核对

为了查明企业在银行的实际存款余额，保证银行存款的安全、完整，避免记账差错，企业与银行一般在月末对银行存款进行核对，核对时若发现双方余额不一致，要及时查找原因，若属于记账错误的，应及时更正；若属于未达账项，则应编制"银行存款余额调节表"。

未达账项是指企业与银行之间由于凭证传递上的时间差造成的，一方已入账而另一方尚未入账的款项。企业的未达账项主要表现为以下四种形式：一是企业已记银行存款增加，而银行尚未入账。二是企业已记银行存款减少，而银行尚未入账。三是银行已记企业银行存款增加，而企业尚未入账。四是银行已记企业银行存款减少，而企业尚未入账。银行存款余额调节表的编制举例如下：

【例 2-2】某企业 2017 年 9 月 30 日银行存款日记账余额为 196000 元，银行对账单上企业存款余额为 168000 元，经逐笔核对，发现以下未达账项：

(1) 9 月 27 日，银行为企业代收的货款 6000 元已记入企业存款户，尚未通知企业。

(2) 9 月 28 日，银行为企业代付水电费 14000 元已记入企业存款户，尚未通知企业。

（3）9月29日，企业开出支票5000元，持票人尚未到银行办理转账。

（4）9月30日，企业送存支票25000元，银行尚未记入企业银行存款户。根据以上内容可编制"银行存款余额调节表"，如表2-1所示。

银行与企业双方通过"银行存款余额调节表"调节后，若余额一致，则说明双方记账正确，调节后的余额即为企业银行存款的实有数；若调节后双方余额仍不相等，则应进一步核对，查明原因并纠正。

"银行存款余额调节表"不能用作记账的凭证，因未达账项而使双方余额出现的差异，无须作账务调整。

**表2-1 银行存款余额调节表**

2017年9月30日                                                                                                单位：元

| 项目 | 余额 | 项目 | 余额 |
|---|---|---|---|
| 银行存款日记账余额 | 196000 | 银行对账单余额 | 168000 |
| 加：银行代收货款 | 6000 | 加：企业送存转账支票 | 25000 |
| 减：银行代付水电费 | 14000 | 减：企业开出转账支票 | 5000 |
| 调节后余额 | 188000 | 调节后余额 | 188000 |

# 第三节 其他货币资金

其他货币资金是指除库存现金、银行存款以外的其他各种货币资金。它同库存现金和银行存款一样，是企业可以作为支付手段的货币，主要包括银行汇票存款、银行本票存款、外埠存款、存出投资款、信用卡存款、信用证存款等。

## 一、银行汇票存款的核算

银行汇票存款是指企业为取得银行汇票按规定存入银行的款项。其核算现举例说明如下：

【例2-3】某企业根据有关银行汇票存款收付业务编制会计分录如下：

（1）企业申请办理银行汇票，将50000元转为银行汇票存款。

借：其他货币资金——银行汇票存款                                                                                  50000

　　贷：银行存款                                                                                                              50000

（2）企业用银行汇票购买材料，材料价款为40000元，增值税为6800元。

借：材料采购                                                                                                                    40000

　　应交税费——应交增值税（进项税额）                                                                        6800

　　贷：其他货币资金——银行汇票存款                                                                          46800

（3）收到汇票多余款项退回通知，余款 3200 元已入账。

借：银行存款 3200
  贷：其他货币资金——银行汇票存款 3200

## 二、银行本票存款的核算

银行本票存款是企业为取得银行本票，按规定存入银行的款项。现举例说明如下：

**【例 2-4】** 某企业根据发生的有关银行本票存款收付业务编制分录如下：

（1）企业将 100000 元存入银行，申请办理银行本票。

借：其他货币资金——银行本票存款 100000
  贷：银行存款 100000

（2）企业用本票购买材料 80000 元，增值税额为 13600 元，材料已入库。

借：原材料 80000
  应交税费——应交增值税（进项税额） 13600
  其他应收款 6400
  贷：其他货币资金——银行本票存款 100000

（3）收到收款单位退回的银行本票余款 6400 元存入银行。

借：银行存款 6400
  贷：其他应收款 6400

## 三、外埠存款的核算

外埠存款是指企业为了到外地进行临时或零星采购，汇往采购地银行开设采购专户的款项。银行对临时采购户一般实行半封闭式管理办法，即只付不收，付完清户。除采购人员差旅费可以支取少量库存现金外，其他支出一律转账。对其核算现举例说明如下：

**【例 2-5】** 某企业根据发生的有关外埠存款收付业务编制会计分录如下：

（1）企业委托开户银行将 80000 元汇往采购地开设采购专户。

借：其他货币资金——外埠存款 80000
  贷：银行存款 80000

（2）收到采购员交来的用外埠存款购买材料的增值税专用发票等单据，共计货款 50000 元，增值税额为 8500 元。

借：材料采购 50000
  应交税费——应交增值税（进项税额） 8500
  贷：其他货币资金——外埠存款 58500

（3）外埠采购结束，将外埠存款清户，收到银行转来的外埠存款余额 21500 元的收账通知。

借：银行存款 21500
  贷：其他货币资金——外埠存款 21500

### 四、信用卡存款的核算

信用卡存款是指企业为取得信用卡而存入银行信用卡专户的款项。其核算举例如下：

**【例2－6】** 某企业据信用卡存款收付业务编制分录如下：

（1）将银行存款30000元存入信用卡。

借：其他货币资金——信用卡存款　　　　　　　　　　　　　30000
　　贷：银行存款　　　　　　　　　　　　　　　　　　　　　　30000

（2）用信用卡支付应酬费8000元。

借：管理费用　　　　　　　　　　　　　　　　　　　　　　8000
　　贷：其他货币资金——信用卡存款　　　　　　　　　　　　　8000

（3）收到信用卡存款利息30元。

借：其他货币资金——信用卡存款　　　　　　　　　　　　　30
　　贷：财务费用　　　　　　　　　　　　　　　　　　　　　　30

（4）企业因信用卡透支，银行按贷款利率计收利息500元。

借：财务费用　　　　　　　　　　　　　　　　　　　　　　500
　　贷：其他货币资金——信用卡存款　　　　　　　　　　　　　500

# 第四节　外币业务

外汇（Foreign Exchange）是货币行政当局以银行存款、财政部证券、长短期政府证券等形式所持有的国际收支逆差时可以使用的债权，它是国际贸易的产物，是国际贸易清偿的支付手段。外汇是国际汇兑的简称，通常指以外国货币表示的可用于国际间债权债务结算的各种支付手段。

## 一、外币业务的基本概念

### 1. 外汇

外汇通常是指以外国货币表示的国际支付手段。根据我国《外汇管理条例》规定，外汇具体包括以下内容：外国货币，包括纸币和铸币；外币有价证券，包括外国政府公债、外币国库券、外币公司债券、外币股票等；外币支付凭证，包括外币票据（支票、汇票、期票）、外币银行存款凭证、外币邮政储蓄凭证等；其他外汇资金。

在外汇业务中，常用的外汇是外国货币和外汇支付凭证。

**2. 汇率**

汇率又称为汇价，是指一国货币兑换成另一国货币的比率，是两种不同货币之间的比价。

（1）汇率的标价方法。

1）直接标价法，又称为直接汇率。它是用一定单位外国货币可兑换成本国货币金额表示的汇率。如 $ 100 = ¥690，即 100 美元可兑换成 690 元人民币。

2）间接标价法，又称为间接汇率。它是用一定单位的本国货币可兑换成外国货币金额表示的汇率，如 ¥100 = $ 14.49。

按照国际惯例，我国人民币汇率采用直接标价法。

（2）汇率的种类。

1）市场汇率与挂牌汇率。市场汇率是中国人民银行根据前一交易日银行间外汇交易市场形成的价格及每日公布的人民币对美元交易的比价，并参照国际外汇市场变化，由中国人民银行公布的人民币对其他主要货币的汇率。

挂牌汇率是各外汇指定银行以市场汇率为依据，按中国人民银行规定的浮动幅度自行挂牌，对客户买卖外汇的汇率。

我国目前以市场汇率作为外币业务的记账汇率。

2）记账汇率与账面汇率。记账汇率是指外币业务发生时会计进行账务处理所采用的汇率；账面汇率是企业以往发生外币业务时登记入账所采用的汇率，即过去的记账汇率。

3）买入汇率、卖出汇率和中间汇率。买入汇率又称买入价，是指银行向客户买入外币时所使用的汇率；卖出汇率又称卖出价，是指银行向客户卖出外币时所使用的汇率；中间汇率又称中间价，是指买入汇率与卖出汇率的平均数。

**3. 外币业务**

外币业务是指企业以记账本位币以外的其他货币进行款项收付、往来结算和计价的经济业务。日常外币业务主要有外币购销业务、外币借贷业务、外币兑换业务以及接受外币资本投资业务等。

## 二、日常外币业务的核算

**1. 外币账户的设置**

企业一般应设置以下外币账户：外币库存现金、外币银行存款、以外币结算的债权（如应收票据、预付账款等）以及以外币结算的债务（如短期借款、长期借款、应付账款、应付票据、应付股利、应付职工薪酬、预收账款等）。企业的外币账户应当与非外币相同账户分别设账。外币账户格式一般如表 2 - 2 所示。

表 2－2　外币账户格式

| 年 | | 凭证 | | 摘　要 | 借方 | | | 贷方 | | | 金额 | | |
|---|---|---|---|---|---|---|---|---|---|---|---|---|---|
| 月 | 日 | 字 | 号 | | 原币 | 折合率 | 人民币 | 原币 | 折合率 | 人民币 | 原币 | 折合率 | 人民币 |
| | | | | | | | | | | | | | |

**2. 日常外币业务的账务处理**

企业发生外币业务时，应将外币折合为记账本位币。企业可以采用业务发生时的市场汇率作为外币业务的折合汇率，也可以采用业务发生当期期初的市场汇率作为外币业务的折合汇率。

（1）外币购销业务的核算。

【例 2－7】甲公司 5 月 8 日从国外进口原材料一批，价款 100000 美元，款项尚未支付，当日市场汇率为 $1＝¥8.25（为简化核算，有关原材料的增值税、进口关税略），则分录为：

　　借：原材料　　　　　　　　　　　　　　　　825000（$100000×8.25）
　　　　贷：应付账款——美元户　　　　　　　　　　　　　　　825000

【例 2－8】甲公司 5 月 20 日以美元存款支付上述原材料货款 100000 美元，当日市场汇率为 $1＝¥8.20，则分录为：

　　借：应付账款——美元户　　　　　　　　　　825000
　　　　贷：银行存款——美元户　　　　　　　　820000（$100000×8.20）
　　　　　　财务费用——汇兑差额　　　　　　　　5000

【例 2－9】甲公司销售产品一批，货款为 30000 美元，当即收存美元存款户，当日市场汇率为 $1＝¥8.25（为简化核算，增值税等略），则分录为：

　　借：银行存款——美元户　　　　　　　　　　247500（$30000×8.25）
　　　　贷：主营业务收入　　　　　　　　　　　　　　　　　247500

（2）外币借贷业务的核算。

【例 2－10】甲公司从银行取得短期借款 80000 美元，款项已转入企业美元存款户，当日市场汇率为 $1＝¥8.20。

　　借：银行存款——美元户　　　　　　　　　　656000（$80000×8.20）
　　　　贷：短期借款——美元户　　　　　　　　　　　　　　656000

【例 2－11】甲公司偿还上述短期美元借款 50000 美元，当日市场汇率为 $1＝¥8.30。

　　借：短期借款——美元户　　　　　　　　　　410000
　　　　财务费用——汇兑差额　　　　　　　　　5000
　　　　贷：银行存款——美元户　　　　　　　　415000（$50000×8.30）

（3）外币兑换业务的核算。外币兑换业务是指企业从银行等金融机构购入外汇（对银行来说，则是卖出外汇）或向银行等金融机构售出外汇（对银行来说，则是买入外汇）。企业卖出外汇时，一方面将实际收取的人民币记账本位币（按照外汇买入价折算的金额记账本位币）登记入账；另一方面按照当日的市场汇率将卖出的外汇登记相应的外币账户。实际收入的金额记账本位币，与付出的外币按当日市场汇率折算为记账本位币之间的差额，作为汇兑损益。

【例2-12】甲公司将60000美元到银行兑换为人民币，银行当日的美元买入价为$1=¥8.25，当日市场汇率$1=¥8.35。分录如下：

借：银行存款——人民币户　　　　　　　　　495000（$60000×8.25）
　　财务费用——汇兑差额　　　　　　　　　　6000
　　贷：银行存款——美元户　　　　　　　　　501000（$60000×8.35）

【例2-13】甲公司从银行购入50000美元，银行当日的美元卖出价为$1=¥8.30，当日市场汇率$1=¥8.40。分录如下：

借：银行存款——美元户　　　　　　　　　　415000（$50000×8.30）
　　财务费用——汇兑差额　　　　　　　　　　5000
　　贷：银行存款——人民币　　　　　　　　　420000（$50000×8.40）

（4）接受外币资本投资的核算。企业在接受外商投资时，按收到外币款项时的市场汇率将外币折算为记账本位币入账，对于实收资本账户如何折算，现行会计制度规定，应区别不同情况处理：①在投资合同中对外币资本投资有约定汇率的情况下，按照合同中约定的汇率进行折算，以折算金额作为实收资本的金额入账。外币资本按约定汇率折算的金额与按收到时市场汇率折算的金额之间的差额，作为资本公积处理。②在投资合同中对外币资本投资没有约定汇率的情况下，按收到外币款项时的市场汇率进行折算。

【例2-14】甲公司接受外方投资400000美元，收到外币款项时的市场汇率为$1=¥8.25，投资合同规定的汇率为$1=¥8.00。分录如下：

借：银行存款——美元户　　　　　　　　　3300000（$400000×8.25）
　　贷：实收资本　　　　　　　　　　　　3200000（$400000×8.00）
　　　　资本公积　　　　　　　　　　　　100000

## 三、汇兑损益的核算

汇兑损益是指企业各种外币账户由于外币汇率变动而产生的外币折合为记账本位币的差额，它主要产生于以下两种情形：

第一，在外币兑换业务中由于记账本位币户采用挂牌汇率折算、外币户采用市场汇率折算而产生的外币折合为记账本位币的差额形成的汇兑损益。

第二，会计期末形成的汇兑损益。按照现行会计制度的规定，在会计期间（月度、季度、年度）终了时对各外币账户的外币期末余额，应按期末市场汇率折算为记账本位币金额，该金额与账面记账本位币余额的差额形成汇兑损益。如某企业6月30日"银行存款——美元户"账面美元余额为$10000，账面人民币余额为¥86000，当日中国人民银行公布的市场汇率为$1=¥8.72。则该外币户产生$10000×8.72-¥86000=¥1200

的汇兑损益。

对于企业的各种外币资产账户，当汇率上升时会形成本企业的汇兑收益，当汇率下降时会形成本企业的汇兑损失；对于企业各外币负债账户，当汇率上升时会形成本企业的汇兑损失，当汇率下降时会形成本企业的汇兑收益。

企业形成的汇兑损益，应区别不同情况进行账务处理：若汇兑损益发生在企业筹建期间，应计入"开办费"；若汇兑损益发生在生产经营期间，应计入"财务费用"；与购建固定资产有关的汇兑损益，在资产尚未验收交付使用前，计入相关资产的购建成本，在验收交付使用之后，计入当期损益。

【例2－15】某公司4月30日银行美元户余额60000美元，应收账款（A公司）美元户余额20000美元，应付账款（B公司）美元户余额4000美元。4月30日市场汇率为1∶8.23。该公司以人民币作为记账本位币，采用当日汇率作为折合率；5月31日美元市场汇率1∶8.27。

（1）5月5日，企业收回A公司前欠款20000美元存入银行，当日市场汇率1∶8.24。

（2）5月9日，企业向C公司销售商品8000美元，货款未收到，当日市场汇率1∶8.25。

（3）5月28日，以美元存款偿还前欠B公司货款4000美元，当日市场汇率1∶8.25。

（4）月末，调整各外币账户的人民币余额，计算汇兑损益。

要求，根据上述经济业务，编制相应的会计分录。

分录如下：

（1）借：银行存款——美元户　　　　　　　164800（$20000×8.24）
　　　　贷：应收账款——A公司美元　　　　　164600（$20000×8.23）
　　　　　　财务费用　　　　　　　　　　　　　200

（2）借：应收账款——C公司美元　　　　　　66000（$8000×8.25）
　　　　贷：主营业务收入　　　　　　　　　　66000

（3）借：应付账款——B公司美元　　　　　　32920（$4000×8.23）
　　　　　财务费用　　　　　　　　　　　　　80
　　　　贷：银行存款——美元户　　　　　　　33000（$4000×8.25）

（4）5月31日：

美元余额=60000+（1）20000－（3）4000=76000（美元）

人民币余额=60000×8.23+20000×8.24－4000×8.25=625600（元）

以当日汇率折算人民币余额=76000×8.27=628520（元）

银行存款汇兑差额=628520－625600=2920（元）

借：银行存款——美元　　　　　　　　　　　2920
　　贷：财务费用　　　　　　　　　　　　　　2920

应收账款A公司余额0元

应付账款B公司余额0元

应收账款C公司汇兑损益=8000×（8.27－8.25）=160（元）

借：应收账款——C公司美元　　　　　　　　160
　　贷：财务费用　　　　　　　　　　　　　　160

# 习 题

## 一、单选题

1. 下列项目中，应通过银行转账结算的是（   ）。

A. 某职员甲的个人津贴　　　　　　B. 结算起点 1000 元以上的支出

C. 出差人员预支的差旅费　　　　　D. 个人的劳务报酬

2. 下列项目中，不属于货币资金的是（   ）。

A. 银行存款　　　　　　　　　　　B. 其他货币资金

C. 预付账款　　　　　　　　　　　D. 库存现金

3. 企业在现金清查中发现现金短缺，在未经批准处理前，应贷记"库存现金"科目，借记（   ）科目。

A. 财务费用　　　　　　　　　　　B. 管理费用

C. 待处理财产损溢　　　　　　　　D. 营业外支出

4. 存款人办理日常转账结算和库存现金支取的账户属于（   ）。

A. 一般存款账户　　　　　　　　　B. 基本存款账户

C. 临时存款账户　　　　　　　　　D. 专用存款账户

5. 根据《支付结算办法》规定，支票的提示付款期限为（   ）。

A. 自出票日起 10 日　　　　　　　B. 自出票日起 1 个月

C. 自出票日起 6 个月　　　　　　　D. 自出票日起 2 个月

6. 对于银行已收款而企业尚未入账的未达账项，企业应做的处理为（   ）。

A. 以"银行对账单"为原始凭证将该业务入账

B. 根据"银行存款余额调节表"自制原始凭证入账

C. 在编制"银行存款余额调节表"的同时入账

D. 待有关结算凭证到达后入账

7. 企业对于现金清查中发现的确实无法查明原因的长款，应该将其计入（   ）。

A. 营业外收入　　　　　　　　　　B. 其他业务收入

C. 资本公积　　　　　　　　　　　D. 盈余公积

8. 下列项目中，不属于其他货币资金的是（   ）。

A. 银行汇票存款　　　　　　　　　B. 银行本票存款

C. 信用卡存款　　　　　　　　　　D. 专用账户存款

9. 下列各类款项，适用于托收承付结算方式的是（   ）。

A. 代销商品的款项　　　　　　　　B. 寄销商品的款项

C. 赊销商品的款项　　　　　　　　D. 因商品交易而产生的款项

10. 经过"银行存款余额调节表"调整后的银行存款余额为（   ）。

A. 企业账上的银行存款余额　　　　　B. 银行账上的企业存款余额

C. 企业可动用的银行存款余额　　　　D. 企业应当在会计报表上反映的银行存款余额

## 二、多选题

1. 根据《现金管理暂行条例》规定，下列项目中不能用现金直接支付的是（　　）。

A. 购买单价6000元的电子计算机20台

B. 张某出差预借现金1000元

C. 向某农户收购价值2000元的农产品

D. 向某公司购进价值5000元的原材料

2. 下列事项中符合《现金管理暂行条例》规定的有（　　）。

A. 将符合库存现金限额部分的现金当日送存银行

B. 坐支现金2000元

C. 会计人员和出纳人员定期或不定期地核对账目

D. 开出金额为50000元的空头支票

3. 未达账项包括（　　）。

A. 企业已收银行未收的款项　　　　B. 银行已付企业未付的款项

C. 企业银行均未收的款项　　　　　D. 企业已付银行未付的款项

4. 其他货币资金包括（　　）。

A. 外埠存款　　　　　　　　　　　B. 信用卡存款

C. 存出投资款　　　　　　　　　　D. 银行本票存款

5. 如果企业存款日记账小于银行对账单余额，在没有记账错误的情况下，则可能存在的未达账项是（　　）。

A. 银行已付企业未付的款项　　　　B. 银行已收企业未收的款项

C. 企业已收银行未收的款项　　　　D. 企业已付银行未付的款项

6. 下列项目中，不通过"其他货币资金"科目核算的有（　　）。

A. 银行承兑汇票　　　　　　　　　B. 备用金

C. 存出投资款　　　　　　　　　　D. 银行汇票存款

7. 按照《银行账户管理办法》规定，银行存款账户分为（　　）。

A. 基本存款账户　　　　　　　　　B. 一般存款账户

C. 临时存款账户　　　　　　　　　D. 专用存款账户

8. 商业汇票按其承兑人的不同，可分为（　　）。

A. 商业承兑汇票　　　　　　　　　B. 银行汇票

C. 银行本票　　　　　　　　　　　D. 银行承兑汇票

9. 企业以外埠存款10000元，购买需要安装设备一台，会计分录由（　　）组成

A. 借：固定资产10000　　　　　　B. 借：在建工程10000

C. 贷：其他货币资金10000　　　　D. 贷：银行存款10000

10. 银行结算方式有下列哪几种（　　）。

A. 支票　　　　　　　　　　　　　B. 银行汇票

C. 委托收款                D. 信用证

## 三、判断题

1. 企业采用银行承兑汇票结算方式购进货物，签发的银行承兑汇票经开户行承兑时，支付的承兑手续费应计入营业外支出。（　）

2. 一般存款户是存款人因办理借款转存或其他结算需要而在基本存款账户开户银行以外的银行机构开立的银行结算账户。（　）

3. 银行汇票的提示付款期限为自出票日起 20 天内。（　）

4. 商业汇票由银行承兑。（　）

5. 汇率的标价方法分为直接标价法和间接标价法。（　）

6. 企业可以采用业务发生时的市场汇率作为外币业务的折合汇率，也可以采用业务发生当期期初的市场汇率作为外币业务的折合汇率。（　）

7. 若汇兑损益发生在企业筹建期间，应计入"财务费用"。（　）

8. 未达账项是指企业与银行之间由于凭证传递上的时间差，一方已登记入账而另一方尚未入账的账项。（　）

9. 企业采用托收承付结算的款项，必须是商品交易，以及因商品交易而产生的劳务供应的款项。（　）

10. 企业的银行存款日记账和银行存款总账均由出纳员负责登记与管理。（　）

## 四、计算分析题

1. 甲公司 2016 年 9 月 30 日银行存款日记账余额为 15388 元，银行对账单余额为 15132 元，经核对，发现下列情况：

（1）9 月 28 日企业开出金额为 728 元的转账支票，持票人尚未到银行转账。

（2）9 月 29 日银行代收货款 1695 元，转入企业账户，但企业尚未接到通知。

（3）9 月 29 日银行结算企业借款利息 83 元，企业尚未收到通知。

（4）9 月 30 日企业收到 C 公司 2596 元支票，当日送存银行但银行尚未入账。

要求：编制 9 月份银行存款余额调节表。

2. 请将以下业务编成会计分录：

（1）甲公司向银行购买外汇 20000 美元，当日银行卖出价为 $ 1 = ￥8.40，当日市场汇率为 $ 1 = ￥8.35。

（2）甲公司接受外方投资，金额为 800000 美元，投资合同约定汇率为 $ 1 = ￥8.30，当日市场汇率为 $ 1 = ￥8.25。

3. 甲公司外币交易采用业务发生时的市场汇率进行折算，并按月计算汇兑损益。2014 年 7 月 31 日，市场汇率为 1 美元 = 6.80 元人民币。有关外币账户期末余额如表 2 - 3 所示。

甲公司 8 月份发生如下外币业务：

A. 8 月 2 日，甲公司因进口商品向银行购入 4000 美元。银行当日美元卖出价为 1 美元 = 6.84 元人民币，当日市场汇率为 1 美元 = 6.82 元人民币。

表 2 - 3　外币账户期末余额

| 项目 | 外币余额（美元） | 记账本位币余额（元人民币） |
| --- | --- | --- |
| 银行存款 | 197000 | 1339600 |
| 应收账款 | 420000 | 2856000 |
| 应付账款 | 60000 | 408000 |

B. 8 月 5 日，甲公司从国外进口原材料一批入库，价款共计 200000 美元，款项用外币存款支付，当日的市场汇率为 1 美元 = 6.82 元人民币。

C. 8 月 12 日，甲公司对外销售产品 1000 件，每件单价 230 美元，当日的市场汇率为 1 美元 = 6.85 元人民币，款项尚未支付。

D. 8 月 22 日，收到 12 日销售商品款项 250000 美元，当日的市场汇率为 1 美元 = 6.80 元人民币。

E. 8 月 31 日，从国外进口原材料一批，价款共计 180000 美元，当日的市场汇率为 1 美元 = 6.82 元人民币，款项尚未支付。

要求：

（1）假设不考虑税费，对以上项目进行账务处理。

（2）计算银行存款（美元户）的期末汇兑损益。

# 第三章

# 应收及预付款项

📖 **章首案例**

## 四川长虹的应收账款危机

四川长虹是 1988 年 6 月由国营长虹机器厂独家发起并控股成立的股份制试点企业。1994 年 3 月 11 日，在上海 A 股上市。上市后长虹的净资产从 3950 万元迅猛扩张到 133 亿元。

四川长虹上市之初的好景并没有持续太长，从 1998 年开始，彩电价格战愈演愈烈，使彩电业的利润很快被稀释掉，而且市场上已出现了供大于求的局面，此时四川长虹的经营业绩开始直线下降。为遏制经营业绩下滑以及由此而带来的股价下跌，2001 年 2 月，长虹集团选择了走海外扩张之路，力求成为"全球彩电霸主"，欲为公司寻找一个新的利润来源。

经过数次赴美考察，四川长虹选择与美国 Apex Digital Inc. 公司达成海外销售协议。

从 2001 年 7 月开始将彩电发向海外，由 Apex 公司在美国直接提货。然而彩电发出去了，货款却未收回。

按照出口合同规定，Apex 公司收到货后 90 天内就应该付款，否则长虹方面就有权拒绝发货。然而，四川长虹一方面提出对账的要求，另一方面却继续发货。2003 年底，四川长虹应收账款的期末余额高达 50.84 亿元，而在这笔巨额应收账款中，仅 Apex 公司一家的欠款就占 87.55%。

公司 2003 年年报应收 Apex 公司的欠款不仅比 2003 年初时增加了 6.22 亿元，同时还出现了 9.34 亿元一年以上账龄的欠款。四川长虹虽已为此计提了 9338 万元的坏账准备，但应收账款给公司带来的风险已经开始显现。

2004 年 12 月 28 日，四川长虹终于发布了年度预亏性公告。在公告中首次承认，受应收账款计提和短期投资损失的影响，预计 2004 年度将出现大的亏损。

截至 2004 年底，公司对 Apex 公司所欠货款按个别认定法计提坏账准备的金额约为 22.36 亿元，该项会计估计变更对 2004 年利润总额的影响数约为 22.36 亿元。同时，截至年报披露日，公司逾期未收回的理财本金和收益累计为 1.83 亿元。

2005 年 4 月，四川长虹披露的年报报出上市以来的首次亏损，2004 年全年实现主营业务收入 115.38 亿元，同比下降 18.36%。全年亏损 36.81 亿元，每股收益 −1.701 元。

由此案可以看出应收账款在企业经营过程中的重要性。

应收及预付款项是指企业在销售商品及提供劳务等经济活动中形成的短期债权，它是企业在短期内即可直接变现或换取存货的一种货币性流动资产，是企业未来现金流入的重要来源，主要包括应收账款、应收票据、预付账款及其他应收款。

# 第一节 应收账款

## 一、应收账款的范围

应收账款是企业对外销售商品、产品及提供劳务等主要经营业务而应向客户收取的款项。会计上所指的应收账款有其特定的范围。首先，应收账款是指因销售活动形成的债权，不包括应收职工欠款、应收债务人的利息等其他应收款；其次，应收账款是指流动资产性质的债权，不包括长期的债权，如购买的长期债券等；最后，应收账款是指本企业应收客户的款项，不包括本企业付出的各类存出保证金，如投标保证金和租入包装物保证金等。应收账款应于收入实现时予以确认。关于收入实现的具体条件将在第十二章再作介绍。

## 二、应收账款的计价

所谓应收账款计价，即确认应收账款的入账金额，并合理估计其可收回的金额。应收账款一般按买卖成交时的实际发生额计价，但企业为扩大销售或及时回笼货款，往往会实行一定的折扣优惠，有的商品、产品企业虽已售出，但因种种原因又被客户退回或需要折让等。

## 三、应收账款的核算

### 1. 商业折扣的核算

商业折扣往往发生在销售时，它既适用于现销又适用于赊销。商业折扣是指企业为促进商品销售而在商品标价上给予的扣除。商业折扣是企业采用销量越多价格越低的促销策略。商业折扣通常在交易发生时已经确定，它仅仅是确定商品实际销售价格的手段，在销售发票上并不予以反映。因此，在存在商业折扣的情况下，应收账款的入账金额应按扣除商业折扣以后的实际售价确认，这样在会计核算上就不需要予以反映。

### 2. 现金折扣的核算

现金折扣往往用于赊销的情形，企业在赊销产品或商品后，为了能早日收回货款往往采用现金折扣的方式。现金折扣是指债权人为鼓励债务人在规定的期限内付款而向债务人提供的优惠条件。企业赊销产品或商品后，为了鼓励客户提前偿还货款，通常与债务人达成协议，债务人在不同期限内付款，可享受不同比例的折扣。现金折扣一般用符号"折扣/期限"表示。如买方在10天内付款可按售价给予5%的折扣，用符号"5/10"表示；在20天内付款可按售价给予3%的折扣，用符号"3/20"表示；在30天内付款，则不给折扣，用符号"n/30"表示。由此可见，现金折扣实质上是销货方为了尽快回笼资金而发生的理财费用。由于现金折扣在商品销售以后才发生，因此，应收账款应按销售时发生的收入入账。企业实际发生现金折扣时，再将其列入"财务费用"账户。

采用现金折扣方式，购销双方应事先订立合同，作为落实现金折扣的依据。销货单位对于销售收入的入账金额核算方法有净价法和总价法，我国要求采用总价法。总价法是以未减去现金折扣前的售价作为产品销售收入入账。

**【例3-1】** 甲公司对赊销产品给予现金折扣优惠，其折扣条件为："2/10、1/20、n/30"。

（1）2月1日，赊销给B公司产品一批，货款30000元，增值税额5100元，作分录如下：

借：应收账款——B公司　　　　　　　　　　　　　　　　　　　35100
　　贷：主营业务收入　　　　　　　　　　　　　　　　　　　　　30000
　　　　应交税费——应交增值税（销项税额）　　　　　　　　　　 5100

（2）2月8日，收到B公司转账支票一张，金额34500（30000×98%+5100）元，系支付赊购产品的货款及增值税额，作分录如下：

借：银行存款　　　　　　　　　　　　　　　　　　　　　　　　34500
　　财务费用　　　　　　　　　　　　　　　　　　　　　　　　　 600
　　贷：应收账款——B公司　　　　　　　　　　　　　　　　　　35100

### 3. 销售折让的核算

销售折让是指企业因售出商品的质量不合格等原因而在售价上给予购货方的减让。企业发生销售折让时，应冲减当期的销售收入和销项税额。

企业在经营过程中由于生产、保管等方面的原因使售出的产品或商品在质量上存在问题时，为了使商品得以销售，避免徒劳的往返运输，销货单位可以采取给予购货单位销货折让的方式解决。

**【例3-2】** A公司发生下列有关的经济业务：

（1）9月1日，销售给C公司产品1000件，每件12元，共计货款12000元，增值税额2040元，以转账支票垫付运杂费150元，已向银行办妥托收手续，作分录如下：

借：应收账款——C公司　　　　　　　　　　　　　　　　　　　14190
　　贷：主营业务收入　　　　　　　　　　　　　　　　　　　　　12000
　　　　应交税费——应交增值税（销项税额）　　　　　　　　　　 2040
　　　　银行存款　　　　　　　　　　　　　　　　　　　　　　　 150

（2）9月14日，C公司验收产品时，发现不符合合同要求，并拒付货款。经联系后，

A公司决定给予对方5%的销售折让，并收到对方汇来的账款13488元，作分录如下：

借：主营业务收入　　　　　　　　　　　　　　　　　600
　　应交税费——应交增值税（销项税额）　　　　　　102
　　银行存款　　　　　　　　　　　　　　　　　　13488
　贷：应收账款——C公司　　　　　　　　　　　　14190

# 第二节　应收票据

和应收账款一样，应收票据也属于企业的资产之一。应收票据是指企业持有的、尚未到期兑现的商业票据。是一种载有一定付款日期、付款地点、付款金额和付款人的无条件支付的流通证券，也是一种可以由持票人自由转让给他人的债权凭证。

## 一、应收票据概述

应收票据是指企业持有的尚未到期兑现的票据，在我国会计实务中，支票、银行本票、银行汇票均为见票即付的票据，无须将其列为应收票据予以处理，因此，我国企业的应收票据是指企业持有的尚未到期兑现的商业汇票。由于我国商业汇票的最长期限为6个月，因此商业汇票是收款企业的一种短期债权，故作为企业的一项流动资产。

商业汇票按是否计息可分为不带息商业汇票和带息商业汇票。不带息商业汇票，是指商业汇票到期时，承兑人只按票面金额向收款人或被背书人支付款项的汇票。带息商业汇票是指商业汇票到期时，承兑人必须按票面金额加上应计利息向收款人或被背书人支付票款的汇票。

### 1. 应收票据的计价

在我国，企业收到应收票据时，应按照票据的面值入账。但对于带息的应收票据，按照现行制度的规定，应于期末（指中期期末和年度终了）按应收票据的票面价值和确定的利率计提利息，计提的利息应增加应收票据的账面价值。

相对于应收账款来讲，应收票据（尤其是银行承兑汇票）发生坏账的风险比较小，因此，一般不对应收票据计提坏账准备。超过承兑期收不回的应收票据应转作应收账款，可对应收账款计提坏账准备。

### 2. 应收票据利息及到期值的计算

票据利息 = 票据面值 × 票面利率 × 时间（到期天数 ÷ 360；到期月数 ÷ 12）

票据到期值 = 票据面值 × （1 + 票面利率 × 时间）

以上票面利率一般为年利率，票据时间（出票日至到期日的时间间隔）计算应区别以下情况：

（1）若时间用天数表示，则须采用精确的天数，且出票日和到期日只算一天，即

"算头不算尾，算尾不算头"。如某票据出票日为 8 月 1 日，80 天到期，则到期日为（31 – 1）+ 30 + X = 80，X = 20，即到期日为 10 月 20 日；如某票据的出票日为 5 月 6 日，到期日为 8 月 5 日，则该票据的期限为（31 – 6）+ 30 + 31 + 5 = 91（天）。

（2）若时间用月数表示，则某月的出票日即为到期日。如出票日为 4 月 15 日，3 个月到期，则该票据的到期日为 7 月 15 日。若遇某些特殊月份，且票据是在月末签发的，则按足月计算。如某票据的出票日为 1 月 31 日，一个月到期，则该票据的到期日为 2 月 28 日或 2 月 29 日。

## 二、应收票据的核算

为了反映和监督企业应收票据的取得和回收情况，企业应设置"应收票据"科目进行核算。

### 1. 不带息应收票据的核算

不带息票据的到期价值等于应收票据的面值。企业销售商品或提供劳务收到商业汇票时，借记"应收票据"科目，贷记"主营业务收入""应交税费——应交增值税（销项税额）"等科目。应收票据到期收回时，应按票面金额，借记"银行存款"科目，贷记"应收票据"科目。商业承兑汇票到期，承兑人违约拒付或无力支付票款，企业收到银行退回的商业承兑汇票、委托收款凭证、未付票款通知书或拒绝付款证明等，应将到期票据的票面金额转入"应收账款"科目。

【例 3 – 3】甲公司销售一批产品给 A 公司，货已发出，货款 80000 元，增值税额为 13600 元。按合同约定 5 个月以后付款，A 公司交给甲公司一张不带息 5 个月到期的银行承兑汇票，面额 93600 元。甲公司应作如下会计处理：

借：应收票据——A 公司         93600
  贷：主营业务收入         80000
      应交税费——应交增值税（销项税额）         13600

5 个月后，应收票据到期收回款项 93600 元，存入银行。

借：银行存款         93600
  贷：应收票据——A 公司         93600

如果该票据到期，A 公司无力偿还票款，甲公司应将到期票据的票面金额转入"应收账款"科目。

借：应收账款——A 公司         93600
  贷：应收票据——A 公司         93600

### 2. 带息应收票据的核算

企业收到的带息应收票据，除按照上述原则进行核算外，还应于中期期末和年度终了，按规定计提票据利息，并增加应收票据的票面价值，同时，冲减"财务费用"。带息的应收票据到期收回款项时，应按收到的本息，借记"银行存款"科目，按票面价值，贷记"应收票据"科目，按其差额，贷记"财务费用"科目。

【例3-4】某企业销售一批产品给B公司，货已发出，发票上注明的销售收入为20000元，增值税额3400元，收到B公司交来的商业承兑汇票一张，该汇票出票日为8月5日，到期日为下一年1月15日，票面利率为10%。

（1）收到票据时：

借：应收票据——B公司　　　　　　　　　　　　　　　　　23400
　　贷：主营业务收入　　　　　　　　　　　　　　　　　　　20000
　　　　应交税费——应交增值税（销项税额）　　　　　　　　3400

（2）年度终了（12月31日），计提票据利息。

该票据自出票日到期末（12月31日）的天数=（31-5）+30+31+30+31=148（天），票据利息=23400×10%×148÷360=962（元）。

借：应收票据——B公司　　　　　　　　　　　　　　　　　962
　　贷：财务费用　　　　　　　　　　　　　　　　　　　　　962

（3）票据到期兑现货款时。

12月31日到次年1月15日的天数为15天，票据利息=23400×10%×15÷360=97.50（元）。则票据收回时的会计分录为：

借：银行存款　　　　　　　　　　　　　　　　　　　　　24459.50
　　贷：应收票据——B公司　　　　　　　　　　　　　　　24362
　　　　财务费用　　　　　　　　　　　　　　　　　　　　97.50

## 三、应收票据贴现

企业收到的商业汇票，若在票据到期前出现资金短缺，可以持汇票向其开户银行申请贴现。贴现是指票据持有人将未到期的票据在背书后送交银行，银行受理后从票据到期值中扣除按银行贴现率计算的贴现利息，然后将贴现净额付给持票人，作为银行对企业的短期贷款。票据贴现实质上是企业融通资金的一种形式。

### 1. 票据贴现净额的计算

票据贴现净额的计算可分如下几步进行：

第一步，计算票据的到期值。

第二步，计算票据的贴现天数。贴现天数是指贴现日至到期日之间的天数，其计算方法与票据到期天数的计算相同，但应注意若承兑人在异地，贴现天数应另加3天的划款期。

第三步，计算票据的贴现利息。

贴现利息=到期值×贴现率×贴现天数÷360

第四步，计算票据的贴现净额。

贴现净额=到期值-贴现利息

### 2. 票据贴现的账务处理

企业以应收票据向银行申请贴现时，要区别不带追索权票据贴现和带追索权票据贴现两种情况进行账务处理。所谓不带追索权票据贴现是指申请贴现企业将应收票据到银行贴现后，将应收票据的兑现风险和未来经济利益在贴现之时全部转移给银行，贴现企业对票据到期无法收回的票款不负连带清偿责任。所谓带追索权票据贴现是指申请贴现企业将应收票据到银行贴现后在法律上负有连带清偿责任，即在票据到期日若付款人无力付款，贴现申请人将向银行负连带结清票据款的责任。所以该种票据贴现时，贴现企业存在着潜在的债务，即或有负债。

由于银行承兑汇票的承兑人是银行，它运用的是银行信用，在我国，银行信用很高，企业银行承兑汇票贴现业务或有负债发生的可能性可以说不存在。但商业承兑汇票的承兑人是付款人，它运用的是商业信用，企业将商业承兑汇票向银行贴现之后，若付款人不能按时付款，则贴现企业就将负连带清偿责任。

（1）不带追索权票据贴现的账务处理。不带追索权票据贴现时，企业应按实际收到的贴现净额借记"银行存款"科目，按贴现票据的贴现净额贷记"应收票据"科目，两者之差借记或贷记"财务费用"科目。

【例3-5】2016年5月8日，企业将出票日期为3月15日、期限为5个月、面值为10000元的不带息银行承兑汇票一张到银行贴现，假设该企业与承兑企业在同一票据交换区域内，银行年贴现率为10%。

因属于不带息票据，故该票据的到期值即为其面值。

该票据到期日为8月15日，其贴现天数 = （31 - 8）+ 30 + 31 + 15 = 99（天）。

贴现息 = 10000 × 10% × 99 ÷ 360 = 275（元）

贴现净额 = 10000 - 275 = 9725（元）

有关会计处理如下：

| | | |
|---|---|---|
| 借：银行存款 | 9725 | |
| 　　财务费用 | 275 | |
| 　　贷：应收票据 | | 10000 |

（2）带追索权票据贴现的账务处理。带追索权票据贴现时，企业应按实际收到的贴现净额借记"银行存款"科目，按贴现票据的到期值贷记"短期借款"科目，两者之差借记或贷记"财务费用"科目。带追索权票据贴现后，仍需按期计提利息，计提利息时借记"应收票据"科目，贷记"财务费用"科目。

【例3-6】仍以【例3-5】资料为例，假设贴现的是商业承兑汇票，则企业可以编制如下分录：

（1）贴现时：

| | | |
|---|---|---|
| 借：银行存款 | 9725 | |
| 　　财务费用 | 275 | |
| 　　贷：短期借款 | | 10000 |

（2）票据到期时：

| 借：短期借款 | 10000 |
| 　贷：银行存款 | 10000 |
| 借：应收账款 | 10000 |
| 　贷：应收票据 | 10000 |

## 四、票据转让

企业可以将自己持有的商业汇票背书转让，背书是指持票人在票据背面签字，签字人称为背书人，背书人对商业承兑汇票的到期付款负连带责任。

企业将持有的应收票据背书转让，以取得所需物资时，按应计入物资成本的价值，借记"在途物资""原材料"等科目，按取得的专用发票上注明的增值税，借记"应交税费——应交增值税（进项税额）"科目，按应收票据的账面价值，贷记"应收票据"科目，如有差额，借记或贷记"银行存款"等科目。

## 五、应收票据登记簿

企业应设置"应收票据登记簿"，逐笔登记每张票据的种类、号数、票据金额、出票日期、交易合同号、付款人、承兑人、背书人的姓名或单位、到期日期和利率、贴现日期、贴现率和贴现净额及收款日期和收款金额等。应收票据到期结算后，应在登记簿内逐笔注销。"应收票据登记簿"一般格式如表 3 - 1 所示。

表 3 - 1　应收票据登记簿

| 登记日期 | 出票人 | 付款银行 | 票据日期 | 有效时间 | 到期日 | 票据面值 | 利息 | | 贴现 | | 收款日期 | 备注 | 注销日期 |
|---|---|---|---|---|---|---|---|---|---|---|---|---|---|
| | | | | | | | 利率 | 金额 | 银行存款 | 金额 | | | |
| | | | | | | | | | | | | | |

# 第三节　预付账款及其他应收款

## 一、预付账款

预付账款是指企业按照购货合同或劳务合同规定，预先支付给供货方或提供劳务方的账款。

对购货企业来讲，预付账款属于其短期债权，是企业的流动资产。为加强对预付账款的管理，一般应单独设置会计科目进行核算，预付账款不多的企业，也可以将预付的账款记入"应付账款"科目的借方。但在编制会计报表时，仍然要将"预付账款"和"应付账款"的金额分开报告。

企业按购货合同的规定预付货款时，按预付金额借记"预付账款"科目，贷记"银行存款"科目。企业收到预定的货物时，应根据发票账单等列明的应计入购入货物成本的金额，借记"原材料"等科目，按专用发票上注明的增值税，借记"应交税费——应交增值税（进项税额）"科目，按应付的金额，贷记"预付账款"科目。

## 二、其他应收款

其他应收款是指除应收票据、应收账款和预付账款以外的其他各种应收、暂付款项，包括各种应收的赔款、罚款、存出保证金以及应向职工收取的各种款项。主要包括预付给企业内部单位或个人的备用金；应收保险公司或其他单位和个人的各种赔款；应收的各种罚款；应收出租包装物的租金；存出的保证金；应向职工收取的各种垫付款项；应收、暂付上级单位或所属单位的款项等。

企业在核算其他应收款项时，应设置"其他应收款"科目，并按其他应收款的项目分类，按不同的债务人设置明细账。

企业发生其他应收款时，按应收金额借记"其他应收款"科目，贷记有关科目。收回各种款项时，借记有关科目，贷记"其他应收款"科目。

### 1. 其他应收款备用金业务的核算

备用金是指企业预付给内部所属用款单位或职工个人以备日常零星开支并事后凭单据报销的款项。

备用金的核算应在"其他应收款"下设置备用金二级账户，备用金业务多的企业，也可直接将"备用金"作为一级账户，备用金的管理，一般有定额预付制和非定额预付制两种方法。

（1）备用金定额预付制。定额预付制是对经常使用备用金的部门和人员按核定数额领取备用金，用后凭单据报销，财务部门按实际报销数补足定额的备用金管理制度。

【例3－7】某工业企业一车间按核定定额向财会部门领取备用金5000元，使用后一车间到财会部门报销车间日常开支单据2500元，则：

1）领取备用金时：

借：其他应收款——备用金——一车间         5000
 贷：库存现金             5000

2）报销单据时：

借：制造费用              2500
 贷：库存现金             2500

（2）备用金非定额预付制。非定额预付是指企业对临时需要备用金的部门和人员实行的按需要预付、凭单据报销、余额退回的备用金管理制度。

【例3－8】仍以【例3－7】资料为例。

1）领取备用金时，分录同上。

2）报销单据时：

借：制造费用　　　　　　　　　　　　　　　　　　　　2500

　　库存现金　　　　　　　　　　　　　　　　　　　　2500

　　　贷：其他应收款——备用金——一车间　　　　　　　　　　5000

**2. 其他应收款一般业务的核算**

【例3－9】企业租入甲公司包装物，用转账支票支付包装物押金10000元。

借：其他应收款——甲公司　　　　　　　　　　　　　10000

　　　贷：银行存款　　　　　　　　　　　　　　　　　　　10000

若通过银行回收以上包装物押金，则：

借：银行存款　　　　　　　　　　　　　　　　　　　10000

　　　贷：其他应收款——甲公司　　　　　　　　　　　　　　10000

# 第四节　应收款项减值

　　企业应当在资产负债表日对应收款项的账面价值进行检查，有客观证据表明该应收款项发生减值的，应当将该应收款项的账面价值减记至预计未来现金流量现值，减记的金额确认减值损失，计提坏账准备。

　　坏账是指企业无法收回或收回的可能性极小的应收账款。由于发生坏账而产生的损失，称为坏账损失。

## 一、坏账损失的确认

　　企业确认坏账时，应根据财务报告的目标，遵循会计核算的基本原则，具体分析各应收账款的特性、金额的大小、信用期限、债务人的信誉和当时的经营情况等因素。一般来讲，符合下列标准的，应确认为坏账：债务人死亡，以其遗产清偿后仍然无法收回；债务人破产，以其破产财产清偿后仍然无法收回；债务人较长时期内未履行其偿债义务，并有足够证据表明无法收回或收回的可能性极小。

　　对企业已确认为坏账的应收账款，企业并未放弃其追索权，一旦重新收回，应及时入账。

## 二、坏账损失的核算

　　为了核算企业应收款项发生的资产减值，应设置"坏账准备"和"资产减值损失"

科目进行核算。

"坏账准备"科目是资产类科目，是"应收账款"等账户的抵减科目，用以核算坏账准备计提、转销等情况。企业提取坏账准备时，计入该科目贷方，实际发生坏账损失转销时，计入该科目借方，期末余额一般在贷方，表示已经提取尚未冲销的坏账准备。

"资产减值损失"科目是损益类科目，主要用于核算企业计提的各项资产减值损失。该科目借方登记资产发生的减值；贷方登记企业计提各项资产减值准备后，相关资产的价值又得以恢复的，在原已计提的减值准备内恢复增加的金额。期末，应将本账户的余额转入"本年利润"科目，结转后本科目无余额。

坏账损失的核算一般有直接转销法和备抵法两种方法，新《企业会计准则》要求采用备抵法核算。根据一定比例预提坏账准备，以备实际发生坏账时用以抵偿坏账损失。这种方法一般适用于应收款项较多，容易发生坏账损失的企业。由于企业的坏账损失与企业销售商品而产生的应收款项有直接的联系，当期发生的销售业务，一般在后期才会发生坏账损失，而发生坏账时，却列入后期的管理费用，这样显然是不合理的。为了使收入与费用相配比，应收款项较多的企业采取了预提坏账准备金的方法。

**1. 直接转销法**

直接转销法是指在坏账实际发生时，确认坏账损失，计入期间费用，并转销相应的应收账款的一种核算方法。

在直接转销法下，当企业发生坏账损失时，直接将坏账损失金额，借记"资产减值损失"科目，贷记"应收账款"科目。如果已冲销的应收账款以后又收回的，则先借记"应收账款"科目，贷记"资产减值损失"，以恢复企业债权并冲减资产减值损失；然后借记"银行存款"科目，贷记"应收账款"科目，以反映账款收回情况。

【例3-10】某企业因经营不善破产，所欠本企业货款9000元已无法收回，确认为坏账。

  借：资产减值损失             9000
    贷：应收账款             9000

【例3-11】经追索，企业收回已确认为坏账的B公司所欠货款30000元。

  借：应收账款——B公司          30000
    贷：资产减值损失          30000

同时：

  借：银行存款             30000
    贷：应收账款——B公司        30000

直接转销法的优点是账务处理比较简单，缺点是不符合权责发生制原则与配比原则。

**2. 备抵法**

备抵法是指按期估计坏账损失，计入期间费用，并形成坏账准备，当应收账款被确认为坏账时，根据其金额冲减坏账准备，同时冲销相应的应收账款金额的一种核算方法。这种方法的优点：一是可将预计不能收回的应收账款及时作为坏账损失入账，较好地贯彻权责发生制原则和配比原则，避免企业虚盈实亏。二是便于估算应收账款的可变现净值，以真实反映企业的财务状况。对股份有限公司的坏账损失，按规定只能采用备抵法核算。

在备抵法下，企业需设置"坏账准备"科目。计提坏账准备时，借记"资产减值损失"科目，贷记"坏账准备"科目；实际发生坏账时，借记"坏账准备"科目，贷记"应收账款"科目。如果已确认并转销的坏账以后又收回，则应按收回的金额，借记"应收账款"科目，贷记"坏账准备"科目，以恢复企业债权并冲回已转销的坏账准备金额；同时，借记"银行存款"科目，贷记"应收账款"科目，以反映账款收回的情况。

企业按备抵法进行坏账核算时，坏账准备计提金额的计算方法主要有以下四种：

第一，应收账款余额百分比法。应收账款余额百分比法是根据会计期末应收账款的余额和坏账计提比例估计坏账损失，计提坏账准备的方法。会计期末，企业应提取的坏账准备大于其账面余额的，按其差额提取；应提取的坏账准备小于其账面余额的，按其差额冲回多提的坏账准备。

【例3-12】假定某企业坏账损失的核算从2014年开始采用备抵法，2014年末应收账款余额为500000元，按3‰估计坏账损失。2015年发生坏账1300元，其中A企业1000元，B企业300元，年末应收账款余额为600000元。2016年收回上年已注销的B企业坏账300元，年末应收账款余额为450000元，则各年有关坏账损失的核算如下：

（1）2014年末计提坏账准备时：

借：资产减值损失　　　　　　　　　　　　　　　　　　　　　1500
　　　贷：坏账准备　　　　　　　　　　　　　　　　　　　　　　　1500

（2）2015年1300元的应收账款无法收回，按有关规定确认为坏账损失。

借：坏账准备　　　　　　　　　　　　　　　　　　　　　　　1300
　　　贷：应收账款——A企业　　　　　　　　　　　　　　　　　　1000
　　　　　　　　　——B企业　　　　　　　　　　　　　　　　　　 300

2015年12月31日，该企业应收账款余额为600000元。

本年末坏账准备余额应为：$600000 \times 3‰ = 1800$（元）

年末计提坏账准备前，"坏账准备"科目的账面余额为：$1500 - 1300 = 200$（元）

本年度应补提的坏账准备金额：$1800 - 200 = 1600$（元）

则2015年末坏账准备的计提分录如下：

借：资产减值损失　　　　　　　　　　　　　　　　　　　　　1600
　　　贷：坏账准备　　　　　　　　　　　　　　　　　　　　　　　1600

（3）2016年，上年度已冲销的B企业300元坏账又收回时：

借：应收账款——B企业　　　　　　　　　　　　　　　　　　 300
　　　贷：坏账准备　　　　　　　　　　　　　　　　　　　　　　　 300
借：银行存款　　　　　　　　　　　　　　　　　　　　　　　 300
　　　贷：应收账款——B企业　　　　　　　　　　　　　　　　　　 300

2016年12月31日，企业应收账款余额为450000元。

本年末坏账准备余额应为：$450000 \times 3‰ = 1350$（元）

年末"坏账准备"科目账面余额为：$1800 + 300 = 2100$（元）

本年度应冲销多提的坏账准备金额为：$2100 - 1350 = 750$（元）

则 2016 年末的坏账准备转销分录如下：

借：坏账准备                750

  贷：资产减值损失             750

第二，赊销百分比法。赊销百分比法是以赊销金额的一定百分比估计坏账损失的方法。百分比一般根据以往的经验，按照赊销金额中平均发生坏账损失的比率计算确定。如根据以前经验，企业每 10000 元的赊销额中估计会有 500 元不能收回，若某企业全年销售额为 500000 元，则该企业全年应估计坏账损失：

$$500000 \div 10000 \times 500 = 25000（元）$$

年末应作会计分录为：

借：资产减值损失             25000

  贷：坏账准备             25000

由于计提的坏账准备只是一个估计数，估计坏账的百分比与实际发生坏账的百分比往往不一致，且年末无须调整坏账准备，这样就会使坏账准备的余额有时会过高，多计费用，使当期收益偏低，有时会过低；少计费用，使当期收益偏高。所以若坏账估计过高或过低时，就应及时调整估计百分比。

第三，账龄分析法。账龄分析法是根据应收账款账龄时间的长短来估计坏账损失的方法。这里所说的账龄是指客户所欠货款超过结算期的时间。一般情况下，账龄越长，应收账款收不回的可能性就越大，应提的坏账准备也就越多。采用该法能比较客观地反映应收账款的估计可变现净值。

应收账款账龄分析及坏账损失金额的估计可采用表 3 - 2、表 3 - 3 的形式来进行。

**表 3 - 2 应收账款账龄分析表**

2014 年 12 月 31 日

| 客户名称 | 账面余额 | 未到期应收账款 | 被拖欠情况 | | | |
| --- | --- | --- | --- | --- | --- | --- |
| | | | 过期 1 个月 | 过期 2 个月 | 过期 3 个月 | 过期 4 个月 |
| A | 10000 | 10000 | | | | |
| B | 50000 | | 30000 | 20000 | | |
| C | 60000 | 30000 | | | 30000 | |
| D | 80000 | | | | | 80000 |
| 合计 | 200000 | 40000 | 30000 | 20000 | 30000 | 80000 |
| 占应收账款总额 | | 20% | 15% | 10% | 10% | 40% |

**表 3 - 3 坏账损失估计计算**

2014 年 12 月 31 日

| 账龄 | 应收账款金额 | 估计损失百分比（%） | 估计损失金额 |
| --- | --- | --- | --- |
| 未到期 | 40000 | 1 | 400 |
| 过期 1 个月 | 30000 | 2 | 600 |

续表

| 账龄 | 应收账款金额 | 估计损失百分比（%） | 估计损失金额 |
|---|---|---|---|
| 过期 2 个月 | 20000 | 5 | 1000 |
| 过期 3 个月 | 30000 | 10 | 3000 |
| 过期 4 个月 | 80000 | 30 | 24000 |
| 合计 | 200000 | | 29000 |

采用账龄分析法计算出的坏账准备金额应与原账面余额进行比较，其账务处理方法与应收账款余额百分比法相似。

**【例 3 - 13】** 据以上账龄分析，某公司 2014 年 12 月 31 日应反映在资产负债表上的余额只能是 29000 元，若该公司 12 月 31 日"坏账准备"账面余额为贷方余额 27000 元，则 12 月末坏账准备计提分录：

 借：资产减值损失              2000
  贷：坏账准备               2000

若 12 月 31 日该公司"坏账准备"账面余额为借方余额 1000 元，则 12 月末坏账准备计提分录：

 借：资产减值损失             30000
  贷：坏账准备              30000

若 12 月 31 日该公司"坏账准备"账面余额为贷方余额 32000 元，则 12 月末须冲销多余的坏账准备计提分录：

 借：坏账准备               3000
  贷：资产减值损失             3000

第四，个别认定法。个别认定法是根据每一应收账款情况来估计坏账损失的方法。对于企业大额的应收账款可以采用个别认定的方法来计提坏账准备。

# 习　题

## 一、单选题

1. 下列项目中，属于应收账款范围的是（　　）。
A. 应向接受劳务单位收取的款项　　　　B. 应收外单位的赔偿款
C. 应收存出保证金　　　　　　　　　　D. 应向职工收取的各种垫付款项

2. 总价法是将（　　）作为实际售价，记为应收账款的入账价值。
A. 未扣减商业折扣前的金额　　　　　　B. 未扣减现金折扣的金额
C. 扣减现金折扣的金额　　　　　　　　D. 扣减商业折扣和现金折扣的金额

3. 如果企业预付款项情况不多的，可以将预付款项直接记入（　　）科目的借方。

A. 应付账款　　　　　B. 应收账款　　　　　C. 应付票据　　　　　D. 应收票据

4. 企业在采用总价法入账的情况下，发生的现金折扣应作为（　　）处理。

A. 营业收入减少　　　B. 营业费用增加　　　C. 管理费用增加　　　D. 财务费用增加

5. 商业承兑汇票到期，如果付款人无力支付票款，银行将应收票据退回时，收款企业应将其转入（　　）科目。

A. 应收账款　　　　　B. 其他应收款　　　　C. 预收账款　　　　　D. 预付账款

6. 一张应收票据的面值为 100000 元，票面利率为 8%，三个月期，该票据的到期值为（　　）元。

A. 100000　　　　　B. 108000　　　　　C. 102000　　　　　D. 124000

7. 会计期末某企业"应收账款"明细账借方余额为 160000 元，贷方余额为 70000 元，坏账准备余额为 500 元，则资产负债表中"应收账款"项目填列的金额应为（　　）元。

A. 160000　　　　　B. 90000　　　　　C. 159500　　　　　D. 89500

8. 企业某项应收账款 50000 元，现金折扣条件为 2/10、1/20、n/30，客户在第 20 天付款，应给予客户的现金折扣为（　　）元。

A. 1000　　　　　　B. 750　　　　　　C. 500　　　　　　D. 0

9. "坏账准备"科目的期末结账前如为借方余额，反映的内容是（　　）。

A. 提取的坏账准备

B. 实际发生的坏账损失

C. 收回以前已经确认并转销的坏账准备

D. 已确认的坏账损失超出坏账准备的余额

10. 赊销百分比法是根据（　　）的一定百分比估计坏账损失的方法。

A. 销售金额　　　　　B. 现销金额　　　　　C. 赊销金额　　　　　D. 赊销余额

## 二、多选题

1. 计提坏账准备的方法有（　　）。

A. 直接转销法　　　　　　　　　　　B. 备抵法

C. 账龄分析法　　　　　　　　　　　D. 应收账款余额百分比法

2. 下列事项中，应记入"坏账准备"科目贷方的有（　　）。

A. 转销已确认无法收回的应收账款

B. 转销确实无法支付的应付账款

C. 从"应收票据"科目中转出到期仍未收回的应收票据

D. 按规定提取坏账准备

3. 企业将无息应收票据贴现时，影响贴现利息计算的因素有（　　）。

A. 票据的现值　　　B. 票据的期限　　　C. 票据的种类　　　D. 贴现的利率

4. 应收账款是指（　　）。

A. 因销售活动形成的债权　　　　　　B. 流动资产性质的债权

C. 本企业应收客户的款项　　　　　　　D. 本企业付出的存出保证金

5. 应收票据的计价应按（ ）。

A. 面值　　　　　B. 现值　　　　C. 面值加利息　　　　D. 市价

6. 用备抵法核算坏账损失的特点是（ ）。

A. 账务处理简单　　　　　　　　　B. 防止虚增企业资产

C. 符合权责发生制原则　　　　　　　D. 不符合配比原则

7. 下列项目中应通过"其他应收款"核算的有（ ）。

A. 拨付给企业各内部单位的备用金　　　B. 应收的各种罚款

C. 收取的各种押金　　　　　　　　　D. 应向职工收取的各种垫付款项

8. 关于"预付账款"账户，下列说法正确的有（ ）。

A. "预付账款"属于资产性质的账户

B. 预付货款不多的企业，可以不单独设置"预付账款"账户

C. "预付账款"账户贷方余额反映的是应付供应单位的款项

D. "预付账款"账户核算企业因销售业务产生的往来款项

9. 下列各项中，会引起期末应收账款账面价值发生变化的有（ ）。

A. 收回应收账款　　　　　　　　　B. 收回已转销的坏账

C. 计提应收账款坏账准备　　　　　　D. 结转到期不能收回的应收票据

10. 下列各项中，可以作为坏账处理的是（ ）。

A. 到期的应收票据，付款单位无款支付

B. 因债务人破产，依照法律清偿后，确实无法收回的应收账款

C. 债务人死亡，既无遗产可供清偿，又无义务承担人，确实无法收回的应收账款

D. 债务人逾期未履行偿债义务超过三年，仍不能收回的应收账款

## 三、判断题

1. 会计上所指的应收账款有其特定的范围，包括销售活动形成的债权、应收职工欠款和应收债务人利息等。（ ）

2. 商业折扣不在销售发票上反映，入账金额应按扣除商业折扣的售价确认。（ ）

3. 应收票据是指企业持有的尚未到期兑现的商业汇票，包括支票、银行本票，等等。（ ）

4. 企业应该对应收票据和应收账款计提坏账准备。（ ）

5. 不带息票据的到期价值等于应收票据的面值。（ ）

6. 带追索权的票据贴现方式将应收票据的兑现风险和未来经济利益收益在贴现之时全部转移给银行。（ ）

7. 背书是一种票据行为，背书人对商业承兑汇票的到期付款负连带责任。（ ）

8. 备用金的管理分为定额预付制与非定额预付制两种方法。（ ）

9. 应收账款余额百分比法是根据会计期末应收账款的余额和坏账计提比例估计坏账损失，计提坏账准备的方法。是直接转销法的一种类型。（ ）

10. 应收账款一旦计提坏账准备，意味着企业放弃了对其的追索权。（ ）

## 四、计算分析题

1. A公司2016年有关资料如下：

（1）2016年12月1日应收B公司账款期初余额为125万元，其坏账准备贷方余额5万元。

（2）12月5日，向B公司销售产品110件，单价1万元，增值税率为17%，单位销售成本为0.8万元，未收款。

（3）12月25日，因产品质量原因，B公司要求退回本月5日购买的10件商品，A公司同意B公司退货，并办理退货手续和开具红字增值税专用发票，A公司收到B公司退回的商品。

（4）12月26日应收B公司账款发生坏账损失2万元。

（5）12月28日收回前期已确认应收B公司账款的坏账1万元，存入分行。

（6）2016年12月31日，A公司对应收B公司账款进行减值测试，确定的计提坏账准备的比例为5%。

要求：根据上述资料，编制有关业务的会计分录。

2. 华盛公司某月份发生如下经济业务：

（1）向A公司销售产品一批，价款200000元，增值税34000元。收到A公司交来一张已经银行承兑的，期限为两个月的不带息商业汇票，票面价值234000元。

（2）经协商将应收B单位的货款100000元改用商业汇票方式结算，已收到B单位交来一张期限为6个月的带息商业承兑汇票，票面价值为100000元，票面利率为8%。

（3）上月收到C公司一张1个月期的带息商业承兑汇票已到期，委托银行收款。现接银行通知，因C公司银行账户存款不足，到期票款没有收回，该票据的账面余额为90000元，票面利率为8%。

（4）应收D单位一张3个月的银行承兑汇票已到期，该票据票面价值为150000元，票面利率为8%，款项已收存入银行。

（5）将上述收到A公司的商业汇票向银行贴现，贴现天数为45天，贴现率为9%，贴现款已收存入银行。

（6）上月向银行贴现的商业承兑汇票到期，因承兑人（E单位）无力支付，银行退回贴现票据，并在本企业银行账户中将票据本息划回，该票据的票面价值为180000元，票面利率为8%，半年期。

（7）年末，对上述尚未到期的应收B单位的计息票据计提利息，企业已持有该票据3个月。

要求：根据上述经济业务编制会计分录。

3. 2016年4月30日以4月15日签发60天到期、票面利率为10%，票据面值为600000元的带息应收票据向银行贴现，贴现率为16%，试编制收到票据、票据贴现的会计分录。

# 第四章

# 存 货

📖 章首案例

## 法尔莫公司存货造假案

近年来，我国影响较大的财务报表舞弊案绝大多数与资产项目的造假有关，比如琼民源、蓝田股份、东方锅炉、成都红光等上市公司就是其中的典型。这样做的目的就是采用一些手段来非法提高资产价值和虚增盈利，一般采取以下五种手段，即虚构收入、虚假的时间差异、隐瞒负债和费用、虚假披露以及资产计价舞弊。其中资产计价舞弊是资产造假的惯用手法。而存货项目因其种类繁多并且具有流动性强、计价方法多样的特点，导致存货高估构成资产计价舞弊的主要部分。

法尔莫是一家拥有300家药店的连锁药业公司。不幸的是，这一切都是建立在资产造假——未检查出来的存货高估和虚假利润的基础上的，这些舞弊行为最终导致了莫纳斯及其公司的破产。当时法尔莫公司将所有的损失归入一个所谓的"水桶账户"，然后再将该账户的金额通过虚增存货的方式重新分到公司的数百家成员药店中。他们仿造购货发票、制造增加存货并减少销售成本的虚假记账凭证、确认购货却不同时确认负债、多计或加倍计算存货的数量。财务部门之所以可以隐瞒存货短缺是因为注册会计师只对300家药店中的4家进行存货监盘，而且他们会提前数月通知法尔莫公司他们将检查哪些药店。管理人员随之将那4家药店堆满实物存货，而把那些虚增的部分分配到其余的296家药店。如果不考虑其会计造假，法尔莫公司实际已濒临破产。

注册会计师们一直未能发现这起舞弊，他们为此付出了昂贵的代价。这项审计失败使会计师事务所在民事诉讼中损失了3亿美元。法尔莫公司财务总监被判33个月的监禁，莫纳斯本人则被判入狱5年。

回顾整个事件，只要问这样一个基本的问题：一个以低于成本出售商品的公司怎能赚钱？注册会计师们或许就能够发现这起舞弊事件。此案件给我们敲响了警钟，存货审计是如此的重要，也如此的复杂，使得存货舞弊并非仅凭简单的监盘就可查出。注册会计师应该看到被审计客户的舞弊水平在不断提高，其手段从简单的违纪违规转向了有预谋、有组织的技术造假，从单纯的账簿造假转向了从传票到报表的全面会计资料造假。同时，舞弊人员的反查处意识增强，对审计人员的常用审计方法有所了解和掌握。注册会计师必须不断提高自身查处舞弊的能力，提高查找资产舞弊的能力。

存货是指企业在日常生产经营活动中持有以备出售的产成品或商品、处在生产经营过程中的在产品、在生产过程或提供劳务过程中耗用的材料和物料等。包括各种原材料、周转材料、在产品、产成品和库存商品等。其特征主要表现：一是存货属于有形资产，具有实物形态；二是存货属于流动资产，具有较强的流动性；三是存货持有的目的是用于出售或在生产过程和提供劳务过程中耗用；四是存货具有实效性或发生潜在损失的可能性。

# 第一节　存货概述

存货区别于固定资产等非流动资产的最基本的特征是，企业持有存货的最终目的是为了出售，不论是可供直接销售，如企业的产成品、商品等，还是需经过进一步加工后才能出售，如原材料等。本节将对存货的确认、分类和计价进行详细介绍。

## 一、存货核算的重要性

存货在企业资产中占有很大的比重，存货数量及价值的计算直接影响到资产负债表中资产价值的真实性，存货成本与销货成本之间存在着有机的联系，存货的计价还会直接影响到当期和以后各期的财务成果。存货核算的目的是，确定期末存货数量，以便计算列入资产负债表中的存货价值；计算确定销货成本，以便和当期营业收入相配比，正确合理地确定本期损益。

## 二、存货的确认

按照《企业会计准则第1号——存货》规定，存货同时满足以下条件才能予以确认：

### 1. 与该存货有关的经济利益很可能流入企业

具体来讲，与该存货有关的经济利益很可能流入企业，一般应以企业对存货是否具有法定所有权为依据，凡在盘存日期，法定所有权属于企业的一切物品，不论其存放何处或处于何种状态，都应作为企业的存货。反之，凡法定所有权不属于企业的物品，即使尚未运离企业，也不应包括在本企业存货范围之内。

（1）凡是按照合同规定已经开具发票售出，其所有权已经转让的物品，即使货物尚未离开企业，也不能作为本企业的存货。

（2）商品虽然已经离开企业，但其所有权没有转让给对方，也应包括在存货之内。如企业销售机构的存货、委托其他单位代销的商品以及未出售的外出展销商品等，其所有权仍属于本企业，应列作企业的存货。

（3）已经购入而尚未收到的运输途中的商品，如果其所有权已经转移到本企业，则该商品应包括在存货之内。在会计实务中，存货所有权的转移视购销合同所规定的成交条件而定。对于运输途中的货物，如果按起运地离岸价格交货，应归购货方所有；如果按目的地到岸价格交货，应归销售方所有。

（4）接受其他单位委托加工的物品，虽然存放于本企业，但所有权不属于本企业，因而不能确认为本企业的存货。

**2. 该存货的成本能够可靠计量**

存货的成本能够可靠计量是存货确认的不可缺少的条件，存货作为企业资产的重要组成部分，它的确认必须以取得可靠的、确凿的计量证据为依据。

## 三、存货的分类

存货一般依据企业的性质、经营范围，并结合存货的用途进行分类，通常分为以下几种：

**1. 制造业存货**

制造业存货的特点是在出售前需要经过生产加工过程，改变其原有的实物形态或使用功能。具体分类如下：

（1）原材料。指企业通过采购或其他方式取得的用于制造产品并构成产品实体的物品，以及取得的供生产耗用但不构成产品实体的辅助材料、修理用备件、燃料以及外购半成品等。

（2）委托加工材料。指企业因技术原因和经济原因而委托外单位加工的各种材料。

（3）周转材料。指为了包装本企业产品而储备的各种包装容器以及由于价值低、易损耗等原因而不能作为固定资产的各种低值易耗品。

（4）在产品及自制半成品。指已经过一定生产过程，但尚未全部完工、在销售前还要进一步加工的中间产品或正在加工中的产品。

（5）产成品。指企业加工生产并已完成全部生产过程，可以对外销售的制成产品。

**2. 商品流通企业存货**

在商品流通企业，存货主要分类为商品、材料物资、低值易耗品、包装物等。其中商品存货是商品流通企业存货的主要组成部分，它是指企业为销售而购入的物品。商品在销售以前，保持其原有实物形态。

**3. 其他行业存货**

服务型企业，如旅行社、饭店、宾馆、游乐场所、修理店、中介机构等，既不生产也不经销产品。这些单位一般存有各种少量物料用品、办公用品、家具用具等，供业务活动时使用，这些物品也作为存货处理。

## 四、存货取得及发出的计价

**1. 存货取得的计价**

存货入账价值的基础应采用历史成本为计价原则。存货的来源不同，存货历史成本的构成也不相同。

（1）外购存货的计价。外购存货的实际成本：买价；运杂费（包括运输费、装卸费、保险费、包装费、仓储费等）；运输途中的合理损耗；入库前的挑选整理费；购入货物应负担的税金；其他费用。

企业购入货物负担的税金，哪些构成采购成本，哪些不构成采购成本，是正确核算企业存货成本中的一个重要问题。价内税（如消费税、资源税、城市维护建设税等）是价格的组成部分，发票价格一般应构成存货成本。价外征收的增值税，应区别以下情况处理：①小规模纳税人企业，其采购货物支付的增值税，无论是否在发票上单独列明，一律计入所购货物的采购成本。②一般纳税人企业，其采购货物支付的增值税，凡专用发票或完税证明中注明的，不计入所购货物的采购成本，而作为进项税额单独记账；用于非应交增值税项目或免征增值税项目的以及未能取得增值税专用发票或完税证明的，其支付的增值税则计入购入货物的采购成本。

进口货物缴纳的关税，一律计入进口货物的采购成本。

商品流通企业在采购过程中发生的运输费、装卸费、保险费以及其他可归属于存货采购成本的费用等，应当计入存货的采购成本，也可以先进行归集，期末再根据所购商品的存、销情况进行分摊。对于已售商品的进货费用，计入当期损益；对于未售商品的进货费用，计入期末存货成本。如果采购商品的进货费用较小，可以在发生时直接计入当期损益。

（2）自制存货的计价。自制存货包括自制材料、自制包装物、自制低值易耗品、自制半成品及库存商品等。自制存货按照其制造过程中所发生的各项实际支出作为实际成本，包括制造过程中投入的原材料、半成品、直接人工费用及按照一定方法分配的制造费用。

（3）委托加工存货的计价。委托加工存货包括委托外单位加工的原材料、包装物、低值易耗品、半成品等，其入账价值包括加工过程中所消耗的原材料或半成品的实际成本、委托加工费用以及往返过程中所发生的包装费、运输费、装卸费、保险费等费用，以及按规定应计入成本的税金，作为实际成本。商品流通企业委托加工的商品，以商品的进货原价、加工费和按规定应计入成本的税金，作为实际成本。

（4）投资者投入存货的成本。应当按照投资合同或协议约定的价值确定，但合同或协议约定价值不公允的除外。

（5）通过提供劳务取得的存货成本。通过提供劳务取得的存货，其成本按从事劳务提供人员的直接人工和其他直接费用以及可归属于该存货的间接费用来确定。

（6）通过非货币性资产交换、债务重组、企业合并等取得存货的成本。通过非货币性资产交换、债务重组、企业合并等取得存货的成本应当分别按照《企业会计准则第7号——非货币性资产交换》《企业会计准则第12号——债务重组》《企业会计准则第20号——企业合并》等有关会计准则的规定确定。

需要注意的是，下列费用应当在发生时确认为当期损益，不计入存货成本：①非正常消耗的直接材料、直接人工和制造费用，应当计入当期损益，不得计入存货成本。②仓储费用（不包括在生产过程中为达到下一个生产阶段所必需的费用），应当计入当期损益。③不能归属于使存货达到目前场所和状态的其他支出。

**2. 存货发出的计价**

（1）存货成本流转假设。企业的存货是不断流动的，流入与流出相抵后的结余即为期末存货，本期期末存货结转到下期，即为下期的期初存货，下期继续流动，就形成了生产经营过程中的存货流转。

存货流转包括实物流转和成本流转两个方面。在理论上，存货的成本流转与其实物流转应当一致，即购置存货时所确定的成本应当随着该项存货的销售或耗用而结转。但在实际工作中，这种一致的情况非常少见。因为企业存货的进出量很大、品种繁多、单位成本多变，所以难以保证各种存货的成本流转与实物流转相一致。同一种存货尽管单价不同，但均能满足销售或生产的需要，在存货被销售或耗用后，无须逐一辨别哪一批实物被发出，哪一批实物留作库存，成本流转顺序和实物流转顺序可以分离，只要按照不同的成本流转顺序确定已发出存货的成本和库存存货的成本即可。这样，就出现了存货成本的流转假设。

采用某种存货成本流转的假设，在期末存货与发出存货之间分配成本，就产生了不同的存货成本分配方法，即发出存货的计价方法。常见的发出存货计价方法有个别计价法、全月一次加权平均法、移动加权平均法、先进先出法、计划成本法、毛利率法、零售价法等。

存货计价的方法不同，对企业财务状况、盈亏情况会产生不同的影响，主要表现在以下三个方面：①存货计价对企业损益的计算有直接影响。表现如下：如果期末存货计价过低，当期的收益可能因此而相应减少；如果期末存货计价过高，当期的收益可能因此而相应增加；如果期初存货计价过低，当期的收益可能因此而相应增加；如果期初存货计价过高，当期的收益可能因此而相应减少。②存货计价对于资产负债表有关项目数额计算有直接影响，如流动资产数额、所有者权益等项目，都会因存货计价的不同而有不同的数额。③存货计价方法的选择对计算缴纳所得税的数额有一定的影响。因为不同的计价方法，当期销售成本的结转数额会有所不同，从而影响企业当期应纳税利润数额的确定。

（2）个别计价法。个别计价法是根据具体存货的流动直接确定其价值。它要求对每一件存货都进行具体标识，领用时，根据所标识的情况按其入库时的成本予以结转。采用这一方法，存货的实物流转与成本流转完全一致。从科学性角度来看，它是一种较理想的存货流动计价方法。

【例4－1】某企业2016年1月某种存货明细账如表4－1所示。本月发出存货2000千克，经确认系分别来自期初结余200千克，单价100元/千克；1月8日进货500千克，单价105元/千克；1月18日进货1300千克，单价110元/千克。采用个别计价法计算发出存货和期末存货的成本。明细分类账的登记见表4－1。

发出存货成本 $= 200 \times 100 + 500 \times 105 + 1300 \times 110 = 215500$ （元）

**表4－1 存货明细账**

存货类别：　　　　　存货编号：　　　　　存货名称：　　　　　存货规格：
第　页　　　　　　　　　　　　　　　　　　　　　　　　　　计量单位：千克

| 2016年 | | 摘要 | 收入 | | | 发出 | | | 结存 | | |
|---|---|---|---|---|---|---|---|---|---|---|---|
| 月 | 日 | | 数量 | 单价 | 金额 | 数量 | 单价 | 金额 | 数量 | 单价 | 金额 |
| | 1 | 期初余额 | | | | | | | 500 | 100 | 50000 |
| 1 | 8 | 购入 | 1000 | 105 | 105000 | | | | 500 | 100 | 50000 |
| | | | | | | | | | 1000 | 105 | 105000 |
| | 12 | 生产领用 | | | | 200 | 100 | 20000 | 300 | 100 | 50000 |
| | | | | | | 500 | 105 | 52500 | 500 | 105 | 105000 |

| 2016 年 | | 摘要 | 收入 | | | 发出 | | | 结存 | | |
| 月 | 日 | | 数量 | 单价 | 金额 | 数量 | 单价 | 金额 | 数量 | 单价 | 金额 |
| | 18 | 购入 | 1500 | 110 | 165000 | | | | 300 | 100 | 30000 |
| | | | | | | | | | 500 | 105 | 52500 |
| | | | | | | | | | 1500 | 110 | 165000 |
| | 25 | 生产领用 | | | | 500 | 110 | 55000 | 300 | 100 | 30000 |
| | | | | | | | | | 500 | 105 | 52500 |
| | | | | | | | | | 1000 | 110 | 110000 |
| 1 | 28 | 生产领用 | | | | 800 | 110 | 88000 | 300 | 100 | 30000 |
| | | | | | | | | | 500 | 105 | 52500 |
| | | | | | | | | | 200 | 110 | 22000 |
| | 31 | 本期发生额及余额 | 2500 | | 270000 | 2000 | | 215500 | 300 | 100 | 30000 |
| | | | | | | | | | 500 | 105 | 52500 |
| | | | | | | | | | 200 | 110 | 22000 |

在实际经济活动中，个别计价法通常只适合于单位价值高、数量不多且容易辨识的存货计价，如大型机械设备制造、金银珠宝加工等行业。如果企业存货价值不高、收发频繁且不容易辨认，采用该方法不仅加重了存货成本核算的工作量，而且还会给人为操纵利润提供可乘之机。

一般来说，只有在永续盘存制下，才能应用个别计价法。

（3）全月一次加权平均法。全月一次加权平均法是以本月全部存货进货成本加上月初存货成本，除以本月全部进货数量加上月初存货数量，计算出存货的加权平均单位成本，从而确定存货的发出成本和库存成本。计算公式如下：

加权平均单价 =（期初结存存货实际成本 + 本期收入存货实际成本）÷（期初结存存货数量 + 本期收入存货数量）

本期发出存货实际成本 = 本期发出存货数量 × 加权平均单价

期末结存存货实际成本 = 期末结存存货数量 × 加权平均单价

【例4-2】以【例4-1】的资料采用加权平均法计算存货成本，明细分类账的登记见表4-2。

存货加权平均单位成本 =（50000 + 105000 + 165000）÷（500 + 1000 + 1500）= 106.67（元/千克）

本月发出存货成本 = 2000 × 106.67 = 213340（元）（尾差计入发出存货的成本中）

月末库存存货成本 = 1000 × 106.67 = 106670（元）

与其他存货计价方法相比，加权平均法简化得多。它假定所有存货一经入库，就无法区分其来源，因此，存货发出的成本按所有已入库存货成本的平均数计价。在定期盘存制下，由于平时不需要计算发出存货的成本，只在月末时对本期所有入库存货一次平均计算确定其单位成本，作为存货发出成本的依据，因此，称为月末一次加权平均法。如果采用永续盘存制，需要在每次存货入库时，计算在库所有存货的平均单位成本。如果一个会计

表4-2 存货明细账

存货类别: 存货编号: 存货名称: 存货规格:
第 页 计量单位：千克

| 2016 年 | | 摘要 | 收入 | | | 发出 | | | 结存 | | |
|---|---|---|---|---|---|---|---|---|---|---|---|
| 月 | 日 | | 数量 | 单价 | 金额 | 数量 | 单价 | 金额 | 数量 | 单价 | 金额 |
| | 1 | 期初余额 | | | | | | | 500 | 100 | 50000 |
| | 8 | 购入 | 1000 | 105 | 105000 | | | | 1500 | | |
| | 12 | 生产领用 | | | | 700 | | | 800 | | |
| 1 | 18 | 购入 | 1500 | 110 | 165000 | | | | 2300 | | |
| | 25 | 生产领用 | | | | 500 | | | 1800 | | |
| | 28 | 生产领用 | | | | 800 | | | 1000 | | |
| | 31 | 本期发生额及余额 | 2500 | | 270000 | 2000 | | 213330 | 1000 | 106.67 | 106670 |

期间多次购入、发出存货，就需要逐次计算在库存货的平均成本，因而被称为移动加权平均法。

（4）移动加权平均法。移动加权平均法，是用以前结余存货的实际成本加上本批收入存货的实际成本，除以以前结余存货的数量加上本批入库存货的数量，求得到本批为止存货的平均单价，如有发出，就以此单价作为发出存货的计价依据。以后如又发生存货入库而单价有变动时，则依法重新计算所有存货平均单价，作为以后发出存货的计价依据。计算公式如下：

$$存货平均单价 = \frac{以前结余存货的实际成本 + 本批收入存货的实际成本}{以前结余存货的数量 + 本批收入存货的数量}$$

发出存货的实际成本 = 发出存货数量 × 存货平均单价

【例4-3】以【例4-1】的资料采用移动加权平均法计算存货成本，明细分类账的登记见表4-3。

第一批进货后的平均单位成本 =（50000 + 105000）÷（500 + 1000）= 103.33（元/千克）

第一批发出存货的成本 = 700 × 103.33 = 72331（元）

第二批进货后的平均单位成本 =（82664 + 165000）÷（800 + 1500）= 107.68（元/千克）

第二批发出存货的成本 = 500 × 107.68 = 53840（元）

第三批发出存货的成本 = 800 × 107.68 = 86144（元）

采用移动加权平均法，存货计价工作可分散在月内进行，随时反映发出存货的实际成本，便于管理者及时了解存货的结存情况。但是，每入库一批存货就要重新计算一次单价，因此，核算工作量很繁重。

（5）先进先出法。先进先出法是假定先入库的存货先发出，每批发出存货的成本，都按存货中最先收入的那批单价计算，如果发出存货数量超过存货中最先收入的那批数量时，超过部分依次按下一批入库存货的成本计价。这种存货计价方法是基于先入库的存货

表4-3 存货明细账

存货类别：　　　　　　存货编号：　　　　　　存货名称：　　　　　　存货规格：
　第　页　　　　　　　　　　　　　　　　　　　　　　　　　　　　计量单位：千克

| 2016年 | | 摘要 | 收入 | | | 发出 | | | 结存 | | |
| 月 | 日 | | 数量 | 单价 | 金额 | 数量 | 单价 | 金额 | 数量 | 单价 | 金额 |
|---|---|---|---|---|---|---|---|---|---|---|---|
| | 1 | 期初余额 | | | | | | | 500 | 100 | 50000 |
| | 8 | 购入 | 1000 | 105 | 105000 | | | | 1500 | 103.33 | 154995 |
| | 12 | 生产领用 | | | | 700 | 103.33 | 72331 | 800 | 103.33 | 82664 |
| 1 | 18 | 购入 | 1500 | 110 | 165000 | | | | 2300 | 107.68 | 247664 |
| | 25 | 生产领用 | | | | 500 | 107.68 | 53840 | 1800 | 107.68 | 193824 |
| | 28 | 生产领用 | | | | 800 | 107.68 | 86114 | 1000 | 107.68 | 107680 |
| | 31 | 本期发生额及余额 | 2500 | | 270000 | 2000 | | 212320 | 1000 | 107.68 | 107680 |

先出库为实物流转基础的。在实际经济生活中，一些易腐或易过时的存货，一般是采用这一实物流转方式的。

【例4-4】以【例4-1】的资料采用先进先出法计算存货成本，明细分类账的登记见表4-4。

表4-4 存货明细账

存货类别：　　　　　　存货编号：　　　　　　存货名称：　　　　　　存货规格：
　第　页　　　　　　　　　　　　　　　　　　　　　　　　　　　　计量单位：千克

| 2016年 | | 摘要 | 收入 | | | 发出 | | | 结存 | | |
| 月 | 日 | | 数量 | 单价 | 金额 | 数量 | 单价 | 金额 | 数量 | 单价 | 金额 |
|---|---|---|---|---|---|---|---|---|---|---|---|
| | 1 | 期初余额 | | | | | | | 500 | 100 | 50000 |
| | 8 | 购入 | 1000 | 105 | 105000 | | | | 500 | 100 | 50000 |
| | | | | | | | | | 1000 | 105 | 105000 |
| | 12 | 生产领用 | | | | 500 | 100 | 50000 | 800 | 105 | 84000 |
| | | | | | | 200 | 105 | 21000 | | | |
| 1 | 18 | 购入 | 1500 | 110 | 165000 | | | | 800 | 105 | 84000 |
| | | | | | | | | | 1500 | 110 | 165000 |
| | 25 | 生产领用 | | | | 500 | 105 | 52500 | 300 | 105 | 31500 |
| | | | | | | | | | 1500 | 110 | 165000 |
| | 28 | 生产领用 | | | | 300 | 105 | 31500 | 1000 | 110 | 110000 |
| | | | | | | 500 | 110 | 55000 | | | |
| | 31 | 本期发生额及余额 | 2500 | | 270000 | 2000 | | 210000 | 1000 | 110 | 110000 |

上面是按永续盘存制的存货计价方式来应用先进先出法的。实际上，在定期盘存制下也可以应用先进先出法，不过次序要颠倒一下，即首先按先进先出法原则对期末存货计价，其次倒算出本期发出存货的成本。如本例采用定期盘存制，那么，平时只记录入库存货的数量、单价、金额，对出库存货不予记录。期末时通过盘点确定有1000件存货。在先进先出法下，最先入库的存货最先出库，留存下来的存货必然是最近购入存货的成本。因此，期末1000件存货的成本应该是18日购入的，计110000元。

本期发出存货成本 = 期初余额 + 本期购入 - 期末存货

本期发出存货成本 = （50000 + 105000 + 165000） - 1000 × 110 = 320000 - 110000 = 210000 （元）

由此可见，无论是定期盘存制，还是永续盘存制，它们所核算的存货成本是一致的。

采用先进先出法，存货成本是按最近购货成本确定的，期末存货成本比较接近现行的市场价值，其优点是使企业不能随意挑选存货计价以调整利润，缺点是工作量比较烦琐。当物价上涨时，会高估企业当期利润和库存存货价值；反之，会低估企业存货价值和当期利润。

（6）计划成本法。计划成本法是指对企业存货的收入、发出和结余均按预先制定的计划成本计价，同时另设"材料成本差异"科目，登记实际成本与计划成本的差额。计划成本法的具体内容详见材料核算部分。

（7）毛利率法。毛利率法是根据本期销售净额乘以前期实际（或本月计划）毛利率估算本期销售毛利，并计算发出存货成本的一种方法。计算公式如下：

毛利率 = 销售毛利 ÷ 销售净额

销售净额 = 商品销售收入 - 销售退回与折让

销售毛利 = 销售净额 × 毛利率

销售成本 = 销售净额 × （1 - 毛利率）

期末存货成本 = 期初存货成本 + 本期购货成本 - 本期销售成本

【例4-5】某商场月初服装类存货360000元，本月购货12400000元，销售13500000元，销售退回与折让合计60000元，上季度该类商品毛利率为30%，计算本月已销存货和月末存货的成本。

本月销售净额 = 13500000 - 60000 = 13440000 （元）

销售毛利 = 13440000 × 30% = 4032000 （元）

销售成本 = 13440000 × （1 - 30%） = 9408000 （元）

月末存货成本 = 360000 + 12400000 - 9408000 = 3352000 （元）

用毛利率法计算本期销售成本和期末存货成本，在商业企业较为常见，特别是商业批发企业，若按每种商品计算并结转销售成本，工作量较为繁重，而且商业企业的同类商品毛利率大致相同，采用这种存货计价方法比较符合实际。需要注意的是，采用毛利率法应定期（如季末）改用其他存货发出计价方法，以调整前期实际（或本月计划）毛利率与本期实际毛利率之间的差异。

（8）零售价法。零售价法是用成本占零售价的百分比计算期末存货成本的一种方法。采用这种方法的基本内容如下：

1）期初存货和本期购货同时按成本和零售价记录，以便计算可供销售的存货成本和售价总额。

2）本期销货只按售价记录，从本期可供销售的存货售价总额中减去本期销售的售价总额，计算出期末存货的售价总额。

3）计算存货成本占零售价的百分比，即成本率，公式为：

成本率＝（期初存货成本＋本期购货成本）÷（期初存货售价＋本期购货售价）×100%

4）计算期末存货成本，公式为：

期末存货成本＝期末存货售价总额×成本率

5）计算本期销售成本，公式为：

本期销售成本＝期初存货成本＋本期购货成本－期末存货成本

【例4－6】某商场2016年4月份的期初存货成本180000元，售价总额234000元；本期购货成本650000元，售价总额832000元；本期销售收入780000元。计算期末存货成本和本期销货成本见表4－5。

表4－5　存货成本和销售成本计算表

| 项目 | 成本（元） | 售价（元） |
| --- | --- | --- |
| 期初存货 | 180000 | 234000 |
| 本期购货 | 650000 | 832000 |
| 可供销售商品 | 830000 | 1066000 |
| 成本率＝830000/1066000×100%＝77.86% | | |
| 减：销售收入 | | 780000 |
| 期末存货售价 | | 286000 |
| 期末存货成本（286000×77.86%） | 222679.60 | |
| 本期销售成本 | 607320.40 | |

零售价法主要适用于商业零售企业，如百货商店或超级市场等，由于这类企业的商品都要标明零售价格，而且商品的型号、品种、款式繁多，难以采用其他计价方法。

# 第二节　材料核算

材料是企业生产经营过程中的劳动对象，是企业生产不可缺少的物质要素。企业必须加强材料的供应与库存管理工作。为此，需要对材料进行合理分类和计价；正确填制各项原始凭证；健全账簿记录；合理地组织材料采购、收发业务的核算，年终时清查库存的材料物资，做到账实相符。

## 一、材料核算凭证

企业的材料，主要是进行收入、发出、结存的核算。由于材料种类繁多，收发频繁，日常发生的收发业务，必须先填制原始凭证，作为办理收发业务和核算的依据。

**1. 收料凭证**

企业收入的材料，主要是外购的，另外还有自制、回收和委托外单位加工完成的材料。对于这些材料的入库，为了明确经济责任，都应由收料部门及时填制收料凭证。根据不同来源，采用的收料凭证也各不相同，一般有以下几种：

（1）收料单。适用于外购材料入库时，作为验收凭证。一般是一式三联：一联仓库据以登记明细账；一联交采购员连同发票交财务部门办理货款结算；另一联交财务部门作编制"收料汇总表"和登记明细账的依据，格式见表4－6。

表4－6 收料单

材料类别：　　　　　　　　　　　　　　　　　　　　　　编号：
供应单位：　　　　　　　　　　　　　　　　　　　　　　库号：
发票号数：　　　　　　　　　年 月 日　　　　　　　　　附页：

| 材料编号 | 材料名称 | 规格 | 计量单位 | 数量 | | 实际成本 | | | 计划成本 | |
|---|---|---|---|---|---|---|---|---|---|---|
| | | | | 应收 | 实收 | 货款 | 运费 | 合计 | 计划单价 | 金额 |
| 备注 | | | | | | | | | | |

仓库主管：　　　　　记账员：　　　　　　验收人：　　　　制单：

（2）材料交库单。适用于生产中回收的废料和自制加工完成入库的材料。入库时填制一式三联：一联由交库单位留底；一联仓库据以记账；另一联交财务部门进行账务处理。

（3）退料单。用于对生产中多余材料的退库，一般也是一式三联，传递部门同上。可以用红字"领料单"代替，也可作为发出数量减少。

为了正确计算各月产品成本负担的原材料费用，对于车间已领未用，但下月需要继续使用的材料，应该办理实物不移动的"假退料"手续。一方面填制本月份的退料单，冲减本月领用而记入产品的材料费用；另一方面按同样数额填制下月份的领料单，计入下月产品成本。为了简化核算手续，材料仓库明细账上可不用登记。

**2. 发料凭证**

企业的材料主要是供应生产车间和管理部门使用。此外还有委托外单位加工和销售。材料的发出次数频繁，金额较大，对发料凭证必须加强管理，严加控制。

（1）领料单。领料单是一种一次使用的领料凭证。请领时应填明所需材料的名称，请领数量和用途，由领料单位负责人审核，查明是否生产所需。仓库发料时，要认真查物点数，检验质量，在领料单上填写实发数量和金额，并由双方签章，以便明确经济责任。领料单一般应填写一式三联：一联由领料单位留底备查；一联交仓库据以发料、记账；一联由仓库表明实发数量和金额后交财务部门，据以编制"发料凭证汇总表"和进行账务处理。格式见表4－7。

表 4-7　领料单

领料单位：　　　　　　　　　　　年　月　日　　　　仓库：　　　　　　　　　编号：

| 材料类别 | 材料编号 | 材料名称 | 材料规格 | 计量单位 | 数量 | | 单价 | 金额 |
|---|---|---|---|---|---|---|---|---|
| | | | | | 请领 | 实发 | | |
| | | | | | | | | |

用途

仓库主管：　　　　　　　记账员：　　　　　　　验收人：　　　　　　　制单：

（2）限额领料单。限额领料单是一种一次开设、多次使用的累计领发料凭证。在有效期（最长1个月）内，只要领用数不超过限额，就可以连续使用。它适用于有消耗定额的主要原材料的领用，格式见表4-8。

（3）领料累计表。领料累计表是一种多次使用的累计领发料凭证。适用于经常领用数额较小的各种消耗性机物料、螺丝、螺帽等的领发业务，按月开设一单一料，通常一式三联。平时存于仓库，领料时由领料人在表上签收，月终将领用数量加总后乘以单价，计算出金额，一联留存仓库，一次记账；一联交领料单位；一联计价后交财务部门，据以记账。这样，可以大量减少零星材料日常领料凭证的填制和记账工作。

表 4-8　限额领料单

领用单位：　　　　　　　　　　　　　　　　　　　　　　　　　　凭证编号：
用　　途：　　　　　　　　　　　年　月　日　　　　　　　　　　发料仓库：

| 材料类别 | 材料编号 | 材料名称 | 材料规格 | 计量单位 | 全月领用限额 | 全月实发总数 | 计划单价 | 金额 | 备注 |
|---|---|---|---|---|---|---|---|---|---|
| | | | | | | | | | |

| 日期 | 请领 | | 实发 | | | 限额余量 | 备注 |
|---|---|---|---|---|---|---|---|
| | 数量 | 领用单位负责人签章 | 数量 | 发料人签章 | 收料人签章 | | |
| | | | | | | | |
| | | | | | | | |
| | | | | | | | |
| 合计 | | | | | | | |

领用记录：　　　　　　　　供应部门负责人：　　　　　　　生产计划部门负责人：

## 二、材料收入、发出的核算

### 1. 材料收入、发出核算应设置的会计科目

企业材料的收入、发出核算，应视其规模的大小、品种的多少和收发业务的繁简来确

定其采用实际成本计价核算，还是用计划成本计价核算。企业规模小、材料品种少、收发业务不多的，材料的日常核算可采用实际成本计价；企业规模大、材料品种较多、收发业务频繁的，材料的日常核算可采用计划成本计价。材料收入、发出核算应设置的会计科目如下：

（1）原材料。用来核算企业库存各种原材料的实际成本（如用计划成本计价核算应为计划成本）。属于资产类盘存账户，已验收入库的原材料记入借方，发出记入贷方，余额应在借方。

为了分别核算各种原材料的收入、发出、结存情况，在"原材料"一级科目下，还应设置"原料及主要材料""辅助材料""修理用备件""外购半成品""燃料""包装材料""废料"等明细科目，进行明细分类核算。

（2）在途物资（实际成本核算）。核算企业购入尚未到达或尚未验收入库的各种物资的采购和入库情况。借方登记企业购入的在途物资的实际成本，贷方登记验收入库的在途物资的实际成本，余额在借方，表示在途物资的实际成本。

（3）材料采购（计划成本核算）。核算企业购入材料的采购成本。属于资产类成本账户，购入材料的实际采购成本和实际成本小于计划成本的差异记入借方，货款已付并已验收入库材料的计划成本和实际成本大于计划成本的差异记入贷方，余额反映尚未到达或尚未验收入库的在途材料的实际成本。借方和贷方登记的业务内容见表4-9。

表4-9　材料采购

| 借方 | 贷方 |
| --- | --- |
| ①支付外购材料的实际成本<br>③结转实际成本小于计划成本的节约差额 | ②已验收入库的外购材料的计划成本<br>④结转实际成本大于计划成本的超支差额 |
| 余额表示尚未验收入库的在途材料 | |

注：以上借方、贷方的第③、第④项业务，实际情况发生时只可能发生在一方。

（4）材料成本差异。用来核算企业各种材料的实际成本与计划成本的差异。属于资产类成本账户，借方反映购入材料实际成本大于计划成本的超支额，贷方反映购入材料实际成本小于计划成本的节约额，借方余额为实际成本大于计划成本的超支差异额，贷方余额为实际成本小于计划成本的节约差异额，其借贷双方登记的业务见表4-10。

表4-10　材料成本差异

| 借方 | 贷方 |
| --- | --- |
| ①收入材料实际成本大于计划成本的超支额 | ②收入材料实际成本小于计划成本的节约额<br>③结转发出材料应负担的差异额（超支额记蓝字，节约额记红字） |
| 余额 = 超支差异额　（或）余额 = 节约差异额 | |

**2. 材料按实际成本计价的核算**

（1）收入材料的核算。

【**例 4 - 7**】购入原料 5000 千克，单价 7 元，共计 35000 元，增值税额为 5950 元，货款价税合计 40950 元，以银行存款付讫，材料已到厂验收入库。

借：原材料　　　　　　　　　　　　　　　　　　　　　　　35000
　　应交税费——应交增值税（进项税额）　　　　　　　　　5950
　　贷：银行存款　　　　　　　　　　　　　　　　　　　　　　40950

【**例 4 - 8**】购入煤炭 10 吨，每吨 45 元，运输费用 100 元，增值税额 83.5 元，共计 633.5 元，以银行存款付讫，货已到厂尚未验收。

借：在途物资　　　　　　　　　　　　　　　　　　　　　　550
　　应交税费——应交增值税（进项税额）　　　　　　　　　83.5
　　贷：银行存款　　　　　　　　　　　　　　　　　　　　　　633.5

【**例 4 - 9**】月末如果有无发票的原材料到货，为了正确核算产品所耗用的原材料成本，应对该批原材料进行估价入账。估价方式有按最近购入该项原材料的实际成本暂估入账或按该项原材料的计划成本暂估入账。

借：原材料——原料及主要材料　　　　　　　　　　　　　15000
　　贷：应付账款——暂估应付账款　　　　　　　　　　　　　15000

为了使下月结算凭证到达付款时，能按一般的正常购进业务进行账务处理，下月初应对上述暂估入账的原材料用红字冲转。

借：原材料——原料及主要材料　　　　　　　　　　　　　$\boxed{15000}$
　　贷：应付账款——暂估应付账款　　　　　　　　　　　　　$\boxed{15000}$

【**例 4 - 10**】自制材料验收入库，应根据材料制造过程发生的成本，做如下会计分录：

借：原材料——修理用备件　　　　　　　　　　　　　　　2000
　　贷：生产成本　　　　　　　　　　　　　　　　　　　　　2000

（2）发出材料的核算。企业在产品的生产经营过程中，材料的领发业务频繁，平时一般只根据领发料凭证登记明细分类账，算出领发材料的实际成本，然后将发料凭证按照领用部门和用途进行分类、整理，编制"发料凭证汇总表"，汇总期限可按业务情况分为 5 天、10 天或 1 个月两次，在月末时一次编制会计分录。发料凭证汇总表的格式见表 4 - 11。

【**例 4 - 11**】根据"发料凭证汇总表"编制会计分录。

借：生产成本　　　　　　　　　　　　　　　　　　　　140200
　　制造费用　　　　　　　　　　　　　　　　　　　　　8360
　　管理费用　　　　　　　　　　　　　　　　　　　　　1620
　　贷：原材料——原料及主要材料　　　　　　　　　　　　125880
　　　　　　——辅助材料　　　　　　　　　　　　　　　18860
　　　　　　——燃料　　　　　　　　　　　　　　　　　5440

以上材料按实际成本计价核算，材料的收入和发出都是按照实际成本计价，这样计入产成品成本中的原材料费用就比较准确，但是在材料收发业务频繁的情况下，材料的计价工作量就很繁重，而且从账户中无法反映材料采购业务的经营是节约还是超支，不便于控

表 4 - 11　发料凭证汇总表

应借科目　　　　　　　　　　　　2016 年 8 月　　　　　　　　　　　　单位：元

| 应借科目 | 应贷科目 | | | |
|---|---|---|---|---|
| | 原材料 | | | |
| | 原料及主要材料 | 辅助材料 | 燃料 | 合计 |
| 生产成本 | | | | |
| 1 日至 15 日 | 50000 | 6000 | 2000 | 58000 |
| 16 日至 31 日 | 75000 | 5400 | 1800 | 82200 |
| 合计 | 125000 | 11400 | 3800 | 140200 |
| 制造费用 | | | | |
| 1 日至 15 日 | | 4300 | 700 | 5000 |
| 16 日至 31 日 | | 2800 | 560 | 3360 |
| 合计 | | 7100 | 1260 | 8360 |
| 管理费用 | | | | |
| 1 日至 15 日 | 880 | | 220 | 1100 |
| 16 日至 31 日 | | 360 | 160 | 520 |
| 合计 | 880 | 360 | 380 | 1620 |
| 总计 | 125880 | 18860 | 5440 | 150180 |

制材料成本的发生。

**3. 材料按计划成本计价的核算**

（1）计划价格的制定。为了对材料按计划成本计价核算，企业每年必须在 12 月份对各种材料制（修）订一个计划单位成本。计划单位成本的计算口径应与实际成本相一致，可以参照以往的实际成本资料，结合下年度市场供应情况进行制定，尽量考虑主客观因素，进行逐一制定，使计划成本与实际成本之间的差异额压缩到最小限度，计划单位成本一旦制定，在一个会计年度如无特殊原因，不作修改。

（2）材料收入的核算。

1）材料采购的核算。在企业的生产经营活动中，经常发生大量的材料采购业务，这些业务都必须按照材料采购计划，严格办理采购、检验、入库等手续，认真填制收料凭证，登记账簿，进行材料采购的总分类核算和明细分类核算。

材料按计划成本计价的核算中，除了设置"材料采购"科目外，也要设置"原材料"科目。不同的是，借贷双方都按计划成本进行记账。关于购入材料，材料验收入库按计划成本结转的账务处理，举例说明如下：

【例 4 - 12】购入甲种材料 20 吨，每吨 1000 元，增值税额 3400 元，共计 23400 元，以支票付讫。

借：材料采购——甲材料　　　　　　　　　　　　　　　　　　　　20000
　　应交税费——应交增值税（进项税额）　　　　　　　　　　　　　3400

贷：银行存款　　　　　　　　　　　　　　　　　　　　　　23400

【例4-13】甲种材料20吨到厂并验收入库，按计划成本每吨1050元进行转账。

　　借：原材料——甲材料　　　　　　　　　　　　　　　　　　　　21000
　　　　贷：材料采购——甲材料　　　　　　　　　　　　　　　　　　21000

【例4-14】企业用商业承兑汇票支付方式购入乙材料50吨，每吨800元，货款40000元，增值税6800元，发票账单已收到，计划成本每吨780元，材料尚未验收入库。

　　借：材料采购——乙材料　　　　　　　　　　　　　　　　　　　40000
　　　　应交税费——应交增值税（进项税额）　　　　　　　　　　　　6800
　　　　贷：应付票据　　　　　　　　　　　　　　　　　　　　　　46800

【例4-15】企业用汇兑结算方式购入丙材料15吨，每吨2200元，货款33000元，增值税5610元，发票账单已收到，计划单位成本2150元，材料已验收入库。

　　借：材料采购——丙材料　　　　　　　　　　　　　　　　　　　33000
　　　　应交税费——应交增值税（进项税额）　　　　　　　　　　　　5610
　　　　贷：银行存款　　　　　　　　　　　　　　　　　　　　　　38610
　　借：原材料——丙材料　　　　　　　　　　　　　　　　　　　　32250
　　　　贷：材料采购——丙材料　　　　　　　　　　　　　　　　　　32250

　　2）材料成本差异的核算。企业材料按照计划成本计价进行核算后，与收入材料的实际成本之间存在着差额：收入材料实际成本 - 收入材料计划成本 = 材料成本差异。

　　根据生产经营管理和核算上的要求，凡领用或出售的材料需按实际成本计算。因此，对入库的材料必须逐项计算差异额（见表4-12），然后按要求汇总结转，并算出"材料成本差异率"，对发出材料的计划成本进行调整，即调整为实际成本。

表4-12　材料采购明细账

| 2016年 | | 凭证编号 | 发票账单编号 | 发料日期 | 收料凭证编号 | 供应单位 | 材料名称 | 借方 | | | 贷方 | | |
|---|---|---|---|---|---|---|---|---|---|---|---|---|---|
| | | | | | | | | 实际成本 | | | 计划成本 | 成本差异 | 合计 |
| 月 | 日 | | | | | | | 价款 | 其他 | 合计 | | | |
| 8 | 3 | | | | | | 甲 | 20000 | | 20000 | 21000 | -1000 | 20000 |
| | 15 | | | | | | 乙 | 40000 | | 40000 | | | 40000 |
| | 16 | | | | | | 丙 | 33000 | | 33000 | 32250 | +750 | 33000 |
| | | | | | | 合计 | | 93000 | | 93000 | 53250 | -250 | 53000 |

【例4-16】根据表4-12材料采购明细账列示，8月份的差异额为节约250元，应编制会计分录如下：

　　借：材料采购　　　　　　　　　　　　　　　　　　　　　　　　250
　　　　贷：材料成本差异　　　　　　　　　　　　　　　　　　　　　250

　　为了核算各种材料的成本差异情况，据以调整发出材料的计划成本，必须对各类或各种材料的成本差异分设明细账户进行核算，见表4-13。

表4-13　材料成本差异明细账

| 2016年 | | 凭证编号 | 收入 | | 差异率（%） | 发出 | | 结存 | | |
|---|---|---|---|---|---|---|---|---|---|---|
| 月 | 日 | | 计划成本 | 差异额 | | 计划成本 | 差异额 | 计划成本 | 借方余额（超支额） | 贷方余额（节约额） |
| 8 | 1 | | | | | | | 3000 | | 620 |
| | 31 | | 53250 | -250 | -1.55 | | | | | |
| | | | | | | | | | | |

材料成本差异率的计算。

材料成本差异率，是指材料成本差异额占材料计划成本的百分比。计算公式如下：

本月材料成本差异率＝（月初结存材料成本差异额＋本月收入材料成本差异额）÷（月初结存材料计划成本＋本月收入材料计划成本）

8月份材料成本差异率＝[（-620）+（-250）]÷（3000+53250）＝-1.55%

（3）材料发出的核算。

1）材料发出的总分类核算。材料按计划成本计价，一律按事先制定的计划单位成本，乘以发出数量来进行计价。为了简化材料发出的总分类核算，一般也应编制"发料凭证汇总表"，据以在月末一次编制记账凭证，登记总分类账户。发料凭证汇总表的格式见表4-14。

表4-14　发料凭证汇总

2016年8月

| 应借科目 | | 应贷科目：原材料 | | | 合计 |
|---|---|---|---|---|---|
| | | 原料及主要材料 | 辅助材料 | 修理用备件 | |
| 生产成本 | 上旬 | 12000 | | | 12000 |
| | 中旬 | 8500 | | | 8500 |
| | 下旬 | 10500 | | | 10500 |
| | 合计 | 31000 | | | 31000 |
| 制造费用 | 上旬 | 700 | 550 | | 1250 |
| | 中旬 | 200 | 480 | 760 | 1440 |
| | 下旬 | 300 | 390 | 280 | 970 |
| | 合计 | 1200 | 1420 | 1040 | 3660 |
| 管理费用 | 上旬 | 210 | | 300 | 510 |
| | 中旬 | | 280 | 120 | 400 |
| | 下旬 | 340 | 330 | 220 | 890 |
| | 合计 | 550 | 610 | 640 | 1800 |
| 总计 | | 32750 | 2030 | 1680 | 36460 |

【例4-17】根据"发料凭证汇总表"编制会计分录如下：

借：生产成本     31000

    制造费用     3660

    管理费用     1800

    贷：原材料——原料及主要材料     32750

        ——辅助材料     2030

        ——修理用备件     1680

2）发出材料成本差异额分摊的核算。以上发出材料的总分类核算，是按计划成本计价的，为了计算发出材料的实际成本，必须根据当月各类材料的成本差异率，计算调整材料成本差异额。

发出材料应分摊的材料成本差异＝发出材料的计划成本×材料成本差异率

【例4-18】根据【例4-17】的资料计算本月发出材料的成本差异＝36460×（-1.55%）＝-565.13（元）。将发出材料的计划成本调整为实际成本，应编制会计分录如下：

借：生产成本     480.5

    制造费用     56.73

    管理费用     27.9

    贷：材料成本差异     565.13

以上材料的收入和发出都是按照计划成本核算的，可以大大简化材料明细分类核算的计价工作。通过"材料采购"和"材料成本差异"两个科目的核算，可借以考核各类或各种材料采购业务的经营成果，有利于改进材料采购的经营管理工作。同时，生产车间耗用的材料费用是按照计划成本计算，这样，就可以剔除材料价格变动影响，有利于分析车间材料消耗的节约或超支情况，便于考核产品成本的升降因素。但是，企业采用计划成本计价核算要按期结转其应负担的成本差异，将计划成本调整为实际成本。

# 第三节　周转材料

周转材料是指企业能够多次使用的材料，包括：①为了包装本企业商品而储备的各种包装物；②各种管理用具、工具、玻璃器皿、劳动保护用品以及在经营过程中周转使用的容器等低值易耗品；③建造承包商的钢模板、木模板、脚手架等其他周转材料。

低值易耗品是企业生产经营活动中不可缺少的劳动资料，但必须是单位价值不超过规定的限额或使用年限不超过1年。由于价值比较低，又容易损耗，因此，在核算和管理上必须与固定资产区分开来。其使用后的损耗价值，采用一次或分次摊销的办法，从产品的销售收入中或当期损益中得到补偿。

包装物是指为了包装本企业产品而储备的各种包装容器，如桶、箱、瓶、坛、袋等。各种包装材料，如纸、绳、铁皮等，应作为辅助材料在"原材料"科目内核算。用于车间储存和保管产品、材料的包装物，应按价值大小和使用年限长短，分别作为固定资产或低值易耗品处理。

## 一、低值易耗品

### 1. 低值易耗品的分类

低值易耗品的品种、规格繁多，用途又不相同，为便于管理与核算，可按其用途进行分类。一般可分为以下几类：

（1）一般工具。指生产产品时的工具，如工具、夹具，车间存放在产品、半成品、原材料的容器和各种辅助工具等。

（2）专用工具。指为了生产某种产品所专用的工具，如专用磨具、卡具等。

（3）管理用具。指在管理工作中使用的各种办公桌、椅、橱、电扇、化验用品、计量器具等。

（4）劳动防护用品。指为了安全发给使用人使用并保管的劳动用品，如炼钢用石棉衣、鞋、帽，有毒气体操作用防毒面具、防护罩等。

（5）仪表。指不能作为机器上附属设备的各种仪表，如万用电表、安培表等。

（6）其他。指不属于以上各类的低值易耗品。

各个企业可根据低值易耗品和固定资产划分的标准，结合具体情况，编制低值易耗品目录，详细列明各种低值易耗品的类别、名称、规格、编号、计算单位和计划单价等项目，作为划分的具体标准。

### 2. 低值易耗品的核算

为了核算库存低值易耗品的增减和结余状况以及在用低值易耗品的摊余价值，在会计核算中应设置"低值易耗品"科目，属于资产盘存类账户，增加记借方，减少和摊销价值记贷方，余额在借方，表示库存低值易耗品结余额。

同时，为了核算低值易耗品的在库、在用和在用摊销额的增减变动情况，还应在"低值易耗品"科目下，分设"在库低值易耗品""在用低值易耗品""低值易耗品摊销"三个二级科目。前两个的性质和用途与"低值易耗品"一级科目相同。"低值易耗品摊销"属于备抵账户，用来调整"在用低值易耗品"价值，因此，增加摊销额记贷方，冲减摊销额记借方，余额应在贷方，表示"在用低值易耗品"的已摊销额。"在用低值易耗品"的借方余额，减去"低值易耗品摊销"贷方余额，即"在用低值易耗品"的摊余价值，再加上"在库低值易耗品"借方余额，就等于总分类账户"低值易耗品"的借方余额。

（1）收入低值易耗品的核算。如采用计划成本核算，其总账和明细账都按计划成本反映。外购的低值易耗品与材料相同，也必须通过"材料采购"和"材料成本差异"科目核算，对于验收入库的低值易耗品，应按计划成本，借记"低值易耗品——在库低值易耗品"科目，贷记"材料采购"科目。对自制低值易耗品入库的，按计划成本借记"低值易耗品"科目，贷记"生产成本"科目。对委托外单位加工入库的，则贷记"委托加工材料"科目，并结转实际成本与计划成本之间的成本差异。

（2）领用低值易耗品的核算。对领用的低值易耗品根据其单位价值的大小、使用期限的长短以及在生产中所起到的作用，分别采用"一次摊销法""分期摊销法"，计算出由于损耗而应摊销的金额，计入有关费用账户。

1）一次摊销法。是指在领用低值易耗品时将其价值一次全部转入有关费用账户。由于采用此法的物品，其价值已经转销，因此必须加强实物保管，并做好数量记录。

【例4-19】生产车间领用低值易耗品一批，计划成本为8000元，材料成本差异率为2%。应作会计分录如下：

借：制造费用　　　　　　　　　　　　　　　　　　　　　　　8160

　　贷：周转材料——低值易耗品——在库低值易耗品　　　　　　8000

　　　　材料成本差异　　　　　　　　　　　　　　　　　　　　160

2）分期摊销法。凡低值易耗品单价较高，或者在领用时数额较大，一次计入费用会影响当期损益，可以采用分期摊销法，即在领用时根据低值易耗品的耐用期限计算各月的平均摊销额，分期转入有关费用账户。分摊期限一般不超过一年。

【例4-20】生产车间领用工具一批，计划成本12000元，材料成本差异率3%，采用分期摊销法核算，分摊期限为10个月。工具报废时，收回残料价值35元。

（1）领用时，按照计划成本计入"待摊费用"（或"应收账款"）科目。

借：待摊费用　　　　　　　　　　　　　　　　　　　　　　　12000

　　贷：周转材料——低值易耗品——在库低值易耗品　　　　　　12000

（2）按照材料成本差异率3%，分摊材料成本差异额。

借：待摊费用　　　　　　　　　　　　　　　　　　　　　　　360

　　贷：材料成本差异　　　　　　　　　　　　　　　　　　　　360

（3）摊销应由当月负担的低值易耗品价值（12000＋360）÷10＝1236（元）。

借：制造费用　　　　　　　　　　　　　　　　　　　　　　　1236

　　贷：待摊费用　　　　　　　　　　　　　　　　　　　　　　1236

（4）报废时，按照残料价值，冲减费用，什么部门报废就冲减什么部门的费用，残料入废品仓库。

借：原材料　　　　　　　　　　　　　　　　　　　　　　　　35

　　贷：制造费用　　　　　　　　　　　　　　　　　　　　　　35

## 二、包装物核算

### 1. 包装物的分类

包装物主要分为以下几类：生产过程中用于包装产品作为产品组成部分的包装物；随同产品出售而不单独计价的包装物；随同产品出售而单独计价的包装物；出租给购货单位使用的包装物；出借给购货单位使用的包装物。

**2. 包装物核算应设置的会计科目**

为了核算企业库存、出租或出借的各种包装物的成本以及包装物的价值损耗，在会计核算中，应设置"包装物"科目，该科目属于资产盘存类账户。该账户借方登记库存和出租、出借包装物的成本；贷方登记发出包装物的成本和出租、出借包装物的损耗价值。余额应在借方，表示库存未用的包装物的成本和出租、出借、库存已用包装物的摊余价值。

同时，为了分别核算库存未用、已用、出租、出借包装物和包装物摊销额的增、减变动情况，在"包装物"一级科目下，还应分设以下五个二级科目：

（1）库存未用包装物。核算企业外购、自制、委托外单位加工完成，验收入库，尚未使用的、全新的各种包装物的成本。

（2）库存已用包装物。核算企业出租、出借给购货单位而退回仓库，已用过的包装物的成本。

（3）出租包装物。核算企业周转使用中租给购货单位的包装物的成本。

（4）出借包装物。核算企业周转使用中借给购货单位的包装物的成本。

（5）包装物摊销。核算出租、出借和已用包装物损耗价值的累计摊销额，属于出租、出借、已用包装物的备抵账户。增加记贷方，冲转摊销额记借方。"出租、出借、已用包装物"的借方余额减去"包装物摊销"的贷方余额，即为周转包装物的摊余价值。

**3. 包装物的核算**

（1）收入包装物的核算。企业购入、自制、委托加工完成验收入库的包装物，参照材料核算的处理。外购包装物验收入库时，按照计划成本入账。

借：周转材料——包装物——库存未用包装物
　　贷：材料采购

并结转实际成本与计划成本之间的成本差异。

（2）生产领用包装物核算。生产领用并构成产品组成部分的包装物，是产品生产成本的一部分，其费用应计入产品的生产成本。

【例4－21】某玩具厂，生产电动玩具，用纸盒包装，8月领用10000只包装盒，每只计划单位成本0.4元，材料成本差异率－2%。

借：生产成本　　　　　　　　　　　　　　　　　　　　　　　　　3920
　　贷：周转材料——包装物——库存未用包装物　　　　　　　　　　4000
　　　　材料成本差异　　　　　　　　　　　　　　　　　　　　　　 80

（3）随同产品出售的包装物的核算。随同产品出售的包装物，有的是为了扩大产品销售，在产品出售时另加外包装，不计价收费；有的是为了防止产品散损，另加包装，单独计价收费。因此，随同产品出售的包装物有不单独计价和单独计价之分。

1）随同产品出售不单独计价的包装物，其费用应有销货部门负担，其成本应计入销售费用。

【例4－22】企业销售产品领用不单独计价的包装物一批，其计划成本为5600元，材料成本差异率3%。

借：销售费用　　　　　　　　　　　　　　　　　　　　　　　　　　5768
　　贷：周转材料——包装物——库存未用包装物　　　　　　　　　　　　　5600
　　　　材料成本差异　　　　　　　　　　　　　　　　　　　　　　　　168

2）随同产品出售单独计价的包装物，应视同材料出售一样，收入计入"其他业务收入"，包装物的成本计入"其他业务成本"。

【例4-23】企业销售产品领用单独计价的包装物一批，销售收入为7000元，增值税1190元，款项存入银行。包装物的计划成本为5500元，材料成本差异率2%。

（1）出售单独计价包装物时：

借：银行存款　　　　　　　　　　　　　　　　　　　　　　　　　　8190
　　贷：其他业务收入　　　　　　　　　　　　　　　　　　　　　　　7000
　　　　应交税费——应交增值税（销项税额）　　　　　　　　　　　　1190

（2）结转包装物的成本：

借：其他业务成本　　　　　　　　　　　　　　　　　　　　　　　　5610
　　贷：周转材料——包装物——库存未用包装物　　　　　　　　　　　　5500
　　　　材料成本差异　　　　　　　　　　　　　　　　　　　　　　　　110

（4）周转使用的包装物的核算。有些企业，因特殊产品包装的需要，如炼气厂的钢瓶，采用出租或出借的方式给购货单位使用，这种方式称为周转使用中的包装物。为促使使用单位按期归还，不论出租还是出借，都要收取押金。

1）出租包装物的核算。出租包装物除了收取使用单位的押金外，还要收取租金，该项租金收入，应视同其他业务收入。出租包装物的损耗以及修理费用应计入其他业务成本。

【例4-24】企业向某单位出租库存未用木桶100个，单位实际成本50元。收到押金6000元，收到1个月的租金1000元。到期后木桶全部收回，退还使用单位押金。采用"五五摊销法"核算。

（1）领用出租用包装物时：

借：周转材料——包装物——出租包装物　　　　　　　　　　　　　　5000
　　贷：周转材料——包装物——库存未用包装物　　　　　　　　　　　　5000

（2）同时，摊销包装物价值的一半：

借：其他业务成本　　　　　　　　　　　　　　　　　　　　　　　　2500
　　贷：周转材料——包装物——包装物摊销　　　　　　　　　　　　　　2500

（3）收到出租包装物押金时：

借：银行存款　　　　　　　　　　　　　　　　　　　　　　　　　　6000
　　贷：其他应付款——存入保证金　　　　　　　　　　　　　　　　　6000

（4）收到出租包装物租金时：

借：银行存款　　　　　　　　　　　　　　　　　　　　　　　　　　1000
　　贷：其他业务收入　　　　　　　　　　　　　　　　　　　　　　　1000

（5）出租包装物收回并验收入库：

借：周转材料——包装物——库存已用包装物　　　　　　　　　5000
　　　　贷：周转材料——包装物——出租包装物　　　　　　　　　　5000
（6）退还包装物押金：
　　借：其他应付款——存入保证金　　　　　　　　　　　　　　　6000
　　　　贷：银行存款　　　　　　　　　　　　　　　　　　　　　　6000

2）出借包装物的核算。出借包装物的核算方法与出租包装物的核算方法基本相同。区别在于出借包装物时不存在租金收入，出借包装物是应由销货单位提供给购货单位使用的包装物，其价值损耗及修理费用应作为企业的销售费用处理。

# 第四节　存货清查

　　存货清查是指通过对存货的实地盘点，确定存货的实有数量，并与账面结存数核对，从而确定存货实存数与账面结存数是否相符的一种专门方法。存货清查的方法采用实地盘点法。存货清查按照清查的对象和范围不同，分为全面清查和局部清查；按清查时间分为定期清查与不定期清查。

## 一、存货的盘存方法

　　所谓存货盘存方法是指确定存货期末账面结存数量的方法。存货清查的目的是对期末存货的账面结存成本和期末存货的实际结存成本核对，因此，必须确定存货的账面结存数量和实际结存数量，实际结存数量往往采取按时实地盘点的方法，确定存货期末账面结存数量的方法有实地盘存制和永续盘存制。

### 1. 实地盘存制

　　实地盘存制也称定期盘存制，指会计期末通过对全部存货进行实地盘点，以确定期末存货的结存数量，然后分别乘以各项存货的单价，计算出期末存货的总金额，计入各有关存货科目，通过倒轧的方法确定本期已耗用或已销售存货的成本。采用这种方法，平时对有关存货科目只记借方，不记贷方，每一期末，通过实地盘点确定存货数量，据以计算期末存货成本，然后计算出当期耗用或销货成本，计入有关存货科目的贷方。

　　实地盘存制确定期末存货账面结存数量的核算手续比较简单，但账面上缺少完整的存货记录。凡是属于期末存货盘存中未能包括的存货，都视为已经被销售或已经被耗用，任何其他因素造成的损失及支出，如由于浪费、盗窃、毁损等原因而发生的损失，都被隐匿在销售成本或耗用成本中，不利于对存货的管理与控制。

### 2. 永续盘存制

　　永续盘存制也称账面盘存制，指对存货项目设置存货明细账，逐笔或逐日地登记收入或发出的存货，并随时记录结存数。采用永续盘存制，并不排除对存货的实物盘点，为了核对存货账面记录，加强对存货的管理，每年至少应对存货进行一次全面盘点，具体盘点次数视企业内部控制要求而定。

在永续盘存制下，通过存货明细账的记录，可以随时了解存货的收入、支出及结余情况，不需要倒轧计算已经发出存货的数量。通过账簿记录中的账面结存数，结合不定期的实地盘点，将实际盘存数与账存数相核对，可以查明溢余或短缺的原因；通过账簿记录还可以随时反映存货是否过多或不足，以便及时、合理地组织货源，加速资金周转。永续盘存制的缺点是存货明细账记录的工作量较大，存货品种、规格繁多的企业更是如此。

## 二、存货清查核算的内容

存货清查是指通过对存货的实地盘点，确定存货的实有数量，并与账面资料核对，从而确定存货实存数与账面数是否相符的一种专门方法。

企业进行存货清查盘点，应当编制"存货盘存报告单"，并将其作为存货清查的原始凭证。经过存货盘存记录的实存数与存货的账面记录核对，若账面存货小于实际存货，为存货的盘盈；反之，为存货的盘亏。对于盘盈、盘亏的存货要记入"待处理财产损溢"科目，查明原因进行处理。"待处理财产损溢"科目借方登记存货的盘亏、毁损数及盘盈的转销数额，贷方登记存货的盘盈及盘亏的转销数额，借方余额表示待处理财产的损失数额，贷方余额表示待处理财产的溢余数额。本科目应设置"待处理流动资产损溢"和"待处理固定资产损溢"两个明细科目。

## 三、存货清查的核算

### 1. 存货盘盈的会计处理

企业在财产清查中盘盈的存货，根据"存货盘存报告单"所列金额，编制会计分录如下：

借：原材料
　　周转材料——包装物
　　周转材料——低值易耗品
　　库存商品
　　贷：待处理财产损溢——待处理流动资产损溢

盘盈的存货，通常是由企业日常收发计量或计算上的差错造成的，其盘盈的存货计入营业外收入，按规定手续报经批准后，会计分录如下：

借：待处理财产损溢——待处理流动资产损溢
　　贷：营业外收入

### 2. 存货盘亏的会计处理

企业对于盘亏的存货，根据"存货盘存报告单"编制如下会计分录：

借：待处理财产损溢——待处理流动资产损溢

　　贷：原材料

　　　　周转材料——包装物

　　　　周转材料——低值易耗品

　　　　库存商品

对于盘亏的存货应根据造成盘亏的原因，分别情况进行转账，属于定额内损耗以及存货日常收发计量上的差错，经批准后转作营业外支出。

借：营业外支出

　　贷：待处理财产损溢——待处理流动资产损溢

对于应由过失人赔偿的损失，应作如下分录：

借：其他应收款

　　贷：待处理财产损溢——待处理流动资产损溢

对于无法收回的其他损失，经批准后记入"营业外支出"科目。

借：营业外支出

　　贷：待处理财产损溢——待处理流动资产损溢

# 第五节　存货的期末计价

按照财政部《企业会计准则第 1 号——存货》的规定，存货的期末计价要求采用"成本与可变现净值孰低法"。

## 一、成本与可变现净值孰低法的含义

成本与可变现净值孰低法中的"成本"，是指存货的历史成本；"可变现净值"是指在正常生产经营过程中，以预计售价减去预计完工成本和销售所必需的预计税金、费用后的净值，也就是说，市价并不是指存货的售价，而是目前重新取得相同存货所需的成本；成本与可变现净值孰低法是指对期末存货按照成本与可变现净值两者之中较低者计价的方法。

成本与可变现净值孰低法的理论依据主要是使存货符合资产的定义。资产是指过去的交易或事项形成并由企业拥有或者控制的资源，该资源预期会给企业带来经济利益。当存货的可变现净值下跌至成本以下时，由此所形成的损失已不符合资产的定义，不能为企业带来未来的经济利益，因此，应将这部分损失从资产价值中抵销，列入当期损益。否则，当存货的可变现净值低于其成本价值时，如果仍以其历史成本计价就会出现高估资产的现象，显然不符合稳健性原则。

### 1. 计提减值准备的条件

一般当企业存在下列情况之一时，期末存货应当按可变现净值计价，并对可变现净值低于成本的部分计提存货跌价准备：①该存货的市价持续下跌，并且在可以预见的未来无回升的希望。②企业使用该项原材料生产的产品的成本大于产品的销售价格。③企业因产品更新换代，原有库存原材料不适应新产品的需要，而该原材料的市场价格又低于其账面成本。④因企业所提供的产品或劳务过时或消费者喜好的改变，导致市场需求发生变化，以致价格逐渐下跌。⑤其他足以证明该项存货实质上已经发生减值的情形。

**2. 可变现净值的确认方法**

企业在确定存货的可变现净值时，应当以取得的可靠证据为基础，并且考虑持有存货的目的、资产负债表日后事项的影响等因素。具体有以下几种情况：

（1）产成品、商品及用于出售的原材料等直接用于出售的存货，其可变现净值根据在正常的生产经营活动中，存货的估计售价减去估计的销售费用及相关税费后的净额。

（2）如果是按订单生产，则应按协议价或合同价而不是估计售价确认可变现净值。但如果库存存货超过合同购买存货，超过部分的存货应按当前市场售价减去估计的销售费用及相关税费后确认。

（3）用于生产的材料、在产品或自制半成品等需经过进一步加工的存货，其可变现净值根据在正常的生产经营活动中，以其生产的产成品估计的售价减去至完工估计将发生的成本、销售费用及相关税费后的金额确认。

期末对存货进行计量时，如果同类存货中一部分有合同价格约定，另一部分没有合同价格时，企业应当区分有合同价格约定的和没有合同价格约定的两部分，分别确定期末可变现净值，并与其相对应的成本进行比较，分别确认是否需要计提存货跌价准备，由此计算的存货跌价准备不得相互抵销。因存货价值回升而冲销的存货跌价准备，按上述同一原则确定当期应转回的金额。

## 二、存货跌价损失的核算

按照成本与可变现净值孰低法，如果成本低于可变现净值则不作账务处理，资产负债表中的存货仍按期末账面价值列示；如果可变现净值低于成本，则通过计提存货跌价准备来核算存货资产的减值损失。

企业通常应当按照单个存货项目计提存货跌价准备。即资产负债表日，企业将每个存货项目的成本与其可变现净值逐一进行比较，按较低者计量存货，对其中可变现净值低于成本的，差额计提存货跌价准备，然后再与已计提数进行比较，若应计提数大于已计提数，则应予补提。企业计提的存货跌价准备，应计入当期损益。

但是，对于数量繁多、单价较低的存货，可以按照存货类别计提存货跌价准备。与在同一地区生产和销售的产品系列相关、具有相同或类似最终用途或目的，且难以与其他项目分开计量的存货，可以合并计提存货跌价准备。

【例4-25】企业有甲、乙两大类A、B、C、D、E五种存货，各种存货分别按三种计算方式确定期末存货成本，如表4-15所示。

表4-15 成本与可变现净值孰低法的具体运用

| 项目 | 数量 | 成本 | | 可变现净值 | | 单项比较法 | 分类比较法 | 总额比较法 |
|---|---|---|---|---|---|---|---|---|
| | | 单价 | 总额 | 单价 | 总额 | | | |
| 甲类存货 | | | | | | | | |
| A | 25 | 100 | 2500 | 120 | 3000 | 2500 | | |
| B | 20 | 60 | 1200 | 55 | 1100 | 1100 | | |
| 合计 | | | 3700 | | 4100 | | 3700 | |
| 乙类存货 | | | | | | | | |
| C | 20 | 220 | 4400 | 210 | 4200 | 4200 | | |
| D | 40 | 160 | 6400 | 155 | 6200 | 6200 | | |
| E | 15 | 95 | 1425 | 120 | 1800 | 1425 | | |
| 合计 | | | 12225 | | 12200 | | 12200 | |
| 总计 | | | 15925 | | 16300 | 15425 | 15900 | 15925 |

由表4-15可知，单项比较法计算的期末成本总额最低，分类比较法次之，总额比较法最高。其原因在于单项比较法所确定的均为各项存货的最低价，据此计算的结果比较准确，但这种方法的工作量大；总额比较法虽然比其他两种方法简单，但过于粗糙；分类比较法介于两者之间，具有较强的可操作性。

【例4-26】假定某企业2015年末存货的实际成本为60000元，可变现净值为57000元；2016年末，存货的预计可变现净值为53000元；2017年末，存货的预计可变现净值为58500元；2018年末，存货的预计可变现净值为61500元。

（1）2015年末应提取的存货跌价准备为60000-57000=3000（元）

借：资产减值损失                3000

  贷：存货跌价准备              3000

（2）2016年末应提取的存货跌价准备为60000-53000-3000=4000（元）

借：资产减值损失                4000

  贷：存货跌价准备              4000

（3）2017年末，存货的可变现净值有所恢复，应冲减计提的存货跌价准备为=60000-58500-7000=-5500（元）

借：存货跌价准备                5500

  贷：资产减值损失              5500

（4）2018年末，存货的可变现净值进一步恢复，但应冲减计提的存货跌价准备只以已入账的减少数为限：3000+4000-5500=1500（元）

借：存货跌价准备                1500

  贷：资产减值损失              1500

为了在资产负债表上反映各类存货计提的存货跌价准备，并提供关于各类存货提取、转回跌价准备的具体情况，"存货跌价准备"科目也应按不同的存货类别进行明细核算。

企业计提了存货跌价准备，如果其中一部分出售，则在结转销售成本的同时应结转对其已计提的存货跌价准备，结转的存货跌价准备冲减当期的资产减值损失。

## 三、存货的转销

存货的转销，是指将存货的账面价值全部转入当期损益。《企业会计准则》规定，当企业存在下列条件之一时，应将存货的账面价值（减去已计提的跌价准备后的净额）全部转入当期损益：已霉烂变质的存货；已过期且无转让价值的存货；生产中已不再需要，并且已无使用价值和转让价值的存货；其他足以证明已无使用价值和转让价值的存货。

企业发生上述情况时，应按已计提的存货跌价准备借记"存货跌价准备"科目，按扣除存货跌价准备后的净额，借记"资产减值损失——计提的存货跌价准备"科目，同时贷记"库存商品"等科目。

【例4-27】2016年6月30日，企业某原材料的账面价值为500万元，可变现净值460万元，原已计提存货跌价准备为30万元，2016年7月发现该原材料已没有价值，经批准转销。其账务处理如下：

（1）2016年6月30日应计提存货跌价准备为40万元，原已计提30万元，所以当期应计提存货跌价准备10万元。

借：资产减值损失——计提的存货跌价准备　　　　　　　　　　　　100000
　　贷：存货跌价准备　　　　　　　　　　　　　　　　　　　　　100000

（2）2016年7月存货经批准转销。

借：存货跌价准备　　　　　　　　　　　　　　　　　　　　　　400000
　　资产减值损失——计提的存货跌价准备　　　　　　　　　　　4600000
　　贷：原材料　　　　　　　　　　　　　　　　　　　　　　　5000000

# 习　题

## 一、单选题

1. 存货计价采用成本与可变现净值孰低法，体现的会计核算的一般原则是（　　）。
A. 历史成本原则　　　　B. 配比原则　　　　　C. 谨慎原则　　　　　D. 客观性原则
2. 购进商品时，对商品流通企业于采购过程中发生的各项附加费用，一般应计入（　　）。
A. 商品成本　　　　　　B. 当期费用　　　　　C. 营业外支出　　　　D. 销售成本
3. 某工业企业为增值税一般纳税人。购入某种原材料1000吨，收到的增值税专用发票上注明的售价为每吨 800 元，增值税为 136000 元。另发生运输费用 12000 元，保险费 10000 元，装卸费用 5000 元。原材料运抵企业后，验收入库原材料为 999.5 吨，短缺系运输途中合理损耗所致。该原材料的入账价值为（    ）元。

    A. 826160            B. 962160            C. 827000            D. 822160

   4. 某工业企业为增值税小规模纳税人，原材料采用计划成本核算，A 材料计划成本每吨为 20 元。本期购进 A 材料 6000 吨，收到的增值税专用发票上注明的价款总额为 102000 元，增值税为 17340 元。另发生运杂费用 1400 元，途中保险费用 359 元。原材料运抵企业后验收入库原材料 5995 吨，运输途中合理损耗 5 吨。购进 A 材料发生的成本差异（超支）为（    ）元。

    A. 1099            B. 1199            C. 16141            D. 16241

   5. 某商品流通企业系增值税一般纳税人，采购甲商品 100 件，每件售价 2 万元，取得的增值税专用发票上注明的增值税为 34 万元，另支付采购费用 5 万元。该批商品的总成本为（    ）万元。

    A. 200            B. 205            C. 234            D. 239

   6. A 企业 2014 年 6 月 1 日"材料成本差异"科目的借方余额为 4000 元，"原材料"科目余额为 250000 元，本月购入原材料实际成本为 475000 元，计划成本为 425000 元；本月发出原材料计划成本为 100000 元，则该企业 2014 年 6 月 30 日原材料存货实际成本为（    ）。

    A. 621000 元         B. 614185 元         C. 577400 元         D. 575000 元

   7. 某批发企业采用毛利率法对存货计价，第一季度实际毛利率为 30%，4 月 1 日存货成本为 1200 万元，本月购入存货成本为 2800 万元，销售商品收入为 3000 万元，销售退回 300 万元。则 4 月末存货结存成本为（    ）万元。

    A. 1300            B. 1900            C. 2110            D. 2200

   8. 某商场 2017 年 3 月初甲商品进价成本为 170000 元，售价总额为 200000 元，本月购进甲商品的进价成本为 230000 元，售价总额为 300000 元，本月销售收入为 400000 元。在采用售价金额核算法的情况下，该企业本月甲商品的月末库存成本为（    ）元。

    A. 70000            B. 80000            C. 100000            D. 110000

   9. 下列各项与存货相关的费用中，不应计入存货成本的是（    ）。

    A. 材料采购过程中发生的运输途中的合理损耗

    B. 材料入库前发生的挑选整理费

    C. 在生产过程中为达到下一个生产阶段所必需的仓储费用

    D. 非正常消耗的直接材料

   10. 下列关于存货可变现净值的表述中，正确的是（    ）。

    A. 可变现净值等于存货的市场销售价格

    B. 可变现净值是确认存货跌价准备的重要依据之一

    C. 可变现净值等于销售存货产生现金流入的现值

    D. 可变现净值等于销售存货产生的现金流入

## 二、多选题

1. 企业对发出存货的实际成本进行计价的方法有（　　）。

A. 个别计价法　　　　B. 加权平均法　　　　C. 先进先出法　　　　D. 后进先出法

2. 下列事项中，影响企业营业利润的有（　　）。

A. 因自然灾害造成的存货净损失

B. 仓储费用（不包括在生产过程中为达到下一个生产阶段所必需的费用）

C. 结转商品销售成本时，将相关存货跌价准备调整主营业务成本

D. 销售存货所产生的增值税

3. 下列支出，应计入材料成本的有（　　）。

A. 企业购入材料的发票账单上列明的价款，但不包括按规定可以抵扣的增值税进项税额

B. 进口关税

C. 采购途中的合理损耗

D. 入库前的挑选整理费

4. 大海公司期末存货采用成本与可变现净值孰低法计量，上期期末账上有一批库存的材料，下列情况中表明材料的可变现净值为零的有（　　）。

A. 用该材料生产的产品已经减值

B. 材料已经过期且无转让价值

C. 材料已经霉烂变质

D. 该材料在生产中不再需要，并且已无使用价值和转让价值

5. 信达公司是小规模纳税人，委托大海公司（增值税一般纳税人）加工一批应税消费品，收回后继续用于加工应税消费品。针对上述情况，下列各项中应当计入收回的委托加工物资的成本的有（　　）。

A. 加工中实际耗用物资的成本　　　　B. 支付的加工费用和保险费

C. 支付的增值税　　　　D. 由大海公司代收代缴的消费税

6. 企业期末编制资产负债表时，下列各项应包括在"存货"项目中的有（　　）。

A. 产成品　　　　B. 半成品

C. 生产成本　　　　D. 已发出但不符合收入确认条件的存货

7. 下列各项中，应于发生时计入当期损益的有（　　）。

A. 收发过程中计量差错引起的存货盈亏

B. 非正常消耗的直接材料、直接人工和制造费用

C. 购入存货时运输途中发生的合理损耗

D. 自然灾害造成的存货净损失

8. 下列项目中，会引起资产负债表中"存货"项目的金额发生增减变动的有（　　）。

A. 尚未确认收入的已发出商品，在发出商品时将库存商品转入发出商品

B. 盘盈的存货

C. 委托外单位加工发出的材料

D. 冲回多提的存货跌价准备

9. 下列关于存货期末计量的表述正确的有 （　　）。

A. 资产负债表日，存货应当按照成本与可变现净值孰低计量

B. 期末存货公允价值低于其账面价值的金额应提取存货跌价准备并计入公允价值变动损益

C. 期末存货成本高于其可变现净值的，应当提取存货跌价准备并计入当期损益

D. 期末存货提取跌价准备只能按照单个项目计提，不能按照类别汇总计提

10. 下列关于存货会计处理的表述中，正确的有 （　　）。

A. 存货采购过程中发生的合理损耗计入存货采购成本

B. 存货跌价准备通常应当按照单个存货项目计提，也可分类计提

C. 债务人因债务重组转出存货时不结转已计提的相关存货跌价准备

D. 发出原材料采用计划成本核算的应于资产负债表日调整为实际成本

## 三、判断题

1. 入库原材料形成的超支差异在"材料成本差异"账户的贷方予以登记。（　　）

2. 商品流通企业在采购商品过程中发生的采购费用，不计入商品成本。（　　）

3. 购入材料在运输途中发生的合理损耗不需单独进行账务处理。（　　）

4. 存货计价方法的选择，不仅影响着资产负债表中资产总额的多少，而且也影响利润表中的净利润。（　　）

5. 先进先出法、移动平均法在实地盘存制与永续盘存制下均可以使用。（　　）

6. 基本生产车间一般性领用的原材料，计入期间费用"制造费用"账户。（　　）

7. 无论企业对存货采用实际成本法核算，还是采用计划成本法核算，在编制资产负债表时，资产负债表上的存货项目反映的都是存货的实际成本。（　　）

8. 发出原材料应负担的成本差异必须按月分摊。（　　）

9. 属于非常损失造成的存货毁损，应按该存货的实际成本计入营业外支出。（　　）

10. 以前期间导致减记存货价值的影响因素在本期已经消失的，应在原已计提的存货跌价准备金额内恢复减记的金额。（　　）

## 四、计算分析题

1. 甲公司按单项存货计提存货跌价准备。2014 年 12 月 31 日，该公司库存产成品中包括 400 台 A 型号和 200 台 B 型号的液晶彩色电视机。A 型号液晶彩色电视机是根据甲公司 2014 年 11 月与乙公司签订的销售合同生产的，合同价格为每台 1.8 万元，甲公司生产 A 型号液晶彩色电视机的单位成本为 1.5 万元，销售每台 A 型号液晶彩色电视机预计发生的相关税费为 0.1 万元。B 型号液晶彩色电视机是甲公司根据市场供求状况组织生产的，没有签订销售合同，单位成本为 1.5 万元，市场价格预计为每台 1.4 万元，销售每台 B 型号液晶彩色电视机预计发生的相关税费为 0.1 万元。

甲公司认为，A 型号液晶彩色电视机的合同价格能代表其市场价格，应当采用 B 型号

液晶彩色电视机的市场价格作为计算 A 型号电视机可变现净值的依据。为此，甲公司对 A 型号液晶彩色电视机确认了 80 万元的跌价损失并从当期应纳税所得额中扣除，按 520 万元列示在资产负债表的存货项目中；对 B 型号液晶彩色电视机确认了 40 万元的跌价损失并从当期应纳税所得额中扣除，按 260 万元列示在资产负债表的存货项目中。此前，甲公司未对 A 型号和 B 型号液晶彩色电视机计提存货跌价准备。

要求：

（1）分析、判断甲公司对 A 型号液晶彩色电视机计提存货跌价准备、从当期应纳税所得额中扣除确认的存货跌价损失的会计处理是否正确，并简要说明理由。

（2）分析、判断甲公司对 B 型号液晶彩色电视机计提存货跌价准备、从当期应纳税所得额中扣除确认的存货跌价损失的会计处理是否正确，并简要说明理由。

2. 2014 年 12 月 31 日，甲公司存货的账面价值为 1390 万元，其具体情况如下：

（1）A 产品 100 件，每件成本为 10 万元，账面成本总额为 1000 万元，其中 40 件已与乙公司签订不可撤销的销售合同，销售价格为每件 11 万元，其余 A 产品未签订销售合同。

A 产品 2013 年 12 月 31 日的市场价格为每件 10.2 万元。预计销售每件 A 产品需要发生的销售费用及相关税金 0.5 万元。

（2）B 配件 50 套，每套成本为 8 万元，账面成本总额为 400 万元。B 配件是专门为组装 A 产品而购进的。50 套 B 配件可以组装成 50 件 A 产品。B 配件 2013 年 12 月 31 日的市场价格为每套 9 万元。将 B 配件组装成 A 产品，预计每件还需发生加工成本 2 万元。

2014 年 1 月 1 日，存货跌价准备余额为 30 万元（均为对 A 产品计提的存货跌价准备），2014 年对外销售 A 产品转销存货跌价准备 20 万元。

要求：编制甲公司 2014 年 12 月 31 日计提或转回存货跌价准备的会计分录。

3. 光明股份有限公司（以下简称"光明公司"）委托创维企业加工一批原材料，加工后的原材料将用于生产应税消费品甲产品。创维企业属于专门从事加工业务的企业。2010 年 6 月 8 日光明公司发出材料实际成本为 49800 元，应付加工费为 6000 元（不含增值税），消费税税率为 10%。6 月 17 日收回加工物资并验收入库，另支付往返运杂费 120 元，加工费及代扣代缴的消费税均未结算，创维企业无同类加工物资的销售价格；6 月 23 日将加工收回的物资投入生产甲产品，此外生产甲产品过程中发生工资费用 18000 元，福利费用 3500 元，分配制造费用 21200 元；6 月 30 日甲产品全部完工验收入库。7 月 8 日将完工的甲产品全部销售，售价 200000 元（不含增值税），甲产品消费税税率也为 10%。货款尚未收到。光明公司、创维企业均为增值税一般纳税人，增值税税率均为 17%。

要求：

（1）计算创维企业应缴纳的增值税及代扣代缴的消费税。

（2）编制光明公司上述业务有关会计分录，并计算该公司从委托加工到销售阶段所涉及的消费税及缴纳消费税的会计分录（答案以元为单位）。

4. A 公司是一家生产电子产品的上市公司，为增值税一般纳税企业。2014 年 12 月 31 日，A 公司期末存货有关资料如下：

（1）甲产品账面余额为 1000 万元，按照一般市场价格预计售价为 1060 万元，预计销售费用和相关税金为 30 万元。已计提存货跌价准备 40 万元。

（2）乙产品账面余额为 400 万元，其中有 20% 已签订销售合同，合同价款为 80 万元；另有 80% 未签订合同。期末库存乙产品如果按照一般市场价格计算，其预计销售价格为 440 万元。有合同部分乙产品的预计销售费用和税金为 6 万元，无合同部分乙产品的预计销售费用和税金为 24 万元。此前未计提存货跌价准备。

（3）因产品更新换代，丙材料已不适应新产品的需要，准备对外销售。丙材料的账面余额为 250 万元，预计销售价格为 220 万元，预计销售费用及相关税金为 25 万元，此前未计提跌价准备。

（4）丁材料 30 吨，每吨实际成本 15 万元。该批丁材料用于生产 20 件×产品，×产品每件加工成本为 10 万元，现有 7 件已签订销售合同，合同规定每件为 40 万元，每件一般市场售价为 35 万元，假定销售税费均为销售价格的 10%。丁材料未计提存货跌价准备。

（5）对存货采用单项计提存货跌价准备，按年计提跌价准备。

要求：分别计算上述存货的期末可变现净值和应计提的跌价准备，并进行相应的账务处理。

# 第五章

# 投　资

📖 **章首案例**

　　甲公司 2017 年 12 月 1 日自证券市场购入乙公司发行的股票 500 万股，共支付价款 4300 万元，其中包括交易费用 20 万元。购入时，乙公司已宣告发放现金股利为每股 0.35 元，甲公司购入的乙公司该种股票打算在近期出售。2018 年 12 月 25 日，甲公司出售该股票，收到价款 4800 万元。

　　毫无疑问，甲公司购入乙公司股票是一种金融资产投资行为，但是，我们知道，金融资产包括交易性金融资产、持有至到期投资、可供出售金融资产、长期股权投资等，那么，该股票在购入时具体应作为何种金融资产进行确认计量？甲公司的投资是否成功呢？通过本章的学习，我们将可以理解并解答这些问题。

　　从金融学角度来讲，投资相较于投机而言，时间段更长一些，更趋向为在未来一定时间段内获得某种比较持续稳定的现金流收益，是未来收益的累积。投资可分为实物投资、资本投资和证券投资，本章所讲的投资仅涉及证券投资，主要包括交易性金融资产、持有至到期投资、可供出售金融资产和长期股权投资。

# 第一节　投资概述

　　投资是企业为了分配财富或谋求其他利益，将企业自有资产让渡给其他单位以获得另一项资产的行为。投资的主要目的：提高资金使用效果，谋取经济利益，对被投资单位实施控制或施加重大影响，保证其主要经营业务的持续发展以获取更大的经济利益等。投资有广义和狭义之分，广义的投资既包括对外投资，又包括对内投资，狭义的投资仅指对外的权益性投资和债权性投资。本章仅讨论狭义投资的核算。

## 一、投资的特点

　　投资是企业让渡自有资产而换取另一项资产的行为，如支付现金购买债券、以固定资产向其他单位投资来取得其他单位的股权等。这项资产与其他资产一样，能为投资者带来未来的经济利益，这种经济利益是指能直接或间接地增加流入企业的现金或现金等价物的能力。

投资所流入的经济利益，与其他资产为企业带来的经济利益在形式上有所不同。企业所拥有和控制的除投资以外的其他资产，通常能为企业带来直接的经济利益；而投资通常是将企业的部分资产转给其他单位使用，通过其他单位使用投资者投入的资产创造效益后进行分配取得经济利益，或者通过投资改善贸易关系等达到获取利益的目的。

## 二、投资的分类

投资按照不同的分类标准，具有不同的分类。

### 1. 短期投资和长期投资

按照持有投资的期限不同，可以将投资分为短期投资和长期投资。短期投资是指投资者打算在一年以内对其进行处置的投资；长期投资是指投资者打算长期持有，投资期限超过一年的投资。

### 2. 权益性投资和债权性投资

按投资性质，可以将投资分为权益性投资和债权性投资。权益性投资形成被投资单位的资本金，企业拥有被投资单位的股权，参与被投资企业税后利润的分配，收益实现的方式主要是股利或分回的利润；债券性投资形成被投资单位的负债，企业是被投资单位的债权人，收益实现的方式是利息。

### 3. 直接投资和间接投资

按投资方式不同，可以将投资分为直接投资和间接投资。直接投资是指企业将现金、实物、无形资产等直接投入被投资单位，以获取经济利益的投资。间接投资是指企业通过证券市场等购买债券或股票，以获取股利或利息收入的投资，证券投资属于间接投资。

为严格按照企业会计准则的规定讨论投资的核算问题，本书根据《企业会计准则第 2 号——长期股权投资》和《企业会计准则第 22 号——金融工具确认和计量》的规定和要求，将投资分为金融资产和长期股权投资。为方便学习和理解，又将金融资产划分为交易性金融资产、持有至到期投资以及可供出售金融资产。

# 第二节 交易性金融资产

企业持有交易性金融资产的主要目的是通过近期出售或回购来获得收益，企业的某种投资只有在符合一定的条件时才可以确认为交易性金融资产。交易性金融资产采取公允价值计量模式，且公允价值的变动应计入当期损益。本节主要介绍交易性金融资产的确认、初始计量及后续计量。

## 一、交易性金融资产概述

交易性金融资产，是指企业为近期出售或回购所持有的、以公允价值计量且其变动计入当期损益的金融资产。例如，企业以赚取差价为目的从二级市场购入的股票、债券和基金等。金融资产满足下列条件之一的，应当划分为交易性金融资产：

第一，取得该金融资产的目的，主要是为了近期内出售。比如，企业以赚取差价为目的从二级市场购入的股票、债券和基金等。

第二，属于进行集中管理的可辨认金融工具组合的一部分，且有客观证据表明企业近期采用短期获利方式对该组合进行管理。比如，企业因投资策略或风险管理的需要，将某些金融资产进行组合从事短期获利活动，对于组合中的资产，应作为交易性金融资产进行核算和管理。

第三，属于衍生金融工具。比如国债期货、股指期货、远期合同等。但是，如果衍生金融工具被企业指定为有效套期关系中套期工具，那么该衍生工具初始确认后的公允价值变动应根据其对应的套期关系（即公允价值套期、现金流量套期或境外经营净投资套期）不同，采用相应的方法进行处理。

## 二、交易性金融资产的核算

企业应设置"交易性金融资产"科目，核算交易性金融资产的增减变动情况。该账户借方登记取得交易性金融资产的公允价值、资产负债表日交易性金融资产公允价值高于其账面余额的差额、出售交易性金融资产而转出的公允价值变动额；贷方登记资产负债表日交易性金融资产公允价值低于其账面余额的差额、出售交易性金融资产而转出的交易性金融资产账面余额及其公允价值变动额。余额一般在借方，反映企业持有的交易性金融资产的公允价值。企业应按交易性金融资产的类别和品种，分别设置"成本"和"公允价值变动"明细科目进行核算。

### 1. 交易性金融资产取得时的核算

企业取得交易性金融资产时，按其公允价值借记"交易性金融资产——成本"科目，发生的交易费用，借记"投资收益"科目，其中，发生的交易费用是指可直接归属于购买、发行或处置金融工具新增的外部费用，主要包括支付给代理机构、咨询公司、券商等的手续费、佣金及其他必要支出，不包括债券溢价、折价、融资费用、内部管理成本、为发行金融工具发生的差旅费及其他与交易不直接相关的费用。如果企业在取得交易性金融资产时，购买价格中包括已到期或已宣告但尚未领取的利息和股利，则应作为短期债权处理，借记"应收利息"或"应收股利"科目，按实际支付的金额，贷记"银行存款""存放中央银行款项""结算备付金"等科目。

【例5-1】2017年12月1日，甲公司从二级市场购入乙公司发行的股票200000股，每股价格10.50元（含已宣告但尚未发放的现金股利0.50元），另支付交易费用5000元，共支付款项2105000元。甲公司取得该金融资产的目的是为了近期内出售，且持有乙公司股权后对其无重大影响。假定不考虑其他因素，甲公司的账务处理如下：

  借：交易性金融资产——成本           2000000
    应收股利               100000
    投资收益               5000
    贷：银行存款            2105000

**2. 交易性金融资产持有期间股利、利息的核算**

  对于收到的属于取得交易性金融资产时支付价款中包含的已宣告发放的现金股利，应直接冲减应收股利；在持有交易性金融资产期间被投资单位宣告发放现金股利时，应确认为投资收益，并作为应收股利处理。

  对于收到的属于取得交易性金融资产时支付价款中包含的已到期的债券利息，应直接冲减应收利息；在持有交易性金融资产期间，收到被投资单位在资产负债表日确认的分期付息债券利息时，应将其确认为投资收益，并作为应收利息处理。

  【例 5 - 2】资料承【例 5 - 1】2017 年 12 月 25 日，甲公司收到乙公司发放的现金股利 100000 元。甲公司的账务处理如下：

  借：银行存款              100000
    贷：应收股利            100000

**3. 交易性金融资产的期末计价**

  交易性金融资产在资产负债表日，应按照当日各项交易性金融资产的公允价值计价，并通过"交易性金融资产——公允价值变动"科目对交易性金融资产的账面价值进行调整。

  资产负债表日，交易性金融资产的公允价值高于其账面余额的差额，应调增交易性金融资产的账面价值，同时将差额确认为公允价值变动损益；交易性金融资产的公允价值低于其账面余额的差额，应调减交易性金融资产的账面价值，同时将差额确认为公允价值变动损益。

  【例 5 - 3】资料承【例 5 - 1】2017 年 12 月 31 日，乙公司的股票每股涨到 12 元。甲公司的账务处理如下：

  借：交易性金融资产——公允价值变动       400000
    贷：公允价值变动损益         400000

**4. 交易性金融资产处置时的核算**

  在处置交易性金融资产时，企业应将其公允价值与初始入账金额之间的差额确认为投资收益，同时调整公允价值变动损益。

  【例 5 - 4】资料承【例 5 - 1】【例 5 - 3】。2018 年 4 月 30 日，甲公司将持有乙公司的股票出售，取得价款 3000000 元。甲公司的账务处理如下：

  借：银行存款             3000000
    公允价值变动损益          400000

　　　　贷：交易性金融资产——成本　　　　　　　　　　　　　　2000000

　　　　　　　　　　　——公允价值变动　　　　　　　　　　　　400000

　　　　　　投资收益　　　　　　　　　　　　　　　　　　　　1000000

# 第三节　持有至到期投资

　　当企业管理层有明确的意图并有能力将某一债权性投资持有至到期时，那么企业应将此债权性投资确认为持有至到期投资。企业购入持有至到期投资的主要目的是希望获得高于银行存款利率的利息，并保证能够按时收回本息。企业的持有至到期投资应按照摊余成本法进行核算。本节的主要内容有持有至到期投资的概念及确认、持有至到期投资的初始计量及后续计量。

## 一、持有至到期投资概述

　　持有至到期投资，是指到期日固定、回收金额固定或可确定且企业有明确意图和能力持有至到期的非衍生金融资产。主要是持有至到期的各种债权性投资，比如从二级市场上购入的固定利率国债、浮动利率金融债券等。这种投资的目的不是为了获得另一企业的剩余资产，而是为了获取高于银行存款利率的利息，并保证按期收回本息。持有至到期投资通常具有长期性质，但期限较短的债券投资，符合持有至到期投资条件的，也可将其划分为持有至到期投资。股权投资因其没有到期日，因而不能划分为持有至到期投资。

　　企业不能将下列非衍生金融资产划分为持有至到期投资：①在初始确认时明确指定为以公允价值计量且其变动计入当期损益的非衍生金融资产。②在初始确认时被指定为可供出售的非衍生金融资产。③符合贷款和应收款项定义的非衍生金融资产。

## 二、持有至到期投资的核算

　　由于受票面利率（即名义利率）、市场利率（即实际利率）与持有至到期投资兑付期的影响，购入持有至到期投资支付的价款与其票面价值不完全相同。当票面利率等于市场利率时，投资企业按面值购入持有至到期投资，即平价购入持有至到期投资；当票面利率高于市场利率时，由于发行持有至到期投资的公司每期会以高于市场利率的水平支付利息，为弥补多付的利息支出，发行公司则以超过持有至到期投资面值的价格发售，以调整其利息负担。这时，投资企业要以高出面值的价格购入持有至到期投资，即溢价购入，超过面值部分为债券溢价。反之，当票面利率低于市场利率时，发行公司则以低于持有至到期投资面值的价格发售，投资企业以低于面值的价格购入持有至到期投资，即折价购入，低于面值部分为债券折价。实质上，购入时发生的债券溢价是投资企业预先垫付将来各期以较高利率多取得利息的代价；购入时发生的债券折价是投资企业预先取得的以后各期少取得利息的补偿。企业应采用实际利率法、按摊余成本对持有至到期投资进行后续核算。

为了准确反映持有至到期投资的取得、收益、处置等情况，企业应设置"持有至到期投资"科目，并开设"成本""利息调整"和"应计利息"等明细科目。该账户的期末借方余额反映企业持有至到期投资的摊余成本。

"持有至到期投资——成本"科目，用于核算所取得的债券投资的面值。实际支付价款中包含的已到付息期但尚未领取的债券利息，不计入债券的初始投资成本，作为短期应收项目处理。

"持有至到期投资——利息调整"科目，用于核算债券折价、溢价的摊销情况以及佣金、手续费等相关交易费用。

"持有至到期投资——应计利息"科目，用于核算到期一次还本付息债券按面值及票面利率计算的利息；对于分期付息、到期还本债券的利息应通过"应收利息"科目进行核算。

### 1. 购入持有至到期投资时的核算

购入持有至到期投资时，应按该投资的面值借记"持有至到期投资——成本"科目，按支付的价款中包含的已到付息期但尚未领取的利息，借记"应收利息"科目，按实际支付的金额，贷记"银行存款""存放中央银行款项""结算备付金"等科目，按其差额借记或贷记"持有至到期投资——利息调整"科目。

【例 5 - 5】 2013 年 7 月 1 日，普华公司购入宏泰公司同日发行的面值为 500000 元的 4 年期债券，票面利率为 11%，准备持有至到期日。假定宏泰公司每半年付息一次，2017 年 6 月 30 日到期。债券发行当日的市场利率为 10%，普华公司溢价 16160 元购入该批债券，以银行存款支付 516160 元。普华公司的账务处理如下：

借：持有至到期投资——成本　　　　　　　　　　　　　500000
　　　　　　　　　——利息调整　　　　　　　　　　　　16160
　　贷：银行存款　　　　　　　　　　　　　　　　　　　　516160

### 2. 债券折价、溢价的摊销

（1）债券溢价的摊销。债券溢价是投资企业为了以后多获得利息收入而预先垫付的代价。这部分预付的代价，投资企业应该在持有至到期投资持有期间，分期从利息收入中扣回，这一过程称作溢价摊销。溢价摊销是持有至到期投资账面价值的减少，故应调整"持有至到期投资——利息调整"科目。投资企业要真实反映每期的投资收益，应采用实际利率摊销法在各期之间摊销债券的溢价。

实际利率摊销法即实际利率法，是指根据各期期初持有至到期投资的摊余价值和实际利率（市场利率）计算的实际投资收益，与持有至到期投资的面值和票面利率计算的应计利息之间的差额，确定为各期溢价或折价的摊销额。采用这一摊销方法，各期实际利息收益随着持有至到期投资摊余价值的变动而变动，因而各期溢价或折价摊销额也不相等。

【例 5 - 6】 资料承【例 5 - 5】。普华公司投资的实际利率（市场利率）为 10%，该公司 2013 年 12 月 31 日第一期债券实际利息应为 25808 元（516160×10%×6÷12），同期票面利息为 27500 元（500000×11%×6÷12），该期债券溢价摊销数额则为 1692 元（27500－25808）。溢价摊销时，普华公司的账务处理如下：

借：应收利息                                             27500

    贷：持有至到期投资——利息调整                   1692

        投资收益                                    25808

实际利率法下，各期溢价摊销额和会计分录，如表 5-1 所示。

### 表 5-1　债券溢价摊销表

（实际利率摊销法）　　　　　　　　　　　　　　　　　　　　　　　　　　　　单位：元

| 付息日期 | 借：应收利息 | 贷：投资收益 | 贷：持有至到期投资——利息调整 | 持有至到期投资摊余成本 |
|---|---|---|---|---|
| (1) | (2) =500000×11%×6÷12 | (3) =期初摊余成本×10%×6÷12 | (4) =(2)-(3) | (5) =每期期初摊余成本-(4) |
| 2013 年 7 月 1 日 | | | | 516160 |
| 2013 年 12 月 31 日 | 27500 | 25808 | 1692 | 514468 |
| 2014 年 6 月 30 日 | 27500 | 25723 | 1777 | 512691 |
| 2014 年 12 月 31 日 | 27500 | 25635 | 1865 | 510826 |
| 2015 年 6 月 30 日 | 27500 | 25541 | 1959 | 508867 |
| 2015 年 12 月 31 日 | 27500 | 25443 | 2057 | 506811 |
| 2016 年 6 月 30 日 | 27500 | 25341 | 2159 | 504651 |
| 2016 年 12 月 31 日 | 27500 | 25233 | 2267 | 502384 |
| 2017 年 6 月 30 日 | 27500 | 25116[①] | 2384 | 500000 |
| 合计 | 220000 | 203840 | 16160 | |

注：①实际计算出的金额为 25119 元，因纠正尾数误差而调整为此数。

（2）债券折价的摊销。债券折价是投资企业为了以后逐期少获得利息收入而预先得到的补偿。这部分预先得到的补偿，投资企业应该在持有至到期投资持有期间，分期转为投资收益，这一过程称作折价摊销。折价摊销是持有至到期投资账面价值的增加，故应调整"持有至到期投资——利息调整"科目。投资企业要真实反映每期的投资收益，也应采用实际利率摊销法在各期之间摊销债券的折价。

【例 5-7】2012 年 7 月 1 日，华扬公司购入红星公司同日发行的面值为 500000 元的 5 年期债券，票面利率为 11%，准备持有至到期日。假定红星公司每半年付息一次，2017 年 6 月 30 日到期。债券发行当日的市场利率为 12%，华扬公司折价购入该批债券，实际支付价款 481600 元。购入时，华扬公司的账务处理如下：

借：持有至到期投资——成本                          500000

    贷：持有至到期投资——利息调整                 18400

        银行存款                                481600

华扬公司投资的实际利率（市场利率）为 12%，该公司 2012 年 12 月 31 日第一期债券实际利息应为 28896 元（481600×12%×6÷12），同期票面利息为 27500 元（500000×11%×6÷12），该期债券折价摊销数额则为 1396 元（28896-27500）。摊销折价时，华

扬公司的账务处理如下:

  借:应收利息                27500

    持有至到期投资——利息调整       1396

    贷:投资收益              28896

  在实际利率法下,各期债券折价摊销额和会计分录如表5-2所示。

表5-2 债券折价摊销表

(实际利率摊销法)                      单位:元

| 付息日期 | 借:应收利息 | 贷:持有至到期投资——利息调整 | 贷:投资收益 | 持有至到期投资摊余成本 |
|---|---|---|---|---|
| (1) | (2) = 500000 × 11% × 6 ÷ 12 | (3) = (4) - (2) | (4) = 每期期初摊余成本 × 12% × 6 ÷ 12 | (5) = 每期期初摊余成本 + (3) |
| 2012 年 7 月 1 日 | | | | 481600 |
| 2012 年 12 月 31 日 | 27500 | 1396 | 28896 | 482996 |
| 2013 年 6 月 30 日 | 27500 | 1480 | 28980 | 484476 |
| 2013 年 12 月 31 日 | 27500 | 1569 | 29069 | 486044 |
| 2014 年 6 月 30 日 | 27500 | 1663 | 29163 | 487707 |
| 2014 年 12 月 31 日 | 27500 | 1762 | 29262 | 489469 |
| 2015 年 6 月 30 日 | 27500 | 1868 | 29368 | 491338 |
| 2015 年 12 月 31 日 | 27500 | 1980 | 29480 | 493318 |
| 2016 年 6 月 30 日 | 27500 | 2099 | 29599 | 495417 |
| 2016 年 12 月 31 日 | 27500 | 2225 | 29725 | 497642 |
| 2017 年 6 月 30 日 | 27500 | 2359 | 29859 | 500000 |
| 合计 | 275000 | 18400 | 293400 | |

### 3. 持有至到期投资的期末计价

  资产负债表日,企业应当对持有至到期投资的账面价值进行全面检查,将持有至到期投资的账面价值与预计未来现金流量现值进行比较,对持有至到期投资可能发生的减值,根据谨慎性原则的要求计提减值准备,并将确认的减值损失计入当期损益。

  为核算企业持有至到期投资的减值损失,企业应设置"持有至到期投资减值准备"科目。资产负债表日,持有至到期投资发生减值的,按应减记的金额,借记"资产减值损失"科目,贷记本科目。有客观证据表明,该持有至到期投资的价值得以恢复且客观上与确认该损失后发生的事项有关时,原计提的减值准备应予以转回,借记本科目,贷记"资产减值损失"科目,但转回后持有至到期投资的账面价值不应超过假定不计提减值准备情况下该持有至到期投资在转回日的摊余成本。

### 4. 持有至到期投资的转换

  企业因持有至到期投资部分出售等原因,使该投资的剩余部分不再适合划分为持有至到期投资的，企业应当将该投资的剩余部分重分类为可供出售金融资产，并以公允价值进行后续计量。重分类日，该投资剩余部分的账面价值与其公允价值之间的差额计入所有者权益，在该可供出售金融资产发生减值或终止确认时转出，计入当期损益。

【例5－8】2016年5月，由于贷款基准利率的变动和其他市场因素的影响，红星公司持有的、原划分为持有至到期投资的宏达公司债券价格持续下跌。为此，红星公司于6月5日对外出售该持有至到期投资的20%，收取价款650000元（即所出售债券的公允价值），此日，该持有至到期投资的账面余额（成本）为3000000元，对应的"应计利息"和"利息调整"明细账户均无余额，也未计提相应的减值准备。不考虑其他相关因素的影响，红星公司的账务处理如下：

借：银行存款　　　　　　　　　　　　　　　　　　　　　　650000
　　贷：持有至到期投资——成本　　　　　　　　　　　　　　600000
　　　　投资收益　　　　　　　　　　　　　　　　　　　　　50000

同时，应将剩余的债券投资重分类为可供出售金融资产，剩余债券投资公允价值的计算及相关账务处理如下：

剩余债券投资的公允价值 = 65 ÷ 20% × 80% = 260（万元）

借：可供出售金融资产——成本　　　　　　　　　　　　　2600000
　　贷：持有至到期投资——成本　　　　　　　　　　　　　2400000
　　　　其他综合收益　　　　　　　　　　　　　　　　　　200000

假定6月26日，红星公司将持有宏达公司剩余的债券投资全部出售，收取价款2620000元，则红星公司的账务处理如下：

借：银行存款　　　　　　　　　　　　　　　　　　　　　2620000
　　贷：可供出售金融资产——成本　　　　　　　　　　　　2600000
　　　　投资收益　　　　　　　　　　　　　　　　　　　　20000
借：其他综合收益　　　　　　　　　　　　　　　　　　　200000
　　贷：投资收益　　　　　　　　　　　　　　　　　　　　200000

# 第四节　可供出售金融资产

金融资产的确认主要取决于管理层的风险管理和投资决策等因素，当某项金融资产满足可供出售金融资产的条件时，企业应将此投资确认为可供出售金融资产。可供出售金融资产应参照《企业会计准则第22号——金融工具确认和计量》进行核算。本节主要介绍可供出售金融资产的确认、初始计量和后续计量等内容。

## 一、可供出售金融资产概述

可供出售金融资产，是指初始确认时即被指定为可供出售的非衍生金融资产，以及除下列各类资产以外的金融资产：贷款和应收款项；持有至到期投资；以公允价值计量且其变动计入当期损益的金融资产。比如购入的在活跃市场上有报价的股票、债券和基金等，没有划分为以公允价值计量且其变动计入当期损益的金融资产或持有至到期投资等金融资产的，可归为此类。

对于在活跃市场上有报价的金融资产，既可能划分为以公允价值计量且其变动计入当期损益的金融资产，也可能划分为可供出售金融资产；如果该金融资产属于有固定到期日、回收金额固定或可确定的金融资产，则该金融资产还可能划分为持有至到期投资。某项金融资产具体应分为哪一类，主要取决于管理层的风险管理和投资决策等因素。

## 二、可供出售金融资产的核算

为了准确反映可供出售金融资产的取得、收益、处置等情况，企业应设置"可供出售金融资产"科目，并开设"成本""利息调整""应计利息"和"公允价值变动"等明细科目。

"可供出售金融资产——成本"科目，用于核算取得可供出售金融资产时的公允价值和相关费用，实际支付的价款中包含的已到期但尚未领取的债券利息或已宣告但尚未发放的现金股利，作为短期应收项目处理。

"可供出售金融资产——利息调整"科目，用于核算可供出售的金融资产为债券投资时折价、溢价的摊销情况，余额反映尚未摊销的折价或溢价。

"可供出售金融资产——应计利息"科目，用于核算可供出售的金融资产为债券投资时，按照票面利率计算的应收利息。

"可供出售金融资产——公允价值变动"科目，用于核算可供出售的金融资产公允价值的变动。

### 1. 取得可供出售金融资产时的核算

取得可供出售金融资产时，按取得该金融资产的公允价值和相关交易费用之和作为初始确认金额，借记"可供出售金融资产——成本"科目，按支付的价款中包含的已宣告但尚未发放的现金股利，借记"应收股利"科目，按实际支付的金额，贷记"银行存款""存放中央银行款项""结算备付金"等科目。

具体会计处理，应区分股票类与债券类可供出售金融资产进行不同的会计处理。对于股票类可供出售金融资产，应按其公允价值和交易费用之和借记"可供出售金融资产——成本"科目，支付的价款中若包含已宣告但尚未发放的股利应借记"应收股利"科目，按支付的价款贷记"银行存款"等科目。对于债券类可供出售金融资产，应按债券的面值借记"可供出售金融资产——成本"科目，按支付的价款中包含的已到付息期但尚未领取的利息，借记"应收利息"科目，按实际支付的金额，贷记"银行存款"等科目，按借贷差额，借记或贷记"可供出售金融资产——利息调整"科目。

【例5-9】2016年10月10日，飞鸿公司从二级市场购入宏泰公司股票1000000股，每股市价20元（包含已宣告但尚未发放的现金股利0.1元），手续费共40000元，以银行存款支付全部款项。初始确认时，该股票划分为可供出售金融资产。飞鸿公司的账务处理如下：

借：可供出售金融资产——成本      19940000

    应收股利      100000

    贷：银行存款      20040000

收到现金股利时：

借：银行存款      100000

    贷：应收股利      100000

【例 5-10】 2016 年 1 月 1 日，红星公司购入宏达公司同日发行的 3 年期公司债券，支付价款 1025000 元。该债券的面值为 1000000 元，票面利率为 5%，实际利率为 4%，利息每年末支付。红星公司将该公司债券划分为可供出售金融资产。红星公司的会计处理如下：

借：可供出售金融资产——成本      1000000

           ——利息调整      25000

    贷：银行存款      1025000

### 2. 持有期间可供出售金融资产的核算

采用实际利率法计算的可供出售债券性金融资产的利息，应当计入当期损益；可供出售权益工具投资的现金股利，应当在被投资单位宣告发放股利时计入当期损益。资产负债表日，可供出售金融资产应当以公允价值计量，且公允价值变动形成的利得或损失，则计入其他综合收益科目。

【例 5-11】 资料承【例 5-9】。2016 年 12 月 31 日，飞鸿公司持有宏泰公司的股票公允价值上升为 22040000 元。2017 年 4 月，宏泰公司宣告每股派发 1.5 元现金股利。

2016 年 12 月 31 日，飞鸿公司的账务处理如下：

借：可供出售金融资产——公允价值变动      2100000

    贷：其他综合收益      2100000

2017 年 4 月宏泰公司宣告派发股利时，飞鸿公司的账务处理如下：

借：应收股利      1500000

    贷：投资收益      1500000

收到现金股利时：

借：银行存款      1500000

    贷：应收股利      1500000

【例 5-12】 资料承【例 5-10】。2016 年 12 月 31 日，红星公司收到宏达公司派发的利息 50000 元。该债券 2016 年 12 月 31 日的市场价格为 1010000 元。红星公司的会计处理如下：

实际利息 = 1025000 × 4% = 41000（元）

年末摊余成本 = 1025000 - （50000 - 41000）= 1016000（元）

确认利息收入时：

借：应收利息      50000

| | | |
|---|---|---|
| 贷：可供出售金融资产——利息调整 | | 9000 |
| 投资收益 | | 41000 |

收到利息时：

| | | |
|---|---|---|
| 借：银行存款 | | 50000 |
| 贷：应收利息 | | 50000 |

确认公允价值变动时：

| | | |
|---|---|---|
| 借：其他综合收益 | | 6000 |
| 贷：可供出售金融资产——公允价值变动 | | 6000 |

**3. 处置可供出售金融资产的会计核算**

处置可供出售金融资产时，应将取得的价款与该金融资产的账面价值之间的差额，计入投资收益；同时，将原直接计入所有者权益的公允价值变动累计额对应处置部分的金额转出，计入投资收益。

具体会计处理：按收到的价款借记"银行存款"科目，按账面余额贷记"可供出售金融资产——成本（公允价值变动、应计利息、利息调整）"科目，将该项可供出售的金融资产在资产负债表日已计入"其他综合收益"的累计变动额转出，按差额借记或贷记"投资收益"科目。

**【例5-13】** 资料承【例5-11】，2017年6月20日，飞鸿公司将持有宏泰公司的股份全部出售，取得价款20500000元。飞鸿公司的会计处理如下：

| | | |
|---|---|---|
| 借：银行存款 | | 20500000 |
| 其他综合收益 | | 2100000 |
| 贷：可供出售金融资产——成本 | | 19940000 |
| ——公允价值变动 | | 2100000 |
| 投资收益 | | 560000 |

**【例5-14】** 资料承【例5-12】。2017年2月25日，红星公司将持有的宏达公司的债券全部出售，取得价款1015000元。红星公司的会计处理如下：

| | | |
|---|---|---|
| 借：银行存款 | | 1015000 |
| 可供出售金融资产——公允价值变动 | | 6000 |
| 投资收益 | | 1000 |
| 贷：可供出售金融资产——成本 | | 1000000 |
| ——利息调整 | | 16000 |
| 其他综合收益 | | 6000 |

# 第五节 长期股权投资

企业应将持有期限在一年以上的股权性投资确认为长期股权投资，长期股权投资的形成方式包括控股合并形成的长期股权投资和非控股合并形成的长期股权投资，不同类别的长期股权投资具有不同的核算方法。本节主要介绍控股合并和非控股合并形成的长期股权投资的核算、长期股权投资的两种后续计量方法——成本法与权益法，以及成本法与权益法的转换、长期股权投资的处置等内容。

## 一、长期股权投资概述

长期股权投资，是指企业投出的期限在一年以上（不含一年）的各种股权性质的投资，包括购入的股票和其他股权投资等。

长期股权投资的主要特点：一是长期持有，不准备随时出售。长期股权投资的目的是为长期持有被投资单位的股份，对被投资单位实施控制或施加重大影响，或为了改善和巩固贸易关系，或持有不易变现的长期股权投资等，一般不准备随时出售。二是获取经济利益，并承担相应的风险。长期股权投资的最终目标是获得较大的经济利益，投资企业可以通过分得利润或股利获取收益，但在被投资单位经营状况不佳，或者进行破产清算等时，投资企业作为股东，也需要承担相应的投资损失。三是除股票投资外，长期股权投资通常不能随时出售。基于股权投资的目的和形式，投资企业一旦成为被投资单位的股东，依所持股份份额享有股东的权利并承担相应的义务，一般情况下不能随意抽回投资。

## 二、取得长期股权投资的核算

为了核算长期股权投资，企业应当设置"长期股权投资"科目。采用权益法核算长期股权投资时，企业还需要设置"成本""损益调整""其他综合收益""其他权益变动"等明细科目，进行明细核算。

长期股权投资的取得方式不同，其初始投资成本的确定也各不相同。具体来说，长期股权投资初始投资成本的确定，应区分为控股合并取得和非控股合并取得的长期股权投资两种方式。在控股合并形成的长期股权投资中，企业还应进一步区分同一控制下的控股合并和非同一控制下的控股合并来确定长期股权投资的初始投资成本。

### 1. 形成控股合并的长期股权投资

（1）同一控制下的控股合并形成的长期股权投资。同一控制下的控股合并形成的长期股权投资，由于参与合并的企业在合并前与合并后均受同一方控制，最终控制方在企业合并前与合并后所控制的资产总额并没有发生改变。通过控股合并取得长期股权投资，其成本代表的是在被合并方所有者权益账面价值中享有的份额。

1）合并方以支付现金、转让非现金资产或承担债务方式作为合并对价的，应当在合并日按照取得被合并方所有者权益账面价值的份额作为长期股权投资的初始投资成本。长期股权投资初始投资成本与支付的现金、转让的非现金资产以及所承担的债务账面价值之间的差额，应当调整资本公积（资本溢价或股本溢价）；资本公积（资本溢价或股本溢价）不足冲减的，调整留存收益。

具体会计处理如下：合并方在合并日按照取得被合并方所有者权益账面价值的份额作为长期股权投资的初始投资成本，借记"长期股权投资"科目，按应享有被合并方已宣告但尚未发放的现金股利或利润，借记"应收股利"科目，按支付的合并对价的账面价值，贷记"银行存款""固定资产清理"等科目，按其贷方差额，贷记"资本公积——资本溢价或股本溢价"科目；如为借方差额，应借记"资本公积——资本溢价或股本溢价"科目，"资本公积"贷方余额不足冲减的，应当依次借记"盈余公积""利润分配——未分配利润"等科目。

【例5－15】甲公司和乙公司同为丙公司的子公司。2016年7月1日，甲公司与乙公司达成合并协议，约定甲公司以固定资产、无形资产和银行存款10000000元向乙公司投资，占乙公司股份总额的80%。其中，固定资产原价为25000000元，已计提折旧5000000元，未计提固定资产减值准备；无形资产账面原价为12000000元，已摊销5000000元，未计提无形资产减值准备。2016年7月1日，乙公司所有者权益总额为45000000元。假定甲公司所有者权益中"资本公积"余额为5000000元。甲公司的会计处理如下：

| | |
|---|---:|
| 借：固定资产清理 | 20000000 |
| 累计折旧 | 5000000 |
| 贷：固定资产 | 25000000 |
| 借：长期股权投资 | 36000000 |
| 累计摊销 | 5000000 |
| 资本公积——资本溢价 | 1000000 |
| 贷：固定资产清理 | 20000000 |
| 无形资产 | 12000000 |
| 银行存款 | 10000000 |

2）合并方以发行权益性证券作为对价的，应按发行股份的面值总额作为股本，长期股权投资初始投资成本与所发行的股份面值总额之间的差额，应当调整资本公积，资本公积不足冲减的，调整留存收益。

具体会计处理为：合并方在合并日按照取得被合并方所有者权益账面价值的份额作为长期股权投资的初始投资成本，借记"长期股权投资"科目，按应享有被合并方已宣告但尚未发放的现金股利或利润，借记"应收股利"科目，按照发行股份的面值总额，贷记"股本"科目，按照发生的相关税费，贷记"银行存款"等科目，按其贷方差额，贷记"资本公积——资本溢价或股本溢价"科目；如为借方差额，应借记"资本公积——资本溢价或股本溢价"科目，"资本公积"贷方余额不足冲减的，应当依次借记"盈余公积""利润分配——未分配利润"等科目。

【例5－16】A公司和B公司同为C公司的子公司。2016年7月1日，A公司与B公司达成合并协议，约定A公司以增发的权益性证券作为对价向B公司投资，占B公司股份总额的60%。2016年7月1日，A公司增发的权益性证券成功，共增发普通股股票2000000股，每股面值1元。B公司所有者权益总额为40000000元。在发行普通股过程中，A公司共发生相关税费1000000元，与发行普通股股票直接相关的手续费1500000

元，均以银行存款支付。假定 A 公司所有者权益中资本公积余额为 15000000 元。A 公司的会计处理如下：

借：长期股权投资            24000000

 贷：股本             2000000

  银行存款            2500000

  资本公积——股本溢价       19500000

（2）非同一控制下的控股合并形成的长期股权投资。非同一控制下的控股合并，购买方应在购买日按照《企业会计准则第 20 号——企业合并》确定的合并成本作为长期股权投资的初始投资成本。企业合并成本包括购买方在购买日为取得对被购买方的控制权而付出的资产、发生或承担的负债、发行的权益性证券的公允价值。

具体会计处理为：非同一控制下的控股合并，企业在购买日应当按照确定的企业合并成本作为长期股权投资的初始投资成本，借记"长期股权投资"科目，按应享有被合并方已宣告但尚未发放的现金股利或利润，借记"应收股利"科目，按照合并中支付对价的账面价值，贷记"银行存款""固定资产清理"等科目，按照长期股权投资的初始投资成本与所支付对价账面价值之间的贷方差额，贷记"营业外收入"科目，按照长期股权投资的初始投资成本与所支付对价账面价值之间的借方差额，借记"营业外支出"科目。但以库存商品为对价的，应按库存商品的公允价值贷记"主营业务收入"科目，同时结转相应的成本。以可供出售金融资产为对价的应将可供出售金融资产持有期间公允价值变动形成的其他综合收益一并转入投资收益。

【例 5 - 17】2016 年 8 月 1 日，红星公司与华扬公司达成合并协议，约定红星公司以一台固定资产和一项专利向华扬公司投资，占华扬公司股份总额的 60%。该固定资产的账面原价为 95000000 元，已计提累计折旧 8000000 元。已计提固定资产减值准备 2000000 元，公允价值为 82000000 元。该专利技术的账面原价为 55000000 元，已累计摊销 4000000 元，未计提无形资产减值准备，公允价值为 56000000 元。合并期间发生资产评估等费用 10000 元，以银行存款支付。假定红星公司与华扬公司在此之前不存在任何投资关系，不考虑其他相关税费。甲公司的会计处理如下：

借：固定资产清理            85000000

 累计折旧             8000000

 固定资产减值准备          2000000

 贷：固定资产            95000000

借：长期股权投资           138010000

 累计摊销             4000000

 营业外支出            3000000

 贷：固定资产清理           85000000

  无形资产            55000000

  银行存款             10000

  营业外收入           5000000

### 2. 不形成控股合并的长期股权投资

除控股合并形成的长期股权投资以外，企业还可以通过其他方式取得长期股权投资，主要包括以现金购入的长期股权投资、以发行权益性证券取得的长期股权投资、接受投资者投入的长期股权投资、通过非货币性资产交换取得的长期股权投资、通过债务重组取得的长期股权投资。由于取得方式不同，长期股权投资初始投资成本的确定也各不相同。

（1）以现金购入的长期股权投资。以支付现金取得的长期股权投资，应当按照实际支付的购买价款作为初始投资成本。初始投资成本包括与取得长期股权投资直接相关的费用、税金及其他必要支出。但所支付价款中包含的被投资单位已宣告但尚未发放的现金股利或利润不构成初始投资成本，而应作为应收项目核算。

具体会计处理为：以支付现金取得的长期股权投资时，应当按照实际支付的价款及与取得长期股权投资直接相关的手续费、佣金等，作为长期股权投资的初始投资成本，借记"长期股权投资"科目，贷记"银行存款"等科目。

【例5-18】飞鸿股份有限公司2016年10月10日在公开交易的股票市场上购买了港达股份有限公司的2000000股股票，价值为5000000元，占其股本总额的80%。购买期间发生相关税费10000元。飞鸿股份有限公司的会计处理如下：

| | |
|---|---|
| 借：长期股权投资 | 5010000 |
| 贷：银行存款 | 5010000 |

（2）以发行权益性证券取得的长期股权投资。以发行权益性证券取得的长期股权投资，应当按照发行权益性证券的公允价值作为初始投资成本，但不包括被投资单位已宣告但尚未发放的现金股利或利润。在这一过程中，与发行权益性证券有关的税费及其他直接相关费用（支付给证券承销机构的手续费、佣金等），也不构成投资成本，而应从权益性证券的溢价发行收入中扣除，权益性证券的溢价发行收入不足冲减的，应冲减盈余公积和未分配利润。

具体会计处理为：按照权益性证券的公允价值，借记"长期股权投资"科目，按权益性证券的面值，贷记"股本"科目，按支付的相关费用，贷记"银行存款"科目，其贷方差额应贷记"资本公积——（资本溢价或股本溢价）"科目，若为借方差额应借记"资本公积——（资本溢价或股本溢价）"科目，资本公积不足冲减时，借记"盈余公积""利润分配——未分配利润"科目。

【例5-19】2016年11月1日，华扬股份有限公司与红星公司达成协议，约定华扬股份有限公司以增发的权益性证券作为对价向红星公司投资。当日，华扬股份有限公司权益性证券增发成功，共增发普通股股票2000000股，每股面值1元，实际发行价格每股1.5元。以银行存款支付相关费用20000元。华扬公司的会计处理如下：

| | |
|---|---|
| 借：长期股权投资 | 3020000 |
| 贷：股本 | 2000000 |
| 资本公积——资本溢价 | 1000000 |
| 银行存款 | 20000 |

（3）接受投资者投入的长期股权投资。投资者投入的长期股权投资，应当按照投资

合同或协议约定的价值作为初始投资成本，但合同或协议约定价值不公允的除外。

具体会计处理为：接受投资者投入的长期股权投资时，企业应当按照投资合同或协议约定的价值以及相关的税费等作为初始投资成本，借记"长期股权投资"科目，按照投资者出资构成实收资本（或股本）的部分，贷记"实收资本""股本"等科目，按照支付的相关税费，贷记"银行存款"等科目，按照上述借贷方之间的差额，贷记"资本公积"科目。

【例5－20】远东公司成立时，其投资方乙公司以所持有的 A 公司长期股权投资作为出资投入远东公司。乙公司对 A 公司长期股权投资的账面余额为 20000000 元，未计提长期股权投资减值准备。远东公司和乙公司约定的对 A 公司长期股权投资价值为 24000000 元，占远东公司所有者权益总额的 30%。远东公司的注册资本为 70000000 元，不考虑其他相关税费。远东公司会计处理如下：

| | |
|---|---|
| 借：长期股权投资 | 24000000 |
| 　贷：实收资本 | 21000000 |
| 　　资本公积 | 3000000 |

（4）以非货币性资产交换和债务重组取得的长期股权投资。以非货币性资产交换和债务重组取得的长期股权投资，其初始投资成本应分别按照《企业会计准则第 7 号——非货币性资产交换》和《企业会计准则第 12 号——债务重组》的相关规定确定。

## 三、长期股权投资的后续计量

企业对外进行的长期股权投资，应当分别视不同情况采用成本法和权益法核算。

### 1. 长期股权投资的成本法

（1）成本法的适用范围。成本法是指长期股权投资按成本计价的方法。当投资企业能够对被投资单位实施控制时长期股权投资应当采用成本法核算。所谓控制，是指投资方拥有对被投资方的权力，通过参与被投资方的相关活动而享有可变回报，并且有能力运用对被投资方的权力影响其回报金额。

（2）成本法的核算。根据《企业会计准则》的规定，长期股权投资采用成本法核算的一般程序如下：

1）初始投资或追加投资时，按照初始投资或追加投资时的成本增加长期股权投资的账面价值。

2）除取得投资时实际支付的价款中包含的已宣告但尚未发放的现金股利或利润外，投资企业应按照享有被投资单位宣告发放的现金股利或利润确认投资收益，不再区分利润分配是属于对取得投资前还是取得投资后被投资单位实现净利润的分配。

投资企业在确认自被投资单位应分得的现金股利或利润后，应当考虑有关长期股权投资是否发生减值。当长期股权投资的账面价值大于享有被投资单位净资产（包括相关商誉）账面价值的份额时，企业应按照《企业会计准则第 8 号——资产减值》的相关规定对长期股权投资进行减值测试，可收回金额低于长期股权账面价值的，应计提减值准备。

【例5－21】A公司于2016年1月1日以银行存款15000000元购入B公司80%的股份，能够控制B公司的财务和生产经营决策；2016年9月30日B公司宣告分配现金股利，A公司按照投资比例可分得200000元。

A公司对B公司的长期股权投资应进行如下账务处理：

借：长期股权投资　　　　　　　　　　　　　　　　　　　　　　15000000
　　贷：银行存款　　　　　　　　　　　　　　　　　　　　　　　　15000000
借：应收股利　　　　　　　　　　　　　　　　　　　　　　　　　200000
　　贷：投资收益　　　　　　　　　　　　　　　　　　　　　　　　　200000

**2. 长期股权投资的权益法**

（1）权益法的定义及适用范围。权益法是指长期股权投资以初始投资成本入账后，在投资持有期间根据投资企业享有被投资单位所有者权益份额的变动而调整投资账面价值的一种核算方法。

根据《企业会计准则》的规定，投资企业对被投资单位具有共同控制或重大影响的长期股权投资，应当采用权益法核算。

所谓共同控制是指按照合同约定对某项经济活动所共有的控制，仅在与该项经济活动相关的重要财务和经营决策需要分享控制权的投资方一致同意时存在。投资企业与其他方对被投资单位实施共同控制的，被投资单位为其合营企业。

所谓重大影响，是指对一个企业的财务和经营政策有参与决策的权力，但并不能够控制或者与其他方一起共同控制这些政策的制定。投资企业能够对被投资单位施加重大影响的，被投资单位为其联营企业。

当投资企业拥有被投资单位20%以上但低于50%的表决权资本时，一般认为对被投资单位具有重大影响。此外，虽然投资企业拥有被投资单位20%以下的表决权资本，但只要符合下列情况之一，也认为其对被投资单位具有重大影响：

第一，在被投资单位的董事会或类似的权力机构中派有代表。此时，由于投资企业在被投资单位的董事会或类似的权力机构中派有代表，可以通过该代表参与政策的制定，从而达到对被投资单位施加重大影响。

第二，参与被投资单位的政策制定过程，包括股利分配等政策的制定。此时，由于可以参与被投资单位的政策制定过程，在制定政策过程中可以为其自身利益提出建议和意见，从而可以对被投资单位施加重大影响。

第三，向被投资单位派出管理人员。此时，投资企业通过向被投资单位派出管理人员，从而有权力并负责被投资单位的财务和经营活动，进而对被投资单位施加重大影响。

第四，依赖投资企业的技术资料。此时，由于被投资单位的生产经营需要依赖投资企业的技术资料，从而对被投资单位具有重大影响。

第五，与被投资单位之间发生重要交易。有关的交易因对被投资单位日常经营具有重要性，进而一定程度上可以影响到被投资单位的生产经营决策。

（2）权益法的核算。

1）初始投资成本的调整。长期股权投资的初始投资成本大于投资时应享有被投资单位可辨认净资产公允价值份额的，这部分差额本质上是投资企业享有被投资单位的商誉价值，不调整长期股权投资的初始投资成本。长期股权投资的初始投资成本小于投资时应享有被投资单位可辨认净资产公允价值份额的，这部分差额体现为取得投资过程中转让方作出的让步，该部分经济利益流入应确认为当期损益（营业外收入），同时调整长期股权投资的成本。

**【例5-22】** 2017年1月1日，甲公司以银行存款10000000元向乙公司投资，占乙公司表决权的30%。在取得投资后，甲公司派人参与乙公司的生产经营决策。当日，乙公司净资产的账面价值为30000000元，假定乙公司的各项可辨认资产、负债的公允价值与账面价值相同。甲公司的会计处理如下：

借：长期股权投资——成本　　　　　　　　　　　　　　10000000
　　贷：银行存款　　　　　　　　　　　　　　　　　　　10000000

长期股权投资的初始投资成本10000000元大于投资时应享有被投资单位可辨认资产公允价值的份额9000000元（30000000×30%），两者之间的差额不调整长期股权投资的账面价值。

**【例5-23】** 2017年1月1日，A公司以银行存款16000000元向乙公司投资，占B公司表决权的35%，采用权益法核算。当日，B公司净资产的账面价值为50000000元，假定B公司的各项可辨认资产、负债的公允价值与账面价值相同。A公司的会计处理如下：

借：长期股权投资——成本　　　　　　　　　　　　　　16000000
　　贷：银行存款　　　　　　　　　　　　　　　　　　　16000000

因长期股权投资的初始投资成本16000000元小于投资时应享有被投资单位可辨认资产公允价值的份额17500000元（50000000×35%），两者之间的差额1500000元应确认为当期的营业外收入，同时调整长期股权投资的账面价值，作如下会计处理：

借：长期股权投资——成本　　　　　　　　　　　　　　1500000
　　贷：营业外收入　　　　　　　　　　　　　　　　　　1500000

2）投资损益的确认。

权益法下，投资企业应在取得长期股权投资后，按应享有或应分担的被投资单位当年实现净利润或发生净亏损的份额（法规或公司章程规定不属于投资企业的净损益除外），调整长期股权投资的账面价值，并确认为当期投资损益。投资企业按被投资单位宣告分派的利润或现金股利计算应分得的部分，相应减少投资的账面价值。

在确认应享有或应分担被投资单位的净利润或净亏损时，在被投资单位账面净利润的基础上应考虑以下因素进行调整：

一是如果被投资单位采用的会计政策及会计期间与投资企业不一致的，应当按照投资企业的会计政策及会计期间对被投资单位的财务报表进行调整。

二是以取得时被投资单位固定资产、无形资产的公允价值为基础计提的折旧或摊销额以及投资企业取得投资时的公允价值为基础计算确定的资产减值准备金额等对被投资单位的账面净利润进行调整。

**【例5-24】** 甲公司于2016年1月10日购入乙公司30%的股份，购买价款为3300万元，并自取得投资之日起派人参与乙公司的财务和生产经营决策。取得投资当日，乙公司可辨认净资产公允价值为9000万元，除表5-3所列项目外，乙公司其他资产、负债的公允价值与账面价值相同。

表 5 - 3 乙公司资产公允价值与账面价值对照表 单位：万元

| 项目 | 账面原值 | 已提折旧或摊销 | 公允价值 | 乙公司预计使用年限 | 甲公司取得投资后剩余使用年限 |
|---|---|---|---|---|---|
| 存货 | 750 | | 1050 | | |
| 固定资产 | 1800 | 360 | 2400 | 20 | 16 |
| 无形资产 | 1050 | 210 | 1200 | 10 | 8 |
| 合计 | 3600 | 570 | 4650 | | |

假定乙公司于 2016 年实现净利润 900 万元，其中，在甲公司取得投资时的账面存货有 80% 对外出售。甲公司与乙公司的会计年度及采用的会计政策相同。固定资产、无形资产均按直线法提取折旧或摊销，预计净残值均为 0。假定甲公司与乙公司间未发生任何内部交易。

甲公司在确定其应享有的投资收益时，应在乙公司实现净利润的基础上，根据取得投资时乙公司有关资产的账面价值与其公允价值差额的影响进行调整（假定不考虑所得税影响）：

存货账面价值与公允价值的差额应调减的利润 =（1050 - 750）×80% = 240（万元）

固定资产公允价值与账面价值的差额应调整增加的折旧额 = 2400 ÷ 16 - 1800 ÷ 20 = 60（万元）

无形资产公允价值与账面价值的差额应调整增加的摊销额 = 1200 ÷ 8 - 1050 ÷ 10 = 45（万元）

调整后的净利润 = 900 - 240 - 60 - 45 = 555（万元）

甲公司应享有份额 = 555 × 30% = 166.50（万元）

确认投资收益的账务处理如下：

借：长期股权投资——损益调整         1665000

  贷：投资收益             1665000

应当注意的是，采用权益法核算长期股权投资时，如果投资合同或协议中约定在被投资单位出现超额亏损，投资企业需要分担额外损失的，企业应在本科目以及其他实质上构成投资的长期权益的账面价值均减记至零的情况下，对于按照投资合同或协议规定仍然需要承担的损失金额，借记"投资收益"科目，贷记"预计负债"科目。投资企业在按照合同或协议确认了应承担的超额损失后，对于仍存在被投资单位的额外亏损，不再进行确认。

三是投资企业在采用权益法确认投资收益时，应抵销与其联营企业及合营企业之间发生的未实现内部交易损益。该未实现内部交易既包括顺流交易也包括逆流交易。所谓顺流交易是指投资企业向联营企业或合营企业出售资产；反之则称为逆流交易。

【例 5 - 25】甲企业持有乙公司 20% 有表决权股份，能够对乙公司的财务和生产经营决策施加重大影响。2016 年，甲企业将其账面价值为 600 万元的商品以 1000 万元的价格出售给乙公司。至 2016 年资产负债表日，该批商品尚未对外部第三方出售。假定甲企业取得该项投资时，乙公司各项可辨认资产、负债的公允价值与其账面价值相同，两者在以前期间未发生过内部交易。乙公司 2016 年净利润为 2000 万元。假定不考虑所得税因素。

甲企业在该项交易中实现利润 400 万元，其中的 80（400×20%）万元是针对本企业持有的对联营企业的权益份额，在采用权益法计算确认投资损益时应予抵消，即甲企业应当进行的账务处理如下：

借：长期股权投资——损益调整　　　　　　　　　　　　　　　　　3200000

　　　　　　　　　　　　　　　　　　　　[（20000000 - 4000000）×20%]

　　贷：投资收益　　　　　　　　　　　　　　　　　　　　　　　　3200000

假定至 2016 年资产负债表日，该批商品对外部第三方出售 70%，30% 形成期末存货。甲企业应当进行的账务处理如下：

借：长期股权投资——损益调整　　　　　　　　　　　　　　　　　3760000

　　　　　　　　　　　　　　　　　　　　[（20000000 - 4000000×30%）×20%]

　　贷：投资收益　　　　　　　　　　　　　　　　　　　　　　　　3760000

假定乙公司于 2017 年将上述商品全部出售，乙公司 2017 年实现净利润为 3600 万元。则个别报表应确认投资收益 =（3600 + 400）×20% = 800（万元），有关账务处理如下：

借：长期股权投资——损益调整　　　　　　　　　　　　　　　　　8000000

　　贷：投资收益　　　　　　　　　　　　　　　　　　　　　　　　8000000

应当说明的是，投资企业与其联营企业及合营企业之间发生的无论是顺流交易还是逆流交易产生的未实现内部交易损失，属于所转让资产发生减值损失的，有关的未实现内部交易损失不应予以抵销。

3）取得现金股利或利润的处理。被投资单位宣告分配现金股利或利润时，应借记"应收股利"，贷记"长期股权投资——损益调整"；自被投资单位取得的现金股利或利润超过已确认损益调整的部分应视同投资成本的收回，冲减长期股权投资的账面价值。

值得注意的是，被投资单位分配股票股利时，投资企业不做账务处理，但应于除权日注明所增加的股数，以反映股份的变化情况。

4）其他综合收益的处理。采用权益法核算时，当被投资单位的其他综合收益发生变动时，投资企业应按照归属于本企业的部分，相应调整长期股权投资的账面价值，同时增加或减少其他综合收益。

【例 5 - 26】A 企业持有 B 企业 30% 的股份，能够对 B 企业施加重大影响。当期 B 企业因持有的可供出售金融资产公允价值的变动计入其他综合收益 1800 万元，除该事项外，B 企业当期实现的净损益为 9600 万元。假定 A 企业与 B 企业适用的会计政策、会计期间相同，投资时 B 企业有关资产、负债的公允价值与其账面价值亦相同，双方当期及以前期间未发生任何内部交易。

A 企业在确认应享有被投资单位所有者权益的变动时，应进行的账务处理如下：

借：长期股权投资——损益调整　　　　　　　　　　　　　　　　28800000

　　　　　　　　　　——其他综合收益　　　　　　　　　　　　　5400000

　　贷：投资收益　　　　　　　　　　　　　　　　　　　　　　　28800000

|  | 其他综合收益 | 5400000 |

5）被投资单位其他所有者权益变动的处理。权益法下，投资企业对于被投资单位除净损益、其他综合收益、利润分配以外其他所有者权益的变动（主要包括被投资单位接受其他股东是资本性投入、被投资单位发行可分离交易的可转债中包含的权益成分以及以权益结算的股份支付等），应按照持股比例计算归属于本公司的部分，相应调整长期股权投资的账面价值（具体科目为长期股权投资——其他权益变动），同时增加或减少资本公积——其他资本公积。

## 四、长期股权投资的减值

长期股权投资在按规定进行核算确定其账面价值的基础上，如果存在减值迹象，应按相关规定计提减值准备。其中，对子公司、联营企业及合营企业的投资，应按《企业会计准则第8号——资产减值》的规定确定可收回金额及应予计提的减值准备，长期股权投资的减值准备在提取后不允许转回。

## 五、长期股权投资的处置

根据《企业会计准则》的规定，处置长期股权投资，应结转与所售股权对应的长期股权投资的账面价值，所售价款与其账面价值的差额，计入当期损益。

采用权益法核算的长期股权投资，与所售股权对应的原计入其他综合收益（不能结转损益的除外）和资本公积——其他资本公积的金额应予以结转，计入当期损益。

【例5-27】甲股份有限公司持有乙股份有限公司40%的股份，2016年12月25日，甲股份有限公司决定出售10%乙股份有限公司股权，并取得价款7050000元。出售时该长期股权投资的账面价值构成为：初始成本18000000元，损益调整4800000元，可转入损益的其他综合收益1000000元，其他权益变动2000000元。

（1）甲股份有限公司确认处置损益的会计处理：

借：银行存款　　　　　　　　　　　　　　　　　　　　　　7050000
　　贷：长期股权投资——成本——乙股份有限公司　　　　　　4500000
　　　　　　　　——损益调整——乙股份有限公司　　　　　　1200000
　　　　　　　　——其他综合收益——乙股份有限公司　　　　　250000
　　　　　　　　——其他权益变动——乙股份有限公司　　　　　500000
　　　　投资收益　　　　　　　　　　　　　　　　　　　　　　600000

（2）同时，应按比例结转原计入"其他综合收益""资本公积——其他资本公积"的金额。其会计处理如下：

借：其他综合收益　　　　　　　　　　　　　　　　　　　　　250000
　　资本公积——其他资本公积　　　　　　　　　　　　　　　　500000
　　贷：投资收益　　　　　　　　　　　　　　　　　　　　　　750000

# 习　题

## 一、单选题

1. 根据我国《企业会计准则》的要求，购入交易性金融资产发生的交易费用，在（　　）科目中反映。

A. 交易性金融资产——成本
B. 投资收益
C. 财务费用
D. 应收股利

2. 下列关于可供出售金融资产的表述中，正确的是（　　）。

A. 可供出售金融资产发生的减值损失应计入当期损益
B. 可供出售金融资产的公允价值变动应计入当期损益
C. 取得可供出售金融资产发生的交易费用应直接计入资本公积
D. 处置可供出售金融资产时，以前期间因公允价值变动计入资本公积的金额不再转入当期损益

3. 企业在发生以公允价值计量且其变动计入当期损益的金融资产的下列有关业务中，不应贷记"投资收益"的是（　　）。

A. 收到持有期间获得的现金股利
B. 收到持有期间获得的债券利息
C. 企业转让交易性金融资产收到的价款大于其账面价值的差额
D. 资产负债表日，持有的股票市价大于其账面价值

4. 下列金融资产中应作为可供出售金融资产核算的是（　　）。

A. 企业从二级市场购入准备随时出售的普通股股票
B. 企业购入有意图与能力持有至到期的公司债券
C. 企业购入的没有公开报价且不准备随时变现的 A 公司 5% 的股权
D. 企业购入的有公开报价且不准备随时变现的 A 公司 5% 的流通股

5. 企业合并以外的其他方式取得的长期股权投资，下列各项中不构成长期股权投资初始投资成本的是（　　）。

A. 投资时支付的不含应收股利的价款
B. 为取得长期股权投资而发生的评估、审计、咨询费
C. 投资时支付的税金及其他必要支出
D. 投资时支付款项中所含的已宣告但尚未领取的现金股利

6. 2017 年 1 月 1 日，甲公司从证券市场购入面值总额为 2000 万元的债券，该债券发行日为 2016 年 1 月 1 日，为分期付息到期还本债券，期限为 5 年，每年末付息一次。则下列说法错误的是（　　）。

A. 若甲公司取得该项金融资产是为了随时变现以赚取差价，则应将其划分为交易性

金融资产

B. 若甲公司取得该项金融资产是为了随时变现以赚取差价，则应将其划分为可供出售金融资产

C. 若甲公司取得该项金融资产短期内不准备变现，但也不打算持有至到期，则应划分为可供出售金融资产

D. 该项债券划分标准应以管理层持有该项债券意图为出发点来确定

7. 企业将持有至到期投资部分出售，并将该项投资的剩余部分重分类为可供出售金融资产，以公允价值进行后续计量，在重分类日，该投资剩余部分的账面价值与其公允价值之间的差额，应计入（　　）。

A. 公允价值变动损益

B. 投资收益

C. 营业外收入

D. 其他综合收益

8. 甲股份有限公司于 2016 年 3 月 30 日以每股 12 元的价格购入 S 上市公司股票 50 万股，划分为交易性金融资产，购买该股票另支付的手续费为 10 万元，5 月 22 日收到该上市公司按每股 0.5 元发放的现金股利，12 月 31 日该股票市价为每股 11 元，2016 年 12 月 31 日该交易性金融资产的账面价值为（　　）万元。

A. 550

B. 575

C. 585

D. 610

9. 某企业购买面值为 1000 万元的债券，划分为可供出售金融资产持有，共支付价款 1150 万元，其中包括手续费 4 万元，应收利息 46 万元，则该项可供出售金融资产的初始入账金额为（　　）万元。

A. 1150

B. 1146

C. 1104

D. 1100

10. 甲公司以其持有的对乙公司 20% 股权比例的投资作为出资，在丙股份公司增资扩股的过程中投入丙公司，取得丙公司 1000 万股普通股（每股面值为 1 元）。投资合同约定该项作为出资的长期股权投资的公允价值为 3500 万元。不考虑其他因素，则甲公司应确认的该项长期股权投资的入账价值为（　　）万元。

A. 1000

B. 3500

C. 2500

D. 2000

## 二、多选题

1. 企业发生的下列事项中，不影响"投资收益"科目余额的有（　　）。

A. 交易性金融资产在持有期间取得的现金股利

B. 购买交易性金融资产支付的交易费用

C. 期末交易性金融资产的公允价值小于账面价值

D. 交易性金融资产持有期间收到包含在购买价格中的现金股利

2. 下列各项中，会引起可供出售金融资产账面价值发生变动的有（　　）。

A. 计提减值准备

B. 持有的金融资产的公允价值变动

C. 持有期间收到分发的股利

D. 持有期间收到的应收利息

3. 下列有关可供出售金融资产计量的说法中正确的有（　　）。

A. 企业取得可供出售金融资产时支付的相关税费应计入当期损益

B. 可供出售金融资产应当以公允价值进行后续计量，其公允价值变动计入其他综合

收益

C. 处置可供出售金融资产时，应将原直接计入所有者权益的公允价值变动累计额对应处置部分的金额转出，计入投资收益

D. 对于已确认减值损失的可供出售金融资产在随后的会计期间公允价值上升且客观上与原减值损失确认后发生的事项有关的，原确认的减值损失应当予以转回，计入当期损益

4. 关于金融资产的计量，下列说法中正确的有（  ）。

A. 交易性金融资产应当按照取得时的公允价值和相关税费作为初始确认金额

B. 可供出售金融资产应当按取得该金融资产的公允价值和相关交易费用之和作为初始确认金额

C. 可供出售金融资产应当按取得时的公允价值作为初始确认金额，相关的交易费用在发生时计入当期损益

D. 持有至到期投资在持有期间应当按照摊余成本和实际利率计算确认利息收入，计入投资收益

5. 下列各项中，判断可供出售金融资产发生减值的情况有（  ）。

A. 发行方或债务人发生严重困难

B. 因发行方发生重大财务困难，该金融资产无法在活跃市场继续交易

C. 债务人所在国家或地区失业率大大提高，担保物在其所在地区的价格明显下降

D. 权益工具投资的公允价值发生严重或非暂时性下跌

6. 企业处置长期股权投资时，处理方法正确的有（  ）。

A. 处置长期股权投资，实际取得价款与其账面价值的差额，应当计入投资收益

B. 处置长期股权投资，实际取得价款与其账面价值的差额，应当计入营业外收入

C. 采用权益法核算的长期股权投资，因被投资单位除净损益以外所有者权益的其他变动而计入所有者权益的，处置该项投资时应当将原计入所有者权益的部分按相应处置比例转入投资收益

D. 采用权益法核算的长期股权投资，因被投资单位除净损益以外所有者权益的其他变动而计入所有者权益的，处置该项投资时应当将原计入所有者权益的部分全部转入营业外收入

7. 下列关于长期股权投资成本法核算时的相关处理的表述中，正确的有（  ）。

A. 被投资单位宣告分派的现金股利或利润中，投资企业按应享有的部分，确认为当期投资收益

B. 投资企业在确认自被投资单位应分得的现金股利或利润后，应当考虑长期股权投资是否发生减值

C. 企业持有的对子公司投资以及对被投资单位不具有控制、共同控制或重大影响，且在活跃市场中没有报价、公允价值不能可靠计量的长期股权投资应当采用成本法核算

D. 企业对子公司、联营企业及合营企业长期股权投资进行减值测试，可收回金额低于长期股权投资账面价值的，应当计提减值准备

8. 2016 年 12 月 20 日，大海公司从二级市场购入乙公司股票 10 万股，支付价款 110 万元（其中包括相关交易费用 0.4 万元，已宣告但尚未发放的现金股利 4.6 万元）。大海

公司将购入的乙公司股票用于短期获利。2016 年 12 月 31 日，乙公司股票的市场价格为每股 13 元。2017 年 3 月 15 日，大海公司收到乙公司分派的现金股利 4.6 万元。2017 年 4 月 4 日，大海公司将所持有乙公司股票以每股 18 元的价格全部出售，并支付相关交易费用 0.6 万元。不考虑其他因素，大海公司关于该项投资的处理中，正确的有（　　）。

  A. 大海公司应将该项投资作为交易性金融资产核算

  B. 大海公司该项投资的入账价值为 110 万元

  C. 大海公司从取得至出售乙公司股票影响投资收益的金额为 74.4 万元

  D. 大海公司处置乙公司股票时影响损益的金额为 49.4 万元

  9. 2017 年 1 月 2 日，长江公司购入 A 公司于 1 月 1 日发行的面值为 100 元的公司债券 150 万张。该债券为 3 年期，票面年利率为 5%（与实际利率相同），于每年 12 月 31 日支付当年度利息。长江公司有充裕的现金，管理层拟持有该债券至到期。关于长江公司对 A 公司债券投资的会计处理，下列说法正确的有（　　）。

  A. 应将该投资确认为可供出售金融资产

  B. 应将该投资确认为持有至到期投资

  C. 取得该投资支付的交易费用应计入投资收益

  D. 该投资应采用摊余成本进行后续计量

  10. 下列各项中，影响可供出售金融资产债务工具摊余成本的有（　　）。

  A. 公允价值变动

  B. 分期收回的本金

  C. 利息调整的累计摊销额

  D. 到期一次还本付息债券确认的本期票面利息

## 三、判断题

  1. 交易性金融资产购买价格中包括的已经宣告发放但尚未支取的股利或已到付息期尚未领到的利息，不应计入"交易性金融资产——成本"科目中。（　　）

  2. 交易性金融资产在持有期间获得的股利或债券利息收入计入投资收益。（　　）

  3. 实际收到交易性金融资产股利或债券利息时，应视为成本的收回，直接冲减交易性金融资产的入账成本。（　　）

  4. 交易性金融资产出售后，出售收入与其账面价值的差额，以及原来已经作为公允价值变动损益入账的金额，均应作为投资收益入账，以集中反映出售该交易性金融资产实际实现的损益。（　　）

  5. 为了使交易性金融资产能够反映预计给企业带来的经济利益以及交易性金融资产预计获得价差的能力，在资产负债表日，应按当日各项交易性金融资产的市场价值对交易性金融资产账面价值进行调整。（　　）

  6. 为了反映交易性金融资产的现值及其预计带来的收益情况，交易性金融资产应以公允价值反映，并详细记录每一交易性金融资产的成本及其公允价值变动。（　　）

  7. 购入的可供出售金融资产，以购入的公允价值加上相关交易费用入账；而由持有至到期投资重分类形成的可供出售金融资产，以重分类日的公允价值入账。（　　）

8. 可供出售权益工具和债权工具的公允价值变动都是权益工具和债权工具本期末与上期末的公允价值的差额。（　　）

9. 可供出售金融资产中属于权益工具投资的，其减值损失是不能转回的；属于债务工具投资的，其减值损失可以通过损益转回。（　　）

10. 长期股权投资包括投资企业持有的对被投资单位不具有控制、共同控制或重大影响，且在活跃市场中没有报价、公允价值不能可靠计量的股权投资。（　　）

## 四、计算分析题

1. 2016 年 5 月 10 日，甲公司以 620 万元（含已宣告但尚未领取的现金股利 20 万元）购入乙公司股票 200 万股作为交易性金融资产，另支付手续费 6 万元，5 月 30 日，甲公司收到现金股利 20 万元。2016 年 6 月 30 日该股票每股市价为 3.2 元，8 月 10 日，乙公司宣告分派现金股利，每股 0.20 元，8 月 20 日，甲公司收到分派的现金股利。至 12 月 31 日，甲公司仍持有该交易性金融资产，期末每股市价为 3.6 元。2017 年 1 月 3 日以 630 万元出售该交易性金融资产。假定甲公司每年 6 月 30 日和 12 月 31 日对外提供财务报告。

要求：

（1）编制上述经济业务的会计分录。

（2）计算该交易性金融资产的累计损益。

2. A 公司于 2014 年 1 月 2 日从证券市场上购入 B 公司于 2013 年 1 月 1 日发行的债券，该债券四年期、票面年利率为 4%、每年 1 月 5 日支付上年度的利息，到期日为 2017 年 1 月 1 日，到期日一次归还本金和最后一次利息。A 公司购入债券的面值为 1000 万元，实际支付价款为 992.77 万元，另支付相关费用 20 万元。A 公司购入后将其划分为持有至到期投资。购入债券的实际利率为 5%。假定按年计提利息。

要求：编制 A 公司从 2014 年 1 月 1 日至 2017 年 1 月 1 日上述有关业务的会计分录。

3. 2016 年 5 月，甲公司以 480 万元购入乙公司股票 60 万股作为可供出售金融资产，另支付手续费 10 万元，2016 年 6 月 30 日该股票每股市价为 7.5 元，2016 年 8 月 10 日，乙公司宣告分派现金股利，每股 0.20 元，8 月 20 日，甲公司收到分派的现金股利。至 12 月 31 日，甲公司仍持有该可供出售金融资产，期末每股市价为 8.5 元，2017 年 1 月 3 日以 515 万元出售该可供出售金融资产。假定甲公司每年 6 月 30 日和 12 月 31 日对外提供财务报告。

要求：

（1）编制上述经济业务的会计分录。

（2）计算该可供出售金融资产的累计损益。

4. 2015 年 1 月 1 日，甲公司从二级市场购入乙公司公开发行的债券 10000 张，每张面值 100 元，票面利率为 3%，每年 1 月 1 日支付上年度利息。购入时每张支付款项 97 元，另支付相关费用 2200 元，划分为可供出售金融资产。购入债券时的市场利率为 4%。

2015 年 12 月 31 日，由于乙公司财务发生困难，该公司债券的公允价值下降为每张 70 元，甲公司预计，如乙公司不采取措施，该债券的公允价值预计会持续下跌。

2016 年 1 月 1 日收到债券利息 30000 元。

2016 年，乙公司采取措施使财务困难大为好转。2016 年 12 月 31 日，该债券的公允价值上升到每张 90 元。

2017 年 1 月 1 日收到债券利息 30000 元。

2017 年 1 月 10 日，甲公司将上述债券全部出售，收到款项 902000 元存入银行。

要求：编制甲公司上述经济业务的会计分录。

5. 北方公司和南方公司均为增值税一般纳税人，适用的增值税税率为 17%。2016 年有关股权投资和投资性房地产业务有关资料如下：

（1）北方公司于 2016 年 1 月 1 日，以一批产品换入甲公司持有南方公司 30% 的股权，换出产品的公允价值和计税价格为 1100 万元，成本为 800 万元，另支付补价 113 万元。当日南方公司可辨认净资产公允价值总额为 5000 万元。取得该部分股权后，按照南方公司章程规定，北方公司能够派人参与南方公司的生产经营决策，对该项长期股权投资采用权益法核算。

2016 年 1 月 1 日，南方公司除一台设备的公允价值与账面价值不同外，其他资产负债的公允价值与账面价值相同。该设备的公允价值为 1000 万元，账面价值为 800 万元。假定南方公司对该设备按年限平均法计提折旧，预计尚可使用年限为 10 年，无残值。

（2）2016 年 12 月 10 日，南方公司向北方公司销售一批商品，该批商品成本为 80 万元，售价为 100 万元，至 2016 年 12 月 31 日，北方公司尚未将上述商品对外出售。

（3）2016 年度南方公司实现净利润为 1040 万元。不考虑所得税等其他因素的影响。

要求：

（1）编制北方公司 2016 年 1 月 1 日取得南方公司 30% 权投资的会计分录。

（2）编制北方公司 2016 年度与长期股权投资有关的会计分录。

（3）计算 2016 年 12 月 31 日长期股权投资的账面余额。

# 第六章

# 固定资产

## 📖 章首案例

甲公司属制造型企业，为增值税一般纳税人，适用的增值税税率为17%；为满足公司所生产产品升级换代的需要，2014年12月5日，甲公司购入一台需要安装的新型生产设备且取得的增值税专用发票上注明的该生产设备的价款为1500万元，增值税进项税额为255万元；此外甲公司为购入该设备还发生了相关的运杂费用1.6万元。甲公司以银行存款支付了与该设备有关的所有款项。2014年12月10日，该生产设备抵达甲公司，甲公司开始以自营的方式安装该生产设备，在安装该生产设备期间，为安装该生产设备领用原材料4万元，发生安装工人工资5万元，除此以外没有再发生其他额外费用。2014年12月31日，该生产设备达到预定可使用状态，当日即投入使用。该生产设备预计可使用年限为8年，预计净残值为1.6万元，甲公司对该生产设备采用年限平均法计提折旧。2016年12月31日，甲公司对该生产设备进行减值测试，发现该生产设备发生减值，预计未来可回收金额为900万元，该生产设备预计尚可使用年限为6年，预计净残值为0.6万元，甲公司仍采用年限平均法对该生产设备计提折旧。

甲公司应该如何对该生产设备进行初始确认？如何对该生产设备计提折旧？如何处理该生产设备发生的减值损失呢？通过本章学习，我们将可以解答以上的疑问。

固定资产是指使用期限较长、单位价值较高，并且在使用过程中保持原有实物形态的资产。其主要特征：一是使用寿命超过一个会计年度，且在使用过程中保持原有实物形态；二是固定资产的使用寿命是有限的，必须通过折旧逐步补偿固定资产投资，以便为维持企业的正常生产经营而重置固定资产；三是购置固定资产是为了企业生产经营使用而不是为了出售。

## 第一节　固定资产概述

企业应当将符合固定资产定义和确认标准的资产确认为企业的固定资产，并且还要根据固定资产的取得方式来确认固定资产的初始入账价值，同时企业还可以将本企业的固定资产按不同的分类标准进行分类管理。下面将对以上内容做详细的论述。

## 一、固定资产的确认标准

固定资产是指同时具有以下特征的有形资产：①为生产商品、提供劳务、出租或经营管理而持有的。②使用寿命超过一个会计年度。使用寿命是指企业使用固定资产的预计期间或者该固定资产所能生产产品或提供劳务的数量。固定资产主要包括房屋及建筑物、机器设备、运输设备、工具器具等。

企业的资产在同时满足以下两个条件时，才能确认为固定资产：①该固定资产包含的经济利益很可能流入企业。②该固定资产的成本能够可靠地计量。

在实务中判断固定资产包含的经济利益很可能流入企业，主要依据与该固定资产相关的风险和报酬是否转移到了企业。与固定资产所有权相关的风险是指由于经营情况的变化造成的相关收益的变动，以及资产闲置、技术陈旧等原因造成的损失；与固定资产所有权相关的报酬是指在固定资产使用寿命内直接使用该资产而获得的收入，以及处置该资产所实现的利得等。通常取得固定资产所有权是判断与固定资产相关的风险和报酬转移到企业的一个重要标志。凡是所有权已属于企业，无论企业是否收到或拥有该固定资产，均可作为企业的固定资产；反之，如果没有取得所有权，即使存放在企业，也不能作为企业的固定资产。但是，所有权是否转移，不是判断与固定资产所有权相关的风险和报酬是否转移到企业的唯一标志。在有些情况下，某项固定资产的所有权虽然不属于企业，但是企业能够控制与该项固定资产有关的经济利益流入企业，这就意味着与该固定资产所有权相关的风险和报酬实质上已转移到了企业，在这种情况下，企业应确认该项固定资产。例如，融资租入的固定资产，企业虽然不拥有该固定资产的所有权，但企业能够控制与该固定资产有关的经济利益流入企业，与该固定资产所有权相关的风险和报酬实质上已转移到了企业（承租人），因此，能满足固定资产确认的第一个条件。作为企业资产的重要组成部分，要确认固定资产，企业取得该固定资产所发生的支出必须能够可靠地计量。企业在确定固定资产成本时，有时需要根据所获得的最新资料进行合理的估计。如果企业能够合理地估计出可使用状态的固定资产的成本，在尚未办理竣工决算前，企业需要根据工程预算、工程造价或者工程实际发生的成本等资料，按暂估价值确定固定资产的成本，待办理了竣工决算手续后再作调整。

## 二、固定资产的分类

### 1. 按固定资产的经济用途分类

按固定资产的经济用途可分为生产经营用固定资产和非生产经营用固定资产。生产经营用固定资产是指直接服务于企业生产和经营的房屋、建筑物、机器、设备、器具、工具等固定资产；非生产经营用固定资产是指不直接服务于生产和经营过程的职工宿舍、食堂及浴室等使用的房屋、设备等固定资产。

**2. 按固定资产使用情况分类**

按固定资产使用情况分类，可分为使用中固定资产、未使用固定资产和不需用固定资产。使用中固定资产是指正在使用中的经营性和非经营性固定资产，包括由于季节性经营或大修理暂停使用的固定资产及经营性租出的固定资产；未使用固定资产是指已完工或已构建但尚未交付使用的新增固定资产及扩建等原因暂停使用的固定资产；不需用固定资产是指本企业多余或不适用的各种固定资产。

**3. 按固定资产的所有权分类**

按固定资产的所有权分类，可分为自有固定资产和租入固定资产。自有固定资产是指企业拥有所有权的固定资产；租入固定资产是指企业经营租入和融资租入的固定资产。

**4. 按固定资产经济用途和使用情况综合分类**

按固定资产经济用途和使用情况可分为：生产经营用固定资产；非生产经营用固定资产；租出固定资产，指在经营性租赁方式下出租给外单位使用的固定资产；不需用固定资产；未使用固定资产；土地，指过去已经估价单独入账的土地，因征地而支付的补偿费，应计入与土地有关的房屋、建筑物的价值内，不单独作为土地价值入账。企业取得的土地使用权不能作为固定资产而是作为无形资产管理；融资租入固定资产，指企业以融资租赁方式租入的固定资产，在租赁期内，应视同自有固定资产进行管理。

《企业会计制准则》对固定资产的分类没有明确的规定。企业可根据各自的具体情况和经营管理、会计核算的需要对固定资产进行分类，并按其分类制定固定资产目录，作为企业管理和核算的依据。

## 三、固定资产的计价

**1. 固定资产的计价方法**

（1）按原始价值计价。原始价值又称为历史成本或原始购置成本，是指企业购建某项固定资产达到可使用状态前所发生的一切合理、必要的支出。企业新购建固定资产的计价、确定计提折旧的依据等均采用这种计价方法。它是固定资产的基本计价方法。其主要优点：按这种计价方法确定的价值，均是实际发生并有支付凭据的支出，从而具有客观性和可验证性。缺点：当经济环境和市场物价水平发生变化时，它不能反映固定资产的真实价值。

（2）按净值计价。固定资产净值又称为折余价值，是指固定资产原始价值减去已提折旧后的净额。这种计价方法主要用于计算盘盈、盘亏、毁损固定资产的溢余或损失等。

（3）按净额计价。固定资产净额是指固定资产净值减去已提减值准备后的金额。它可以反映企业目前所拥有的固定资产价值。

**2. 固定资产的价值构成**

固定资产的价值构成是指固定资产价值所包括的范围。由于固定资产的来源渠道不同，其价值构成的具体内容也不同。

（1）企业购入的固定资产，按实际支付的买价、相关税费和使固定资产达到预定可使用状态前所发生的可归属于该项资产的包装费、运输费、装卸费、安装成本和专业人员服务费等作为原始价值。如果购买固定资产的价款超过正常信用条件延期支付，则实质上具有融资性质的，固定资产的成本以购买价款的现值为基础确定，实际支付的价款与购买价款的现值之间的差额除了按照规定应予以资本化的以外，应当在信用期内计入当期损益。

以一笔款项购入多项没有单独标价的固定资产，应当按照各项固定资产公允价值比例对总成本进行分配，分别确定各项固定资产的成本。

2008 年 12 月 15 日，财政部、国家税务总局对外公布了《中华人民共和国增值税暂行条例》，自 2009 年 1 月 1 日起，在维持现行增值税税率不变的前提下，允许全国范围内（不分地区和行业）的所有增值税一般纳税人抵扣除小汽车、摩托车和游艇之外的新购进设备所含的进项税额，未抵扣完的进项税额结转下期继续抵扣。可以抵扣的增值税进项税额不计入固定资产成本。2013 年 12 月 12 日，财政部、国家税务总局又对外公布了《财政部、国家税务总局关于将铁路运输和邮政业纳入营业税改征增值税试点的通知》，又将纳税人自用的应征消费税的摩托车、小汽车、游艇纳入可抵扣范围，规定 2013 年 8 月 1 日之前纳税人自用的应征消费税的摩托车、小汽车、游艇，其进项税额不得从销项税额中抵扣；之后可以抵扣。

（2）自行建造的固定资产，按建造该项固定资产达到预定可使用状态前所发生的全部支出作为入账价值。

（3）投资者投入的固定资产，应以投资合同或协议约定的价值作为入账价值，但合同或协议约定价值不公允的除外。

（4）融资租入的固定资产，应当将租赁开始日租赁资产公允价值与最低租赁付款额的现值中较低者作为融资租入固定资产的入账价值。

（5）在原有固定资产基础上进行改建、扩建的固定资产，按原固定资产账面价值，加上由于改建、扩建而发生的支出，减去改建、扩建过程中发生的变价收入作为入账价值。

（6）接受捐赠的固定资产，应按以下规定确定其入账价值：第一，捐赠方提供了有关凭据的，按凭据上标明的金额加上应支付的相关税费作为入账价值；第二，捐赠方没有提供有关凭据的，按如下顺序确定其入账价值：①同类或类似固定资产存在活跃市场的，按同类或类似固定资产的市场价格估计的金额，加上应支付的相关税费，作为入账价值。②同类或类似固定资产不存在活跃市场的，按该接受捐赠的固定资产的预计未来现金流量现值，作为入账价值。③如受赠的系旧的固定资产，按照上述方法确定的价值，减去按该项资产的新旧程度估计的价值损耗后的余额，作为入账价值。

（7）盘盈的固定资产，同类或类似固定资产存在活跃市场的，按同类或类似固定资产的市场价格减去按该项资产的新旧程度估计的价值损耗后的余额作为入账价值；同类或类似固定资产不存在活跃市场的，按该项的固定资产的预计未来现金流量现值作为入账价值。

（8）非货币性资产交换和债务重组等取得的固定资产按相关具体准则的规定确定入账价值。

# 第二节　固定资产的取得

企业取得的固定资产，按其来源不同分为购置的固定资产、自行建造的固定资产、投资者投入的固定资产、租入的固定资产、接受捐赠的固定资产和盘盈的固定资产等。固定资产的来源不同，其成本的构成以及确认方法也是不同的。本节将对不同来源的固定资产的初始确认做全面论述。

## 一、购置的固定资产

### 1. 购入不需安装的固定资产

购入不需安装的固定资产，若是新的则按实际发生的支出计入固定资产原值；若是旧的，则应按重置完全价值确认其原值，按实际支出作为固定资产的净值。

【例6-1】某企业购入全新设备一台，取得的增值税专用发票载明买价100000元，增值税17000元。另支出相关费用5000元，则购入时分录如下：

| | |
|---|---|
| 借：固定资产 | 105000 |
| 　应交税费——应交增值税（进项税额） | 17000 |
| 　贷：银行存款 | 122000 |

### 2. 购入需安装的固定资产

购入需要安装的固定资产及发生的安装费等均应通过"在建工程"科目核算，待安装完毕交付使用时，再由"在建工程"科目转入"固定资产"科目。企业购入固定资产时，借记"在建工程"科目，"应交税费——应交增值税（进项税额）"科目，贷记"银行存款"等科目；发生的安装费用等，借记"在建工程"科目，贷记"银行存款"等科目；安装完成交付验收使用时，按其实际成本作为固定资产的原价转账，借记"固定资产"科目，贷记"在建工程"科目。

【例6-2】某企业购入一台需要安装的设备，取得的增值税专用发票上注明的设备买价为60000元，增值税额为10200元，支付的运输费为2000元，安装设备时，领用材料物资价值为1800元，购进该批材料时支付的增值税额为306元，支付工资为2800元，有关会计处理如下：

（1）购入时：

| 借：在建工程 | 62000 |
| 应交税费——应交增值税（进项税额） | 10200 |
| 贷：银行存款 | 72200 |

（2）领用安装材料及支付工资等费用时：

| 借：在建工程 | 4600 |
| 贷：原材料 | 1800 |
| 应付职工薪酬 | 2800 |

（3）设备安装完毕交付使用，确定固定资产的价值：62000 + 4600 = 66600（元）

| 借：固定资产 | 66600 |
| 贷：在建工程 | 66600 |

### 3. 以一笔款项购入多项固定资产

以一笔款项购入多项没有单独标价的固定资产，则应将各项资产单独确认为固定资产，并按各项固定资产公允价值的比例对总成本进行分配，分别确定各项固定资产的入账价值。

【例6-3】2017年3月，甲公司为降低采购成本，向乙公司一次购入三套不同型号且不同生产能力的A、B和C三种设备。甲公司为该批设备共支付不含税货款为4563000元，包装费为21000元，全部以银行存款支付。假定A、B和C设备分别满足固定资产确认条件，公允价值分别为1463000元、797400元和919600元。不考虑增值税及其他相关税费，甲公司的会计处理如下（假定不考虑增值税）：

（1）确定应计入固定资产成本的金额，包括购买价款、包装费等。

4563000 + 21000 = 4584000（元）

（2）确定A、B和C的价值分配比例。

A设备应分配的固定资产价值比例：

1463000 ÷（1463000 + 1797400 + 919600）= 35%

B设备应分配的固定资产价值比例：

1797400 ÷（1463000 + 1797400 + 919600）= 43%

C设备应分配的固定资产价值比例：

919600 ÷（1463000 + 1797400 + 919600）= 22%

（3）确定A、B和C设备各自的成本。

A设备的成本 = 4584000 × 35% = 1604400（元）

B设备的成本 = 4584000 × 43% = 1971120（元）

C设备的成本 = 4584000 × 22% = 1008480（元）

（4）进行如下账务处理：

| 借：固定资产——A | 1604400 |
| ——B | 1971120 |
| ——C | 1008480 |
| 贷：银行存款 | 4584000 |

**4. 延迟支付购买固定资产**

企业可能会发生超过正常信用条件延迟支付购买固定资产的经济业务，如采用分期付款方式购买资产，在这种情况下，实质上具有融资性质，购入固定资产的成本不能以各期付款额之和确定，而应以各期付款额的现值之和确定。购入固定资产时，按购买价款的现值，借记"固定资产"或"在建工程"科目，按应付的增值税，借记"应交税费——应交增值税（进项税额）"科目，按应支付的金额，贷记"长期应付款"科目；按借贷差额，借记"未确认融资费用"科目。计算固定资产购买价款的现值时，应当按照各期支付的购买价款选择恰当的折现率进行计算。该折现率实质上是供货企业延迟收款的必要报酬率。各期实际支付的价款与购买价款现值之间的差额，符合《企业会计准则第17号——借款费用》中规定的资本化条件的，应当计入固定资产成本，其余部分应当在信用期间内确认为财务费用，计入当期损益。

【例6-4】2017年1月1日，A公司从B公司购入一台需要安装的大型机器设备。合同约定，A公司采用分期付款方式支付价款。该设备价款共计900000元，首期款项150000元于2017年1月1日支付，其余款项在2017~2021年每年12月31日平均支付。

2017年1月1日，设备如期运抵A公司并开始安装，发生运杂费和相关税费160000元，已用银行存款付讫。2017年12月31日，设备达到预定可使用状态，发生安装费40000元，已用银行存款付讫。

A公司按照合同约定用银行存款如期支付了款项，假定折现率为10%。

（1）购买价款的现值：

$150000 + 150000 \times (P/A，10\%，5) = 150000 + 150000 \times 3.7908 = 718620$（元）

2017年1月1日甲公司的账务处理如下

| | |
|---|---|
| 借：在建工程 | 718620 |
| 未确认融资费用 | 181380 |
| 贷：长期应付款 | 900000 |
| 借：长期应付款 | 150000 |
| 贷：银行存款 | 150000 |
| 借：在建工程 | 160000 |
| 贷：银行存款 | 160000 |

（2）确定信用期间未确认融资费用的分摊额，参见表6-1。

（3）2017年1月1日至2017年12月31日为设备的安装期间，未确认融资费用的分摊额符合资本化条件，计入固定资产成本。2017年12月31日甲公司的账务处理如下：

| | |
|---|---|
| 借：在建工程 | 56862 |
| 贷：未确认融资费用 | 56862 |
| 借：长期应付款 | 150000 |
| 贷：银行存款 | 150000 |
| 借：在建工程 | 40000 |
| 贷：银行存款 | 40000 |
| 借：固定资产 | 975482 |

贷：在建工程　　　　　　　　　　　　　　　　　　　　　　975482

　　固定资产的成本：718620 + 160000 + 56862 + 40000 = 975482（元）

### 表 6 - 1　A 公司未确认融资费用分摊表
#### 2017 年 1 月 1 日

| 日期 | 分期付款额 | 确认的融资费用 | 应付本金减少额 | 应付本金余额 |
|---|---|---|---|---|
| ① | ② | ③ = 期初⑤×10% | ④ = ③ - ② | 期末⑤ = 期初⑤ - ④ |
| 2017 年 1 月 1 日 | | | | 568620 * |
| 2017 年 12 月 31 日 | 150000 | 56862 | 93138 | 475482 |
| 2018 年 12 月 31 日 | 150000 | 47548.20 | 102451.80 | 373030.20 |
| 2019 年 12 月 31 日 | 150000 | 37303.02 | 112696.98 | 260333.22 |
| 2020 年 12 月 31 日 | 150000 | 26033.32 | 123966.68 | 136366.51 |
| 2021 年 12 月 31 日 | 150000 | 13633.46 * | 136366.54 * | 0 |
| 合计 | 750000 | 181380 | 568620 | |

　　注：* 表示 568620 = 718620 - 150000；尾数调整：13633.46 - 150000 - 136366.54，136366.54 为期初应付本金余额。

　　（4）2018 年 1 月 1 日至 2021 年 12 月 31 日，设备已经达到预定可使用状态，未确认融资费用的分摊额不再符合资本化条件，应计入当期损益。

　　2018 年 12 月 31 日：

　　借：财务费用　　　　　　　　　　　　　　　　　　　47548.20

　　　　贷：未确认融资费用　　　　　　　　　　　　　　　　47548.20

　　借：长期应付款　　　　　　　　　　　　　　　　　　150000

　　　　贷：银行存款　　　　　　　　　　　　　　　　　　　150000

　　2019 年 12 月 31 日：

　　借：财务费用　　　　　　　　　　　　　　　　　　　37303.02

　　　　贷：未确认融资费用　　　　　　　　　　　　　　　　37303.02

　　借：长期应付款　　　　　　　　　　　　　　　　　　150000

　　　　贷：银行存款　　　　　　　　　　　　　　　　　　　150000

　　2020 年 12 月 31 日：

　　借：财务费用　　　　　　　　　　　　　　　　　　　26033.32

　　　　贷：未确认融资费用　　　　　　　　　　　　　　　　26033.32

　　借：长期应付款　　　　　　　　　　　　　　　　　　150000

　　　　贷：银行存款　　　　　　　　　　　　　　　　　　　150000

　　2021 年 12 月 31 日：

　　借：财务费用　　　　　　　　　　　　　　　　　　　13633.46

　　　　贷：未确认融资费用　　　　　　　　　　　　　　　　13633.46

　　借：长期应付款　　　　　　　　　　　　　　　　　　150000

　　　　贷：银行存款　　　　　　　　　　　　　　　　　　　150000

## 二、自行建造的固定资产

自行建造的固定资产包括自制和自建两部分。自制固定资产是指企业自己制造生产经营所需的机器设备等；自建固定资产是指企业自行建造房屋、建筑物、各种设施以及进行大型机器设备的安装工程等，且包括固定资产新建工程、改扩建工程和大修理工程等。在建工程按其实施的方式不同可分为自营工程和出包工程两种。

### 1. 自营工程

自营方式是指企业利用自身的生产能力自行组织工程物资采购、自行组织施工人员施工的建筑工程和安装工程。

企业通过自营方式建造固定资产，其入账价值应当按照建造该项固定资产达到预定可使用状态前所发生的必要支出确定，包括直接材料、直接人工、直接机械施工费等。工程项目较多且工程支出较大的企业，应当按照工程项目的性质分别核算各工程项目的成本。

企业为在建工程准备的各种物资，应当按照实际支付的买价、不能抵扣的增值税额、运输费、保险费等相关税费作为实际成本，并按照各种专项物资的种类进行明细核算。企业在确定自营工程成本时应注意以下几点：

（1）购入的房屋建筑物工程物资所支付的增值税额不能作为进项税额单独核算，应计入工程物资成本。

（2）房屋建筑物工程领用外购存货，应将该存货的进项税额转出，连同存货成本一并计入工程成本。

（3）房屋建筑物工程领用自制半成品和库存商品，税法上视同销售，按售价计算销项税额，连同自制半成品和库存商品的生产成本一并计入工程成本。

（4）在建工程进行负荷联合试车发生的费用，计入工程成本；试车期间发生的产品或副产品对外销售或转为库存商品时，应借记"银行存款""库存商品"等科目，贷记"在建工程"科目。

（5）建设期间发生的工程物资盘亏、报废及毁损，减去残料价值以及保险公司、过失人等赔款后的净损失，计入工程成本，借记"在建工程"科目，贷记"工程物资"科目；盘盈的工程物资或处置净收益作相反的会计处理。工程完工后发生的工程物资盘盈、盘亏、报废、毁损，计入营业外收支。

（6）建设期间在建工程应负担的职工薪酬、辅助生产部门为之提供的水、电、运输等劳务也应计入工程成本。

（7）在建工程完工，对于已领出的剩余物资应办理退库手续，借记"工程物资"科目，贷记"在建工程"科目。

（8）在建工程达到预定可使用状态时，对发生的待摊支出应分配计入各工程成本中。

企业自营工程主要通过"工程物资"和"在建工程"科目进行核算。"工程物资"科目，核算用于在建工程的各种物资的实际成本；"在建工程"科目核算企业为工程所发生的实际支出以及改扩建工程等转入的固定资产净值。

【例6-5】某企业自行建造一仓库，发生如下经济业务。

（1）购进工程用物资，增值税专用发票注明价款为200000元，增值税额为34000元，物资已验收入库，款项通过银行转账付讫，则：

借：工程物资　　　　　　　　　　　　　　　　　　　　234000
　　贷：银行存款　　　　　　　　　　　　　　　　　　　　234000

（2）领用已购进的工程用物资一批，价款150000元。

借：在建工程——自营工程——仓库　　　　　　　　　　150000
　　贷：工程物资　　　　　　　　　　　　　　　　　　　　150000

（3）工程建设期间发生建筑工程工资支出50000元。

借：在建工程——自营工程——仓库　　　　　　　　　　50000
　　贷：应付职工薪酬　　　　　　　　　　　　　　　　　　50000

（4）工程领用本企业产品一批，计20000元，增值税率17%。

借：在建工程——自营工程——仓库　　　　　　　　　　23400
　　贷：库存商品　　　　　　　　　　　　　　　　　　　　20000
　　　　应交税费——应交增值税（销项税额）　　　　　　　3400

（5）工程领用本企业原材料，计30000元，增值税率17%。

借：在建工程——自营工程——仓库　　　　　　　　　　35100
　　贷：原材料　　　　　　　　　　　　　　　　　　　　　30000
　　　　应交税费——应交增值税（进项税额转出）　　　　　5100

（6）工程完工交付使用时。

借：固定资产　　　　　　　　　　　　　　　　　　　　258500
　　贷：在建工程——自营工程——仓库　　　　　　　　　258500

（7）剩余工程物资转作企业存货。

借：原材料　　　　　　　　　　　　　　　　　　　　　71795
　　应交税费——应交增值税（进项税额）　　　　　　　　12205
　　贷：工程物资　　　　　　　　　　　　　　　　　　　　84000

**2. 出包工程**

出包工程是指企业通过招标等方式将工程项目发包给建筑承包商，由建筑承包商组织施工的建筑工程和安装工程。在实务中，企业一般多数采用此方式建造固定资产，而较少采用自营方式。

企业采用出包方式进行的自制、自建固定资产工程，其工程的具体支出在承包单位核算，在这种方式下，"在建工程"科目实际成为企业与承包单位的结算科目，企业将与承包单位结算的工程价款作为工程成本，通过"在建工程"科目核算。

【例6-6】某企业拟建一厂房，采用出包方式交由某建筑公司承建。双方合同议定工程价款为200000元，先预付50%，其余款项等工程竣工验收后付清，则有关账务处理如下：

（1）预付工程款时。

借：在建工程——出包工程——厂房　　　　　　　　　　100000

贷：银行存款 100000

（2）工程完工，按合同规定结清工程款。

借：在建工程——出包工程——厂房 100000

贷：银行存款 100000

（3）工程竣工验收交付使用。

借：固定资产 200000

贷：在建工程——出包工程——厂房 200000

## 三、投资者投入的固定资产的核算

企业对投资者投资转入的固定资产，按投资合同或协议约定的价值借记"固定资产"科目，贷记"实收资本"或"股本"科目，合同或协议约定价值不公允的按公允价值入账。

【例6-7】A企业收到B企业投入的固定资产一台，该固定资产的账面原价为200000元，已提折旧20000元；投资合同约定该资产的价值为90000元。A企业的账务处理如下：

借：固定资产 90000

贷：实收资本 90000

## 四、租入的固定资产的核算

企业租入的固定资产可分为经营租赁和融资租赁，这是两种不同性质的租赁方式，在会计核算上也采用不同的处理方法。

### 1. 经营租赁

经营性租赁是指企业为解决临时需要租入的固定资产，租入时不作为自有固定资产核算，只在"固定资产登记簿"做备查记录。租入企业只对租金进行核算，折旧由租出企业提取。在经营租赁方式下与租赁资产相关的报酬和风险由租出企业获得或承担。

【例6-8】某企业租入厂房一栋，租期1年，按合同约定每月租金2000元，厂房交付使用时一次性预付租金，企业开出转账支票24000元。

（1）预付租金时：

借：预付账款 24000

贷：银行存款 24000

（2）每月摊销时：

借：制造费用 2000

贷：预付账款 2000

**2. 融资租赁**

融资租赁是指企业向经营融资租赁业务的非银行金融机构租入的固定资产，其主要特点如下：

（1）在租赁期届满时，租赁资产的所有权可转移给承租人。

（2）承租人有购买租赁资产的选择权，所订立的购价预计将远低于行使选择权时租赁资产的公允价值，因而在租赁开始日就可以合理确定承租人将会行使这种选择权。

（3）即使资产的所有权不转让，租赁期占租赁资产尚可使用年限的大部分（通常为75%或75%以上）。

（4）就承租人而言，租赁开始日最低租赁付款额的现值几乎相当于（通常为90%或90%以上，下同）租赁开始日租赁资产公允价值；就出租人而言，租赁开始日最低租赁收款额的现值几乎相当于租赁开始日租赁资产公允价值。

（5）租赁性质特殊，如果不作较大修整，只有承租人才能使用。

融资租入的固定资产由于租期长，承租企业获得了租赁资产所提供的主要经济利益，同时承担与资产有关的风险，因此融资租入固定资产作为自有固定资产核算。在租赁开始日，承租人应将租赁开始日租赁资产的公允价值与最低租赁付款额的现值两者中较低者作为租赁资产的入账价值，将最低租赁付款额作为长期应付款的入账价值。其差额作为未确认融资费用。承租人在租赁过程中发生的，可归属于租赁项目的差旅费、手续费、律师费、印花税等初始直接费用，应计入租入资产的价值。

承租企业在计算最低租赁付款额的现值时，需要合理确定其折现率，能得出出租人的租赁内含利率的，应以出租人的租赁内含利率作为折现率；否则应当采用租赁合同规定的利率作为折现率；既无租赁内含利率又无合同规定利率的，应当采用银行同期贷款利率作为折现率。

未确认融资费用应当在租赁期内各个期间进行分摊。承租人分摊未确认融资费用时应当采用实际利率法。

【例6-9】某公司以融资租赁方式租入一台公允价值为1120000元的设备，租赁期为4年，按租赁协议确定的设备租赁费总额为1200000元。根据租赁协议规定，租赁价款分别于每年年底等额支付300000元，租期满后，设备转归承租企业所有。如果出租人的租赁内含利率为6%，已知4年期、6%的年金现值系数为3.4651。该公司的账务处理如下。

（1）确定租赁资产的入账价值。

最低租赁付款额的现值 = 300000 × 3.4651 = 1039530（元）

由于 1039530 < 1120000

且 1039530 ÷ 1120000 × 100% = 92.82% > 90%

所以，租赁资产的入账价值为1039530元。

（2）租入设备时，编制会计分录如下：

借：固定资产——融资租入固定资产　　　　　　　　　　　　　　1039530
　　未确认融资费用　　　　　　　　　　　　　　　　　　　　　160470
　　贷：长期应付款——应付融资租赁款　　　　　　　　　　　　　　　1200000

（3）第一年末，支付融资租赁费时，编制会计分录如下：

借：长期应付款——应付融资租赁款　　　　　　　　　　　　　　　　300000

　　贷：银行存款　　　　　　　　　　　　　　　　　　　　　　　　　　　300000

应分摊的未确认融资费用 = 1039530 × 6% = 62372（元）

借：财务费用　　　　　　　　　　　　　　　　　　　　　　　　　　62372

　　贷：未确认融资费用　　　　　　　　　　　　　　　　　　　　　　　　62372

（4）第二年末，支付租赁费 300000 元时，编制会计分录如下：

借：长期应付款——应付融资租赁款　　　　　　　　　　　　　　　　300000

　　贷：银行存款　　　　　　　　　　　　　　　　　　　　　　　　　　　300000

应分摊的未确认融资费用 = (1039530 − 300000 + 62372) × 6% = 48114（元）

借：财务费用　　　　　　　　　　　　　　　　　　　　　　　　　　48114

　　贷：未确认融资费用　　　　　　　　　　　　　　　　　　　　　　　　48114

（5）第三年末，支付租赁费 300000 元时，编制会计分录如下：

借：长期应付款——应付融资租赁款　　　　　　　　　　　　　　　　300000

　　贷：银行存款　　　　　　　　　　　　　　　　　　　　　　　　　　　300000

应分摊的未确认融资费用 = (1039530 − 600000 + 62372 + 48114) × 6% = 33001（元）

借：财务费用　　　　　　　　　　　　　　　　　　　　　　　　　　33001

　　贷：未确认融资费用　　　　　　　　　　　　　　　　　　　　　　　　33001

（6）第四年末，支付租赁费 300000 元时，编制会计分录如下：

借：长期应付款——应付融资租赁款　　　　　　　　　　　　　　　　300000

　　贷：银行存款　　　　　　　　　　　　　　　　　　　　　　　　　　　300000

应分摊的未确认融资费用 = 160470 − (62372 + 48114 + 33001) = 16983（元）

借：财务费用　　　　　　　　　　　　　　　　　　　　　　　　　　16983

　　贷：未确认融资费用　　　　　　　　　　　　　　　　　　　　　　　　16983

（7）租赁期满，租赁资产产权转归承租企业时，应编制会计分录如下：

借：固定资产——生产经营用固定资产　　　　　　　　　　　　　　　1039530

　　贷：固定资产——融资租入固定资产　　　　　　　　　　　　　　　　　1039530

# 第三节　固定资产折旧

　　企业应当根据固定资产经济利益的预期实现方式来确定其计提折旧的方法，企业选用不同的固定资产折旧方法将影响固定资产使用期限内的不同时期的折旧费用。本节将全面论述与固定资产折旧有关的内容。

## 一、折旧的含义

　　企业的固定资产可以长期参加生产经营而仍保持其原有的实物形态，但其价值将随着固定资产的使用而逐渐转移到产品成本或费用中，这部分随着固定资产磨损而逐渐转移到成本费用中的价值即称为固定资产的折旧。

固定资产的折旧，本质上是一种损耗，这种损耗分为有形损耗和无形损耗。有形损耗是指固定资产由于使用和自然力的影响而引起的使用价值和价值的损失；无形损耗则是指由于科学技术的进步而引起的固定资产价值的损失。固定资产折旧计入成本费用后即随着固定资产价值的转移，以折旧的形式在销售收入中得到补偿，并转化为货币资金。

## 二、影响固定资产折旧的因素

影响固定资产折旧的因素主要有固定资产原值、预计使用寿命和净残值。

### 1. 固定资产原值

固定资产原值即固定资产的历史成本，折旧是固定资产成本的递耗和转移，所以要确认各会计期间折旧额的大小，首先必须确认固定资产的原值。

### 2. 固定资产的预计使用寿命

固定资产预计使用寿命的长短直接影响各期固定资产折旧速度及折旧额的大小。在确定固定资产预计使用寿命时，不仅要考虑固定资产的有形损耗，还要考虑固定资产的无形损耗。由于固定资产的有形损耗和无形损耗很难估计准确，所以固定资产的使用寿命也只能预计，具有主观随意性。企业应结合本单位的具体情况，合理地确认固定资产的预计使用寿命。

### 3. 固定资产的净残值

固定资产的净残值是指固定资产报废清理时的残值收入与清理费用之差。由于在计算折旧时，对固定资产的残余收入和清理费用只能人为估计，就不可避免存在主观性，企业应结合本单位的具体情况，合理地确认固定资产净残值率。

## 三、固定资产折旧的范围

确定固定资产折旧的范围，可以从空间范围和时间范围两方面来确定。

### 1. 计提折旧的空间范围

除已提足折旧仍继续使用的固定资产和按照规定单独估价作为固定资产入账的土地外，企业应对所有固定资产计提折旧。其中，提足折旧，是指已经提足该项固定资产的应计折旧额。

已达到预定可使用状态但尚未办理竣工决算的固定资产，应当按照估计价值确定其成本，并计提折旧；待办理竣工决算后，再按照实际成本调整原来的暂估价值，但不需要调整原已计提的折旧额。

融资租入的固定资产，应当采用与自有应计提折旧资产相一致的折旧政策。能够合理确定租赁期届满时将会取得租赁资产所有权的，应当在租赁资产尚可使用年限内计提折旧；无法合理确定租赁期届满时能否取得租赁资产所有权的，应当在租赁期与租赁资产尚可使用年限两者中较短的期间内计提折旧。

处于更新改造过程停止使用的固定资产，应将其账面价值转入在建工程，不再计提折旧。更新改造项目达到预定可使用状态转为固定资产后，再按照重新确定的折旧方法和该项固定资产尚可使用寿命计提折旧。

因进行大修理而停用的固定资产，应当照提折旧，计提的折旧额应计入相关资产成本或当期损益。

### 2. 计提折旧的时间范围

当月增加的固定资产，当月不提折旧，从下月起提折旧；当月减少的固定资产，当月照提折旧，从下月起停止计提折旧。

## 四、固定资产折旧的方法

计算折旧的方法主要有平均年限法、工作量法、双倍余额递减法和年数总和法。由于固定资产折旧方法的选用直接影响到企业成本、费用的计算，也影响到企业的收入和纳税。因此，对固定资产折旧方法的选用，国家历来有比较严格的规定。国家为了鼓励企业采用新技术，加快科学技术向生产力的转化，允许某些企业采用加速折旧方法，折旧的方法一经确定，不得随意变更。

### 1. 平均年限法

平均年限法又称直线法，是将固定资产的折旧均衡地分摊到各期的一种方法。采用这种方法计算的每期折旧额均是等额的。其计算公式如下：

年折旧率＝（1－预计净残值率）÷预计使用年限×100%

月折旧率＝年折旧率÷12

月折旧额＝固定资产原价×月折旧率

【例 6－10】某企业固定资产原价为 400000 元，预计可使用 10 年，预计净残值率为 4%。该固定资产的折旧率和折旧额的计算如下：

年折旧率＝（1－4%）÷10×100%＝9.6%

月折旧率＝9.6%÷12＝0.8%

月折旧额＝400000×0.8%＝3200（元）

上述计算的折旧率是按个别固定资产单独计算的，称为个别折旧率。此外，还有分类折旧率和综合折旧率。

某类固定资产年分类折旧率＝该类固定资产年折旧额之和÷该类固定资产原价之和×100%

采用分类折旧率计算固定资产折旧，其优点是计算方法简单，但准确性不如个别折旧率。综合折旧率是指某一期间企业全部固定资产折旧额与全部固定资产原价的比率。计算公式如下：

$$固定资产年综合折旧率 = \frac{各项固定资产年折旧额之和}{各项固定资产原价之和} \times 100\%$$

与采用个别折旧率和分类折旧率计算固定资产折旧相比，采用综合折旧率计算固定资产折旧，其计算结果的准确性较差。因此，现行制度规定，企业一般不得采用综合折旧率计算固定资产的折旧。

**2. 工作量法**

工作量法是根据实际工作量计提折旧额的一种方法，其基本计算公式如下：

单位工作量折旧额 = 固定资产原价 × （1 – 残值率）÷ 预计总工作量

某项固定资产月折旧额 = 该项固定资产当月工作量 × 每一工作量折旧额

【例6 – 11】某企业的一辆卡车原价为100000元，预计总行驶里程为20万公里，预计净残值率为5%，本月行驶2000公里。该辆汽车的月折旧额计算如下．

单位里程折旧额 = 100000 × （1 – 5%）÷ 200000 = 0.475（元/公里）

本月折旧额 = 2000 × 0.475 = 950（元）

**3. 双倍余额递减法**

双倍余额递减法是在不考虑固定资产残值的情况下，根据每期期初固定资产账面余额和双倍的直线法折旧率计算固定资产折旧的一种方法。计算公式如下：

年折旧率 = 2 ÷ 预计的折旧年限 × 100%

月折旧率 = 年折旧率 ÷ 12

月折旧额 = 固定资产账面净值 × 月折旧率

实行双倍余额递减法计提折旧时，应当在固定资产折旧年限到期前两年内，将固定资产净值扣除预计净残值后的余额平均摊销。

【例6 – 12】某企业一项固定资产的原价为150000元，预计使用年限为5年，预计净残值100元。按双倍余额递减法计算折旧，每年的折旧额计算如下：

双倍直线折旧率 = 2/5 × 100% = 40%

第一年应提的折旧额 = 150000 × 40% = 60000（元）

第二年应提的折旧额 = （150000 – 60000）× 40% = 36000（元）

第三年应提的折旧额 = （90000 – 36000）× 40% = 21600（元）

从第四年起改按平均年限法计提折旧。

第四年和第五年的年折旧额 = （32400 – 200）÷ 2 = 16100（元）

**4. 年数总和法**

年数总和法是将固定资产的原价减去净残值后的净额乘以一个逐年递减的分数计算每年的折旧额，这个分数的分子代表固定资产尚可使用的年数，分母代表使用年数的逐年数字总和。计算公式如下：

$$年折旧率 = \frac{预计的折旧年限 - 已使用年限}{预计的折旧年限 \times \frac{预计的折旧年限 + 1}{2}} \times 100\%$$

月折旧率 ＝ 年折旧率 ÷ 12

月折旧额 ＝ （固定资产原价 – 预计净残值） × 月折旧率

## 五、固定资产折旧的账务处理

企业计提的固定资产折旧，应根据固定资产的使用地点和用途，计入相关成本费用。对于生产车间固定资产计提的折旧，计入"制造费用"科目；行政管理部门固定资产计提的折旧，计入"管理费用"科目；销售部门固定资产计提的折旧计入"销售费用"科目；经营租赁租出固定资产计提的折旧，计入"其他业务成本"科目；研发无形资产时使用固定资产计提的折旧计入"研发支出"科目。

【例 6－13】某企业"固定资产折旧计算表"各车间及厂部管理部门应分配的折旧额为：一车间 12000 元，二车间 18000 元，三车间 15000 元，厂部管理部门 8000 元。有关会计处理如下：

借：制造费用——一车间　　　　　　　　　　　　　　　　　　12000

　　　　——二车间　　　　　　　　　　　　　　　　　　18000

　　　　——三车间　　　　　　　　　　　　　　　　　　15000

　　管理费用　　　　　　　　　　　　　　　　　　　　　　8000

　贷：累计折旧　　　　　　　　　　　　　　　　　　　　　53000

# 第四节　固定资产的后续支出

企业在使用固定资产的过程中，可能会对固定资产进行修理和更新改造等；这些我们统称为固定资产的后续支出，那么对这些后续支出我们应该如何进行会计处理呢？本节将对这个内容做一个相关的介绍。

## 一、固定资产的后续支出概述

固定资产的后续支出是指固定资产使用过程中发生的更新改造支出、修理费用支出等。后续支出的处理原则：符合固定资产确认条件的，应当计入固定资产成本，同时将被替换部分的账面价值扣除；不符合固定资产确认条件的，应当计入当期损益。

企业的固定资产投入使用后，为了维护或提高固定资产的使用效能，或者为了适应新技术发展的需要，往往需要对现有的固定资产进行维护、改建、扩建或者改良。如果这项支出增强了固定资产获取未来经济利益的能力，提高了固定资产的性能，如延长了固定资产的使用寿命、使产品质量实质性提高或使产品成本实质性降低，从而形成了可能流入企业的经济利益超过了原先的估计，则应将该后续支出予以资本化，计入固定资产的账面价值；否则，应将这些后续支出予以费用化，计入当期损益。

## 二、资本化后续支出的核算

企业发生可资本化的后续支出时，企业应将该固定资产的原价、已计提的累计折旧和减值准备转销，将其账面价值转入在建工程，并同时停止计提折旧。固定资产发生的可资本化的后续支出通过"在建工程"科目核算，等到工程完工并达到预定可使用状态时再转入"固定资产"科目，并重新确定固定资产的使用寿命和预计净残值等，重新计算折旧。

【例6-14】甲公司有一条生产线，原值500000元，已提折旧200000元，已提减值准备60000元，随着新技术的出现，该设备现决定由本厂进行改良。

（1）结转改良生产线的账面价值，作分录如下：

借：在建工程 240000
累计折旧 200000
固定资产减值准备 60000
贷：固定资产 500000

（2）购置改良流水线设备，买价200000元，增值税额34000元，设备已交付安装，款项通过银行支付，作分录如下：

借：在建工程 200000
应交税费——应交增值税（进项税额） 34000
贷：银行存款 234000

（3）出售部分淘汰的设备，取得收入10000元，存入银行，作分录如下：

借：银行存款 11700
贷：在建工程 10000
应交税费——应交增值税（销项税额） 17000

（4）改良生产线领用原材料12000元，作分录如下：

借：在建工程 12000
贷：原材料 12000

（5）分配生产线改良人员工资10000元，职工福利1400元，作分录如下：

借：在建工程 11400
贷：应付职工薪酬——工资 10000
——职工福利 1400

（6）该生产线已改良竣工达到预定可使用状态，作分录如下：

借：固定资产——生产经营用固定资产 453400
贷：在建工程 453400

## 三、费用化后续支出的核算

固定资产在使用过程中会不断地发生有形损耗，为维持其预定效能，使它一直处于良好的工作状态，就必须对固定资产进行必要的日常维修。因对固定资产修理而发生的后续支出通常不满足固定资产的确认条件，在发生时往往直接计入当期损益。

【例6-15】甲公司对厂长办公室的一辆小汽车和销售部门的一辆载重汽车进行大修理，修理费分别为30000元和10000元，一并以银行存款支付，作分录如下：

借：管理费用                30000

  销售费用               10000

  贷：银行存款             40000

# 第五节　固定资产的处置

企业出售、转让、报废固定资产以及将固定资产进行对外投资、非货币性资产交换等，均要终止确认该固定资产并且做出相应的会计处理。本节将介绍与固定资产终止确认有关的内容以及会计处理方法。

## 一、固定资产终止确认的条件

固定资产准则规定，固定资产满足下列条件之一的，应当予以终止确认：

其一，固定资产处于处置状态。固定资产处置包括固定资产的出售、转让、报废或毁损、对外投资、非货币性资产交换、债务重组等。处于处置状态的固定资产不再用于生产商品、提供劳务、出租或经营管理，因此不再符合固定资产的定义，应予终止确认。

其二，该固定资产预期通过使用或处置不能产生经济利益。固定资产的确认条件之一是"与该固定资产有关的经济利益很可能流入企业"，如果一项固定资产预期通过使用或处置不能产生经济利益，就不再符合固定资产的定义和确认条件，应予终止确认。

## 二、固定资产处置的核算

企业在生产经营过程中，对那些不适用或不需用的固定资产，可以出售转让。对那些由于使用而不断磨损直至最终报废，由于技术进步等原因发生提前报废，或由于遭受自然灾害等非常损失发生毁损的固定资产应及时进行清理。

固定资产处置是指企业因出售、报废、毁损等原因减少的固定资产，它通过"固定资产清理"科目核算。会计核算分以下几个步骤：

第一，将固定资产转入清理。按清理固定资产的净值，借记"固定资产清理"科目，按已提的折旧，借记"累计折旧"科目，按固定资产原价，贷记"固定资产"科目。

第二，发生清理费用时，按实际发生的清理费用，借记"固定资产清理"科目，贷记"银行存款"等科目。

第三，取得出售收入和残料收入时，按实际收到的出售价款及残料变价收入等，借记

"银行存款""原材料"等科目，贷记"固定资产清理"科目。

第四，得到保险赔偿时，借记"银行存款"或"其他应收款"科目，贷记"固定资产清理"科目。

第五，处理清理净损益时，固定资产清理后发生的净收益，应区别视不同情况进行处理：属于企业筹建期间的，冲减开办费，借记"固定资产清理"科目，贷记"长期待摊费用"科目。属于生产期间的，计入当期损益，借记"固定资产清理"科目，贷记"营业外收入"科目；发生的净损失，也应区别不同情况进行处理；属于筹建期间的，计入开办费，借记"长期待摊费用"科目，贷记"固定资产清理"科目；属于生产经营期间正常的处理损失，以及生产经营期间由于自然灾害等非正常原因造成的损失，借记"营业外支出"科目，贷记"固定资产清理"科目。

【例6－16】某企业报废一台旧机器，经批准进行清理，该机器原价为10000元，已提折旧8000元，用现金支付清理费600元，取得残值收入800元，收到现金（不考虑增值税转型）。

(1) 将固定资产转入清理。

借：固定资产清理                                        2000
　　累计折旧                                            8000
　　　贷：固定资产                                               10000

(2) 发生清理费用时。

借：固定资产清理                                         600
　　　贷：库存现金                                                 600

(3) 取得残值收入时。

借：库存现金                                             800
　　　贷：固定资产清理                                             800

(4) 结转清理净损失时。

借：营业外支出                                          1800
　　　贷：固定资产清理                                            1800

# 第六节　固定资产的清查及减值

企业应当定期或者每年末对固定资产进行清查盘点，如果发现固定资产出现盘盈、盘亏的问题，应当分析其产生的原因以及按照有关规定作出相应的会计处理。此外，在每个资产负债日，企业都应当对固定资产进行减值测试，若有固定资产发生减值损失，也应当按照规定对其进行相应的会计处理。本节将论述如何对固定资产的盘盈、盘亏以及减值进行会计处理。

## 一、固定资产的清查

企业在固定资产清查中的盘盈盘亏，按规定应经过一定的程序后方能处理。在尚未处理前，为使固定资产的账面数额与实存数保持一致，应设置"待处理财产损溢——待处理固定资产损溢"科目核算，处理时，再转入有关科目。

**1. 盘盈固定资产的核算**

新《企业会计准则》规定，企业在财产清查中盘盈的固定资产，应作为前期差错处理。企业在财产清查中盘盈的固定资产，在按管理权限报经批准处理前应先通过"以前年度损益调整"账户核算。盘盈的固定资产应按以下规定确定其入账价值：如果同类或类似固定资产存在活跃市场的，按同类或类似固定资产的市场价格，减去按该项资产新旧程度估计的价值损耗后的余额，作为入账价值；如果同类或类似固定资产不存在活跃市场的，按该项固定资产的预计未来现金流量的现值，作为入账价值。企业应按上述规定确定的入账价值，借记"固定资产"科目，贷记"以前年度损益调整"科目。

**【例6-17】** 甲公司在财产清查中，发现一台未入账设备，按同类或类似商品市场价格，减去按该项资产的新旧程度估计的价值损耗后的余额为50000元（假定不考虑增值税转型）。根据《企业会计准则第28号——会计政策、会计估计变更和差错更正》规定，该盘盈固定资产作为前期差错进行处理。假定甲公司适用的所得税税率为25%，按净利润的10%计提法定盈余公积。甲公司应编制会计分录如下：

（1）盘盈固定资产时。

借：固定资产　　　　　　　　　　　　　　　　　　　　　50000
　　贷：以前年度损益调整　　　　　　　　　　　　　　　　　　50000

（2）确定应缴纳的所得税时。

借：以前年度损益调整　　　　　　　　　　　　　　　　　　12500
　　贷：应交税费——应交所得税　　　　　　　　　　　　　　　12500

（3）结转留存收益时。

借：以前年度损益调整　　　　　　　　　　　　　　　　　　37500
　　贷：盈余公积——法定盈余公积　　　　　　　　　　　　　　3750
　　　　利润分配——未分配利润　　　　　　　　　　　　　　33750

**2. 盘亏固定资产的核算**

对固定资产盘亏，应及时办理固定资产注销手续，并按盘亏固定资产的账面价值，借记"待处理财产损溢——待处理固定资产损溢"科目；按已提折旧，借记"累计折旧"科目；按该项固定资产已计提的减值准备，借记"固定资产减值准备"；按固定资产的原价，贷记"固定资产"科目。盘亏的固定资产报经批准转销时，借记"营业外支出"科目，贷记"待处理财产损溢——待处理固定资产损溢"科目。

**【例6-18】** 某企业在固定资产清查中，盘亏设备一台，账面原价400000元，已提折旧 150000 元，已提减值准备 80000 元。编制会计分录如下：

（1）盘亏时。

借：待处理财产损溢——待处理固定资产损溢　　　　　　　　　170000
　　累计折旧　　　　　　　　　　　　　　　　　　　　　　　150000
　　固定资产减值准备　　　　　　　　　　　　　　　　　　　80000
　　贷：固定资产　　　　　　　　　　　　　　　　　　　　　　　400000

（2）批准转销时。

借：营业外支出　　　　　　　　　　　　　　　　　　　　　　170000
　　贷：待处理财产损溢——待处理固定资产损溢　　　　　　　　　170000

## 二、固定资产的减值

按照新《企业会计准则》的要求，企业应当在资产负债表日判断固定资产是否出现减值迹象，对已出现减值迹象的固定资产应当进行减值测试，计算其可收回金额。

固定资产可收回金额应当根据固定资产的公允价值减去处置费用后的净额与资产预计未来的现金流量现值两者之间的较高者确定。处置费用包括与资产处置有关的法律费用、相关税费、搬运费以及为使固定资产达到可销售状态所发生的直接费用。预计资产未来现金流量的现值，应当综合考虑资产的预计未来现金流量、使用寿命和折现率等因素。

### 1. 固定资产的减值迹象

企业应当于期末对固定资产进行检查，如发现存在下列情况，应当计算固定资产的可收回金额，以确定资产是否已经发生减值：①固定资产市价大幅度下跌，其跌价幅度大大高于因时间推移或正常使用而预计的下跌，并且预计在近期内不可能恢复。②企业所处经营环境，如技术、市场、经济或法律环境，或者产品营销市场在当期发生或在近期发生重大变化，从而对企业产生不利影响。③市场利率或者其他市场投资报酬率在当期已经提高，从而影响企业计算固定资产预计未来现金流量现值的折现率，并导致固定资产可收回金额大幅度降低。④有证据表明固定资产陈旧过时或者实体已经损坏。⑤固定资产已经或者将被闲置、终止使用或者计划提前处置。⑥企业内部报告的证据表明资产的经济绩效已经低于或者将低于预期，如资产所创造的净现金流量或者实现的营业利润远远低于预计金额等。⑦其他有可能表明资产已发生减值的迹象。

### 2. 固定资产减值的核算

对固定资产减值进行核算时，应设置"固定资产减值准备"科目，"固定资产减值准备"是资产类科目，它是"固定资产"科目的抵减科目，用以核算企业提取的固定资产减值准备。在期末计提时，计入贷方；在已计提减值准备的固定资产处置时，计入借方；期末余额在贷方，表示企业已提取的固定资产减值准备。

企业判断固定资产发生减值后，应计算确定固定资产可收回金额，按可收回金额低于账面价值的差额计提固定资产减值准备，借记"资产减值损失"科目；贷记"固定资产减值准备"科目。

**【例6-19】** 甲公司一台设备，原始价值100000元，已提折旧20000元，现由于市价持续下跌，可收回金额为50000元，计提其减值准备，作分录如下：

借：资产减值损失——固定资产减值           30000

  贷：固定资产减值准备             30000

当处置已计提减值准备的固定资产时，再借记"固定资产减值准备"科目；贷记"固定资产"科目。固定资产减值损失一经确认，在以后会计期间不得转回。

已计提减值准备的固定资产，应当按照固定资产的账面价值以及尚可使用寿命重新计算确定折旧率和折旧额。

# 习　题

## 一、单选题

1. 从理论上讲，计提固定资产折旧过程中不考虑该固定资产净残值的折旧方法是（　　）。

 A. 平均年限法        B. 工作量法

 C. 年数总和法        D. 双倍余额递减法

2. 某公司向甲公司一次性购进三套型号不同且生产能力不同的A、B、C三条生产线。该公司为购买三条生产线共支付了款项88000元，另外支付包装费5000元。A生产线在安装过程中共支付安装费2000元。生产线A、B、C分别满足固定资产的确认条件且无单独标价，它们的公允价值分别为30000、35000元、35000元。则A生产线的入账价值为（　　）。

 A. 28500元   B. 34550元   C. 29900元   D. 27900元

3. 某公司为增值税一般纳税人，该公司今年购入了一台不需要安装的生产设备，取得的增值税发票上注明价款为80万元，增值税为13.6万元，另支付运杂费0.4万元，包装费2万元，款项均用银行存款支付完毕。该公司购入此生产设备的入账价值为（　　）。

 A. 82.4万元   B. 96万元   C. 82.07万元   D. 80.4万元

4. 某药厂对自有的一条生产线进行改扩建，该生产线购买时成本为1380万元，已计提折旧184万元，改扩建过程中共支出款项660万元，被替换部分的账面原值为276万元，已计提折旧36.8万元。那么改扩建后该生产线入账价值为（　　）。

 A. 1800.8万元   B. 1764万元   C. 1580万元   D. 1616.8万元

5. 某化工厂从A公司一次性购进甲、乙、丙、丁四条没有单独标价且分别满足固定资产确认条件的生产线，则各条生产线的入账价值应按照（　　）。

 A. 按照各同类型的生产线净值确定

B. 按照各生产线的公允价值比例对其总成本分配后确定

C. 按照各生产线的可变现净值确定

D. 按照各生产线的重置成本确定

6. 某公司于 2015 年 12 月 31 日购入了一台不需要安装的生产设备,该设备初始入账价值为 270 万元,公司已用银行存款结清设备货款。该设备预计使用年限为 5 年,预计净残值为 30 万元,若该公司按年数总和法计提折旧,则该设备 2017 年全年应计提的折旧额为 ( )。

 A. 64 万元     B. 72 万元     C. 80 万元     D. 90 万元

7. 某企业拟出售一幢办公大楼,该办公大楼的初始入账价值为 680 万元,已计提折旧 189 万元且从未计提过减值准备。企业因该办公大楼出售收到银行存款 600 万元,另支付相关清理费用 3 万元,营业税 30 万元。假定不考虑除营业税以外的其他相关税费,则该企业出售该幢办公楼应确认的净收益为 ( )。

 A. 76 万元     B. 106 万元     C. 109 万元     D. 79 万元

8. 某生产型企业购入了一台需要安装才能使用的生产设备,收到的增值税专用发票上注明购买价款为 6000 万元,增值税进项税额为 1020 万元;该设备达到后该企业开始进行安装,为安装该设备领用外购原材料 80 万元,增值税 13.6 万元,支付有关人员工资 30 万元,则该设备的入账价值为 ( )。

 A. 6123.6 万元    B. 7143.6 万元    C. 7130 万元    D. 6110 万元

9. 某公司一辆自有小汽车的初始入账价值为 16 万元,预计总行驶里程 25 万公里,预计净残值率为 5%,假设该公司采用工作量法对小汽车计提折旧,本月共行驶里程 2200 公里,则本月该小汽车应计提折旧额为 ( )。

 A. 1347.6 元     B. 1337.6 元     C. 1408 元     D. 1410 元

10. 请指出以下选项中,应作为在建工程项目成本的是 ( )。

A. 工程达到预定可使用状态后进行试运转所发生的支出

B. 工程达到预定可使用状态后发生的符合资本化条件的装修费用

C. 工程达到预定可使用状态前收到的财政专项补贴

D. 工程达到预定可使用状态后收到的财政专项补贴

## 二、多选题

1. 下列选项中,应该在其"固定资产清理"科目贷方进行核算的是 ( )。

A. 出售固定资产缴纳的营业税

B. 出售固定资产收到的银行存款

C. 出售固定资产时,转出的固定资产净值

D. 出售固定资产时,结转的固定资产清理净损失

2. 下列发生的与固定资产有关的各项支出中,应当予以资本化的是 ( )。

A. 为延长固定资产使用年限产生的支出

B. 为提高固定资产生产能力产生的支出

C. 为提高固定资产生产产品的质量产生的支出

D. 为降低固定资产生产产品的成本产生的支出

3. 企业应对下列哪些固定资产计提折旧（　　）。

A. 因季节性大修理而停用的机器设备

B. 企业以经营租赁方式出租的机器设备

C. 正处于更新改造过程中的固定资产

D. 企业以融资租赁方式租出的固定资产

4. 下列选项中，可能会对固定资产账面价值产生影响的事项是（　　）。

A. 对企业原有固定资产进行更新改造

B. 对企业经营租赁租入固定资产进行改良

C. 对现有固定资产进行日常维修

D. 发生符合资本化条件的固定资产大修理支出

5. 下列有关固定资产的会计处理中错误的是（　　）。

A. 融资租入固定资产不应计提折旧

B. 更新改造过程中发生符合资本化条件的支出应予以资本化

C. 未投入使用的机器设备不应计提折旧

D. 更新改造过程中，发生的固定资产替换部件的支出应当直接计入固定资产的成本

6. 假设某生产企业计划采用自营方式建造厂房供本企业使用，则下列选项中发生的支出应当计入厂房建造成本的有（　　）。

A. 厂房建造期间相关工程人员的薪酬

B. 企业为组织和管理生产经营活动而发生的费用

C. 工程建设期间发生的工程物资盘亏净损失

D. 为建造厂房耗用本企业生产用的原材料

7. 下列关于固定资产初始确认计量的说法表述错误的是（　　）。

A. 固定资产应当按照重置成本进行初始确认计量

B. 投资者投入固定资产的成本只能按照投资合同或协议约定的价值确认计量

C. 分期付款购买固定资产，实质上具有融资性质的，其成本应以购买价款的现值为基础确定

D. 在确定固定资产成本时，无须考虑弃置费用

8. 下列选项中有关固定资产后续支出的会计处理中错误的有（　　）。

A. 企业以融资租赁方式租入的固定资产发生的改良支出，不应予以资本化

B. 企业以融资租赁方式租入的固定资产发生的改良支出，应予以资本化

C. 固定资产发生的日常修理费用应当予以资本化

D. 固定资产发生的日常修理费用不应当予以资本化

9. 下列选项中有关固定资产会计处理的说法中正确的有（　　）。

A. 固定资产盘盈应作为前期差错计入"以前年度损益调整"科目

B. 自行建造固定资产的成本，由建造该项资产达到预定可使用状态前所发生的必要支出构成

C. 固定资产的入账价值应当包括为取得该固定资产而交纳的契税

D. 与固定资产有关的所有后续支出均应当在发生时计入当期损益

10. 下列关于固定资产计提折旧的有关会计处理正确的有（　　）。

A. 未使用的固定资产计提的折旧应计入"管理费用"科目

B. 企业研发无形资产时使用固定资产计提的折旧应计入"研发支出"科目

C. 企业专设销售部门计提的折旧应计入"管理费用"科目

D. 企业生产车间计提的折旧应计入"制造费用"科目

## 三、判断题

1. 企业在编制有关购入固定资产的会计分录时，均应当借记"固定资产"科目。（　　）

2. 企业采用工作量法计提折旧的特点是每年计提的折旧额相等。（　　）

3. 固定资产折旧方法的选择不同，不仅影响资产负债表中的资产总额，还影响利润表中的净利润。（　　）

4. 与固定资产有关的员工培训费应计入固定资产成本。（　　）

5. 与固定资产有关的专业人员服务费应计入固定资产成本。（　　）

6. 因进行大修理而停用的固定资产，应当照提折旧，计提的折旧应计入相关成本费用。（　　）

7. 固定资产使用寿命、预计净残值和折旧方法的改变应当作为会计政策变更。（　　）

8. 盘盈的固定资产应通过"待处理财产损溢"科目核算，其净收益计入当期营业外收入。（　　）

9. 已达到预定可使用状态但在年度内尚未办理竣工决算手续的固定资产，应按暂估价值入账，并计提折旧。待办理了竣工决算手续后，再按照实际成本调整原来的暂估价值，但不需调整原已计提的折旧额。（　　）

10. 因自然灾害造成的在建工程报废净损失应计入在建工程成本。（　　）

## 四、计算分析题

1. 某生产企业一项生产设备的初始入账价值为 128000 元，预计净残值为 8000 元，预计使用年限为 4 年。

要求：用双倍余额递减法和年数总和法分别计算该生产设备每年应计提的折旧额。

2. 甲公司为增值税一般纳税人企业，2015 年 12 月发生与固定资产有关的业务资料如下：

（1）2015 年 12 月 6 日，甲公司购入一台需要安装的生产设备，取得的增值税专用发票上注明的生产设备价款为 168000 元，增值税税额为 28560 元；甲公司另支付运杂费 8000 元，所有款项均以银行存款支付。

（2）2015 年 12 月 8 日，生产设备运达甲公司，甲公司开始以自营方式安装该生产设备。安装期间领用生产用原材料，该原材料实际成本为 26000 元，发生安装工人工资 9200 元，没有发生其他相关税费。

（3）2015 年 12 月 31 日，该生产设备达到预定可使用状态。

要求：根据以上资料，编制相关会计分录。

3. 甲公司 2015 年 1 月 1 日从乙公司购入一台不需要安装的生产设备，该设备已运达甲公司。合同约定该生产设备的总价为 270000 元，分三年支付，于 2015 年 12 月 31 日、2016 年 12 月 31 日和 2017 年 12 月 31 日各支付 90000 元。假定甲公司适用的折现率为 6%。

要求：

（1）计算该固定资产入账价值。

（2）编制有关企业购入固定资产、摊销未确认融资费用和支付长期应付款的会计分录。

4. 甲公司有关固定资产更新改造的资料如下：

（1）2012 年 12 月 30 日，甲公司自行建造了一条生产线，该生产线初始入账价值为 128000 元，该公司采用年限平均法计提折旧，预计净残值为 8000 元，预计使用寿命 10 年。

（2）2015 年 1 月 1 日，甲公司决定对该生产线进行改扩建，以提高其生产能力降低生产产品成本；假定该生产线在改扩建前未发生任何减值。

（3）2015 年 3 月 31 日，生产线完成改扩建，达到预定可使用状态共发生支出 33000 元，全部以银行存款支付。

（4）该生产线达到预定可使用状态后，大大提高生产线的生产能力，降低产品生产成本，企业预计尚可使用年限 10 年，净残值率 8%；折旧方法不变，仍为年限平均法。

要求：

（1）计算该生产线在 2015 年 1 月 1 日的账面价值。

（2）编制该生产线有关更新改造的分录。

（3）计算该生产线 2015 年应计提的折旧额（计算结果小数点后保留 2 位数）。

5. 甲公司为一般增值税纳税人，于 2015 年 1 月 1 日自行建造厂房一幢，购入工程物资 360000 元，增值税 61200 元，该工程物资全部用于厂房建设。为建造该厂房领用本企业生产的库存商品，该库存商品实际成本为 52000 元，税务部门确定的计税价格为 68000 元，增值税率为 17%，支付给工程相关人员工资 60800 元。2015 年 12 月 31 日，工程完工达到预定可使用状态。

要求：根据上述资料编制有关会计分录。

# 第七章

# 无形资产、投资性房
# 地产和其他资产

## 章首案例

甲公司为提高公司产品的竞争力，于 2016 年 1 月 20 日自行开发研究一项新的专利技术，2016 年共发生相关研发支出 168 万元，其中符合资本化条件前的支出为 68 万元，符合资本化条件后的支出为 100 万元。2017 年 1 月 3 日，该专利达到预定可使用状态，为申请该专利发生注册费用 3 万元。该专利权的法律保护年限为 10 年，甲公司预计 10 年内将运用该项专利技术为企业生产产品，该专利权的预计净残值为 0，甲公司采用直线法摊销该专利权。2017 年 12 月 31 日，该专利权出现减值迹象，预计可收回金额为 82 万元，甲公司对该专利权计提减值准备且该专利权预计使用年限和摊销方法不变。

甲公司 2014 年 12 月 8 日购入一栋办公楼，实际购入价款为 4500 万元。该办公楼预计可使用年限为 25 年，预计净残值为 20 万元。甲公司对该办公楼采用年限平均法计提折旧。因为公司搬迁，2016 年 12 月 30 日，甲公司将该办公楼出租给乙公司，租赁期开始日为 2017 年 1 月 1 日，租期 2 年，年租金为 220 万元，乙公司每半年支付一次租金给甲公司。甲公司对投资性房地产采用成本模式进行后续计量。

我们应该如何对甲公司有关的无形资产以及投资性房地产作出相应的会计处理呢？通过本章的学习，我们可以解答这个问题。

知识经济时代是无形资产的时代，无形资产在企业资产中的比重将不断上升。无形资产是指企业拥有或者控制的没有实物形态的可辨认非货币性资产，其价值是由其占有权及其未来经济利益所决定的，包括专利权、非专利技术、商标权、著作权、土地使用权、特许权等。投资性房地产是指为赚取租金或资本增值，或者两者兼有而持有的房地产。其主要形式是出租的房屋及建筑物、出租的土地使用权等。其他资产是指除流动资产、对外长期投资、固定资产、无形资产等以外的资产，主要包括长期待摊费用、特种储备物资、被银行冻结的存款等。本章将对以上这些资产作全面论述。

## 第一节　无形资产

无形资产是指企业拥有或者控制的没有实物形态的可辨认非货币性资产。本节将对无形资产的特征、确认条件、分类、基本内容以及与无形资产有关的会计处理作一个全面的论述。

## 一、无形资产特征

无形资产一般具有以下特征：

**1. 无实物形态**

无形资产不同于有形资产，如固定资产，其存在形态主要是知识形态，而不是人们通过感官所能直接触摸到或感受到的。

**2. 创新性**

无形资产的本质是创新。无形资产主要由无形劳动中的那部分创造性劳动所创造。创新是劳动的最高级形式，是无形劳动的核心。

**3. 独占性**

无形资产被特定主体所拥有，在法律保护下，禁止非持有人无偿地占有或使用，排斥在一般情况下他人的竞争。

**4. 可辨认性**

要作为无形资产进行核算，该资产必须是能够区别于其他资产可单独辨认的，如企业持有的专利权、商标权、土地使用权等。商誉的存在无法与企业自身分离，不具有可辨认性，不属于无形资产。

**5. 属于非货币性长期资产**

非货币性资产是指企业持有的货币资金和将以固定或可确定的金额收取的资产以外的其他资产。无形资产由于没有发达的交易市场，一般不容易转化成现金，在持有过程中为企业带来未来经济利益的情况不确定，属于非货币性资产。无形资产的使用年限在 1 年以上，其价值将在各个受益期间逐渐摊销。

**6. 所提供的未来经济利益具有高度的不确定性**

在多数情况下，无形资产能给企业带来的价值区间可能分布在零至很大的金额间。有些无形资产，只是在某个特定的企业存在并发挥作用；有些无形资产的受益期难以确定，随着市场竞争、新技术发明而被替代。

## 二、无形资产的确认条件

资产必须同时满足下列条件才能作为无形资产入账：

**1. 与该无形资产有关的经济利益很可能流入企业**

要确定无形资产所创造的经济利益是否很可能流入企业，需对无形资产在预计使用寿命内可能存在的各种经济因素作出合理估计，并且应当有明确的证据支持。例如，企业是否有足够的人力资源、高素质的管理队伍、相关的硬件设备、相关的原材料等来配合无形资产为企业创造经济利益，同时还要关注外界是否存在与该无形资产相关的新技术、新产品冲击，或用其生产的产品的市场情况等。在判断与该无形资产有关的经济利益很可能流入企业时，企业应对在无形资产的预计使用寿命内存在的各种因素作出最稳健的估计。

**2. 该无形资产的成本能够可靠地计量**

成本能够可靠地计量是确认资产的一项基本条件，对于无形资产而言，这个条件相对更为重要。例如，企业自创商誉以及内部产生的品牌、报刊名等，因其成本无法可靠地计量，因此不作为无形资产确认。

## 三、无形资产的分类

**1. 按经济内容分类**

无形资产按其反映的经济内容，可以分为专利权、非专利技术、商标权、著作权、土地使用权、特许权等。

**2. 按取得方式的不同分类**

无形资产按取得方式不同可分为外部取得无形资产和内部自创无形资产两大类。其中，外部取得无形资产又可以细分为外购无形资产、通过非货币性交易换入无形资产、投资者投入无形资产、通过债务重组取得无形资产、接受捐赠取得无形资产等；内部自创无形资产指企业自行研究与开发取得无形资产。

**3. 按受益期分类**

无形资产按照预计的受益期，可以分为使用寿命可确认的无形资产和使用寿命不可确定的无形资产。

（1）使用寿命可确认的无形资产。该类无形资产是指在有关法律中规定有最长有效期限的无形资产，如专利权、商标权、著作权、土地使用权和特许权等。这些无形资产，在法律规定的有效期限内受法律保护；有效期满时，企业如果未继续办理有关手续，将不再受法律保护。

（2）使用寿命不可确定的无形资产。该类无形资产是指法律没有规定有效期限，其受益期限难以预先正确估计的无形资产，如非专利技术等。这些无形资产的受益期限取决于技术进步的快慢以及技术保密工作的好坏等因素，当新的可替代技术成果出现时，旧的非专利技术自然贬值；当非专利技术不再是秘密时，它就变得毫无价值。

## 四、无形资产的基本内容

无形资产的基本内容包括专利权、商标权、著作权、非专利技术、土地使用权等。

### 1. 专利权

专利权是国家专利管理机关根据发明人的申请，经审查认定，授予发明人于一定年限内拥有制造或转卖其发明创造成果的一种权利。专利权受法律保护，在某项专利权有效期内，若别人使用相同原理、结构和技术用于生产经营，就要向专利权所有人支付使用费，否则就侵犯了专利权。

专利权是允许其持有者独家使用或控制的特权，但它并不保证一定能给持有者带来经济效益。有的专利可能会被另外更有经济价值的专利所淘汰。因此，企业不应将其所拥有的一切专利权都予以资本化，作为无形资产管理和核算。一般来讲，只有从外单位购入的专利或者自行开发并按法律程序申请取得的专利才能作为无形资产管理和核算。这种专利可以降低成本、提高产品质量或者将其转让出去获得转让收入。

企业从外单位购入的专利权，应按实际支付的价款入账。企业自行开发并按法律程序申请取得的专利权，应按依法取得时发生的注册费、聘请律师费等费用入账。对于自行开发期间发生的开发费用，从理论上讲，也可以将其资本化，计入无形资产，但是企业自行开发某项专利时，往往不一定能够保证成功，也不一定保证能给企业带来经济效益，为稳健起见，一般将研究与开发费用计入当期损益。

### 2. 商标权

商标是用来辨认特定的商品或劳务的标记。商标权是指专门在某类特定的商品或产品上使用特定的名称或图案的权利。商标经过注册登记就获得了法律上的保障。商标权的内容包括独占使用权和禁止使用权两个方面。所谓独占使用权，是指商标权享有人在商标注册的范围内独家使用其商标的权利，这种权利是商标权具有独占性的法律表现。所谓禁止使用权，是指商标权享有人排除和禁止他人对商标独占使用权进行侵犯的权利，这种权利是商标权具有排他性的法律表现。商标的价值在于企业有特别商标名称的优质商品能成功地取得广大消费者的信任，如取得信誉卓著的商标权的产品或商品往往能使企业赢得大量客户。企业自创的商标并将其注册登记，所花费用一般不大，是否将其资本化并不重要。能够给企业带来获利能力的商标，往往是通过多年的广告宣传和其他传播商标名称的手段以及客户的信赖等树立起来的。广告费一般不作为商标权的成本入账，而是在发生时直接计入当期损益。

按照商标法的规定，商标权可以转让，但受让人应保证使用该注册商标的产品质量。如果企业购买他人的商标，一次性支出费用较大的，可以将其资本化，作为无形资产管理。这时，应根据购入商标的买价、支付的手续费及有关费用记账。投资者投入的商标权应按评估确认的价值入账。

### 3. 著作权

著作权亦称版权，是指著作权人对其著作依法享有的出版、发行等方面的权利。著作权可以转让、出售或赠予。著作权包括发表权、署名权、修改权、保护作品完整权、使用权和获得报酬权等。计算机软件属于著作权范畴。

### 4. 非专利技术

非专利技术也称专有技术，是指所有人未申请专利或不够申请专利的条件，因而不被外界所知的技术知识和制造方法，如生产经验、技术设计和操作上的数据、工艺诀窍等。它是仅在有限的范围内为少数专家、工程技术人员所掌握的保密的经济适用性知识。非专利技术的主要特点是未获得专利保护，以及秘密性和实用性等。

非专利技术在生产经营中表现出以下特征：一是经济性，非专利技术在生产经营中使用，能够提高企业的获利能力和生产水平，给企业带来较高的经济效益；二是机密性，非专利技术是企业通过长期研究所掌握的、不愿公开的方法、特长和经验，它一经公开，就失去其价值；三是动态性，非专利技术是企业或技术人员经过长期的经验积累而形成的，而且是不断发展的。

企业的非专利技术，有些是自己开发研究的，有些是根据合同规定，从外部购入的。如果是企业自己研究开发的，由于其可能成功，也可能失败，对所发生的研究开发费等费用，出于谨慎的考虑，应将其全部计入当期损益，不作为无形资产核算；对于从外部购入的非专利技术，应将其实际发生的支出予以资本化，作为无形资产入账。

### 5. 土地使用权

土地使用权是指国家准许某一企业或单位在一定期间内对国有土地享有开发、利用、经营的权利。《中华人民共和国土地管理法》明确规定，中华人民共和国实行土地的社会主义公有制。任何单位和个人不得侵占、买卖或者以其他形式非法转让土地。国有土地可以依法确定给全民所有制单位或集体所有制单位使用，国有土地和集体所有的土地可以依法确定给个人使用，国有土地和集体所有的土地的使用权可以依法转让。

企业取得土地使用权的情况有所不同，有的取得土地使用权时可能不付任何代价，如企业拥有的并未入账的土地使用权，企业对于这样的土地使用权是不能作为无形资产入账核算的。有的是企业付出了一定的代价取得的，在这种情况下，应将取得时发生的支出资本化，将取得时发生的所有支出，作为土地使用权的成本，计入"无形资产"科目。这里又有两种情况：一种情况是企业根据《中华人民共和国城镇国有土地使用权出让和转让暂行条例》的规定，向政府土地管理部门申请土地使用权支付的土地出让金，应将其资本化，作为无形资产核算；另一种情况是企业原先通过行政划拨方式获得的土地使用权，未入账核算，在将土地使用权有偿转让、出租、抵押、作价入股和投资时，应将按规定补交的土地出让金予以资本化，作为无形资产入账核算。

### 五、无形资产的核算

为了核算无形资产的取得和摊销情况，企业应设置"无形资产"科目。该科目借方登记企业购入或自行创造并按法律程序申请取得的以及投资者投入的各种无形资产价值，贷方登记企业向外单位投资转出、转让出售的无形资产的价值以及分期摊销的无形资产价值，期末借方余额反映企业已入账尚未摊销的无形资产的摊余价值。

#### 1. 无形资产取得时的核算

企业取得的无形资产主要有购入、自创和投资者投入三种，取得的方式不同，其会计处理也有所差别。

（1）购入的无形资产。购入的无形资产，其成本包括购买价款、相关税费以及直接归属于使该项资产达到预定用途所发生的其他支出。购买无形资产的价款超过正常信用条件延期支付，实际上具有融资性质，无形资产的成本为购买价款的现值。

直接归属于使该项资产达到预定用途所发生的其他支出包括使无形资产达到预定用途所发生的专业服务费用、测试无形资产是否能够正常发挥作用的费用等，但不包括为引入新产品进行宣传发生的广告费、管理费用及其他间接费用，也不包括在无形资产已经达到预定用途以后发生的费用。无形资产达到预定用途后所发生的支出，不构成无形资产的成本。

【例 7-1】 甲公司购买一项专利权，价款 100000 元，另支付咨询费、手续费 5000 元，款项以银行存款支付，分录如下：

|  |  |
|---|---|
| 借：无形资产——专利权 | 105000 |
| 贷：银行存款 | 105000 |

（2）自创的无形资产。对于企业自创的无形资产，《企业会计准则第 6 号——无形资产》要求将自创过程中的支出区分为研究阶段支出与开发阶段支出两部分分别进行核算。

所谓研究是指为获取新的技术和知识等进行的有计划的调查，它的特点在于计划性和探索性，计划性是指研究阶段是建立在有计划的调查基础上，即研发项目已经董事会或者相关管理层的批准，并着手收集相关资料、进行市场调查等；探索性是指研究阶段基本上是探索性的，是为进一步的开发活动进行资料及相关方面的准备，进行这一阶段是否会形成无形资产有很大的不确定性，企业也无法证明其研究活动一定能够形成带来未来经济利益的无形资产，因此，研究阶段的有关支出在发生时应当费用化计入当期损益。

所谓开发是指在进行商业性生产或使用前，将研究成果或其他知识应用于某项计划或设计，以生产出新的或具有实质性改进的材料、装置、产品等，它的特点在于针对性和形成成果的较大可能性。针对性是指开发阶段是建立在研究阶段基础上，因而对项目的开发具有针对性；形成成果的较大可能性是指进入开发阶段的研发项目往往形成成果的可能性较大。由于开发阶段相对于研究阶段更进一步，且在很大程度上形成一项新产品或新技术的基本条件已经具备，如果开发支出已符合资本化确认条件，则所发生的开发支出可资本化，作为无形资产的成本。

企业自创的无形资产在开发阶段的支出，同时满足以下条件的，可将其支出资本化记入无形资产：

其一，完成该无形资产以使其能够使用或出售在技术上具有可行性。判断无形资产的开发在技术上是否具有可行性，应当以目前阶段的成果为基础，并提供相关证据和材料，证明企业进行开发所需的技术条件等已经具备，不存在技术上的障碍或其他不确定性。

其二，具有完成该无形资产并使用或出售的意图。开发某项产品或专利技术产品等，通常是根据管理当局决定该项研发活动的目的或者意图加以确定，也就是说，研发项目形成成果以后，是为出售还是为自己使用并从使用中获得经济利益，应当依管理当局的决定为依据。

其三，无形资产产生经济利益的方式，包括能够证明运用该无形资产生产的产品存在市场或无形资产自身存在市场。

其四，有足够的技术、财务资源和其他资源支持，以完成该无形资产的开发，并有能力使用或出售该无形资产。

其五，归属于该无形资产开发阶段的支出能够可靠计量。

无形资产准则规定，无形资产研究阶段的支出全部费用化计入当期损益；开发阶段的支出符合条件之前仍然费用化计入当期损益，符合资本化条件之后的支出则计入无形资产成本。如果确实无法区分是研究阶段的支出还是开发阶段的支出，应将其所发生的研发支出全部费用化计入当期损益。

自创无形资产的核算应设置"研发支出"科目，并分设"费用化支出"和"资本化支出"两个明细分类科目，该科目属于资产类。企业自行开发无形资产发生的研发支出，未满足资本化条件的，借记"研发支出——费用化支出"科目，满足资本化条件的，借记"研发支出——资本化支出"科目，贷记"原材料""银行存款""应付职工薪酬"等科目；研究开发项目达到预定用途形成无形资产的，应借记"无形资产"科目，贷记"研发支出——资本化支出"科目。

【例7-2】某企业自行研究开发一项新产品专利技术，在研究开发过程中发生材料费400000元、人工工资100000元以及用银行存款支付其他费用300000元，总计800000元，其中，符合资本化条件的支出为500000元。期末，该专利技术已经达到预定用途。假定不考虑相关税费。

（1）相关费用发生时。

借：研发支出——费用化支出　　　　　　　　　　　　　　　　300000
　　　　　　——资本化支出　　　　　　　　　　　　　　　　500000
　　贷：原材料　　　　　　　　　　　　　　　　　　　　　　400000
　　　　应付职工薪酬　　　　　　　　　　　　　　　　　　　100000
　　　　银行存款　　　　　　　　　　　　　　　　　　　　　300000

（2）期末。

借：管理费用　　　　　　　　　　　　　　　　　　　　　　　300000
　　无形资产　　　　　　　　　　　　　　　　　　　　　　　500000
　　贷：研发支出——费用化支出　　　　　　　　　　　　　　300000
　　　　　　　——资本化支出　　　　　　　　　　　　　　　500000

（3）投资者投入的无形资产。企业接受投资者以无形资产进行的投资，应按投资合同或协议约定的价值，借记"无形资产"科目，贷记"实收资本"或"股本"科目。

【例7-3】甲企业接受乙企业以一项商标权作价投资，投资合同约定该商标权的价值为100000元，甲企业应编制会计分录如下：

借：无形资产——商标权　　　　　　　　　　　　　　　　　100000
　　贷：实收资本　　　　　　　　　　　　　　　　　　　　　　　100000

**2. 无形资产摊销的核算**

无形资产准则规定，企业应当于取得无形资产时分析判断其使用寿命。企业持有的无形资产通常来源于合同性权利或其他法定权利，而且合同规定或法律规定有明确的使用年限。源自合同性权利或其他法定权利取得的无形资产，其使用寿命不应超过合同性权利或其他法定权利的期限。没有明确的合同或法律规定的无形资产，企业应当综合各方面情况，如聘请相关专家进行论证、与同行业的情况进行比较或根据企业的历史经验等，来确定无形资产为企业带来未来经济利益的期限，如果经过这些努力确实无法合理确定无形资产为企业带来经济利益的期限，再将其作为使用寿命不确定的无形资产。

企业至少应当于每年年度终了，对使用寿命有限的无形资产的使用寿命及摊销方法进行复核。无形资产的使用寿命及摊销方法与以前估计不同的，应当作为会计估计变更处理，改变摊销期限和摊销方法。企业还应当于每年年度终了对使用寿命不确定的无形资产的使用寿命进行复核。如果有证据表明无形资产的使用寿命是有限的，应当作为会计估计变更处理，并估计其使用寿命在使用寿命期限内进行系统摊销。

使用寿命不确定的无形资产，在持有期间内不需要摊销。使用寿命有限的无形资产应当在其使用寿命内按直线法、生产总量法等系统合理地摊销，当月增加的无形资产当月要摊销，当月减少无形资产当月不再摊销。无形资产的应摊销金额为其成本扣除预计残值后的金额，计提减值准备的无形资产，还应扣除已计提的无形资产减值准备累计金额。使用寿命有限的无形资产，其残值一般为零，除非有第三方承诺在无形资产使用寿命结束时愿意以一定的价格购买该无形资产或是存在活跃的市场。通过市场可以得到无形资产使用寿命结束时的残值信息，并且从目前情况来看，在无形资产使用寿命结束时，该市场还可能存在的情况下，无形资产可以存在残值。

无形资产的摊销金额一般应当计入当期损益。某项无形资产包含的经济利益通过所生产的产品或其他资产实现的，无形资产的摊销金额可以计入产品或其他资产成本；企业自用的无形资产，其摊销的无形资产价值应当计入当期管理费用；出租的无形资产，相关的无形资产摊销价值应当计入其他业务成本。无形资产摊销时，应按计算的摊销额，借记"管理费用——无形资产摊销""其他业务成本"等科目，贷记"累计摊销"科目。

【例7-4】甲公司从外单位购得一项专利权，支付价款6000000元，款项已支付，该专利权的使用寿命为10年，不考虑残值的因素，以直线法摊销。账务处理如下：

借：无形资产——商标权　　　　　　　　　　　　　　　　　6000000
　　贷：银行存款　　　　　　　　　　　　　　　　　　　　　　6000000
借：管理费用　　　　　　　　　　　　　　　　　　　　　　　600000

贷：累计摊销　　　　　　　　　　　　　　　　　　　　　　　　　600000

**3. 无形资产转让的核算**

　　企业所拥有的无形资产，可以依法转让。企业转让无形资产的方式有两种：一是转让无形资产所有权；二是转让无形资产使用权。所有权是指企业在法律规定的范围内对其无形资产所享有的占有、使用、收益、处置的权力。使用权是指按照无形资产的性能和用途加以利用，以满足生产经营的需要。所有者在行使其所有权时，可以在法律规定的范围内，根据自己的意志和利益，将其使用权分离出去，由非所有者享有；非所有者行使使用权时，必须根据法律和合同的规定，按指定用途使用。无形资产的所有权与使用权的适当分离，是生产的社会化和发展市场经济的需要。在会计核算上，转让无形资产的所有权与转让使用权，处理方法是不一样的。

　　（1）转让无形资产的所有权。转让无形资产所有权，对出让方来说，对其无形资产不再拥有所有权，而受让方则取得该项无形资产的所有权，可以根据自己的意志，对其加以利用或转让给其他企业，出让方不得进行干预。企业转让无形资产所有权实际收到的款项借记"银行存款"等科目，将原计提的无形资产摊销金额借记"累计摊销"科目，原计提的减值准备金额借记"无形资产减值准备"科目；将其账面余额贷记"无形资产"科目，应支付的相关税费贷记"应交税费"科目，差额计入营业外收支科目。

　　**【例7-5】**甲企业将一项专利权转让给乙企业，该专利权的账面原价为50000元，已摊销10000元，已计提减值准备1750元，实际取得的转让收入为45000元，款项已存入银行。转让无形资产的营业税率为5%，有关会计处理如下：

　　借：银行存款　　　　　　　　　　　　　　　　　　　　　　　　45000
　　　　累计摊销　　　　　　　　　　　　　　　　　　　　　　　　10000
　　　　无形资产减值准备　　　　　　　　　　　　　　　　　　　　 1750
　　　　贷：无形资产　　　　　　　　　　　　　　　　　　　　　　50000
　　　　　　应交税费——应交营业税　　　　　　　　　　　　　　　 2250
　　　　　　营业外收入　　　　　　　　　　　　　　　　　　　　　 4500

　　（2）转让无形资产的使用权。企业转让无形资产的使用权，则出让方仍保留对该项无形资产的所有权，仅将部分使用权让渡给其他企业；受让方对其只有使用权，而无所有权，只能根据合同的规定合理使用。企业转让无形资产使用权所获得的收入应借记"银行存款"科目，贷记"其他业务收入"科目；结转成本时，由于企业仍拥有无形资产所有权，因此仍应将该无形资产视为企业资产进行核算，换句话说，也就是保留其账面价值，不得在账上转销。因此摊销无形资产成本和发生的与履行合同有关的费用以及相关税费时，借记"其他业务成本""营业税金及附加"科目，贷记"累计摊销""应交税费""银行存款"等科目。

　　**【例7-6】**甲企业将某项专利技术出租给乙企业使用，乙企业按照其使用专利技术制造的产品销量每箱支付使用费100元。本年度内乙企业共销售该产品100箱。该专利技术账面原价360000元，分10年摊销。转让过程中发生律师费5000元。会计处理过程如下：

　　（1）取得转让收入时。

借：银行存款              10000

  贷：其他业务收入           10000

（2）摊销无形资产成本和发生的与履行合同有关的费用以及相关税费时。

借：其他业务成本            41000

  营业税金及附加           500

  贷：累计摊销            36000

   应交税费——应交营业税       500

   银行存款            5000

## 六、无形资产减值

　　企业应当在资产负债表日判断无形资产是否存在可能发生减值的迹象，对发生减值的无形资产需要计提减值准备，借记"资产减值损失"科目，贷记"无形资产减值准备"科目。对于使用寿命不确定的无形资产，无论是否存在减值迹象，每年都应当进行减值测试。

　　存在下列迹象的，表明无形资产可能发生了减值：无形资产的市价当期大幅度下跌，其跌幅明显高于因时间的推移或者正常使用而预计的下跌；企业经营所处的经济、技术或者法律等环境以及资产所处的市场在当期或者将在近期发生重大变化，从而对企业产生不利影响；市场利率或者其他市场投资报酬率在当期已经提高，从而影响企业计算无形资产预计未来现金流量现值的折现率，导致无形资产可收回金额大幅度降低；有证据表明无形资产技术上已经陈旧过时；无形资产已经或者将被闲置、终止使用或者计划提前处置；企业内部报告的证据表明资产的经济绩效已经低于或者将低于预期，如资产所创造的净现金流量或者实现的营业利润（或者亏损）远远低于（或者高于）预计金额等；其他表明无形资产已经发生减值的迹象。

# 第二节　投资性房地产

　　投资性房地产，是指为赚取租金、资本增值，或两者兼有而持有的房地产。本节将全面论述投资性房地产的定义、种类以及与投资性房地产有关的会计处理方法。

## 一、投资性房地产的特点及种类

### 1. 投资性房地产的概念

　　投资性房地产的一个显著特点就是其应当能够单独计量和出售，因此，从性质上讲，投资性房地产是企业的一项投资。

　　注意，企业将某个项目确认为投资性房地产，首先应当符合投资性房地产的概念；其次要同时满足投资性房地产的两个确认条件：一是与该投资性房地产有关的经济利益很可能流入企业；二是该投资性房地产的成本能够可靠地计量。

**2. 投资性房地产的种类**

投资性房地产的种类包括已出租的土地使用权、持有并准备增值后转让的土地使用权、已出租的建筑物。

（1）已出租的土地使用权，是指企业通过出让或转让方式取得的、以经营租赁方式出租的土地使用权。例如，甲公司与乙公司签署了土地使用权租赁协议，甲公司以年租金1000万元租赁使用乙公司60万平方米土地使用权。那么，自租赁协议约定的租赁期开始日起，乙公司就应当将这项土地使用权确认为投资性房地产。

对于以经营租赁方式租入土地使用权再转租给其他单位的，不能确认为投资性房地产。

（2）持有并准备增值后转让的土地使用权，是指企业取得的、准备增值后转让的土地使用权。这类土地使用权很可能给企业带来资本增值收益，符合投资性房地产的定义。例如，企业发生转产或厂址搬迁，部分土地使用权停止自用，管理层决定继续持有这部分土地使用权，待其增值后予以转让，此时企业应将其确认为投资性房地产。

企业依法取得土地使用权后，应当按照国有土地有偿使用合同或建设用地批准书规定的期限动工开发建设。根据1999年4月26日国土资源部发布的《闲置土地处理办法》的规定，土地使用者依法取得土地使用权后，未经原批准用地的人民政府同意，超过规定期限未动工开发建设的建设用地属于闲置土地。企业取得的土地使用权一旦被认定为闲置土地，该土地使用权不属于持有并准备增值后转让的土地使用权，也就不属于投资性房地产。

（3）已出租的建筑物，是指企业拥有产权的、以经营租赁方式出租的建筑物，包括自行建造或开发活动完成后用于出租的建筑物。例如，甲公司将其拥有的某栋厂房出租给乙公司，租期两年，对于甲公司而言，自租赁期开始日起这栋厂房就应确认为投资性房地产。

企业在判断和确认已出租的建筑物时，应当坚持以下三项原则：第一，用于出租的建筑物是指企业拥有其产权的建筑物；第二，已出租的建筑物是企业已经与其他方签订了租赁协议，约定以经营租赁方式出租的建筑物；第三，企业将建筑物出租，按租赁协议向承租方提供的相关辅助服务在整个协议中不重大的，应当将该建筑物确认为投资性房地产。

此外，下列两个项目不属于投资性房地产：①自用房地产，即为生产产品、提供劳务或者经营管理而持有的房地产，该项目应作为企业的固定资产核算。例如，企业出租给本企业职工居住的宿舍，虽然也收取租金，但间接为企业自身的生产经营服务，因此具有自用房地产的性质。②作为存货的房地产，通常是指房地产开发企业在正常经营过程中销售的或为销售而正在开发的商品房和土地。这类房地产应作为企业的存货或者库存商品核算。

## 二、投资性房地产的确认与初始计量

对于符合确认条件的投资性房地产通常应当采用成本模式进行初始计量，满足特定条件时也可采用公允价值模式进行计量。本书只要求掌握采用成本模式进行投资性房地产初始计量的方法。

**1. 外购投资性房地产的确认与初始计量**

外购的土地使用权、建筑物等投资性房地产，按照取得时的实际成本进行初始计量，借记"投资性房地产"科目，贷记"银行存款"或"应付账款"等科目。取得时的实际成本包括购买价款、相关税费和可直接归属于该投资性房地产的其他支出。

【例7-7】2017年1月，东方公司计划购入一厂房用于对外出租。1月20日，东方公司与甲公司签订了经营租赁合同，约定自厂房购买日起将厂房出租给甲公司，租期6年。2月8日，东方公司支付价款和相关税费1000万元。假定不考虑其他因素，东方公司的账务处理如下：

借：投资性房地产——厂房　　　　　　　　　　　　　　　10000000

　　贷：银行存款　　　　　　　　　　　　　　　　　　　　10000000

**2. 自行建造投资性房地产的确认与初始计量**

企业自行建造或者开发活动完成的同时开始出租的房地产，应确认为投资性房地产。如果出租协议约定项目竣工后的某一时间或者该企业在项目竣工后的某一时间才开始出租，则该自行建造或者开发完成的房地产应先作为固定资产、存货加以确认，待租赁期开始日，才能从固定资产、存货转换为投资性房地产。

自行建造投资性房地产，其成本由建造该项资产达到预定可使用状态前发生的必要支出所构成，包括土地开发费、建造成本、安装成本、应予资本化支出的借款费用及其他费用等。初始计量时，应按照确定的成本，借记"投资性房地产"科目，贷记"在建工程"或"固定资产"等科目。

【例7-8】2017年1月，东方公司以1000万元从其他单位购入一块土地的使用权，并计划在该土地上自行建造两栋厂房。2017年9月，东方公司预计厂房即将完工，与甲公司签订了经营租赁合同，将其中的一栋厂房租赁给甲公司使用。租赁合同约定，该厂房于完工（达到预定可使用状态）日起租。2017年10月1日，两栋厂房同时完工（达到预定可使用状态），造价均为1500万元，能够单独出售。

东方公司在厂房完工日账务处理如下：

土地使用权中对应部分同时转换为投资性房地产 $= [1000 \times (1500 \div 3000)] = 500$（万元）

借：投资性房地产——厂房　　　　　　　　　　　　　　　15000000

　　贷：在建工程　　　　　　　　　　　　　　　　　　　　15000000

借：投资性房地产——已出租的土地使用权　　　　　　　　5000000

　　贷：无形资产——土地使用权　　　　　　　　　　　　　5000000

**3. 非投资性房地产转换为投资性房地产的确认与初始计量**

非投资性房地产转换为投资性房地产，实质上是因房地产用途发生改变而对房地产进行的重新分类。自用房地产或作为存货的房地产转为出租，应当在租赁开始日确认为投资性房地产。自用土地使用权转为持有准备增值后转让的土地使用权，应当在该土地使用权确已停止自用且管理当局形成转换协议的时点，确认为投资性房地产。

### 三、投资性房地产的后续计量

投资性房地产的后续计量主要是指企业应该在资产负债表日对投资性房地产的期末价值进行重新计量。企业对投资性房地产的后续计量主要采用两种模式，即成本模式和公允价值模式。投资性房地产的后续计量，通常应当采用成本模式，只有满足特定条件的情况下才可以采用公允价值模式。但是同一企业只能采用一种模式对所有投资性房地产进行后续计量，不得同时采用两种模式进行后续计量。

对于采用成本模式计量的建筑物的后续计量，应参照《企业会计准则第4号——固定资产》进行核算，按月计提折旧；对于采用成本模式计量的土地使用权的后续计量，应参照《企业会计准则第6号——无形资产》进行核算，按月摊销。借记"其他业务成本"等科目，贷记"投资性房地产累计折旧（或摊销）"等科目；取得租金收入时，借记"银行存款"等科目，贷记"其他业务收入"等科目。

投资性房地产存在减值迹象时，应参照《企业会计准则第8号——资产减值》的有关规定，计提减值准备，借记"资产减值损失"科目，贷记"投资性房地产减值准备"科目。已经计提减值准备的投资性房地产，其减值损失在以后的会计期间不能转回。

【例7－9】东方公司的一栋厂房出租给甲公司使用，已确认为投资性房地产，采用成本模式进行后续计量。假设这栋厂房成本为1200万元，按照直线法计提折旧，使用寿命20年，预计净残值为零。按照租赁合同，甲公司每月应支付东方公司租金7万元。当年12月，这栋厂房发生减值迹象，经减值测试，其可收回金额为600万元，此时该厂房账面价值为800万元，以前未计提减值准备。

东方公司账务处理如下：

（1）计提折旧。

每月应计提的折旧＝1200÷20÷12＝5（万元）

借：其他业务成本         50000

    贷：投资性房地产累计折旧       50000

（2）确认租金。

借：银行存款         70000

    贷：其他业务收入       70000

（3）计提减值准备。

借：资产减值损失         2000000

    贷：投资性房地产减值准备       2000000

### 四、投资性房地产的处置

当投资性房地产被处置或者永久性退出使用且预计不能从其处置中取得经济利益时，应当终止确认该项投资性房地产。企业出售、转让和报废投资性房地产或者发生投资性房地产毁损，应当将处置收入扣除其账面价值和相关税费后的金额计入当期损益。

出售、转让和报废按成本模式进行后续计量的投资性房地产时，应当按实际收到的金额，借记"银行存款"等科目，贷记"其他业务收入"等科目；按该项投资性房地产的账面价值，借记"其他业务成本"等科目，按照已计提的折旧和摊销，借记"投资性房地产累计折旧"科目，原已计提减值准备的，按其计提的减值准备余额，借记"投资性房地产减值准备"科目，按其账面值，贷记"投资性房地产"科目。

**【例7－10】** 东方公司将一出租的写字楼出售，取得收入3000万元，款已存入银行。该写字楼采用成本模式计量，其账面价值为2800万元，其中写字楼原值为6000万元，已提折旧3000万元，计提减值准备200万元。在出售过程中以现金支付清理费5万元，同时按售价的5%缴纳营业税。

东方公司账务处理如下：

（1）取得租金收入时。

| | | |
|---|---|---|
| 借：银行存款 | 30000000 | |
| 　　贷：其他业务收入 | | 30000000 |

（2）计提折旧和减值准备时。

| | | |
|---|---|---|
| 借：其他业务成本 | 28000000 | |
| 　　投资性房地产累计折旧 | 30000000 | |
| 　　投资性房地产减值准备 | 2000000 | |
| 　　贷：投资性房地产——××写字楼 | | 60000000 |

（3）支付清理费用和缴纳营业税时。

| | | |
|---|---|---|
| 借：其他业务成本 | 1550000 | |
| 　　贷：库存现金 | | 50000 |
| 　　　　应交税费——应交营业税 | | 1500000 |

# 第三节　其他资产

其他资产是指不包括在流动资产、长期投资、固定资产、无形资产等以内的资产，主要包括长期待摊费用和其他长期资产。本节将主要介绍长期待摊费用。

## 一、长期待摊费用

长期待摊费用是指企业已经支出，但摊销期限在一年以上（不含一年）的各项费用。主要包括开办费、固定资产大修理支出、租入固定资产改良支出以及摊销期限在一年以上的其他待摊费用。需要注意的是，《国家税务总局关于企业所得税若干税务事项衔接问题的通知》（国税函〔2009〕98号）第九条关于开（筹）办费的处理规定"新税法中开（筹）办费未明确列作长期待摊费用，企业可以在开始经营之日的当年一次性扣除，也可以按照新税法有关长期待摊费用的规定处理，但一经选定，不得改变"。长期待摊费用本身没有价值，不可转让，不能为企业带来经济利益，因此，企业在进行长期待摊费用的核算时，不得随意增加费用项目，不得将应计入当期损益的费用计入长期待摊费用。

为了核算长期待摊费用的发生、摊销和结存等情况，企业应设置"长期待摊费用"科目。借方登记企业发生的各项长期待摊费用支出，贷方登记摊销数额，借方余额反映期末尚未摊销的长期待摊费用的余额。

长期待摊费用的会计处理较为简单，发生长期待摊费用时，借记"长期待摊费用"科目，贷记"银行存款""在建工程"等科目。摊销时，借记"制造费用""销售费用""管理费用"等科目，贷记"长期待摊费用"科目。

长期待摊费用的摊销期限：固定资产大修理支出应在大修理间隔期内平均摊销；租入固定资产改良支出应在租赁期内平均摊销。

【例7-11】A企业从B企业租入一座办公用房，租期6年。根据租赁合同，A企业可以对办公用房进行装修，费用由A企业自己承担。A企业将装修工程出包给某装修公司，按装修合同规定，A企业先预付工程款80000元，工程完工后，又补付工程款64000元。

A企业的会计处理如下：

（1）预付工程款时。

借：在建工程——装修工程　　　　　　　　　　　　　　　　　80000
　　贷：银行存款　　　　　　　　　　　　　　　　　　　　　　　　80000

（2）补付工程款时。

借：在建工程——装修工程　　　　　　　　　　　　　　　　　64000
　　贷：银行存款　　　　　　　　　　　　　　　　　　　　　　　　64000

（3）装修工程完工转账。

借：长期待摊费用——租入固定资产改良支出　　　　　　　　144000
　　贷：在建工程——装修工程　　　　　　　　　　　　　　　　　144000

（4）租入固定资产改良支出分6年摊销，每月的摊销额＝144000÷6÷12＝2000（元）。

借：管理费用　　　　　　　　　　　　　　　　　　　　　　　2000
　　贷：长期待摊费用——租入固定资产改良支出　　　　　　　　　2000

开办费是指企业在筹建期间，除应计入有关财产物资价值以外所发生的各项费用，包括人员工资、培训费、办公费、差旅费、印刷费、注册登记费等以及不计入固定资产价值的借款费用等。

企业的开办费通过"长期待摊费用"科目核算，对于企业的开办费，在企业筹建期间，先通过"长期待摊费用"科目归集，在企业开始生产经营的当月一次摊销，归集时，借记"长期待摊费用"科目，贷记"银行存款"等科目；摊销时，借记"管理费用"科目，贷记"长期待摊费用"科目。

【例7-12】企业在筹建期间发生下列费用：人员工资5000元，办公费3000元，注册登记费800元。应编制会计分录如下：

借：长期待摊费用　　　　　　　　　　　　　　　　　　　　　8800

　　贷：应付职工薪酬　　　　　　　　　　　　　　　　　　5000
　　　　银行存款　　　　　　　　　　　　　　　　　　　　3800

## 二、其他长期资产

　　其他长期资产一般包括国家批准储备的特种物资、银行冻结存款以及临时设施和涉及诉讼中的财产等。其他长期资产可以根据资产的性质及特点单独设置相关科目核算。

# 习　题

## 一、单选题

　　1. 下列选项中，关于无形资产初始确认计量的表述中正确的是（　　）。
　　A. 企业自创的无形资产应将研究与开发阶段中所有与其有关的费用计入无形资产的成本
　　B. 企业接受捐赠取得的无形资产按公允价值计量
　　C. 企业接受投资者投入的无形资产按公允价值计量
　　D. 企业外购的无形资产按重置成本计量
　　2. 某企业以经营租赁方式租入一台生产设备，租期8年，使用2年后对其进行改扩建以提高生产设备的生产能力，则改扩建支出应计入（　　）。
　　A. 管理费用　　　　　B. 销售费用　　　　　C. 制造费用　　　　　D. 长期待摊费用
　　3. 甲企业以860万元的价格从B企业购入一项专利权，另支付相关税费30万元。为宣传该专利权生产的产品，甲企业发生宣传费用共计12万元。以上款项均用银行存款支付完毕。则甲企业取得该无形资产的入账价值为（　　）。
　　A. 860万元　　　　　B. 890万元　　　　　C. 872万元　　　　　D. 902万元
　　4. 某企业转让一项无形资产收到款项460万元，营业税税率为5%。该无形资产初始入账价值为500万元，已计提累计摊销200万元。假设不考虑无形资产减值准备和其他相关税费，则该企业转让无形资产确认的净收益为（　　）。
　　A. 337万元　　　　　B. 160万元　　　　　C. 183万元　　　　　D. 137万元
　　5. 资产负债表日，无形资产的账面价值高于其可回收金额的差额应计入（　　）。
　　A. 公允价值变动损益　　　　　　　　　B. 资产减值损失
　　C. 管理费用　　　　　　　　　　　　　D. 研发支出
　　6. 甲公司本年度自创研发无形资产专利权，研究阶段共发生相关费用支出120万元；开发阶段，发生职工工资56万元，使用相关材料费用的成本32万元，计提使用相关设备的折旧66万元，其中符合资本化条件的职工工资23万元，材料费用12万元，设备折旧28万元。假定不考虑其他因素，则下列选项中甲公司本年度对上述研发支出进行的会计处理正确的是（　　）。

　　A. 计入管理费用 211 万元，计入无形资产成本 63 万元

　　B. 计入管理费用 63 万元，计入无形资产成本 211 万元

　　C. 计入管理费用 120 万元，计入无形资产成本 154 万元

　　D. 计入管理费用 154 万元，计入无形资产成本 120 万元

　　7. 某公司采用成本模式计量投资性房地产。2015 年 6 月该公司将一项投资性房地产转换为固定资产。该投资性房地产转换前的账面价值为 2300 万元，已计提折旧 600 万元，转换日的公允价值为 3500 万元；假定不考虑其他因素，则转换日该公司应借计入"固定资产"科目的金额为（　　）。

　　A. 2300 万元　　　　　　B. 1700 万元　　　　　　C. 3500 万元　　　　　　D. 2900 万元

　　8. 某公司购入一项土地使用权并自建两栋完全相同设计的厂房，其中一栋建造完成后以经营租赁方式租给外单位；购入土地使用权的价款为 1000 万元，两栋厂房建造支出共花费 800 万元；则租赁期开始日应计入投资性房地产的初始成本是（　　）。

　　A. 400 万元　　　　　　B. 800 万元　　　　　　C. 900 万元　　　　　　D. 1800 万元

　　9. 某公司于 2015 年 7 月购入一项无形资产并投入使用，购入成本为 96 万元，预计摊销年限为 6 年，预计净残值为 0。若该无形资产采用直线法摊销，则 2015 年度该无形资产应计提的摊销额为（　　）。

　　A. 6.67 万元　　　　　　B. 8 万元　　　　　　C. 10.67 万元　　　　　　D. 16 万元

　　10. 某企业创造发明一项专利权时，发生的各种有关的试验费用应计入（　　）。

　　A. 管理费用　　　　　B. 无形资产的成本　　　C. 制造费用　　　　　D. 长期待摊费用

## 二、多选题

　　1. 下列选项中，应确认为企业无形资产的是（　　）。

　　A. 经过企业注册登记的商标　　　　　　　B. 企业自创的商誉

　　C. 企业内部产生的报刊名　　　　　　　　D. 企业从外单位购入的专利权

　　2. 下列选项中应计入外购无形资产初始确认成本的有（　　）。

　　A. 购买价款

　　B. 无形资产达到预定用途以后发生的费用

　　C. 直接归属于无形资产达到预定用途所发生的费用

　　D. 为引入无形资产进行宣传所发生的费用

　　3. 下列选项中能对无形资产账面价值产生影响的事项有（　　）。

　　A. 出售无形资产

　　B. 对无形资产计提减值准备

　　C. 以经营租赁方式出租的无形资产

　　D. 对无形资产成本进行摊销

　　4. 下列选项中，关于无形资产的会计处理正确的有（　　）。

　　A. 当月增加的使用寿命有限的无形资产当月进行摊销

　　B. 当月减少的使用寿命有限的无形资产当月要摊销

C. 使用寿命不确定的无形资产不需要摊销

D. 使用寿命不确定的无形资产要根据年限平均法合理进行摊销

5. 下列选项中属于投资性房地产的有（    ）。

A. 以经营租赁方式出租的办公楼

B. 持有并准备增值后转让的土地使用权

C. 出租给本企业职工居住的职工宿舍

D. 以经营租赁方式租入再转租给其他单位的土地使用权

6. 下列选项中，属于企业的其他长期资产的是（    ）。

A. 银行冻结存款

B. 国家批准储备的特种物资

C. 涉及诉讼的财产

D. 企业申请的专利权

7. 下列选项中，关于无形资产的会计处理错误的是（    ）。

A. 购入无形资产的价款超过正常信用条件的延期支付，应按购买价款的现值作为无形资产的成本

B. 企业新研发的无形资产发生的培训费用应计入无形资产的成本

C. 无形资产达到预定用途前发生的可辨认的、无效的初始运作损失应计入无形资产的成本

D. 企业用于生产对外销售产品的专利权的摊销应计入产品成本

8. 下列关于无形资产的叙述中正确的有（    ）。

A. 合同或法律没有规定无形资产使用年限的，企业就可以将其作为使用寿命不确定的无形资产

B. 源自合同性权利取得的无形资产，其使用寿命不应当超过合同性权利的期限

C. 如果合同和法律都规定了无形资产期限的，那么无形资产的摊销期限选择两者中较短者

D. 源自法定权利取得的无形资产，其使用寿命不应当超过法定权利的期限

9. 下列选项中，关于无形资产的会计处理不正确的是（    ）。

A. 无形资产计提减值后资产价值恢复，应将原计提的减值损失予以转回

B. 无形资产计提减值后资产价值恢复，原计提的减值损失不得转回

C. 转让无形资产所用权的摊销价值应计入其他业务成本

D. 转让无形资产使用权的摊销价值应计入营业外支出

10. 下列关于投资性房地产的叙述中正确的有（    ）。

A. 连同地上建筑物一起出租的土地使用权应与地上建筑物一起一并确认为投资性房地产

B. 按成本模式计量的投资性房地产存在减值迹象时，应按有关规定计提减值准备

C. 企业拥有并且自行经营的酒店应作为投资性房地产

D. 房地产企业在生产经营过程中销售的商品房不属于投资性房地产

## 三、判断题

1. 使用寿命不确定的无形资产根据会计谨慎性原则也应该在持有期间内进行摊销。（　　）

2. 无形资产分为使用寿命可确认的无形资产和使用寿命不可确定的无形资产的依据是无形资产的受益期不同。（　　）

3. 商誉不应作为资产负债表中的无形资产列示。（　　）

4. 企业自创的无形资产在开发阶段产生的支出应计入无形资产的成本。（　　）

5. 投资性房地产的后续计量模式可以随意变更。（　　）

6. 按会计准则规定单独估价入账的土地应作为无形资产管理并且不再计提折旧。（　　）

7. 企业绿化用地土地使用权的摊销应计入管理费用。（　　）

8. 企业购入的房地产先自用一段时间再出租，应将其作为投资性房地产。（　　）

9. 企业自行建造的投资性房地产，建造过程当中发生的非正常性损失直接计入当期损益。（　　）

10. 企业购入土地使用权并用于自行开发建造办公楼自用，则土地使用权和办公楼应分别计提摊销和折旧。（　　）

## 四、计算分析题

1. 甲公司 2015 年至 2019 年与无形资产有关的业务资料如下：

（1）2015 年 2 月 6 日，以银行存款 960 万元购入一项无形资产，该无形资产的预计使用年限为 10 年，预计净残值为 0。

（2）2017 年 12 月 31 日，预计该无形资产的可收回金额为 360 万元。该无形资产发生减值后，预计使用年限为 6 年。

（3）2019 年 4 月 9 日。出售该无形资产，收到银行存款 288 万元。

（4）假定不考虑相关税费，答案中的金额用万元表示。

要求：

（1）编制购入该无形资产的会计分录。

（2）计算 2017 年 12 月 31 日无形资产的账面净值。

（3）编制 2017 年 12 月 31 日无形资产计提减值准备的会计分录。

（4）计算 2019 年 3 月 31 日无形资产的账面净值。

（5）编制 2019 年 4 月 9 日出售无形资产的会计分录。

2. 2015 年 7 月 5 日，甲公司开始自行研究开发一项专利技术用于生产产品，在研究开发过程中发生相关材料费用 30000 元，职工工资 60000 元，计提使用相关设备的折旧 8000 元以及用银行存款支付相关费用 3000 元，其中符合资本化条件的支出共 39600 元；2015 年 11 月 6 日，该专利技术达到预定用途。假定无形资产的专利技术采用直线法摊销，摊销期限为 10 年，预计净残值为 0。

要求：编制 2015 年度甲公司发生研发支出、结转研发支出以及摊销专利技术的会计分录。

3. 甲公司 2015 年 1 月 1 日从乙公司购入一项专门用于生产产品的无形资产，由于甲公司资金周转比较困难，因此与乙公司协商以分期付款方式购买该无形资产。合同规定无形资产总价为 1800000 元，从 2015 年起每年末支付 600000 元，分三次支付。假定实际利率为 6%，不考虑其他相关税费（（P/A，6%，3）＝2.6730）。

要求：

（1）计算无形资产取得时的入账价值。

（2）编制各年度有关支付分期付款和摊销未确认融资费用的会计分录。

4. 甲公司采用成本模式对投资性房地产进行后续计量，甲公司有关业务的资料如下：

（1）2015 年 1 月 2 日，甲公司自行建造一幢办公楼，购入工程物资 300000 元，支付的增值税 51000 元，该工程物资全部用于工程建设。此外，甲公司为建造办公楼支付工程人员工资 180000 元，用银行存款支付其他相关费用 80000 元。

（2）2015 年 12 月 28 日，工程完工达到预定可使用状态。预计可使用年限 20 年，净残值为 80000 元。

（3）2015 年底，甲公司决定将此办公楼出租以赚取租金收入，因此与乙公司签订租赁协议，租赁期开始日为 2016 年 1 月 1 日。

要求：编制上述有关自行建造固定资产和固定资产转投资性房地产业务的会计分录。

5. 2015 年 1 月 1 日，甲公司以经营租赁方式从乙公司租入一条生产线，租赁合同上规定的租期为 10 年。根据租赁合同，甲公司可以对生产线进行改良，以提高生产线的生产能力，但是费用全部由甲公司自己承担。2016 年 6 月 3 日，甲公司对该生产线进行改良，改良过程中发生相关费用 60000 元，职工工资 30000 元，2016 年 12 月 31 日，工程完工达到预定可使用状态。

要求：

（1）编制有关经营租入固定资产改良支出的会计分录。

（2）计算 2017 年度固定资产改良支出应摊销额并编制有关会计分录。

# 第八章

# 流动负债

## 📖 章首案例

甲公司为一家制造型企业，系增值税一般纳税人（适用增值税税率为17%），2016年12月发生流动负债的部分相关资料如下：①2016年12月1日，甲公司向某银行借入为期半年的借款18万元，年利率为5%，利息按季支付且本金到期一次性偿还；②2016年12月5日，甲公司向乙公司购入一批无须加工直接出售的商品A，取得的增值税专用发票上注明的价款15万元，增值税进项税额2.55万元，A商品已验收入库，但购买A商品的款项尚未支付给乙公司；③2016年12月8日，甲公司预收丙公司购货款10万元；2016年12月16日，甲公司将向乙公司购买的商品A全部出售给丙公司，开出的增值税专用发票上注明的货款18万元，增值税销项税额3.06万元，其中10万元以丙公司预先支付的货款抵付，其余款项以银行存款支付；④2016年12月，甲公司当月应发工资为1600万元，其中生产车间工人工资500万元，生产车间管理人员工资200万元，公司管理部门人员工资350万元，公司销售部门人员工资200万元，建造生产厂房工人工资150万元，研发部门人员工资100万元。按照相关规定，甲公司要按照职工工资总额的6%、20%、2%、10%、2%和1.5%计提医疗保险费、养老保险费、失业保险费、住房公积金、工会经费和职工教育经费；⑤企业结转本月应缴纳的增值税6.1万元，消费税1.2万元，城建税5220元。

对于以上资料，企业应当如何进行会计处理呢？学习完本章后，我们将可以解答这些问题。

流动负债，又称短期负债，是指企业在一年内或超过一年的一个营业周期内偿还的债务。流动负债是企业筹集短期资金的主要来源，它主要包括短期借款、应付账款、应付票据、预收账款、其他应付、应付职工薪酬、应交税费、预计负债等。本章将论述流动负债的种类、特征、主要流动负债及其会计处理的方法。

## 第一节　流动负债概述

流动负债作为企业筹集短期资金的主要来源，根据分类标准的不同，其分类方法也有所不同。本节主要介绍流动负债的种类和其具有的特征。

## 一、流动负债的计量

《企业会计准则》规定各项流动负债应当按实际发生数额记账。负债已经发生而数额需要预计确定的，应当合理预计，等实际数额确定后，进行调整。按照此原则，负债金额在发生时能确定的，按实际数入账核算，负债发生时金额不能确定的，应当采用合理预测方法加以估计入账，待实际数额确定以后，再加以调整。

## 二、流动负债的种类

按照不同的标准，流动负债有不同的分类方法。

### 1. 按形成的渠道不同分类

（1）结算过程中形成的流动负债。这类流动负债是企业在日常的经营过程中，与交易方或国家机关间形成的临时资金来源，如应付账款、应付票据、应交税费等。

（2）筹资过程中形成的流动负债。这类流动负债是企业为筹集短期性资金而向金融机构或非金融机构借入款项而形成的，如短期借款。

（3）成本费用核算过程中形成的流动负债。这类流动负债是企业在成本费用核算过程中遵照配比原则和国家有关规定提取某些费用而形成的，如预提费用、应付福利费等。

（4）收益分配过程中形成的流动负债。这类流动负债是企业按照国家规定的利润分配办法进行利润分配时形成的，如应付股利（应付利润）等。

### 2. 按金额是否确定分类

（1）金额确定的流动负债。这类流动负债的清偿金额在负债发生时就是可以确定的。如短期借款、应付账款、应付票据等。

（2）金额视经营情况而定的流动负债。这类流动负债的金额是随经营情况而变化，通常要在经营期期末才能加以确定，如应交税费、应付利润、应付职工薪酬等。

（3）金额预先估计的流动负债。这类负债是因过去发生的经济业务而引起的，但其金额和偿还日期都无法确定，只能根据以往的资料和经验来加以预先估计，如应付产品质量担保债务等。

## 三、流动负债的特征

### 1. 筹资成本低

流动负债主要因企业日常生产经营活动而产生并为生产活动服务，能够在短期内为企业提供资金来源，发生频繁，周转较快，往往未来偿还额与其现值差别不大，筹资利息支出很低。

**2. 偿还期限短**

流动负债到期日在一年以内或超过一年的一个营业周期内。

**3. 偿还方式灵活**

流动负债到期偿付方式一般为货币资金，在某些特殊情况下，如预收账款、产品质量担保等流动负债，则应该以商品或劳务来抵偿。

# 第二节　短期借款

企业向银行借入短期借款主要是为了满足企业进行生产经营活动过程中对资金的临时性需求。本节主要介绍短期借款的定义及其账务处理方法。

## 一、短期借款的含义

短期借款是指企业向银行或其他金融机构等借入的期限在一年以下（含一年）的各种借款。

短期借款利息的结算支付办法分三类：按月计算并支付；按月计算，预先计入当期损益，按期与银行办理结算；在借款到期时与本金一起归还。

## 二、短期借款的账务处理

为了反映和监督短期借款的借入与偿还情况，企业应设置"短期借款"科目，短期借款进行总分类核算，贷方登记取得借款金额，借方登记偿还借款金额，余额一般在贷方，反映企业尚未偿还的短期借款。该科目可按借款种类、债权人和币种进行明细核算。

**1. 取得借款时的处理**

企业借入各种借款，借记"银行存款"科目，贷记"短期借款"科目。

**2. 短期借款利息的处理**

（1）如果短期借款的利息是按月计息付息，或利息在借款到期时连同本金一起支付且金额不大的，可在支付时直接计入当期损益，借记"财务费用"科目，贷记"银行存款"科目。

（2）如果借款利息按季支付，或到期与本金一起支付且数额较大，应按月预先计提并计入当期损益。计提每月利息时，借记"财务费用"科目，贷记"应付利息"科目。实际支付时，按已计提而未支付的利息金额，借记"应付利息"科目；按实际支付与已计提而未付利息金额的差额，借记"财务费用"科目；按实际支付的金额，贷记"银行存款"科目。

**3. 归还短期借款的处理**

归还短期借款时，借记"短期借款"科目，贷记"银行存款"科目。

【例8-1】2017年1月1日，甲公司向开户行借入1000000元，年利率为4.8%，期限为3个月，按月计提利息，到期一次还本付息。甲公司应编制会计分录如下：

（1）2017年1月1日，取得借款时。

借：银行存款            1000000
  贷：短期借款           1000000

（2）2017年1月末、2月末、3月末，分别计提利息时。

借：财务费用            4000
  贷：应付利息           4000

（3）2017年4月1日，还本付息时。

借：短期借款            1000000
  应付利息            12000
  贷：银行存款          1012000

# 第三节  应付及预收款项

应付账款及应付票据都是企业外购材料、商品或按受劳务供应等形成的债务，是企业流动负债的重要组成内容，其核算是企业会计日常核算内容之一。本节将主要介绍应付及预收款项的确认、计量及其账务处理方法。

## 一、应付账款

应付账款是企业因购买材料、商品物资和接受劳务等形成的应付而未付给供应单位的款项。这是由于买卖双方在购销活动中取得物资和支付货款在时间上不一致造成的。

**1. 应付账款的确认**

应付账款的确认是以与所购货物的所有权相关的主要风险和报酬是否转移，或者以是否接受对方提供的劳务为依据的。也就是说，当企业购买了货物，取得了货物的所有权而尚未向对方支付货款，即应确认为"应付账款"进行核算，或者是企业接受了对方提供的劳务而未向对方支付款项也应确认为"应付账款"进行核算。

**2. 应付账款的计量**

应付账款金额的确定一般按应付金额入账，不需要考虑贴现因素。如果销货方提供有现金折扣，应付账款金额仍按应付金额入账，实际取得现金折扣时，直接冲减财务费用，不影响应付账款的计量。

### 3. 应付账款的核算

应付账款的核算需设置"应付账款"科目。"应付账款"是负债类科目，借方登记应付账款的偿付和冲销，贷方登记应付账款的发生，余额在贷方，反映企业尚未支付的账款。"应付账款"应按债权人设置明细账。

【例8-2】甲百货商场于2017年5月6日，从乙公司购入一批商品并验收入库。增值税专用发票上注明该批商品价款5000000元，增值税税额为850000元。乙公司向甲商场提供1/10、n/20的现金折扣（假设计算现金折扣时不需考虑增值税）。甲公司于2017年5月13日用银行存款付清了欠乙公司的货款，甲公司应编写的会计分录如下：

（1）在5月6日确认应付账款。

| | | |
|---|---|---|
| 借：库存商品 | 3000000 | |
| 应交税费——应交增值税（进项税额） | 510000 | |
| 贷：应付账款——橡胶公司 | | 3510000 |

（2）5月13日付清账款。

| | | |
|---|---|---|
| 借：应付账款——橡胶公司 | 3510000 | |
| 贷：银行存款 | | 3480000 |
| 财务费用 | | 30000 |

思考：假设计算现金折扣时需考虑增值税或付款日为5月20日，该会计分录分别该如何处理？

## 二、应付票据

应付票据是企业在商品购销活动和对工程价款进行结算等因采用商业汇票结算方式而发生的，由出票人出票，委托付款人在指定日期无条件支付特定的金额给收款人或者持票人的票据，主要有银行承兑汇票和商业承兑汇票。应付票据与应付账款虽然都是由于交易引起的负债，但两者又有所不同，应付账款是尚未结清的债务，而应付票据是一种期票。对企业而言，应付账款的偿付期限没有严格的限制，而应付票据的偿付时间却是确定的，有极强的约束性和强制性。应付票据根据是否计息可分为计息应付票据和不计息应付票据，目前我国常用的是不计息票据。应付票据是企业的一项流动负债，我国商业汇票的付款期限最长不超过6个月。

### 1. 应付票据的确认

应付票据的入账时间以交易发生，企业开出商业汇票，经承兑人承兑，并交付给收款方的时间为准，此时应确认应付票据已经发生，负债已经成立。

### 2. 应付票据的计量

无论是计息应付票据还是不计息应付票据，均按票据的票面金额入账核算，计息应付票据所承担的利息费用在实际支付时或预提时列入"财务费用"核算，不影响"应付票据"的账面价值。

### 3. 应付票据的核算

应付票据的核算需设置"应付票据"科目，该账户属于负债类科目，借方登记应付票据的支付和结转，贷方登记应付票据的开出。余额在贷方，反映企业尚未支付的应付票据。本账户不设明细账，但应设置"应付票据备查簿"，详细登记每一应付票据的种类、号数、签发日期、到期日、票面金额、合同交易号、收款人姓名或单位名称以及付款日期和金额等详细资料。应付票据到期付清时，应在备查簿内逐笔注销。

（1）不计息应付票据。

【例8-3】某商场购进一批商品，价款50000元，增值税8500元，商品已验收入库，商场开出一张3个月期的银行承兑商业汇票。其会计分录如下：

    借：库存商品                                          50000
      应交税费——应交增值税（进项税额）                      8500
      贷：应付票据                                        58500

【例8-4】承【例8-4】，票据到期，银行通知已如数支付，其会计分录如下：

    借：应付票据                                          58500
      贷：银行存款                                        58500

（2）计息应付票据。

【例8-5】某公司购进价值100000元原材料，增值税17000元，材料未到，开出一张6个月期的计息商业承兑汇票，年利率6%。其会计分录如下：

    借：材料采购                                         100000
      应交税费——应交增值税（进项税额）                     17000
      贷：应付票据                                       117000

【例8-6】承【例8-5】，到期企业支付票据本息117000元，其会计分录如下：

    借：应付票据                                         117000
      财务费用                                            3510
      贷：银行存款                                       120510

【例8-7】在【例8-6】中，企业可按月预提利息$117000 \times 6\% \div 12 = 585$（元）。

其会计分录如下：

    借：财务费用                                            585
      贷：应付利息                                          585

到期支付利息时，会计分录如下：

    借：应付利息                                           3510
      贷：银行存款                                         3510

（3）应付票据到期拒付。企业开出的应付票据到期时，可能由于种种原因，不能如数付清，此时应分别视不同情况进行处理。

其一，如果企业开出的是商业承兑汇票，则将未偿付的金额由"应付票据"账户转入"应付账款"账户，其会计分录如下：

借：应付票据——×××

贷：应付账款——×××

其二，如果企业开出的是银行承兑汇票，其不能偿付的金额由银行代为支付，垫支金额作为银行对企业的短期借款，按每天5‰计收利息，并将"应付票据"的账面余额转作"短期借款"，其会计分录如下：

借：应付票据——×××

贷：短期借款——×××

### 三、预收账款

预收账款是根据买卖双方的合同或协议的约定，由购货方预先支付一部分货款给供应方而形成的一项流动负债。若双方交易成功，预收账款将作为货款的一部分归销货方所有，若双方交易取消，销货方应将预收账款退还给购货方。

预收账款的核算可采用两种方法：第一种方法单独设置"预收账款"账户，贷方登记收到的预收货款，借方登记预收货款抵付和退回。余额在贷方，反映企业尚未结清的预收货款。第二种方法不单独设置"预收账款"账户，直接通过"应收账款"账户进行核算，收到预收货款时记入"应收账款"账户的贷方，以预收货款抵付货款或退回预收货款时，在"应收账款"账户的借方登记。采用第二种方法在填制资产负债表时，应将预收账款从"应收账款"账户余额中分列出来，在流动负债下属"预收账款"栏目列示。无论采用何种方法，都应按债权人设置明细账。

【例8-8】企业收到五环厂预付的货款20000元，支票已转存银行。

其会计分录如下：

借：银行存款　　　　　　　　　　　　　　　　　　　　　　　20000

　　贷：预收账款——五环厂　　　　　　　　　　　　　　　　　20000

【例8-9】承【例8-8】，企业销售给五环厂货物一批，价款30000元（暂不考虑税金）。其中20000元以预收账款抵付，余款以现金支付。

借：库存现金　　　　　　　　　　　　　　　　　　　　　　　10000

　　预收账款——五环厂　　　　　　　　　　　　　　　　　　20000

　　贷：主营业务收入　　　　　　　　　　　　　　　　　　　30000

## 第四节　应付职工薪酬

企业因职工提供服务而支付或者放弃的对价就是职工薪酬的核算。本节将对职工薪酬的概念和主要内容作论述，并且对应付职工薪酬的确认和计量进行介绍。

## 一、职工薪酬的概念

### 1. 职工薪酬的概念

职工薪酬指企业为获取职工提供的服务或解除劳动关系而给予的各种形式的报酬或补偿。这里的职工主要包括三类人员：一是与企业订立劳动合同的所有人员，含全职、兼职和临时职工；二是未与企业订立劳动合同，但由企业正式任命的人员，如董事会成员、监事会成员、内部审计委员会成员等；三是在企业的计划和控制下，虽未与企业订立劳动合同或未由企业正式任命，但为其提供与职工类似服务的人员，包括其企业通过劳动中介公司签订用工合同而向企业提供服务的人员。

### 2. 职工薪酬包括的主要内容

（1）短期薪酬，是指企业在职员工提供相关服务年度报告后的 12 个月内需要全部予以支付的职工薪酬，除因解除与职工的劳动关系而给予的补偿外。主要短期薪酬有：职工工资、奖金、津贴和补助，职工福利费、医疗保险费、工伤保险费和生育保险费等社会保险费，住房公积金，工会经费和职工教育经费，短期带薪缺勤，短期利润分享计划。非货币性福利以及其他短期薪酬。

（2）带薪缺勤，是指企业支付工资或提供补偿的职工缺勤，包括年休假、病假、短期伤残、婚假、产假、丧假、探亲假等。利润分享计划，是指因职工提供服务而与职工达成的基于利润或其他经营性成果提供薪酬的协议。

（3）离职后福利，是指企业为获得职工提供的服务而在职工退休或与企业解除劳动关系，提供的各种形式的报酬和福利（包括为职工缴纳的养老、失业保险费），短期薪酬和辞退福利除外。

（4）辞退福利，是指企业在职工劳动到期之前解除与职工的劳动关系，或者鼓励职工自愿接受裁减而给予职工的补偿。

（5）其他长期职工福利，是指出短期薪酬、离职后福利、辞退福利之外所有的职工薪酬，包括长期带薪缺勤、长期残疾福利、长期利润分享计划等。

## 二、应付职工薪酬的确认和计量

### 1. 应付职工薪酬确认的基本原则

新《企业会计准则》对于应付职工薪酬的确认规定了统一的基本原则。除因解除在职职工劳动关系给予的补偿外，企业应当在职工为其提供服务的会计期间，根据职工提供服务的受益对象计入相关的成本或费用，并将其应付的职工薪酬确认为负债。

（1）对象配比原则。企业根据职工提供服务的受益对象将职工薪酬分配计入相关的资产成本或费用，并将应付的职工薪酬确认为负债。新《企业会计准则》规定，应由生产产品、提供劳务负担的职工薪酬，计入产品成本或劳务成本；应由在建工程、无形资产负担的职工薪酬，计入建造固定资产或无形资产成本；其他职工薪酬，则计入当期损益。

（2）时间配比原则。企业应在职工为其提供服务的会计期间，根据历史经验数据和自身实际情况，计算确认职工薪酬金额，同时确认企业的应付职工薪酬负债。每个资产负债表日，应当根据确认为应付职工薪酬的实际发生金额与预计金额的差异，综合考虑物价变动，预计实施的职工薪酬计划等因素，对下一会计期间的应付职工薪酬预计金额进行修正。

可见，根据以上原则，应由职工提供服务期间负担的职工薪酬主要有职工工资、奖金、津贴、补贴、职工福利费、社会保险费、住房公积金及工会经费等国家规定允许计提的费用。企业发放给职工的非货币性福利和辞退福利等其他职工薪酬，应在有确凿证据表明是企业的责任时确认为应付职工薪酬，否则在实际支付时据实列支，并计入相关的资产成本或费用科目。

### 2. 应付职工薪酬的账务处理

根据新《企业会计准则》规定，企业应设立"应付职工薪酬"科目进行职工薪酬的核算，同时在本科目下设立"工资""职工福利""社会保险费""住房公积金""工会经费""职工教育经费""非货币性福利""解除职工劳动关系补偿"和"其他职工薪酬"等应付职工薪酬项目进行明细核算。

（1）货币性职工薪酬的账务处理。企业应当根据职工提供服务的受益对象，对发生的货币性职工薪酬按以下情况进行会计处理。

1）生产部门人员的职工薪酬，借记"生产成本""制造费用""劳务成本"等科目，贷记"应付职工薪酬——××"科目。

2）管理部门人员的职工薪酬，借记"管理费用"科目，贷记"应付职工薪酬——××"科目。销售部门人员的职工薪酬，借记"销售费用"科目，贷记"应付职工薪酬——××"科目。

3）应由在建工程、研发支出等负担的职工薪酬，借记"在建工程""研发支出""无形资产"等科目，贷记"应付职工薪酬——××"科目。

4）国家规定了职工福利费、社会保险费、住房公积金、工会经费、职工教育经费等计提基础和计提比例的，按相关规定，借记相关成本费用科目，贷记"应付职工薪酬——职工福利、社会保险费、住房公积金、工会经费、职工教育经费"等明细科目。

5）因解除与职工的劳动关系给予的货币性补偿，应借记"管理费用"科目，贷记"应付职工薪酬——解除职工劳动关系补偿"科目。

6）企业向职工支付工资、奖金、津贴、补贴等，应借记"应付职工薪酬——工资"科目，贷记"银行存款""现金"等科目。

7）企业向职工支付的货币性福利费，应借记"应付职工薪酬——职工福利"科目，贷记"银行存款""现金"等科目。

8）企业支付工会经费和职工教育经费用于工会活动和职工培训等，应借记"应付职工薪酬——工会经费""应付职工薪酬——职工教育经费"，贷记"银行存款"等科目。

9）企业按照国家有关规定缴纳社会保险费和住房公积金，应借记"应付职工薪酬——社会保险费、住房公积金"科目，贷记"银行存款"等科目。

10）外商投资企业按规定从净利润中提取的职工奖励及福利基金，应借记"利润分配——提取的职工奖励及福利基金"科目，贷记"应付职工薪酬——××"科目。在实际支付时，再冲减"应付职工薪酬——××"科目。

【例8-10】2017年1月，东方公司当月应发工资1000万元，其中，生产部门直接生产人员工资500万元；生产部门管理人员工资100万元；公司管理部门人员工资150万元；公司销售部门人员工资50万元；建造生产厂房人员工资100万元；研发部门人员工资100万元。

根据当地政府规定，东方公司分别按照职工工资总额的6%、20%、2%和10%计提医疗保险费、养老保险费、失业保险费和住房公积金，缴纳给当地社会保险经办机构和住房公积金管理机构。东方公司分别按照职工工资总额的2%和1.5%计提工会经费和职工教育经费。另外，东方公司根据2008年实际发生的职工福利费情况，预计2009年应承担的职工福利费金额为工资总额的2%。

应计入生产成本的职工薪酬金额 = 500 + 500 × ( 6% + 20% + 2% + 10% + 2% + 1.5% + 2% ) = 717.50（万元）

应计入制造费用的职工薪酬金额 = 100 + 100 × ( 6% + 20% + 2% + 10% + 2% + 1.5% + 2% ) = 143.50（万元）

应计入管理费用的职工薪酬金额 = 150 + 150 × ( 6% + 20% + 2% + 10% + 2% + 1.5% + 2% ) = 215.25（万元）

应计入销售费用的职工薪酬金额 = 50 + 50 × ( 6% + 20% + 2% + 10% + 2% + 1.5% + 2% ) = 71.75（万元）

应计入在建工程的职工薪酬金额 = 100 + 100 × ( 6% + 20% + 2% + 10% + 2% + 1.5% + 2% ) = 143.50（万元）

应计入无形资产的职工薪酬金额 = 100 + 100 × ( 6% + 20% + 2% + 10% + 2% + 1.5% + 2% ) = 143.50（万元）

公司在分配工资、职工福利费、社会保险费、住房公积金、工会经费和职工教育经费等职工薪酬时，应作如下账务处理：

| | | |
|---|---|---:|
| 借：生产成本 | | 7175000 |
| 　　制造费用 | | 1435000 |
| 　　管理费用 | | 2152500 |
| 　　销售费用 | | 717500 |
| 　　在建工程 | | 1435000 |
| 　　研发支出——资本化支出（或无形资产） | | 1435000 |
| 　　贷：应付职工薪酬——工资 | | 10000000 |
| 　　　　　　——社会保险费 | | 2800000 |
| 　　　　　　——住房公积金 | | 1000000 |
| 　　　　　　——工会经费 | | 200000 |
| 　　　　　　——职工教育经费 | | 150000 |
| 　　　　　　——职工福利 | | 200000 |

（2）非货币性职工薪酬的账务处理。企业向职工提供的非货币性职工薪酬，应当分别进行如下处理：

1）以自产产品或外购商品发放给职工作为福利。企业以其生产的产品作为非货币性福利提供给职工的，应当按照该产品的公允价值和相关税费总额，作为应付职工薪酬金额，即借记"生产成本"或"××费用"科目，贷记"应付职工薪酬——非货币性福利"科目；同时确认主营业务收入，并结转销售成本和相关税费，这与正常商品销售相同。以外购商品作为非货币性福利提供给职工的，应当按照该外购产品的公允价值和相关税费总额，作为应付职工薪酬金额，即借记"生产成本"或"××费用"科目，贷记"应付职工薪酬——非货币性福利"科目。

【例8-11】胜龙公司为一家生产手机的企业，共有职工200名，2017年2月，公司以其生产成本为1000元的某型号手机和外购的每台不含税价格为600元的微波炉作为春节福利发放给公司职工。该型号手机的售价为每台1300元，胜龙公司适用的增值税税率为17%，胜龙公司购买的微波炉开具了增值税专用发票，增值税税率为17%。假定胜龙公司200名职工中180名为直接参加生产的职工，20名为公司管理人员。

该型号手机的售价总额 = 1000 × 180 + 1000 × 20 = 200000（元）

该型号手机的增值税销项税额 = 1000 × 180 × 17% + 1000 × 20 × 17% = 34000（元）

公司决定发放非货币性福利时，应作如下账务处理：

借：生产成本　　　　　　　　　　　　　　　　　　　210600
　　管理费用　　　　　　　　　　　　　　　　　　　 23400
　　　贷：应付职工薪酬——非货币性福利　　　　　　　　　234000

实际发放非货币性福利时，应作如下账务处理：

借：应付职工薪酬——非货币性福利　　　　　　　　　234000
　　　贷：主营业务收入　　　　　　　　　　　　　　　　　200000
　　　　　应交税费——应交增值税（销项税额）　　　　　　34000

微波炉的售价总额 = 600 × 180 + 600 × 20 = 120000（元）

微波炉的进项税额 = 600 × 180 × 17% + 600 × 20 × 17% = 20400（元）

公司决定发放非货币性福利时，应作如下账务处理：

借：生产成本　　　　　　　　　　　　　　　　　　　126360
　　管理费用　　　　　　　　　　　　　　　　　　　 14040
　　　贷：应付职工薪酬——非货币性福利　　　　　　　　　140400

实际发放非货币性福利时，应作如下账务处理：

借：应付职工薪酬——非货币性福利　　　　　　　　　140400
　　　贷：银行存款（或应付账款）　　　　　　　　　　　　140400

2）企业将拥有的房屋、汽车等资产作为福利无偿提供给职工使用，或租赁房屋、汽车等资产作为福利无偿提供给职工使用。企业将拥有的房屋、汽车等资产作为福利无偿提供给职工使用的，应当根据受益对象，将房屋、汽车等资产每期应计提的折旧计入相关资产成本或费用，并确认应付职工薪酬。即借记"生产成本"或"××费用"科目，贷记"应付职工薪酬——非货币性福利"科目；同时借记"应付职工薪酬——非货币性福利"

科目，贷记"累计折旧"等科目。租赁房屋、汽车等资产作为福利无偿提供给职工使用的，应当根据受益对象，将每期应付的租赁费计入相关资产成本或费用，并确认应付职工薪酬。难以认定受益对象的，直接计入当期损益，并确认应付职工薪酬。

【例8-12】A公司为生产工人和总部管理人员免费提供住宿，每年计提折旧720000元，其中生产工人240000万元，单月会计分录如下：

| | |
|---|---|
| 借：生产成本 | 20000 |
| 　　管理费用 | 40000 |
| 　　贷：应付职工薪酬 | 60000 |
| 借：应付职工薪酬 | 60000 |
| 　　贷：累计折旧 | 60000 |

# 第五节　应交税费

企业在生产经营活动中，必须按照税法的有关规定，计算和缴纳各种流转税、所得税及其他税费。这些应交税费，应按照权责发生制的原则确认，并按照税法和会计制度的规定进行计提、结转、缴纳等核算。本章主要介绍增值税、消费税以及营业税的计算和核算处理方法。

## 一、增值税

增值税是对从事销售货物或者提供加工、修理修配劳务以及进口货物的单位和个人取得的增值额为计税依据征收的一种税。按照我国税法的有关规定，增值税的纳税人分为一般纳税人和小规模纳税人，其税金的计算和核算各有所不同。

### 1. 增值税的计算

（1）一般纳税人应纳税额的计算。

应纳增值税额＝当期销项税额－当期进项税额

销项税额＝销售额×税率

进项税额＝购进货物或接受劳务所取得的增值税专用发票列明的税额＋税法允许扣除的扣除额

增值税纳税人实行凭票抵扣制度，除取得的专用发票所列明的税额可作为进项税额从销项税额中抵扣外，国家还规定了在以下几种特殊情况下，不能取得专用发票的进项税额的计算办法和扣除率：①购进免税农业产品的，按买价的13%计算进项税额。②专门从事废旧物资经营的增值税一般纳税人购进废旧物资，按收购金额的10%计算进项税额。③增值税一般纳税人外购或销售货物所支付的运输费用，按运费金额的11%计算进项税额。

（2）小规模纳税人应纳税额的计算。增值税小规模纳税人实行简化计算方法，按3%征收率计算应纳税额。

应纳税额 = 销售额 × 征收率

### 2. 增值税的核算

（1）一般纳税人的核算。增值税一般纳税人有关增值税的核算应在"应交税费"下设"应交增值税"和"未交增值税"两个明细账，并在"应交增值税"明细账下设"进项税额""已交税金""转出未交增值税"等借方专栏以及"销项税额""进项税额转出""转出多交增值税"等贷方专栏。

1）"进项税额"专栏，记录企业购入货物或接受应税劳务而支付的准予从销项税额中扣除的增值税额。企业购入货物或接受应税劳务支付的进项税额，用蓝字登记；退回所购货物应冲销的进项税额，用红字登记。

2）"已交税金"专栏，记录企业已交的当月增值税，企业已交的当月增值税额用蓝字登记，退回多交的当月增值税额用红字登记。

3）"转出未交增值税"专栏，记录企业月终转出的未交增值税额。

4）"销项税额"专栏，记录企业销售货物或提供应税劳务应收取的增值税额以及视同销售行为应计算的销项税额。企业销售货物或提供应税劳务应收取的销项税额以及视同销售行为应计算的销项税额，用蓝字登记，退回销售货物应冲销的销项税额，用红字登记。

5）"进项税额转出"专栏，记录企业的购进货物、在产品、产成品等发生非正常损失或其他原因而不应从销项税额中抵扣，按规定转出的进项税额。

6）"转出多交增值税"专栏，记录企业月终转出的多交的增值税。

"应交税费——应交增值税"期末的借方余额反映企业尚未抵扣的增值税额。

"应交税费——未交增值税"借方登记增值税的缴纳和转入的多交增值税，贷方登记转入的未交增值税，期末借方余额反映企业多交的增值税，期末贷方余额反映企业尚未缴纳的增值税。

【例8-13】某厂购进原材料一批，增值税专用发票列示价款80000元，增值税额13600元，货款以银行存款支付，货物已入库。

其会计分录如下：

借：原材料   80000
   应交税费——应交增值税（进项税额）  13600
    贷：银行存款   93600

【例8-14】某公司向农民收购一批大米，收购金额为70000元，运费3000元，货未入库，价款及运费均以现金支付，其会计分录如下：

借：物资采购   60900
   销售费用   2670
   应交税费——应交增值税（进项税额）  9430
    贷：库存现金   73000

【例8-15】某企业以银行存款缴纳当月应缴纳的增值税2000元，其会计分录如下：

　　借：应交税费——应交增值税（已交税金）　　　　　　　　　　　　　　2000
　　　　贷：银行存款　　　　　　　　　　　　　　　　　　　　　　　　　　　　2000

【例8-16】某公司本月增值税销项税额为180000元，进项税额为130000元，月末结转应交而未交的增值税额50000元，其会计分录如下：

　　借：应交税费——应交增值税（转出未交增值税）　　　　　　　　　　　50000
　　　　贷：应交税费——未交增值税　　　　　　　　　　　　　　　　　　　50000

【例8-17】承【例8-16】，下月以银行存款解缴上月增值税50000元，其会计分录如下：

　　借：应交税费——未交增值税　　　　　　　　　　　　　　　　　　　　50000
　　　　贷：银行存款　　　　　　　　　　　　　　　　　　　　　　　　　　50000

"销项税额"专栏的核算请详见第十一章第一节收入的核算。

　　（2）小规模纳税人的核算。增值税小规模纳税人由于实行简化征收，只需设置"应交税费——应交增值税"明细科目，借方登记企业已缴纳的增值税额，贷方登记企业应交的增值税额。借方余额反映企业多交的增值税，贷方余额反映企业未交的增值税。小规模纳税人进项税额不能抵扣。

【例8-18】某经营部本月销售商品收到货款共计36400元，增值税率为3%，款项已交存银行，其会计分录如下：

　　借：银行存款　　　　　　　　　　　　　　　　　　　　　　　　　　30900
　　　　贷：主营业务收入　　　　　　　　　　　　　　　　　　　　　　　30000
　　　　　　应交税费——应交增值税　　　　　　　　　　　　　　　　　　　900

【例8-19】承【例8-18】，次月该经营部以银行存款解缴上月增值税900元，其会计分录如下：

　　借：应交税费——应交增值税　　　　　　　　　　　　　　　　　　　　900
　　　　贷：银行存款　　　　　　　　　　　　　　　　　　　　　　　　　　900


## 二、消费税

消费税是对在中华人民共和国境内从事生产、委托加工和进口应税消费品的单位和个人征收的一种税。这些应税消费品有烟、酒及酒精、化妆品、护肤护发品、贵重首饰及珠宝玉石、鞭炮、焰火、汽油、柴油、汽车轮胎、摩托车、小汽车等。

### 1. 消费税的计算

消费税实行从价定率和从量定额两种计算办法。

应纳消费税额＝销售额×税率＝销售数量×单位税额

企业自产自用或委托加工的应税消费品，应按同类消费品销售价格计算纳税，没有同类消费品销售价格，按组成计税价格计算纳税，组成计税价格的计算公式为：

自产自用消费品组成计税价格＝（成本＋利润）÷（1－消费税税率）

委托加工消费品组成计税价格＝（材料成本＋加工费）÷（1－消费税税率）

进口消费品采用从价定率办法计算时，应按组成计税价格计算纳税。

组成计税价格 =（关税完税价格 + 关税）÷（1 − 消费税税率）

**2. 消费税的核算**

企业按规定应缴纳的消费税，应设置"应交税费——应交消费税"科目进行核算。借方登记企业已缴纳的消费税，贷方登记应缴纳的消费税。借方余额反映企业多缴纳的消费税，贷方余额反映企业未缴纳的消费税。

企业生产的应税消费品直接对外销售的，应按期计提应缴纳的消费税，借记"营业税金及附加"科目，贷记"应交税费——应交消费税"科目，缴纳时，借记"应交税费——应交消费税"科目，贷记"银行存款"科目。

**【例8 − 20】** 某烟厂计提本月对外销售香烟应缴纳的消费税38400元，其会计分录如下：

借：营业税金及附加　　　　　　　　　　　　　　　　38400
　　贷：应交税费——应交消费税　　　　　　　　　　　　38400

**【例8 −21】** 承【例8 − 20】，次月以银行存款解缴上月消费税38400元，其会计分录如下：

借：应交税费——应交消费税　　　　　　　　　　　　38400
　　贷：银行存款　　　　　　　　　　　　　　　　　　38400

企业委托加工应税消费品由受托方代为扣缴的消费税应分别视不同情况进行处理。若委托加工物资收回后直接对外销售的，其缴纳的消费税记入"委托加工物资"科目的借方，增加加工物资的成本；若委托加工物资收回后用于连续生产的，其缴纳的消费税准予抵扣，借记"应交税费——应交消费税"科目。进口货物所缴纳的消费税计入该进口货物的成本，借记"固定资产""物资采购"等，贷记"银行存款"等。

## 三、城建税

城建税是城市维护建设税的简称，是对缴纳增值税、消费税、营业税的单位和个人，按其缴纳的增值税、消费税、营业税的税额之和及适用税率计算征收的一种税，是属于流转税的附加税。在进行会计核算时，企业按规定应计提的城建税，借记"营业税金附加"，贷记"应交税费——应交城建税"账户。实际缴纳时，借记"应交税费——应交城建税"账户，贷记"银行存款"账户。

## 四、企业所得税

企业所得税是对企业的生产、经营所得征收的一种税，通过设置"应交税费——应交所得税"进行明细核算。

### 五、其他税种

除以上列出的税种以外，我国现行税法还规定了其他一些税种，这些税种的核算都是在"应交税费"下按税种名称分别设置明细账，进行明细核算。有的列入期间费用，有的列入资产价值等。核算大同小异，此处不一一详述。

## 第六节　其他应付款

其他应付款是指企业在商品交易业务以外发生的应付和暂收款项。指企业除应付票据、应付账款、应付工资、应付利润等以外的应付、暂收其他单位或个人的款项。如物业管理企业应付租入固定资产和包装物的租金、管辖区内业主和物业管户装修存入保证金；应付职工统筹退休金，职工未按期领取的工资以及应收暂付上级单位、所属单位的款项。

公司设置"其他应付款"科目。该科目的贷方用来反映企业各项其他应付款的产生；借方用来反映各项其他应付款的支付，期末余额一般在贷方，表示企业在期末时尚未支付的其他应付款。"其他应付款"科目还应按照具体项目设置明细科目，进行明细分类核算。

## 习　　题

### 一、单选题

1. 下列选项中，不属于流动负债的是（　　）。

A. 预收账款　　　　B. 应付股利　　　　C. 预付账款　　　　D. 应交税费

2. 甲公司为一般纳税人企业，甲公司从乙公司购入商品一批，取得的增值税发票上注明的价款为 360000 元，增值税税额为 61200 元，乙公司代垫运杂费 8000 元，甲公司将该库存商品验收入库，货款尚未支付。则该业务应付账款发生的入账价值为（　　）元。

A. 429200　　　　B. 368000　　　　C. 421200　　　　D. 360000

3. 某企业因采购商品开出 3 个月期限的商业票据一张。该票据的票面价值为 400000 元，票面利率为 10%。该应付票据到期时，企业应支付的金额为（　　）元。

A. 400000　　　　B. 410000　　　　C. 415000　　　　D. 440000

4. 企业开出并承兑的商业汇票到期时，如无力支付票款，应进行的账务处理是（　　）。

A. 不进行处理　　　　　　　　　　B. 转作短期借款

C. 转作应付账款            D. 转作其他应付款

5. 企业交纳的下列税金中，不需通过"应交税金"科目核算的是（ ）。

A. 印花税      B. 所得税      C. 增值税      D. 个人所得税

6. 下列不应该登记在"应付账款"借方的选项为（ ）。

A. 购买原材料形成的应付未付款项      B. 用商业汇票支付应付账款

C. 用非货币资产偿还应付账款      D. 用银行存款偿付前欠账款

7. 某电器生产企业为增值税一般纳税人，年末将本企业生产的一批电视机发放给职工作为福利。该批电视机市场售价为 20 万元（不含增值税），增值税适用税率为 17%，实际成本为 15 万元。假定不考虑其他因素，该企业应确认的应付职工薪酬为（ ）万元。

A. 23.4      B. 20.8      C. 17.55      D. 18.75

8. 甲公司 2015 年 6 月 3 日从乙公司购入一批原材料，该批原材料已到达甲公司并且验收入库。该批材料价款为 20000 元，增值税税额为 3400 元；购买合同中规定的现金折扣条件为 1/10、n/20，甲公司于 2015 年 6 月 10 日付清货款，则甲公司付款金额为（ ）元。

A. 23400      B. 23166      C. 20000      D. 23200

9. 某企业本期应交增值税 5 万元、营业税 2.5 万元、契税 4 万元、印花税 1 万元。本期影响应交税费科目的金额是（ ）万元。

A. 10      B. 12.5      C. 7.5      D. 9

10. 某生产企业每月为生产部门工人支付工资 10 万元，为生产部门管理人员支付工资 2 万元，为管理部门人员支付工资 5 万元，该企业每月因支付工资而增加管理费用（ ）万元。

A. 10      B. 7      C. 5      D. 0

## 二、多选题

1. 下列选项中，不属于负债的是（ ）。

A. 借款      B. 预收款项      C. 预付款      D. 应收款项

2. 下列关于短期借款的说法正确的有（ ）。

A. 短期借款的期限在 1 年以上的

B. "短期借款"账户借方登记需归还的短期借款

C. 短期借款利息一律计入"财务费用"科目

D. 短期借款的利息不一定需要预提

3. 下列选项中应确认为职工薪酬的有（ ）。

A. 货币性福利            B. 非货币性福利

C. 职工福利费            D. 工会经费和职工教育经费

4. 下列会计科目中，企业核算短期借款利息时可能涉及的科目是（ ）。

A. 短期借款      B. 财务费用      C. 应付利息      D. 管理费用

5. 下列关于企业应付职工薪酬叙述正确的有（ ）。

A. 生产部门管理人员的工资应计入"管理费用"

B. 生产部门直接生产人员的工资应计入"生产成本"

C. 销售部门人员的工资应计入"销售费用"

D. 建造生产厂房人员的工资应计入"在建工程"

6. 下列关于预收账款的相关说法中，不正确的有（    ）。

A. 预收账款余额通常在贷方，反映企业收到了货款且还没发货

B. 预收账款所形成的负债一般是以货币偿付

C. 企业收到购货单位预付的款项，借记"银行存款"科目，贷记"预收账款"科目

D. 企业因退货而退款时，借记"银行存款"科目，贷记"应付账款"科目

7. 下列各项中，属于在职员工的有（    ）。

A. 临时工　　　　　B. 退休人员　　　　　C. 监事　　　　　D. 外聘清洁员工

8. 下列项目中，属于应付福利费列支的项目有（    ）。

A. 医务人员的工资　　　　　　　　　B. 职工生活困难补助

C. 福利部门人员工资　　　　　　　　D. 职工福利设施支出

9. 企业发生赊购商品业务，下列科目会对应付账款入账金额产生影响的是（    ）。

A. 商品价款　　　　B. 销售折让　　　　C. 现金折扣　　　　D. 商业折扣

10. 企业在无形资产开发阶段产生的职工薪酬，可以计入（    ）。

A. 当期损益　　　　B. 无形资产成本　　　　C. 生产费用　　　　D. 管理费用

## 三、判断题

1. 医务人员的工资属于应付福利费列支的项目。（    ）

2. 企业按规定计算的代扣代缴的职工个人所得税，借记"应付职工薪酬"科目，贷记"应交税费——应交个人所得税"科目。（    ）

3. 企业以自己生产的产品赠送他人，由于会计核算时不作销售处理，因此不需交纳增值税。（    ）

4. 企业代扣缴的个人所得税属于代交性质，应作为其他应付款处理，不应通过"应交税金"科目核算。（    ）

5. 一般纳税企业本月上交的应交增值税，应借记"应交税金——应交增值税（已交税金）"科目，贷记"银行存款"科目。（    ）

6. 职工主要包括与企业签订合同的人员和未签订劳动合同但由企业正式任命的成员。（    ）

7. 流动负债到期偿还方式一定为货币资金。（    ）

8. 预收账款可通过设立"预收账款"账户或者不设立"预收账款"账户而直接通过"应收账款"进行核算。（    ）

9. 给予离职人员的经济补偿不属于职工薪酬。（    ）

10. 甲公司委托乙工厂加工一批物资，乙工厂代缴了该物资的消费税。该物资收回后，甲公司将其直接用于销售，该消费税能够抵扣。（    ）

## 四、计算分析题

1. 甲公司为增值税一般纳税人，2015 年度甲公司发生的有关业务资料如下：

（1）2 月 3 日，向乙公司购入原材料一批，取得的增值税专用发票上注明的货款 160000 元，增值税额 27200 元。货物已全部验收入库，款项尚未支付。

（2）5 月 7 日，收到丙公司购买 A 产品的预付货款 100000 元。

（3）6 月 1 日，支付前欠乙公司货款 187200 元。

（4）9 月 10 日，向丙公司销售 A 产品 3000 件，每件销售价格为 100 元，增值税税率为 17%，成本为每件 60 元，丙公司剩余款项以银行存款结清。

（5）12 月 1 日，向银行借入一笔生产经营用的短期借款 150000 元，期限 6 个月，年利率 5%，每月末支付利息，本金到期偿还。

要求：请编制甲公司 2015 年度有关业务的会计分录。

2. 甲公司为增值税一般纳税人，是一家生产洗衣机的企业，共有员工 200 名，其中生产部直接人员 120 名，生产部管理人员 20 名，销售部销售人员 30 名，管理部门管理人员 30 名。甲公司将本公司生产的洗衣机发放给职工作为福利，每台洗衣机成本为 600 元，计税价格为每台 1000 元。

要求：根据上述资料编制相应的会计分录。

3. 甲公司为增值税一般纳税人，增值税税率为 17%。2015 年 6 月发生与职工薪酬有关的业务如下：

（1）应付企业内部生产设备改良工程人员工资 38000 元，该生产设备是甲公司以经营租赁方式从乙公司租入的，租期为 10 年。

（2）为企业内部管理人员和生产工人提供免费住宿，每月计提折旧为 50000 元，其中管理人员为 22000 元。

（3）本月末按照工资总额的标准分配工资费用 3800000 元，其中直接生产产品人员工资 2000000 元，车间管理人员工资 300000 元，专设销售机构人员工资 700000 元，企业行政管理人员工资 800000 元。根据所在地政府规定，按工资总额的 38.5% 计提社会保险费、住房公积金、职工福利费、工会经费和职工教育经费。

（4）以现金支付公司员工王某生活困难补助 2000 元。

（5）从应付罗某的工资中，扣除上月为其代垫的应由罗某本人负担的医疗费用 6000 元。

要求：根据上述资料编制相应的会计分录。

4. 甲公司为小规模纳税人，增值税税率为 3%，存货按实际成本核算；甲公司发生有关业务资料如下：

（1）向乙公司购入原材料一批，取得的发票上注明价款 80000 元，增值税税额 13600 元，甲公司以银行存款支付款项并将其材料验收入库。

（2）向丙公司销售库存商品一批，成本为 50000 元，甲公司所开出的普通发票中注明的含税货款 92700 元，甲公司收到丙公司银行承兑的商业汇票一张，该商业汇票面值 92700 元，3 个月到期。

要求：根据上述资料编制相应的会计分录。

5. 甲公司存货按实际成本核算。2015 年 3 月 6 日，甲公司委托乙公司加工一批应交消费税的 A 材料（非贵重首饰和珠宝玉石），委托加工 A 材料的成本为 500000 元，加工费为 100000 元，由乙公司代收代缴的消费税税额为 40000 元。加工完成后，甲企业将 A 材料验收入库。甲公司以银行存款向乙公司支付加工费。假设不考虑相关增值税税额。

要求：

（1）如果 A 材料收回后，继续用于生产应税消费品，请编制有关的会计分录。

（2）如果 A 材料收回后，直接用于销售，请编制有关的会计分录。

# 第九章

# 非流动负债

📖 **章首案例**

　　甲公司为一家制造型企业，系增值税一般纳税人（适用增值税税率为 17%），2017 年发生非流动负债的部分相关资料如下：①2017 年 1 月 1 日，甲公司向乙银行借入资金 160 万元，借款已全部存入甲公司银行账户上，借款期限为 3 年，借款利率为 8%，利息按季度支付，本金到期一次性偿还。②2017 年 1 月 6 日，甲公司对外发行 5 年期债券 600 万元，发行价格为 592 万元，票面利率为 6%；该债券为到期一次还本付息债券。甲公司发行该债券的目的是为了建造办公楼，该办公楼将于 2017 年 12 月 31 日完工并投入使用。③2017 年 1 月 9 日，甲公司为满足市场需求，向乙公司租入新型号 A 生产设备一台，按照租赁协议规定租赁价款为 360 万元，此外甲公司为租入 A 生产设备发生相关的保险费用和安装调试费用 12 万元。按照租赁协议，甲公司分 5 年支付 A 生产设备的租赁费用且于每年初支付。此外甲公司还应按照 8% 利率支付尚未缴纳租金的利息。租赁期届满后，A 生产设备归甲公司所有。2017 年 1 月 18 日，A 生产设备已运达甲公司，甲公司于 2017 年 1 月 20 日将 A 生产设备投入使用。

　　对于以上经济业务，甲公司应该如何对其进行会计处理呢？学习完本章，我们就可以解答这些问题。

　　非流动负债是指偿还期在一年或者超过一年的一个营业周期以上的债务。它主要包括长期借款、应付债券、长期应付款和专项应付款等。本章主要论述非流动负债的意义、种类、特点以及对主要的非流动负债进行介绍。

# 第一节　非流动负债概述

　　企业产生非流动负债的原因是为了满足企业长期资金的需要。本节主要介绍非流动负债的意义、种类和特点。

## 一、非流动负债的意义

　　企业为了扩大生产经营规模，增加各种较长时期使用的固定资产，需要投入大量的资金。这些资金，仅依靠企业自身的积累，往往会丧失最佳的投资机会，给企业造成无法弥补的损失。企业生产经营所需的能够长期占用的资金主要有两个来源：一是投资者投入的资本；二是举借长期债务即非流动负债。两种筹资途径各有利弊。举借长期债务，对企业的影响表现在以下几个方面：

第一，债权人对企业无管理权和投票权，保证了企业所有者控制企业的权力不受损害。如股份制企业，倘若采用增发股票的方式筹集长期资本，可能会影响原有股东的持股比例，从而影响原股东对企业的控制能力或权限。

第二，非流动负债的资本成本要比发行股票低，并且不能享受企业的超额利润，从而可以增加所有者的盈余。因为向企业提供非流动负债的债权人从企业获得的只是按固定利率计算的利息收入，在企业的投资报酬率高于非流动负债的固定利率时，超过部分归股东所有。

第三，非流动负债的利息支出可以作为企业的一项费用支出，冲减当期的利润，使企业少交所得税，从而获得税收利益。而增加投入资本所应支付的股利在缴纳所得税时是不予扣除的。

但是，非流动负债也有不利的一面。首先，企业必须根据合同的规定，承担各期固定的利息支出；其次，企业必须在非流动负债到期还本之前，准备足够的资金，以保证债权人到期收回其本金。如果企业经营管理不善，或者市场形势逆转，非流动负债的还本付息会使企业背上沉重的包袱。因此，是否以非流动负债的形式筹集长期资本、如何筹集成为企业财务决策的重要内容之一。

## 二、非流动负债的种类

企业常见的非流动负债主要有以下几种：

### 1. 长期借款

长期借款是指企业向银行等金融机构借入的偿还期在一年以上的债务，一般用于固定资产的购建、改扩建工程、大修理工程以及流动资产的正常需要等。

### 2. 应付债券

应付债券是企业的一种长期债务证书。举债公司一般将它所要筹集的长期资本总额划分为数额较小的若干份额，以债券的形式在社会上向公众募集。这是非流动负债中最普遍的一种方式。

### 3. 应付长期抵押债券（或票据）

应付长期抵押债券（或票据）是企业以某种财产，如土地、厂房、设备等，作为偿还借款的抵押担保品而在借款时发行（或签发）的一种长期债券（或票据）。这种非流动负债的方式一般用于独资经营或合伙经营企业。

**4. 长期应付款**

长期应付款包括采用补偿贸易方式引进国外设备价款和应付融资租入固定资产的租赁费等。长期应付款除具有数额大、偿还期长的特点外，还具有两个特点：一是长期应付款具有分期付款的性质；二是长期应付款的计价经常涉及外币与人民币比价的变动。

### 三、非流动负债的特点

企业的非流动负债与流动负债相比，具有以下特点：

**1. 举债金额大**

企业举借非流动负债，一般都是用于购建固定资产、扩大经营规模，因此，所需金额较大。

**2. 偿还期限长**

非流动负债的偿还期为一年或超过一年的一个营业周期以上。因此，对于企业剩余债务期限不足一年的非流动负债在资产负债表中应将其列为流动负债。

**3. 偿还方式灵活**

非流动负债既可采用分期付息到期还本的方式，也可采用分期偿还本息的方式，还可以采用到期一次还本付息的方式，而流动负债通常都是到期一次偿还本息。

**4. 借款费用高**

由于非流动负债金额较大，期限较长，利率较高，因此，其利息费用较高。它构成企业一项长期的固定支出，财务风险大。

# 第二节　长期借款

长期借款的使用会影响到企业的生产经营规模和效益，因此企业必须加强对长期借款的管理和核算。本节主要介绍长期借款的定义、分类及有关的会计处理方法。

### 一、长期借款的概念和种类

**1. 长期借款的概念**

长期借款是指企业向银行或其他金融机构借入的期限在一年以上（不含一年）的各种借款。它一般用于企业固定资产购建和扩大生产经营规模需要等。长期借款是目前我国企业取得长期负债资金的主要筹资方式，它的债权人为银行和其他金融机构，具有筹资速度快、筹资弹性大等优点。

**2. 长期借款的分类**

企业的长期借款可以按照不同的标志进行以下分类：

（1）按借款用途可分为基建借款和专项借款。基建借款是指为新建、改建、扩建企业固定资产等而取得的借款；专项借款是指为大修理、设备更新改造等而取得的借款。

（2）按借款的条件可分为抵押借款、信用借款和担保借款。抵押借款是指以企业的动产和不动产作为抵押，以保证按期还款而取得的借款；信用借款是指不以特定的财产抵押作保证，仅凭企业的良好信誉而取得的借款；担保借款是指企业通过其他具有法人资格单位的担保而取得的借款。

（3）按提供贷款的机构不同可分为政策性银行贷款、商业银行贷款和其他金融机构贷款。

## 二、长期借款的核算

为了全面地反映和监督企业长期借款的借入、应计利息和归还本息情况，应设置"长期借款"科目。本科目的贷方登记长期借款本息的增加额，借方登记本息的减少额，贷方余额表示企业尚未偿还的长期借款的本息。本科目应按照提供贷款银行等金融机构设立明细账，并按借款种类进行明细分类核算。长期借款的核算需要注意以下几点：

其一，企业借入各种长期借款，应按实际收到的款项，借记"银行存款"科目，按借款本金，贷记"长期借款——本金"科目，按借贷双方之间的差额，借记"长期借款——利息调整"科目。

其二，在资产负债表日，企业应按长期借款的摊余成本和实际利率计算确定的利息费用，借记"在建工程""财务费用""制造费用"等科目，按借款本金和合同利率计算确定的应付未付利息，贷记"应付利息"科目，按其差额，贷记"长期借款——利息调整"科目。

其三，企业归还长期借款，按归还的借款本金，借记"长期借款——本金"科目，按转销的利息调整金额，贷记"长期借款——利息调整"科目，按实际归还的款项，贷记"银行存款"科目，按借贷双方之间的差额，借记"在建工程""财务费用""制造费用"等科目。

**【例9-1】** A企业于2017年3月31日从银行借入资金1200000元，借款期限两年，年利率8%，款项已存入银行，本息于到期日一次支付。该借款用于购买生产所需的一台设备，4月15日企业收到该设备，价款1150000元，安装费50000元，均用银行存款支付，设备已于当日交付使用（假定不考虑增值税转型）。会计处理如下：

（1）取得借款时。

借：银行存款 1200000

　　贷：长期借款 1200000

（2）支付设备款和安装费时。

借：在建工程 1200000

贷：银行存款　　　　　　　　　　　　　　　　　　　　　　　　1200000

（3）4月15日计算应计入固定资产成本的利息并结转固定资产。

企业于3月31日借入款项，4月15日设备投入使用，因此，3月31日至4月15日间发生的利息计入固定资产的成本，4月16日以后发生的利息应当计入当期损益。应计入固定资产成本的利息金额为 1200000×8%÷12×0.5=4000（元）

　　　　借：在建工程　　　　　　　　　　　　　　　　　　　　　　　　　　4000
　　　　　　贷：长期借款　　　　　　　　　　　　　　　　　　　　　　　　　　4000

结转固定资产时：

　　　　借：固定资产　　　　　　　　　　　　　　　　　　　　　　　　1204000
　　　　　　贷：在建工程　　　　　　　　　　　　　　　　　　　　　　　1204000

（4）2017年12月31日，该项长期借款应计提的利息为 1200000×8%÷12×8.5=68000（元）

　　　　借：财务费用　　　　　　　　　　　　　　　　　　　　　　　　　68000
　　　　　　贷：长期借款　　　　　　　　　　　　　　　　　　　　　　　　68000

（5）2018年12月31日，该项长期借款应计提的利息。

　　　　借：财务费用　　　　　　　　　　　　　　　　　　　　　　　　　96000
　　　　　　贷：长期借款　　　　　　　　　　　　　　　　　　　　　　　　96000

（6）2019年3月31日，企业应计提的利息为 1200000×8%÷12×3=24000（元）

　　　　借：财务费用　　　　　　　　　　　　　　　　　　　　　　　　　24000
　　　　　　贷：长期借款　　　　　　　　　　　　　　　　　　　　　　　　24000

（7）归还长期借款。

2019年3月31日归还长期借款的本金和利息共计1392000元。

　　　　借：长期借款　　　　　　　　　　　　　　　　　　　　　　　　1392000
　　　　　　贷：银行存款　　　　　　　　　　　　　　　　　　　　　　　1392000

# 第三节　应付债券

应付债券是指企业为筹集长期需要的资金而对外发行的债券，它也属于企业的一项非流动负债。本节主要介绍了债券的概念、分类、一般应付债券和特殊的可转换公司债券的相关内容和核算方法。

## 一、债券的概念和种类

### 1. 债券的概念

债券是指发行者为筹集资金依照法定程序对外发行的，约定在一定日期还本付息的有价证券。它是企业筹集长期使用资金的一种主要形式，与其他长期负债筹资方式相比，发行债券的突出优点在于筹资对象广、市场大。但是，这种筹资方式成本高、风险大、限制条件多，是其不利的一面。

**2. 债券的分类**

债券按不同的标准有以下多种分类。

（1）按发行方式划分。可分为记名企业债券和无记名企业债券。前者应记录债券持有者的姓名，后者无须记录持有者的姓名。

（2）根据发行主体的不同，债券可分为政府债券、金融债券和公司债券。政府债券，也称公债券，是政府为筹集资金而向投资者出售并承诺在一定时期还本付息的债务凭证。金融债券是指银行等金融机构所发行的债券。公司债券也称企业债券，是企业或公司为筹资所发行的债券。公司债券的持有者即公司的债权人，发行债券的公司应按约定的有关条款向债权人还本付息。公司在发行债券时一般会事先设计好债券的面值、票面利率、偿还期限、还本付息方式等条款。

（3）按有无担保划分。可分为有担保企业债券和无担保企业债券。有担保企业债券以某种特定财产作为执行债券协议的保证而发行。无担保企业债券是完全以企业信用作为担保而发行的债券。

（4）按偿还方式划分。可分为定期偿还企业债券和分期偿还企业债券。前者指在同一个到期日全部清偿的企业债券；后者指分期分批偿还本金的企业债券。

## 二、应付债券核算应设置的账户

为了全面地反映和监督企业发行债券所取得的资金收入、归还和付息等情况，企业应设置"应付债券"科目。本科目的贷方登记应付债券的本金和利息，借方登记归还的债券本金和利息，期末贷方余额表示企业尚未归还的债券本金和利息。在"应付债券"科目下设置"面值""利息调整""应计利息"三个明细科目。

"利息调整"科目反映发生和摊销的债券溢折价等，它是"面值"的备抵附加调整科目。

"应计利息"科目用来反映因发行债券应付而未付给债券持有人的利息数，其贷方登记某时期应付的利息数，借方登记支付的利息数，余额在贷方，表示尚未支付的利息数。

如果企业发行一次还本、分次付息债券，应通过"应付利息"科目，用来核算企业在每个计息日计提但尚未支付的债券利息。

为了详细反映企业债券的发行和偿还情况，"应付债券"科目应根据债券种类分别设置明细账进行核算。同时，企业还应设立备查簿登记债券的票面金额、债券票面利率、还款期限与方式、发行总额、发行日期和编号、委托债券承销部门等项目。

## 三、应付债券入账价值的确定

企业债券发行价格的高低一般取决于债券票面价值、债券票面利率、发行当时的市场利率以及债券期限的长短等因素。债券发行有面值发行、溢价发行和折价发行三种情况。

债券的发行价格受同期银行存款利率的影响较大，当债券的票面利率高于银行存款利率，可按超过债券票面价值的价格发行，即溢价发行。溢价发行表明企业以后各期多付利息而事先从债券购买者那里得到的补偿。如果债券的票面利率低于银行存款的利率，可按低于债券票面价值的价格发行，称为折价发行。折价发行表明企业以后各期少付利息而预先给债券购买者的补偿。如果债券的票面利率与银行存款的利率一致，可按票面价值的价格发行。溢价或折价是债券发行企业在债券存续期内对利息费用的一种调整。

无论是按面值发行、溢价发行还是折价发行，均按债券面值记入"应付债券"科目的"面值"明细科目，按实际收到的款项与面值的差额记入"利息调整"明细科目。"利息调整"明细科目须在债券存续期内按实际利率法摊销。

## 四、应付债券的核算

### 1. 债券发行的核算

（1）面值发行的核算。企业以面值发行债券时，应按票面金额，借记"银行存款"科目，贷记"应付债券——面值"科目。

【例9-2】企业于2017年1月1日发行3年期、到期一次还本付息的债券，发行票面价值总额为1000000元，票面年利率10%，同期金融市场利率也为10%。会计分录如下：

  借：银行存款            1000000
    贷：应付债券——债券面值       1000000

（2）溢价发行的核算。企业溢价发行债券时，按实际收到的款项，借记"银行存款"科目，按债券的面值，贷记"应付债券——面值"科目，按实际收到的款项与债券面值的差额，贷记"应付债券——利息调整"科目。

【例9-3】若【例9-2】中，同期金融市场利率为8%，其他条件相同，则债券的发行价格为$1000000 \times 0.7938 + 1000000 \times 10\% \times 2.5771 = 1051510$（元）。会计分录如下：

  借：银行存款            1051510
    贷：应付债券——面值        1000000
      应付债券——利息调整      51510

（3）折价发行的核算。企业折价发行债券时，按实际收到的款项，借记"银行存款"科目，按债券的面值，贷记"应付债券——债券面值"科目，按实际收到的款项与债券面值的差额，借记"应付债券——利息调整"科目。

【例9-4】承【例9-2】，若同期市场利率为12%，其他条件相同，则债券的发行价格为$1000000 \times 0.7118 + 1000000 \times 10\% \times 2.4018 = 951980$（元）。会计分录如下：

  借：银行存款            951980
    应付债券——利息调整       48020
    贷：应付债券——面值        1000000

**2. 债券利息及溢价、折价摊销的核算**

发行方溢价发行债券，是对未来各期发行方将多付利息而事先得到的补偿，因此，溢价摊销要调减企业利息费用；发行方折价发行债券是对未来各期发行方将少付利息而事先给债券购买者的补偿，因此，折价摊销就是要调增企业的利息费用。

企业应按期计提利息及按实际利率法摊销溢价、折价。实际利率法是以按票面利率和票面价值计算的应计利息与按实际利率和各期期初债券摊余成本计算的实际利息的差额作为溢价或折价摊销数的摊销方法。

对于分期付息、一次还本的债券，应于资产负债表日按摊余成本和实际利率计算确定的债券利息，借记"在建工程""制造费用""财务费用""研发支出"等科目；按票面利率计算确定的应付未付利息，贷记"应付利息"科目；按其差额，借记或贷记"应付债券——利息调整"科目。

对于一次还本付息的债券，应于资产负债表日按摊余成本和实际利率计算确定的债券利息，借记"在建工程""制造费用""财务费用""研发支出"等科目；按票面利率计算确定的应付未付利息，贷记"应付债券——应计利息"；按其差额，贷记"应付债券——利息调整"科目。

（1）按实际利率法摊销债券溢价。

【例9-5】以【例9-4】债券溢价发行为例。实际年利率为8%，票面年利率为10%。溢价数额为51510元。根据溢价数额，可编制溢价摊销表，见表9-1。

表9-1 债券溢价摊销表

单位：元

| 期次 | 实付利息（A） | 利息费用（B） | 溢价摊销（C） | 未摊销溢价（D） | 账面价值（E） |
|------|------|------|------|------|------|
| | 面值×10% | （E）×8% | （A）-（B） | 上期（D）-（C） | 面值+（D） |
| 发行时 | | | | 51510.00 | 1051510.00 |
| 1 | 100000 | 84120.80 | 15879.20 | 35630.80 | 1035630.80 |
| 2 | 100000 | 82850.46 | 17149.54 | 18481.26 | 1018481.26 |
| 3 | 100000 | 81478.50 | 18481.26 | 0.00 | 1000000.00 |

注：最末期的溢价摊销额包含查表误差与每期四舍五入的累计影响40.24元。

表9-1可以说明计算利息费用及溢价摊销的实际利率法所依据的观念。债券的发行价格为1051510元，是应付债券在第一年计提利息期间的账面价值。每年计提的利息在债券存续期间内不发生变动，但利息费用则逐期变动。利息费用是前期期末账面价值与实际利率之积，而溢价摊销数为票面利息与利息费用的差额。第一年末，溢价减少15879.20元，应付债券的账面价值因而减少15879.20元，逐年进行，直到应付债券账面价值减少到面值。

第一年末的会计分录如下：

借：在建工程（财务费用等）          84120.80

  应付债券——利息调整         15879.20

贷：应付债券——应计利息　　　　　　　　　　　　　　　　　100000

第二年末、第三年末的会计分录依此类推。

（2）按实际利率法摊销债券折价。

【例9-6】以【例9-5】债券折价发行为例，实际年利率为12%，票面年利率为10%，折价摊销额为48020元。根据折价数额，编制债券折价摊销表，见表9-2。

表9-2　债券折价摊销表

单位：元

| 期次 | 实付利息（A） | 利息费用（B） | 溢价摊销（C） | 未摊销溢价（D） | 账面价值（E） |
|---|---|---|---|---|---|
| | 面值×10% | （E）×12% | （B）-（A） | 上期（D）-（C） | 面值-（D） |
| 发行时 | | | | 48020.00 | 951980.00 |
| 1 | 100000 | 114237.60 | 14237.60 | 33782.40 | 966217.60 |
| 2 | 100000 | 115946.11 | 15946.11 | 17836.29 | 982163.71 |
| 3 | 100000 | 117859.65 | 17836.29 | 0.00 | 1000000.00 |

注：最末期的折价摊销额包含查表误差与每期四舍五入的累计影响23.36元。

　　应付债券账面价值随着折价的摊销逐期递增到面值。

　　第一年末的会计分录：

　　借：在建工程（财务费用等）　　　　　　　　　　　　　　　　　114237.6

　　　贷：应付债券——利息调整　　　　　　　　　　　　　　　　　14237.6

　　　　　应付债券——应计利息　　　　　　　　　　　　　　　　　100000

第二年末、第三年末的会计分录依此类推。

**3. 债券偿还的核算**

（1）到期偿还。债券到期应归还债券持有者本金和利息。在债券的整个偿还期内，溢价或折价都已摊销完毕，因此，归还债券本金时，就不再考虑债券的溢价或折价，全部按债券的票面价值和应计利息归还，按票面价值和应计利息，借记"应付债券——面值"和"应付债券——应计利息"科目，贷记"银行存款"科目。

【例9-7】与【例9-6】债券到期归还的会计处理基本相同。2020年1月1日，归还债券本金1000000元，利息300000元。会计分录如下：

　　借：应付债券——面值　　　　　　　　　　　　　　　　　　　　1000000

　　　　应付债券——应计利息　　　　　　　　　　　　　　　　　　300000

　　　贷：银行存款　　　　　　　　　　　　　　　　　　　　　　　1300000

（2）提前偿还。有些应付债券可能在既定的到期日前予以偿还。提前偿还应付债券的主要原因在于解除公司未来的利息负担。在利率降低、企业能以低于原来发行债券利率取得借款的情况下，债券的发行企业便可通过发行新的应付债券清偿旧的应付债券以获取利益。

　　大部分应付债券在发行时均有发行章程，规定企业可以用某一特定价格收回应付债券，这种价格往往比面值高，即使未规定收回的条款，企业还可以在到期之前在公开市场上购回。如果企业用高于账面价值的价格收回企业债券，应确认发生的损失；如果企业能以低于账面价值的价格收回应付债券，即可产生收回应付债券的利益。

【例9-8】以【例9-8】溢价发行债券的会计处理为例，假设企业决定于2019年1月1日提前偿还应付债券，提前偿还时摊销溢价余额18481.26元。企业实际支付价款为1250000元。其会计分录如下：

| | |
|---|---|
| 借：应付债券——面值 | 1000000 |
| 应付债券——应计利息 | 200000 |
| 应付债券——利息调整 | 18481.26 |
| 营业外支出 | 31518.74 |
| 贷：银行存款 | 1250000 |

## 五、可转换公司债券

### 1. 可转换公司债券的含义

可转换公司债券是指发行人依照法定程序发行，在一定期间内依据约定的条件可以转换成股份的公司债券。企业发行可转换公司债券，可以以较低的成本筹集资金。可转换公司债券既有债券的性质，又有股票的性质。债券持有者在转换期间内行使转换权利，将债券转换为股份，则债券持有者成为企业的股东，享受股东的权利；债券持有者在转换期内未行使转换权利，未将债券转换为股份的，则债券持有人作为债权人，有权要求企业清偿债券本息。由于债券具有双重性质，债券持有者可享受股东的权利或享受债权人的权利，风险较小，因而一般可转换公司债券的利率较低，企业通过发行可转换公司债券，以较低的筹资成本取得长期使用的资金。同时，从发行企业角度考虑，如果发行企业直接增发股票有困难的，通过发行可转换公司债券，在债券持有者不需要追加投资的情况下，使其成为企业的股东，企业达到增资的目的。对债券持有者而言，一方面，在发行企业效益不佳的情况下，债券持有者作为企业的债权人，有权取得固定的利息，并到期收回本金，即使发行企业破产清算，债权人的清偿权在股东之前，其利益能得到一定的保证；在发行企业效益较好的情况下，债券持有者将债券转换为股份，可以享受股利和资本增值的利益，或者在股票市场上该股票价格上涨时，将转换的股份出售，可得到较高的收益。另一方面，如果债券持有者未将债券转换为股份，在债券到期还本付息时，由于债券利率较低，将会损失一部分利息。在我国，上市公司和重点国有企业经批准，符合一定条件的可以发行可转换公司债券。

### 2. 可转换公司债券的发行价格

可转换公司债券的发行价格，按照《可转换公司债券管理暂行办法》规定："上市公司发行可转换公司债券的，以发行可转换公司债券前一个月股票的平均价格为基准，上浮一定幅度作为转股价格。重点国有企业发行可转换公司债券的，以拟发行股票的价格为基准，折扣一定比例作为转股价格。"

### 3. 可转换公司债券的会计处理

在会计核算中，企业发行的可转换公司债券作为非流动负债，在"应付债券"科目中设置"可转换公司债券"明细科目进行核算。其核算涉及的主要问题如下。

（1）可转换公司债券在初始确认的时候，将其所含的负债成分和权益成分分拆，负债成分的初始确认金额为负债成分的未来现金流量的现值，权益部分的初始确认金额为发行价格总额与负债成分的初始确认额的差额。发行债券所产生的交易费用按负债成分和权益成分各自相对的公允价值进行分摊。企业按实际收到的款项，借记"银行存款"，负债成分贷记"应付债券——可转换公司债券（面值）"以及权益成分贷记其他权益工具按借贷双方的差额，记"应付债券——可转换公司债券（利息调整）"。

（2）可转换公司债券到期未转换为股份的，按照可转换公司债券募集说明书的约定，于期满后5个工作日内偿还本息。偿还本息的会计核算与一般公司债券相同。

（3）债券持有人行使转换权利，将可转换公司债券转换为股份时，如债券面额不足转换1股股份的部分，企业应当以现金偿还。

可转换公司债券转换为股份时，按债券的账面价值结转，不确认损益。企业应按可转换公司债券的面值，借记"应付债券——可转换公司债券（债券面值）"科目，按未摊销的溢价或折价，借记（或贷记）"应付债券——可转换公司债券（债券溢价、债券折价）"科目，按已提的利息，借记"应付债券——可转换公司债券（应计利息）"科目，按股票面值和转换的股数计算的股票面值总额，贷记"股本"科目，按实际用现金支付的不可转换股份的部分，贷记"现金"等科目，借贷方的差额，贷记"资本公积——股本溢价"科目。

【例9-9】甲股份有限公司经批准于2017年1月1日发行3年期100000000元可转换公司债券，债券票面利率为5%，按面值发行（不考虑发行费用）。债券发行一年后可转换为股份，每100元转换普通股8股，股票面值1元，可转换公司债券的账面价值105000000元（面值100000000元，应计利息5000000元）。假如债券持有人将债券全部转换为股份。甲公司发行可转换公司债券时二级市场上与之类似的没有附带转换权的债券市场利率为8%。其会计分录如下：

（1）2017年1月1日发行债券时。

借：银行存款　　　　　　　　　　　　　　　　　　　　100000000
　　应付债券——可转换公司债券（利息调整）　　　　　　7734500
　　贷：应付债券——可转换公司债券（面值）　　　　　　100000000
　　　　其他权益工具　　　　　　　　　　　　　　　　　7734500

该债券负债成分：

$100000000 \times 0.7938 + 100000000 \times 5\% \times 2.5771 = 92265500$（元）

权益成分：

$100000000 - 92265500 = 7734500$（元）

（2）2017年12月31日确认利息费用时。

借：在建工程或财务费用等　　　　　　　　　　　　　　7381240

  贷：应付债券——可转换公司债券（应计利息）      5000000

    应付债券——可转换公司债券（利息调整）    2381240

（3）转换为股份时（假定已支付利息）。

转换为股份数 = 100000000 ÷ 100 × 8 = 8000000（股）

借：应付债券——可转换公司债券（面值）      100000000

  应付利息——可转换公司债券利息       5000000

  其他权益工具              7734500

  贷：股本                8000000

    应付债券——可转换公司债券（利息调整）    5353260

    资本公积——股本溢价         99381240

# 第四节　长期应付款

  企业除长期借款和应付债券以外的其他各种长期应付款项均统称为长期应付款。本节主要介绍了长期应付款中的应付补偿贸易引进设备款。

## 一、长期应付款核算的内容

  长期应付款主要包括应付补偿贸易引进设备款、应付融资租入固定资产租赁款等。为了总括地反映长期应付款的发生和归还情况，企业应设置"长期应付款"科目。该科目的贷方登记发生的应付款，借方登记归还的应付款。期末贷方余额表示企业尚未偿付的各种长期应付款。"长期应付款"科目应按长期应付款的种类设置明细账，进行明细分类核算。

## 二、应付补偿贸易引进设备款

  补偿贸易是从国外引进设备，再用该设备生产的产品归还设备价款。国家为了鼓励企业开展补偿贸易，规定开展补偿贸易的企业，补偿期内免交引进设备所生产的产品的流转税。补偿贸易是以生产的产品归还设备价款，在一般情况下，设备的引进和偿还设备价款是没有现金流入和流出的。在会计核算时，一方面，引进设备的资产价值以及相应的负债，作为本企业的一项资产和一项负债，在资产负债表中分别包括在"固定资产"和"长期应付款"项目中；另一方面，用产品归还设备价款时，视同产品销售进行处理。

  【例9-10】某企业开展补偿贸易业务，从国外引进设备价款折合人民币80万元（不需安装就可投入使用），企业准备用所生产的产品归还引进设备款。引进设备投产后，第一批生产产品200件，单价800元，单位销售成本600元，这一批产品全部用于还款（假定不考虑增值税转型）。企业应做如下会计分录：

（1）引进设备时。

借：固定资产                                                    800000
  贷：长期应付款——应付补偿贸易引进设备款              800000

（2）第一批产品销售时。

借：应收账款                                                    187200
  贷：主营业务收入                                    160000
    应交税费——应交增值税（销项税额）        27200

（3）结转销售成本时。

借：主营业务成本                                                120000
  贷：库存商品                                        120000

（4）用第一批产品价款偿还设备价款。

借：长期应付款——应付补偿贸易引进设备款                          187200
  贷：应收账款                                        187200

## 三、应付融资租赁款

有关融资租赁的相关内容已在第六章第二节介绍，在此不再赘述。

# 习　题

## 一、单选题

1. 甲股份有限公司于 2015 年 10 月 1 日发行票面价值总额为 1000 万元公司债券，该债券票面利率为 7.2%，期限为 5 年，面值发行（发行手续费略），到期一次还本付息。2016 年 6 月 30 日，该公司应付债券的账面价值为（　　）万元。

  A. 1000    B. 1054    C. 1024    D. 1096

2. 某企业 2015 年 7 月 1 日向银行贷款 200 万元，期限为 6 个月，年利率为 4.8%，到期一次还本付息，按月计提利息。该企业 2015 年 7 月 31 日应计提的利息为（　　）万元。

  A. 0.8    B. 1    C. 1.2    D. 1.5

3. 某企业 2015 年 7 月 1 日取得期限为 5 年的按季支付利息，到期归还本金的长期借款 100 万元，年利率为 6%。则 2016 年 11 月 31 日，该长期借款的账面价值为（　　）万元。

  A. 100    B. 108.5    C. 101.5    D. 100.5

4. 2015 年 1 月 1 日某公司对外发行为期 5 年，票面年利率为 8%，面值为 1000 万元的公司债券，该债券为一次还本付息债券，发行价格为 1046.22 万元，实际年利率为

6%，2015 年 12 月 31 日该债券的账面价值为（  ）万元。

  A. 0      B. 1000      C. 1108.99      D. 1060

  5. 下列有关利息支出的选项中，不能计入财务费用的是（  ）。

  A. 短期借款利息         B. 长期借款利息

  C. 应付债券利息         D. 筹建期间的借款利息

  6. 某股份公司于 2015 年 1 月 1 日按面值发行了 1000 万元期限为 5 年的可转换公司债券，票面利率为 6%，该债券一次还本，按年支付利息。该可转换债券 1 年后可以转换为股票，初始转换金额为每股 10 元，股票面值为每股 1 元。若 2015 年 1 月 1 日在二级市场上与该可转换债券类似的没有附带转换权的债券市场利率为 8%，那么该可转换债券负债成分的公允价值为（  ）万元。

  A. 920.162      B. 79.838      C. 1000      D. 930

  7. 甲公司与乙公司签订一项租入一条需要安装生产设备的融资租赁合同，该生产设备的公允价值为 2600 万元，最低融资租赁付款额的现值为 3000 万元，生产设备如期抵达甲公司，甲公司安装生产设备共发生费用 60 万元，则甲公司融资租入该生产设备的入账价值为（  ）万元。

  A. 3060      B. 2660      C. 2600      D. 3000

  8. 甲公司 2015 年 1 月 1 日发行 3 年期、分期付息到期一次还本的债券，债券面值为 3000 万元，票面利率为 5%，每年 1 月 1 日付息。假设实际年利率为 6%，则该债券的发行价格为（  ）万元。

  A. 3000      B. 3080      C. 2919.75      D. 2896.62

  9. 将长期借款分为抵押借款、信用借款和担保借款的依据是（  ）。

  A. 借款的条件    B. 借款的机构不同    C. 借款的用途     D. 借款的定义

  10. 下列关于债券溢价、折价摊销的表述中正确的是（  ）。

  A. 分期付息到期一次还本的溢价发行债券，随着各期溢价的摊销，债券的摊余成本逐渐回归于面值

  B. 分期付息到期一次还本的折价发行债券，随着各期折价的摊销，债券的利息费用保持不变

  C. 分期付息到期一次还本的溢价发行债券，随着各期溢价的摊销，债券的利息费用逐渐增加

  D. 分期付息到期一次还本的折价发行债券，随着各期折价的摊销，债券的利息费用逐渐减少

## 二、多选题

  1. 目前，我国企业的长期负债主要包括（  ）。

  A. 长期借款     B. 应付账款      C. 应付债券      D. 长期应付款

  2. 长期借款所发生的利息费用，根据长期借款的使用方向，可以将其直接计入的项目有（  ）。

  A. 财务费用     B. 在建工程      C. 管理费用      D. 营业外支出

3. 下列各项中，属于财务费用的有（    ）。

A. 长短期借款的利息

B. 与借款相关的折价和溢价的摊销

C. 安排借款时发生的辅助费用的摊销

D. 作为外币借款利息费用调整额的汇兑差额

4. 企业为了核算对外发行的公司债券，应当在"应付债券"科目下设置的明细科目有（    ）。

A. 面值　　　　　　B. 利息调整　　　　　C. 应计利息　　　　　D. 溢价摊销

5. 应付债券溢价或折价的摊销，可采用的方法有（    ）。

A. 成本法　　　　　B. 权益法　　　　　　C. 直线法　　　　　　D. 实际利率法

6. 下列关于长期借款的说法，不正确的是（    ）。

A. 生产经营期间的借款利息计入在建工程

B. 对于到期一次还本付息的长期借款，该利息计入长期借款——应计利息

C. 筹建期间的借款利息计入管理费用

D. 长期借款的利息费用应按票面利率计算

7. 下列各项中，不会引起企业负债增加的有（    ）。

A. 计提职工薪酬　　　B. 存货盘亏　　　　　C. 增加长期借款　　　D. 发放股利

8. 下列各项中，（    ）是非流动负债的特点。

A. 举债金额大　　　　B. 偿还期限长　　　　C. 偿还方式少　　　　D. 借款费用高

9. 根据债券发行的主体不同，可分为（    ）。

A. 政府债券　　　　　B. 公司债券　　　　　C. 记名企业债券　　　D. 不记名企业债券

10. 下列选项中关于长期借款利息费用的会计处理正确的是（    ）。

A. 筹建期间的借款利息计入管理费用

B. 筹建期间的借款利息计入长期待摊费用

C. 符合资本化条件的借款利息计入财务费用

D. 符合资本化条件的借款利息计入相关资产成本

## 三、判断题

1. 企业计提长期借款利息时，应当借记"在建工程"或"财务费用"等科目，贷记"预提费用"科目。（    ）

2. 企业筹建期间发生的借款利息应全部作为长期待摊费用处理，并在规定的期限内平均摊销。（    ）

3. 对于分期付息、一次还本折价摊销的债券，随着各期折价的摊销，债券的利息费用和摊余成本逐渐增加。（    ）

4. 当债券溢价发行时，债券的票面利率低于实际利率。（    ）

5. 企业将于一年内到期的长期负债，应在资产负债表中作为流动负债反映。（    ）

6. 融资租入的固定资产，应将租赁开始日租赁资产的公允价值与最低租赁付款额现值中较低者加上初始直接费用作为融资租入固定资产的入账价值。（    ）

7. 签订融资租赁合同过程中发生的、可直接归属于融资租赁项目的初始直接费用应当直接计入当期损益。（　　）

8. 发行可转换公司债券时，实际收到的金额与该项可转换公司债券包含的负债成分的公允价值的差额计入应当计入资本公积。（　　）

9. 企业发行的应付债券的利息，均应通过"应付债券——应计利息"科目核算。（　　）

10. 可转换债券在初始确认时，应当对负债成分和权益成分进行分拆。（　　）

## 四、计算分析题

1. 甲公司 2015 年度发生的与长期借款有关的业务资料如下。

（1）2015 年 1 月 1 日，甲公司为建造一幢办公楼从银行借入偿还期限为 3 年的长期借款 600000 元；借款合同规定的年利率为 5%，假设合同利率与实际利率相等且不计复利；该长期借款每年末计提并支付利息，本金到期归还。

（2）2015 年 1 月 1 日，甲公司开始建造办公楼，用该长期借款购买工程物资 380000 元（含增值税税额），假设该工程物资全部用于工程建设，同时支付工程款 220000 元。

（3）2015 年 12 月 31 日，办公楼完工达到预定可使用状态；该办公楼预计使用年限为 25 年，预计净残值为 70000 元，该办公楼采用年限平均法计提折旧。

要求：

（1）编制取得长期借款时的会计分录。

（2）编制 2015 年 12 月 31 日计提并支付长期借款利息的会计分录。

（3）编制结转办公楼成本的会计分录。

（4）编制 2016 年度计提办公楼折旧的会计分录。

（5）编制 2016 年 12 月 31 日计提并支付长期借款利息的会计分录。

2. 2015 年 1 月 1 日，甲公司发行 3 年期分期付息到期还本的公司债券 800000 元，票面利率为 8%。甲公司于每年 12 月 31 日计提并且支付债券利息，2018 年 1 月 1 日偿还本金。假定该债券发行时的市场利率为 6%。

要求：假定该债券的利息不符合资本化条件，请编制发行债券至到期还本的有关会计分录（计算结果保留小数点后两位数）。

3. 2015 年 1 月 1 日，甲公司按每份面值 100 元发行了 6 年期一次还本、分期付息的可转换公司债券 10000 份；该债券票面利率为 5%，甲公司于每年末计提并支付利息；债券发行 1 年后可转换为甲公司普通股股票，转股时每一份债券可转换为 10 股普通股股票，股票面值为每股 1 元。假定 2016 年 1 月 1 日，债券持有人将所持有的全部可转换公司债券转换为甲公司股票；甲公司发行该债券时资本市场上与之相似的没有转换权的债券的市场利率为 8%，且该债券发生的利息费用不符合资本化条件。

要求：请编制债券发行至转换为甲公司股票期间的相关会计分录。

4. 2015 年 1 月 1 日，甲公司与乙公司签订一项融资租赁合同，合同规定甲公司向乙公司融资租入一台生产设备，租赁期为 3 年，企业自租赁开始日起每年末支付租金；甲公司分别于 2015 年 12 月 31 日、2016 年 12 月 31 日、2017 年 12 月 31 日用银行存款支付租金 100000 元。租赁合同规定的年利率为 8%。

　　要求：编制与上述资料相关的会计分录。

　　5. 甲公司为建造专用生产设备发行公司债券，有关业务资料如下：2015 年 12 月 31 日，甲公司发行 3 年期的公司债券，面值为 600000 元，票面年利率为 5%，实际年利率为 8%，该债券每年付息一次，到期还本。甲公司委托乙公司生产该专用生产设备，2016 年 1 月 1 日工程开始动工，发行债券所得资金当日全额支付给乙公司，2016 年 12 月 31 日该生产设备达到预定可使用状态。2016 年 12 月 31 日甲公司支付债券利息。

　　要求：编制与上述资料相关的会计分录。

# 第十章

# 债务重组

📖 章首案例

### 三九集团债务重组[①]

　　三九企业集团是国务院国有资产监督管理委员会直接管理的大型中央企业，以医药为主营业务，以中药制造为核心，同时还涉及工程、房地产等领域。三九集团因欠银行债务高达 100 多亿元而陷入"资金紧缺，银行逼债"的困境，从 2004 年开始便着手重组，拟引进战略投资者挽救三九。国务院国资委选择内部解决——由华润去集团重组三九集团，华润集团获得对三九集团战略重组权后，在国家工商总局注册成立新三九控股，作为重组三九集团的管理平台。经国务院批准，三九企业集团及其下属企业的 20 家金融债权人组成三九集团债权人委员会，同意对三九集团的债务进行重组，并达成了债务重组协议。债务重组协议生效日起一个月内，债务人三九集团及下属企业、战略投资者华润集团有限公司、收购方新三九控股有限公司共同作为偿付方，向债权人一次性全额支付人民币 44.57亿元，用以清偿集团和三九医药层面债务重组的债务本金、三九医药层面的欠息及诉讼费。至此，三九集团的债务重组最终得以完成。

　　在三九集团的债务重组中，涉及了多种债务重组方式，通过对本章内容的学习，将对债务重组的定义和方式有深刻认识。

　　本章全面论述了债务重组的定义、几种常见的债务重组方式的会计处理。在学习和理解本章内容时，应当关注债务重组的定义及几种常见的债务重组方式的会计处理，例如以资产清偿债务、债务转为资本、修改其他债务条件以及几种方式的组合等。在学习本章节的内容同时，认真阅读《企业会计准则第 12 号——债务重组》及相关指南和解释可以加深对债务重组的理解。

## 第一节　债务重组的定义和重组方式

　　债务人发生财务困难、债权人作出让步是会计准则中债务重组的基本特征。常见的债

---

① 资料来源：三九医药股份有限公司关于签署《三九集团债务重组协议》的公告。

务重组方式主要有以资产清偿债务、债务转为资本、修改其他债务条件以及几种方式的组合，其中，以资产清偿债务包括以现金清偿债务和以非现金清偿债务。本节将对债务重组的定义和重组方式进行详细说明。

## 一、债务重组的定义

在市场经济条件下，竞争日趋激烈，一些企业可能因管理不善或受外部经营环境及其他因素的不利影响，致使盈利能力下降或经营发生亏损，资金周转不灵，出现暂时的财务困难，难以按期偿还债务。在此情况下，作为债权人，其中一种方式是可以通过法律程序，要求债务人申请破产，以清偿债务；另一种方式可以通过互相协商，通过债务重组的方式，债权人作出某些让步，使债务人减轻负担，渡过债务难关，解决债务纠纷。

债务重组，是指在债务人发生财务困难，债权人按照其与债务人达成的协议或法院的裁定作出让步的事项。本章主要讲述在持续经营条件下债权人作出让步的债务重组的会计处理。

债务重组定义中的"债务人发生财务困难"，是指债务人出现资金周转困难、经营陷入困境或者其他方面的原因，导致其无法或者没有能力按原定条件偿还债务；"债权人作出让步"，是指债权人同意发生财务困难的债务人现在或者将来以低于债务账面价值的金额或者价值偿还债务。债权人作出让步的情形主要包括债权人减免债务人部分债务本金或者利息、降低债务人应付债务的利率等。从债务重组的定义可以看出：第一，债务重组是在债务人发生财务困难的情况下进行的，如果不属于该原因，则不能归属为债务重组；第二，只有债权人作出让步的事项才属于债务重组的范畴，而债权人没有作出让步的修改债务偿还条件的事项不属于债务重组。因此，债务人发生财务困难、债权人作出让步是会计准则中债务重组的基本特征。

## 二、债务重组的方式

债务重组主要有以下几种方式：

**1. 以现金清偿债务**

是指债务人以低于债务账面价值的现金清偿债务的债务重组方式。这里的现金，是指库存现金、银行存款和其他货币资金。这种重组方式通常是指以低于债务账面价值的现金清偿债务，如果以等量的现金清偿所欠债务，则不属于本章所指的债务重组。

**2. 以非现金清偿债务**

是指债务人转让其非现金资产给债权人以清偿债务的债务重组方式。债务人用于清偿债务的非现金资产通常主要有存货、金融资产、固定资产、无形资产等。

**3. 债务转为资本**

是指债务人将债务转为资本，同时债权人将债权转为股权的债务重组方式。其结果是，债务人因此而增加股本（或实收资本），债权人因此而增加长期股权投资等。债务人根据转换协议，将应付可转换公司债券转换为股本的，则属于正常情况下的债务转资本，不能作为债务重组处理。

**4. 修改其他债务条件**

是指修改不包括上述三种情形在内的其他债务条件进行的债务重组方式，如减少债务本金、降低利率、减少或者免去应付未付的债务利息、延长债务偿还期限等。

**5. 混合重组方式**

是指采用以上四种方式共同清偿债务的债务重组方式。例如，以现金和非现金资产清偿某项债务的一部分，另一部分债务通过修改其他债务条件进行债务重组。

混合重组主要包括以下可能的方式：①债务的一部分以现金清偿，另一部分则用非现金资产清偿。②债务的一部分以现金或非现金资产清偿，另一部分则转为资本。③债务的一部分以现金或非现金资产清偿，另一部分则修改其他债务条件。④债务的一部分转为资本，另一部分则修改其他债务条件。⑤债务的一部分以现金或非现金资产清偿，另一部分转为资本，还有一部分则修改其他债务条件。

## 三、债务重组日

债务人履行协议或法院裁定，将相关资产转让给债权人，将债务转为资本或修改后的偿债条件开始执行的日期，即为债务重组完成日。债务重组可能发生在债务到期前、到期日或到期后。

对于以现金或非现金资产方式进行债务重组的，债务重组日为资产已经到达债权人手里或者已经交付给债权人使用，相关资产转移手续和债务解除手续均办理完毕的日期。

若以债务转为资本的方式进行债务重组的，债务重组日为债务人已经办妥增资批准手续，向债权人出具出资证明，并办理了有关债务解除手续的日期。

若以修改其他债务条件方式进行债务重组的，债务重组日为旧债务解除，新债务开始的日期。

例如，东方公司欠甲公司货款 500 万元，到期日为 2016 年 2 月 1 日，因东方公司发生财务困难，经双方协商，甲公司同意东方公司以价值 400 万元的原材料抵偿债务。东方公司于 2016 年 2 月 25 日将原材料运抵甲公司并办理了有关债务解除手续。在此项债务重组中，2016 年 2 月 25 日即为债务重组日。

如果上述东方公司是分批将原材料运往甲公司，最后一批运抵的日期为 2016 年 3 月 10 日，且在这一天办理了有关债务解除手续，债务重组日为 2016 年 3 月 10 日。若上述甲公司同意东方公司一项工程总造价为 400 万元的在建工程抵偿债务，但要求东方公司继续按计划完成在建工程，则债务重组日应为该项工程完工并交付使用，且办理了有关债务清偿手续的当日；在建工程完工后（如房产）需到相关部门进行登记，还需完成资产登记手续。如果甲公司同意东方公司将所欠债务转为资本，东方公司于 2016 年 2 月 23 日办妥增资批准手续，并向甲公司出具出资证明，则 2016 年 2 月 23 日即为债务重组日。若甲公司于 2016 年 2 月 26 日同意免除东方公司 100 万元的债务并将债务延长至 2016 年 12 月 31 日，则 2016 年 2 月 26 日即为债务重组日。

# 第二节　债务重组的账务处理

债务人进行债务重组通常会产生债务重组利得，而债权人则可能会产生债务重组损失，这与债权人是否进行计提坏账准备有关。本节对债务重组涉及的主要会计科目和几种常见的债务重组方式的账务处理进行介绍。

## 一、债务重组涉及的主要会计科目

### 1. 债务人使用的会计科目

应付账款，记录债务重组前债务人应偿还的债务金额。

应付账款——债务重组，记录债务重组以后债务人应偿还的债务金额。

营业外收入——债务重组利得，记录债务重组日换出资产账面价值与原应偿还债务金额的差额。

### 2. 债权人使用的会计科目

（1）应收账款，记录债务重组前债权人应收回的债务金额。

（2）应收账款——债务重组，记录债务重组以后债权人应收回的债务金额。

（3）营业外支出——债务重组损失，记录债务重组日换入资产公允价值与原债权账面价值的差额。

这里所称的"账面价值"是指某科目的账面余额减去相关备抵项目后的净额，如应收账款账面余额减去相应的坏账准备后的净额为账面价值。"账面余额"是指某科目的账面实际余额，不扣除作为该科目备抵的项目（如累计折旧、相关资产的减值准备等）。对债务而言，其账面价值通常就是该债务的账面余额；而对债权而言，如果债权计提了减值准备，其账面价值是账面余额与减值准备之差。

## 二、以现金偿还债务

债务人以现金清偿债务的，债务人应当在满足金融负债终止确认条件时，终止确认重组债务，并将重组债务的账面价值与支付的现金之间的差额确认为债务重组利得，作为营业外收入，计入当期损益。账务处理：借记"应付账款"科目，贷记"库存现金""银行存款""营业外收入——债务重组利得"等科目。

债务人以现金清偿债务的，债权人应当在满足金融资产终止确认条件时，终止确认重组债权，并将重组债务的账面余额与收到的现金之间的差额确认为债务重组损失，作为营业外支出，计入当期损益；如果重组债权已经计提减值准备的，应当先将上述差额冲减已计提的减值准备，冲减后仍有损失的，计入营业外支出；冲减后减值准备仍有余额的，应予以转回并抵减当期资产减值损失。账务处理：借记"库存现金""银行存款""营业外支出——债务重组损失""坏账准备"等科目，贷记"应收账款"科目。

【例 10-1】 东方公司于 2016 年 2 月 1 日销售一批商品给甲公司，不含税价格为 100 万元，增值税税率为 17%，按合同规定，甲公司应于 2016 年 6 月 1 日前偿付贷款。由于甲公司发生财务困难，无法按合同规定的期限偿还债务，经双方协商于 2016 年 7 月 1 日进行债务重组。东方公司同意减免甲公司 15 万元债务，余额用现金立即清偿。

（1）债务重组日甲公司的账务处理。

计算债务重组利得：

| | |
|---|---:|
| 应付账款账面余额 | 1170000 |
| 减：支付的现金 | 1020000 |
| 债务重组利得 | <u>150000</u> |

会计分录如下：

| | |
|---|---:|
| 借：应付账款 | 1170000 |
| 贷：银行存款 | 1020000 |
| 营业外收入——债务重组利得 | 150000 |

（2）债务重组日东方公司的账务处理。

1）东方公司未对债权计提坏账准备。

计算债务重组损失：

| | |
|---|---:|
| 应收账款账面余额 | 1170000 |
| 减：收到的现金 | 1020000 |
| 债务重组损失 | <u>150000</u> |

会计分录如下：

| | |
|---|---:|
| 借：银行存款 | 1020000 |
| 营业外支出——债务重组损失 | 150000 |
| 贷：应收账款 | 1170000 |

2）东方对债权计提了坏账准备 10 万元。

计算债务重组损失：

| | |
|---|---:|
| 应收账款账面余额 | 1170000 |
| 减：收到的现金 | 1020000 |
| 差额 | <u>150000</u> |
| 减：已计提的坏账准备 | 100000 |
| 债务重组损失 | <u>50000</u> |

会计分录如下：

| | |
|---|---:|
| 借：银行存款 | 1020000 |
| 坏账准备 | 100000 |
| 营业外支出——债务重组损失 | 50000 |
| 贷：应收账款 | 1170000 |

3）东方公司对债权计提了坏账准备 17 万元。

计算债务重组损失：

| | |
|---|---|
| 应收账款账面余额 | 1170000 |
| 减：收到的现金 | 1020000 |
| 差额 | 150000 |
| 减：已计提的坏账准备 | 170000 |
| 债务重组损失 | −20000 |

债务重组损失为负数，表明冲减减值准备后有余额，应予转回并抵减当期资产减值损失。

会计分录如下：

| | |
|---|---|
| 借：银行存款 | 1020000 |
| 坏账准备 | 170000 |
| 贷：应收账款 | 1170000 |
| 资产减值损失 | 20000 |

## 三、以非现金资产偿还债务

债务人以非现金资产清偿某项债务的，债务人应当在满足金融负债终止确认条件时，终止确认重组债务，并将重组债务的账面价值与转让的非现金资产的公允价值之间差额确认为债务重组利得，作为营业外收入，计入当期损益。转让的非现金资产的公允价值与其账面价值差额作为转让资产损益，计入当期损益。非现金资产的账面价值，一般为非现金资产的账面原价扣除累计折旧或者累计摊销以及资产减值准备后的金额。债务人在转让非现金资产过程中发生的一些税费，如资产评估费、运杂费等，直接计入资产转让损益。

债务人以非现金资产清偿某项债务的，债权人应当在满足金融资产终止确认条件时，终止确认重组债权，并将重组债权账面余额与受让的非现金资产的公允价值之间差额，计入当期损益。重组债权已经计提减值准备的，应当先将上述差额冲减已计提的减值准备，冲减后仍有损失的，作为债务重组损失，计入营业外支出；冲减后减值准备仍有余额的，应予转回并抵减当期资产减值损失。债权人取得的非现金资产，应当以公允价值入账。

### 1. 以原材料、库存商品抵偿债务

债务人以原材料、库存商品抵偿债务，应视同销售进行核算。债务人可将该项业务分为两部分：一是将原材料、库存商品视为产品出售给债权人，取得货款，此时出售原材料、库存商品业务与企业正常的销售业务处理相同，确认主营业务收入和主营业务成本，其发生的损益计入当期损益；二是以取得的货款清偿债务。当然在这项业务中实际上并没有发生相应的货币流入和流出。债务人的账务处理：①借记"应付账款"，贷记"主营业务收入""应交税费——应交增值税（销项税额）""营业外收入——债务重组利得"等科目。②借记"主营业务成本"，贷记"原材料""库存商品"科目。

【例10-2】2016 年 1 月 1 日，东方公司销售一批商品给甲公司，含税价 1053 万元。2016 年 7 月 1 日，甲公司发生财务困难，无法按合同规定偿还债务。2016 年 7 月 10 日经

双方协商，东方公司同意甲公司用产成品抵偿上述债务。该商品市价800万元，增值税税率17%，产品成本650万元。东方公司为该债权计提了坏账准备50万元，发生商品运输费10万元，该运输费由东方公司承担。假定不考虑其他税费。

（1）甲公司的账务处理。

| | |
|---|---|
| 债务重组日，重组债务的账面价值 | 10530000 |
| 减：所转让商品的公允价值（市价） | 8000000 |
| 增值税销项税额（8000000×17%） | 1360000 |
| 债务重组利得 | <u>1170000</u> |

会计分录如下：

借：应付账款　　　　　　　　　　　　　　　　　　　10530000
　　贷：主营业务收入　　　　　　　　　　　　　　　　　8000000
　　　　应交税费——应交增值税（销项税额）　　　　　　1360000
　　　　营业外收入——债务重组利得　　　　　　　　　　1170000
借：主营业务成本　　　　　　　　　　　　　　　　　　6500000
　　贷：库存商品　　　　　　　　　　　　　　　　　　　6500000

（2）东方公司的账务处理。

| | |
|---|---|
| 债务重组日，重组债务的账面价值 | 10530000 |
| 减：受让商品的公允价值 | 8000000 |
| 增值税销项税额 | 1360000 |
| 坏账准备 | 500000 |
| 债务重组损失 | <u>670000</u> |

会计分录如下：

借：库存商品　　　　　　　　　　　　　　　　　　　　8100000
　　应交税费——应交增值税（进项税额）　　　　　　　　1360000
　　坏账准备　　　　　　　　　　　　　　　　　　　　　500000
　　营业外支出——债务重组损失　　　　　　　　　　　　670000
　　贷：应收账款　　　　　　　　　　　　　　　　　　10530000
　　　　银行存款　　　　　　　　　　　　　　　　　　　100000

**2. 以固定资产清偿债务**

债务人以固定资产清偿债务的，应将固定资产的公允价值与该项固定资产账面净值和清理费用的差额作为转让固定资产的损益处理。同时，将固定资产的公允价值与应付债务的账面价值的差额，作为债务重组利得，计入营业外收入。债权人收到的固定资产应按公允价值和相关税费计量。

【例10-3】2016年3月1日，东方公司销售一批商品给胜龙公司，含税价为1000000元，按购销合同约定，胜龙公司应于2016年9月1日前支付货款，但由于胜龙公司发生财务困难，至2016年11月1日胜龙公司尚未支付货款。2016年12月10日，与东方公司协商，东方公司同意胜龙公司用一台设备抵偿该债务。该设备的账面价值为1300000元，已计提折旧400000元，发生清理费用10000元。东方公司对该债权计提坏账准备 30000 元。

（1）假定胜龙公司用于偿债的设备的公允价值为 950000 元，不考虑相关税费。

1）胜龙公司的账务处理。

第一步，确定债务重组中转让固定资产的损益。

| | |
|---|---|
| 固定资产账面价值 | 1300000 |
| 减：已计提的累计折旧 | 400000 |
| 加：固定资产清理费用 | 10000 |
| 固定资产账面净值和清理费用总额 | 910000 |
| 减：抵债固定资产的公允价值 | 950000 |
| 转让固定资产的利得 | 40000 |

第二步，确认债务重组损益。

| | |
|---|---|
| 债务重组日，重组债务的账面价值 | 1000000 |
| 减：所抵债固定资产的公允价值 | 950000 |
| 债务重组利得 | 50000 |

会计分录如下：

首先，将固定资产净值和清理费用转入固定资产清理。

| | | |
|---|---|---|
| 借：固定资产清理 | 900000 | |
| 　　累计折旧 | 400000 | |
| 　　贷：固定资产 | | 1300000 |
| 借：固定资产清理 | 10000 | |
| 　　贷：银行存款 | | 10000 |

其次，结转债务重组利得。

| | | |
|---|---|---|
| 借：应付账款 | 1000000 | |
| 　　贷：固定资产清理 | | 950000 |
| 　　　　营业外收入——债务重组利得 | | 50000 |

最后，结转转让固定资产利得。

| | | |
|---|---|---|
| 借：固定资产清理 | 40000 | |
| 　　贷：营业外收入——处置非流动资产利得 | | 40000 |

2）东方公司的账务处理。

| | | |
|---|---|---|
| 借：固定资产 | 950000 | |
| 　　营业外支出——债务重组损失 | 20000 | |
| 　　坏账准备 | 30000 | |
| 　　贷：应收账款 | | 1000000 |

（2）假设考虑设备的增值税，且东方公司不另支付增值税款，用于抵债的设备公允价值为 800000 元，其他资料不变。

1）胜龙公司的账务处理。

第一步，确定债务重组中转让固定资产的损益。

| | |
|---|---|
| 固定资产账面价值 | 1300000 |
| 减：已计提的累计折旧 | 400000 |

加：固定资产清理费用 10000

　　固定资产账面净值和清理费用总额 <u>910000</u>

减：抵债固定资产的公允价值 800000

　　转让固定资产的损失 <u>110000</u>

第二步，确认债务重组损益。

债务重组日，重组债务的账面价值 1000000

减：所抵债固定资产的公允价值 800000

　　增值税销项税额（800000×17%） 136000

　　债务重组利得 <u>64000</u>

会计分录如下：

首先，将固定资产净值和清理费用转入固定资产清理。

借：固定资产清理 900000

　　累计折旧 400000

　　贷：固定资产 1300000

借：固定资产清理 10000

　　贷：银行存款 10000

其次，结转债务重组利得。

借：应付账款 1000000

　　贷：固定资产清理 800000

　　　　应交税费——应交增值税（销项税额） 136000

　　　　营业外收入——债务重组利得 64000

最后，结转转让固定资产损失。

借：营业外支出——处置非流动资产损失 110000

　　贷：固定资产清理 110000

2）东方公司的账务处理。

债务重组日，重组债务的账面价值 1000000

减：受让固定资产的公允价值 800000

　　增值税进项税额（800000×17%） 136000

　　坏账准备 30000

　　债务重组损失 <u>34000</u>

会计分录如下：

借：固定资产 800000

　　应交税费——应交增值税（进项税额） 136000

　　营业外支出——债务重组损失 34000

　　坏账准备 30000

　　贷：应收账款 1000000

**3. 以股票、债券等金融资产清偿债务**

债务人以股票、债券等金融资产清偿债务的，应按相关金融资产的公允价值与其账面价值的差额，作为转让金融资产的利得或损失处理；相关金融资产的公允价值与重组债务的账面价值的差额，作为债务重组利得。债权人收到的相关金融资产按公允价值计量。

【例 10 - 4】甲公司于 2016 年 7 月 1 日销售给乙公司一批产品，价值为 450000 元（包括应收取的增值税税额），乙公司于 2016 年 7 月 1 日开出 6 个月承兑的商业汇票。乙公司于 2016 年 12 月 31 日尚未支付货款。由于乙公司财务发生困难，短期内不能支付货款。当日经与甲公司协商，甲公司同意乙公司以其所拥有并作为以公允价值计量且公允价值变动计入当期损益的某公司股票抵偿债务。乙公司该股票的账面价值为 400000 元（假定该资产账面公允价值变动额为零），当日的公允价值为 380000 元。假定甲公司为该项应收账款提取了坏账准备 40000 元。用于抵债的股票于当日即办理相关转让手续，甲公司将取得的股票作为以公允价值计量且公允价值变动计入当期损益的金融资产处理。债务重组前甲公司已将该项应收票据转入应收账款；乙公司已将应付票据转入应付账款。假定不考虑与商业汇票或者应付款项有关的利息。

（1）乙公司的账务处理。

第一步，计算债务重组利得。

| | |
|---|---:|
| 应付账款的账面余额 | 450000 |
| 减：股票的公允价值 | 380000 |
| 债务重组利得 | 70000 |

第二步，计算转让股票损益。

| | |
|---|---:|
| 股票的公允价值 | 380000 |
| 减：股票的账面价值 | 400000 |
| 转让股票损益 | -20000 |

会计分录如下：

| | | |
|---|---|---:|
| 借：应付账款 | | 450000 |
| 　　投资收益 | | 20000 |
| 　　贷：交易性金融资产 | | 400000 |
| 　　　　营业外收入——债务重组利得 | | 70000 |

假如乙公司股票的账面价值为 400000 元（其中成本为 390000 元，公允价值变动为 10000 元），其他条件不变。

乙公司还应编制一笔分录：

| | | |
|---|---|---:|
| 借：公允价值变动损益 | | 10000 |
| 　　贷：投资收益 | | 10000 |

（2）甲公司的账务处理。

计算债务重组损失：

| | |
|---|---:|
| 应收账款账面余额 | 450000 |
| 减：受让股票的公允价值 | 380000 |
| 差额 | 70000 |
| 减：已计提坏账准备 | 40000 |
| 债务重组损失 | 30000 |

会计分录如下：

借：交易性金融资产          380000

  营业外支出——债务重组损失    30000

  坏账准备           40000

  贷：应收账款         450000

假如甲公司计提坏账准备 8000 元，则会计分录如下：

借：交易性金融资产          380000

  坏账准备           80000

  贷：应收账款         450000

   资产减值损失        10000

## 四、将债务转为资本方式偿还债务

债务人将债务转为资本方式偿还债务的，债务人应当在满足金融负债终止确认条件时，终止确认重组债务，并将债权人放弃债权而享有股份份额或股份的面值总额确认为实收资本或股本，股权的公允价值与股份份额或股份面值的差额确认为资本溢价或股本溢价计入资本公积。重组债务的账面价值与股权公允价值之间的差额确认为债务重组利得，作为营业外收入，计入当期损益。

债务人将债务转为资本方式偿还债务的，债权人应当在满足金融资产终止确认条件时，终止确认重组债权，并将重组债权的账面余额与因放弃债权而享有的股权公允价值之间差额，先冲减已提取的减值准备，减值准备不足冲减部分，或未提取减值准备的，将差额确认为债务重组损失，作为营业外支出，计入当期损益。同时，债权人应将放弃债权而享有的股权按公允价值计量。

债务转为资本时，债务人可能会发生一些税费，如印花税等。一般情况下，这些费用应在发生时计入当期损益。债权人发生的相关税费，分别按照长期股权投资或者金融工具确认计量的规定进行处理。

【例 10-5】 2016 年 1 月 20 日，甲公司销售一批商品给乙公司，同时收到乙公司签发并承兑的一张面值为 1000000 元、年利率 8%、6 个月期、到期还本付息的票据。由于乙公司发生财务困难，暂时无法偿还该债务，于 2016 年 8 月 1 日与甲公司协商，以其普通股抵偿该票据。乙公司用于抵债的普通股为 200000 股，股票市价为每股 4.5 元。假定乙公司为股份有限公司，营业账簿（资金账簿）印花税税率为 0.5‰，不考虑其他税费。

（1）乙公司的账务处理。

债务重组日，重组债务账面价值         1040000

减：债权人享有股份的面值（200000×1）    200000

  债权人享有股份的溢价［200000×（4.5-1）］  700000

  债务重组收益           140000

会计分录如下：

借：应付票据            1040000

  贷：股本            200000

   资本公积——股本溢价       700000

```
        营业外收入——债务重组利得                                         140000
    借：管理费用——印花税                                                    450
        贷：银行存款                                                            450
```

（2）甲公司的账务处理。

```
债务重组日，重组债务账面价值                                           1040000
减：收到股权的公允价值                                                  900000
    债务重组损失                                                        140000
```

会计分录如下：

```
    借：长期股权投资                                                     900000
        营业外支出——债务重组损失                                        140000
        贷：应收票据                                                        1040000
```

注：在【例10－5】债转股业务中，债务人应按实收资本和资本公积（资本溢价或股本溢价）新增额的 0.5‰ 缴纳印花税 900000 × 0.5‰ = 450（元），债权人无印花税纳税义务。

## 五、修改其他债务条件

以修改其他债务条件进行债务重组的，债务人和债权人应分以下情况进行处理。

### 1. 不附或有条件的债务重组

不附或有条件的债务重组，是指在债务重组中不存在或有应付（或应收）金额，该或有条件需要根据未来某种事项出现而发生的应付（或应收）金额，并且该未来事项的出现具有不确定性。

不附或有条件的债务重组，债务人应将修改其他债务条件后债务的公允价值作为重组后债务的入账价值。重组债务的账面价值与重组后债务的入账价值之间差额作为债务重组收益，计入当期损益。

不附或有条件的债务重组，债权人应将修改其他债务条件后债权的公允价值作为重组后债权的入账价值。重组债权的账面价值与重组后债权的账面价值之间差额确认为债务重组损失，计入当期损益。如果债权人已对该项债权计提了减值准备，应当首先冲减已计提的减值准备。

【例10－6】2015 年 7 月 1 日，东方公司销售一批商品给胜龙公司，同时收到胜龙公司签发并承兑的一张面值为 1000000 元、年利率 6%、6 个月期、到期还本付息的票据。由于胜龙公司发生财务困难，不能偿付应于 2015 年 12 月 31 日前支付的应付票据。经双方协商，于 2016 年 1 月 1 日进行债务重组，东方公司同意将债务本金减至 800000 元，免去胜龙公司所欠的全部利息，将票面利率从 6% 降低到 4%，并将债务到期日延至 2017 年 12 月 31 日，利息按年支付。假定债务重组协议签订日，东方公司和胜龙公司已将应收票据、应付票据转入应收账款、应付账款，东方公司未对该项应收账款计提减值准备。

（1）胜龙公司的账务处理。

| | |
|---|---:|
| 债务日应付账款的账面价值余额 | 1030000 |
| 减：重组后债务的公允价值 | 800000 |
| 债务重组收益 | 230000 |

借：应付账款　　　　　　　　　　　　　　　　　　1030000
　　贷：应付账款——债务重组（东方公司）　　　　　　　　800000
　　　　营业外收入——债务重组利得　　　　　　　　　　　230000

2016 年 12 月 31 日支付利息。

借：财务费用　　　　　　　　　　　　　　　　　　　32000
　　贷：银行利息　　　　　　　　　　　　　　　　　　　　32000

2017 年 12 月 31 日偿还本金和支付利息。

借：应付账款——债务重组（东方公司）　　　　　　800000
　　财务费用　　　　　　　　　　　　　　　　　　　32000
　　贷：银行存款　　　　　　　　　　　　　　　　　　　　832000

（2）东方公司的账务处理。

| | |
|---|---:|
| 债务日应收账款的账面价值余额 | 1030000 |
| 减：重组后债权的公允价值 | 800000 |
| 债务重组损失 | 230000 |

借：应收账款——债务重组（胜龙公司）　　　　　　800000
　　营业外支出——债务重组损失　　　　　　　　　230000
　　贷：应收账款　　　　　　　　　　　　　　　　　　　1030000

2016 年 12 月 31 日收到利息。

借：银行存款　　　　　　　　　　　　　　　　　　　32000
　　贷：财务费用　　　　　　　　　　　　　　　　　　　　32000

2017 年 12 月 31 日收到本金和收到最后一年利息。

借：银行存款　　　　　　　　　　　　　　　　　　832000
　　贷：财务费用　　　　　　　　　　　　　　　　　　　　32000
　　　　应收账款——债务重组（胜龙公司）　　　　　　　800000

**2. 附或有条件的债务重组**

附或有条件的债务重组，是指在债务重组协议中附或有应付条件的债务重组。或有应付条件，是指未来某种事项出现而发生的支出，未来事项的出现具有不确定性。如东方公司和胜龙公司于 2016 年 1 月 1 日进行债务重组，重组协议规定，东方公司将胜龙公司债务 10000000 元免除 2000000 元，剩下债务于 2017 年 12 月 31 日偿还，并按 2% 的年利率计收利息。如胜龙公司 2016 年度盈利，则从 2017 年起将按 4% 年利率计收利息。根据此项债务重组协议，债务人胜龙公司 2016 年盈利，则将多支付给东方公司利息 8000000 × (4% − 2%) × 1 = 160000（元），该金额即为或有应付金额。

附或有条件的债务重组，对债务人而言，修改后的债务条款如果涉及或有应付金额，且该或有应付金额符合或有事项中有关预计负债确认条件的，债务人应当将该或有应付金额确认为预计负债。重组债务的账面价值与重组后债务的入账价值及预计负债金额之和的差额，确认为债务重组利得，计入营业外收入。

附或有条件的债务重组，对债权人而言，修改后的债务条款中涉及或有应收金额的，不应当确认或有金额，不得将其计入重组后债权的账面价值。根据谨慎性要求，或有应收金额属于或有资产，或有资产不予确认。只有在或有金额实际收到时，才计入当期损益。

## 六、混合方式

混合方式是指以以上四种组合方式进行的债务重组，主要有以下几种情况：

第一，债务人以现金、非现金资产两种方式的组合清偿某项债务的，重组债务的账面价值与支付的现金、转让的非现金资产的公允价值差额作为债务重组利得，计入营业外收入。非现金资产的公允价值与其账面价值差额作为转让资产损益。

债权人应将重组债权的账面余额与收到的现金和受让的非现金资产的公允价值之间差额，冲减已提取的减值准备，减值准备不足冲减的部分，或未提取减值准备的，将差额确认为债务重组损失，计入营业外支出。

第二，以现金、债务转为资本两种方式组合清偿某项债务的，债务人应将重组债务账面价值与支付的现金、债权人因放弃该项债权而享有的股权公允价值差额作为债务重组利得，计入营业外收入。股权的公允价值与股本（或实收资本）的差额作为股本溢价（或资本溢价）计入资本公积。

债权人应将重组债权的账面余额与收到的现金和放弃该项债权而享有的股权的公允价值之间的差额，冲减已提取的减值准备，减值准备不足冲减的部分，或未提取减值准备的，将差额确认为债务重组损失，计入营业外支出。

第三，以非现金资产、债务转为资本两种方式的组合清偿某项债务的，债务人应将重组债务的账面价值与转让的非现金资产的公允价值、债权人因放弃债权而享有的股权的公允价值差额作为债务重组利得，计入营业外收入。非现金资产的公允价值与账面价值的差额作为转让资产损益；股权的公允价值与股本（或实收资本）的差额作为资本公积。

债权人应将重组债权的账面余额与受让的非现金资产的公允价值、因放弃债权而享有的股权的公允价值以及已计提坏账准备的差额作为债务重组损失。

第四，以现金、非现金资产、债务转为资本三种方式的组合清偿某项债务的，债务人应将重组债务账面价值与支付的现金、转让的非现金资产公允价值、债权人因放弃债权而享有的股权公允价值差额作为债务重组利得，计入营业外收入。非现金资产的公允价值与账面价值的差额作为转让资产损益；股权的公允价值与股本（或实收资本）差额作为资本公积。

债权人应将重组债权的账面余额与收到的现金、受让的非现金资产公允价值、因放弃债权而享有的股权公允价值以及已计提坏账准备的差额作为债务重组损失，计入营业外支出。

第五，以现金、非现金资产、债务转为资本等方式清偿某项债务的一部分，并对该项债务的另一部分以修改其他债务条件进行债务重组的。债务人应先以支付的现金、转让的非现金资产公允价值、债权人因放弃债权而享有的股权公允价值冲减一部分债务，余下的一部分债务按修改其他债务条件的债务重组方式处理。如果重组协议约定以现金、非现金资产、债务转为资本三种方式清偿某项债务中固定的一部分，则这部分债务按以现金、非现金资产、债务转为资本三种方式的组合清偿某项债务的债务重组方式处理，余下债务部分按修改其他债务条件的债务重组方式处理。非现金资产的公允价值与账面价值差额作为转让资产损益；股权的公允价值与股本（或实收资本）的差额作为资本公积。

债权人应先以收到的现金、受让的非现金资产的公允价值、因放弃债权而享有的股权的公允价值冲减重组债权的账面价值，差额与重组后债务的公允价值进行比较，据此计算债务重组损失。

# 习　题

## 一、单选题

1. 债务人以低于债务账面价值的现金清偿某项债务，债务人应将重组债务的账面价值与支付的现金之间差额，确认为（　　　）。

A. 销售费用　　　　　B. 其他业务收入　　　　C. 资本公积　　　　　D. 营业外收入

2. 甲企业 2016 年 4 月 1 日欠乙企业货款 2000 万元，到期日为 2016 年 5 月 1 日。甲企业发生财务困难，经协商，乙企业同意甲企业以账面价值为 600 万元的产成品和账面价值为 300 万元的一台设备抵债。甲企业于 2016 年 5 月 10 日将设备运抵乙企业，2016 年 5 月 20 日将产成品运抵乙企业并办理有关债务解除手续。在此项债务重组中，债务重组日为（　　　）。

A. 2016 年 5 月 20 日　　　　　　　　　　B. 2016 年 5 月 10 日

C. 2016 年 12 月 31 日　　　　　　　　　D. 2016 年 4 月 1 日

3. 甲公司为增值税一般纳税人，适用的增值税税率为 17%。甲公司与乙公司就其所欠乙公司购货款 450 万元进行债务重组。根据协议，甲公司以其产品抵偿债务；甲公司交付产品后双方的债权债务结清。甲公司已将用于抵债的产品发出，并开出增值税专用发票。甲公司用于抵债产品的账面余额为 300 万元，已计提的存货跌价准备为 30 万元，公允价值（计税价格）为 350 万元。甲公司对该债务重组应确认的债务重组利得为（　　　）万元。

A. 40.5　　　　　　　B. 100　　　　　　　　C. 120.5　　　　　　　D. 180

4. 甲公司销售给乙公司一批商品，价款为 100 万元，增值税税额为 17 万元，款未收到。因乙公司资金困难，已无力偿还甲公司的全部货款。经协商，20 万元延期收回，剩余款项乙公司分别用一批材料和长期股权投资予以抵偿。已知，原材料的账面余额为 25 万元，已提存货跌价准备 1 万元，公允价值为 30 万元，增值税税率为 17%；长期股权投资账面余额为 42.5 万元，已提减值准备 2.5 万元，公允价值为 45 万元。乙公司因该项债务重组应计入营业外收入的金额为（　　　）万元。

A. 16　　　　　　　　B. 16.9　　　　　　　C. 26.9　　　　　　　D. 0

5. 甲公司应收乙公司货款 600 万元，经协商，双方同意按 500 万元结算该笔货款。甲公司已经为该笔应收账款计提了 120 万元的坏账准备，在债务重组日，该事项对甲公司和乙公司的影响分别为（　　）。

　　A. 甲公司资产减值损失减少 20 万元，乙公司营业外收入增加 100 万元

　　B. 甲公司营业外支出增加 100 万元，乙公司资本公积增加 100 万元

　　C. 甲公司营业外支出增加 100 万元，乙公司营业外收入增加 100 万元

　　D. 甲公司营业外支出增加 100 万元，乙公司营业外收入增加 20 万元

6. 甲公司与乙公司均为增值税一般纳税人，适用增值税率 17%。甲公司销售给乙公司一批商品，价款为 100 万元，增值税税额为 17 万元，款项未收到。因乙公司资金困难，已无力偿还甲公司的全部货款。经协商，乙公司分别用一批原材料和长期股权投资予以抵偿。该原材料的账面余额为 25 万元，已计提存货跌价准备 1 万元，公允价值为 30 万元；长期股权投资账面余额 42.5 万元，已计提减值准备 2.5 万元，公允价值为 45 万元。乙公司应计入营业外收入的金额为（　　）万元。

　　A. 19.9　　　　　　B. 5　　　　　　C. 36.9　　　　　　D. 42

7. 甲公司因购货原因于 2017 年 1 月 1 日产生应付乙公司账款 1000 万元，贷款偿还期限 3 个月。2017 年 4 月 1 日，甲公司发生财务困难无法偿还到期债务，经与乙公司协商进行债务重组。双方同意：甲公司以一栋写字楼抵债，该写字楼账面原价为 1000 万元，已提累计折旧 300 万元，公允价值为 800 万元。不考虑相关税费，则债务人甲公司计入营业外收入的金额为（　　）万元。

　　A. 100　　　　　　B. 300　　　　　　C. 0　　　　　　D. 200

8. 甲公司因购货原因于 2017 年 1 月 1 日产生应付乙公司账款 100 万元，贷款偿还期限 3 个月。2017 年 4 月 1 日，甲公司发生财务困难无法偿还到期债务，经与乙公司协商进行债务重组。双方同意：甲公司以一项专利抵偿债务，该专利账面原价为 100 万元，已累计摊销 20 万元，公允价值为 70 万元。假定上述资产未计提减值准备，不考虑相关税费。则债务人甲公司计入营业外支出和营业外收入的金额分别为（　　）万元和（　　）万元。

　　A. 30，30　　　　B. 10，30　　　　C. 10，20　　　　D. 20，20

9. 甲公司为增值税一般纳税人，适用的增值税税率为 17%。2017 年 1 月 1 日，甲公司销售一批产品给乙公司，含税价 130 万元。2017 年 7 月 1 日，乙公司发生财务困难，无法按合同规定偿还债务。经双方协商，甲公司同意乙公司用产品抵偿该应收账款。该产品市价 100 万元，产品成本 90 万元。至债务重组日，乙公司为转让产品计提存货跌价准备 2 万元，甲公司为该债权计提了坏账准备 10 万元。假定不考虑其他税费，乙公司该项债务重组影响利润总额为（　　）万元。

　　A. 13　　　　　　B. 12　　　　　　C. 25　　　　　　D. 23

10. 以修改其他债务条件进行债务重组的，如债务重组协议中附有或有应收金额的，债权人的下列会计处理中正确的是（　　）。

　　A. 债务重组日计入当期损益

　　B. 债务重组日计入重组后债权的入账价值

　　C. 债务重组日不计入重组后的债权入账价值，实际收到时计入当期损益

D. 债务重组日不计入重组后的债权入账价值，实际收到时计入资本公积

## 二、多选题

1. 关于债务重组准则，下列说法中正确的有（　　）。

A. 债务重组一定是债务人发生财务困难情况下发生的

B. 债务重组一定是债权人按照其债务人达成的协议或者法院裁定作出让步的事项

C. 债务重组只包括持续经营情况下的债务重组，不包括非持续经营情况下的债务重组

D. 只要债务偿还条件发生变化，无论债权人是否作出让步，均属于债务重组

2. 下列经济业务中，不属于债务重组范围的有（　　）。

A. 债务人改组
B. 延长债务偿还期限并豁免部分债务
C. 债务人借新债偿旧债
D. 可转换公司债券转换为普通股股票

3. 下列各项中，属于债务重组修改其他债务条件方式的有（　　）。

A. 债务转为资本
B. 降低利率
C. 减少债务本金
D. 免去应付未付的利息

4. 债务重组的方式主要包括（　　）。

A. 修改其他债务条件，如减少债务本金、减少债务利息等

B. 将债务转为资本

C. 以资产清偿债务

D. 以上三种方式的组合

5. 对于债权人而言，有关债务重组处理正确的有（　　）。

A. 未对重组债权计提减值准备的，应将重组债权的账面余额与受让资产的公允价值、所转股份的公允价值或者重组后债权的账面价值之间的差额，确认为债务重组损失计入营业外支出

B. 已对重组债权计提减值准备的，应先将重组债权的账面余额与受让资产的公允价值、所转股份的公允价值或者重组后债权的账面价值之间差额冲减减值准备，冲减后尚有余额的，作为债务重组损失计入营业外支出

C. 债权人收到存货、固定资产、无形资产、长期股权投资等抵债资产的，应当以账面价值的相对比例分配确定其各自入账价值

D. 债权人收到存货、固定资产、无形资产、长期股权投资等抵债资产的，应当以其各自的公允价值入账

6. 对企业在债务重组日确认的债务重组利得或债务重组损失，下列说法正确的有（　　）。

A. 债务人可能贷记"营业外收入——债务重组利得"科目

B. 债务人可能借记"营业外支出——债务重组损失"科目

C. 债权人可能贷记"投资收益"科目

D. 债权人可能借记"营业外支出——债务重组损失"科目

7. 关于债务重组准则中修改其他债务条件的，下列说法中错误的有（　　）。

A. 债务重组以修改其他债务条件进行的，债权人应当将修改其他债务条件后的债权公允价值作为重组后债权的账面价值，重组债权的账面余额与重组后债权的账面价值之间差额，计入当期损益。债权人已对债权计提减值准备的，应当先将该差额冲减减值准备，减值准备不足以冲减的部分，计入当期损益

B. 修改后的债务条款中涉及或有应收金额的，债权人应当确认或有应收金额，将其计入重组后债权的账面价值

C. 修改其他债务条件的，债务人应将修改其他债务条件后债务的公允价值作为重组后债务的入账价值。重组债务的账面价值与重组后债务的入账价值之间差额，计入当期损益

D. 或有应付金额一定计入将来应付金额中

8. 2017 年 3 月 31 日，甲公司应收乙公司的一笔 500 万元货款到期，由于乙公司发生财务困难，该笔货款预计短期内无法收回。该公司已为该项债权计提坏账准备 100 万元。当日，甲公司就该债权与乙公司进行协商。下列协商方案中，属于甲公司债务重组的有（　　）。

A. 减免 100 万元债务，其余部分立即以现金偿还

B. 减免 50 万元债务，其余部分延期两年偿还

C. 以公允价值为 500 万元的固定资产偿还

D. 以现金 100 万元和公允价值为 400 万元的无形资产偿还

9. 甲公司为增值税一般纳税人，适用的增值税税率为 17%。2016 年度，甲公司发生如下交易或事项：①甲公司以账面价值为 50 万元、市场价格为 65 万元的一批库存商品向乙公司投资，取得乙公司 2% 的股权。甲公司取得乙公司 2% 的股权后，对乙公司不具有控制、共同控制和重大影响。②甲公司以账面价值为 20 万元、市场价格为 25 万元的一批库存商品交付丙公司，抵偿所欠丙公司款项 32 万元。③甲公司领用账面价值为 30 万元、市场价格为 32 万元的一批原材料，投入在建工程项目。④甲公司将账面价值为 10 万元、市场价格为 14 万元的一批库存商品作为集体福利发放给职工。上述市场价格等于计税价格，均不含增值税。根据上述资料，不考虑其他因素，下列选项正确的是（　　）。

A. 甲公司 2016 年度因上述交易或事项应当确认的收入是 104 万元

B. 甲公司 2016 年度因上述交易或事项应当确认的收入是 136 万元

C. 甲公司 2016 年度因上述交易或事项应当确认的利得是 2.75 万元

D. 甲公司 2016 年度因上述交易或事项应当确认的利得是 17.75 万元

10. 甲公司因无法偿还乙公司 4000 万元货款，于 2016 年 8 月 1 日与乙公司协商签订债务重组协议。协议规定甲公司增发 1700 万股普通股（每股面值 1 元）抵偿上述债务，股票发行公允价值为 2800 万元。乙公司已对该应收账款计提坏账准备 360 万元，取得的股权作为可供出售金融资产核算。甲公司在 2016 年 11 月 1 日已经办理完股票增发等相关手续。不考虑其他因素，针对上述业务的下列表述中正确的有（　　）。

A. 债务重组日为 2016 年 8 月 1 日

B. 甲公司计入资本公积（股本溢价）的金额为 1100 万元

C. 甲公司计入股本的金额为 1700 万元

D. 乙公司计入营业外支出的金额为 1200 万元

## 三、判断题

1. 以现金偿还债务的，债务人应当将重组债务的账面价值与实际支付的现金之间的差额，计入资本公积。（    ）

2. 以现金清偿债务的，若债权人未对债权计提减值准备，债权人收到的现金小于债权账面余额的差额，计入资本公积。（    ）

3. 以现金清偿债务的，若债权人已对债权计提减值准备，债权人收到的现金大于债权账面价值的差额，计入营业外收入。（    ）

4. 以非现金资产清偿债务的，债务人应当将重组债务的账面价值与转让的非现金资产公允价值之间的差额，计入营业外支出；转让的非现金资产公允价值与其账面价值之间的差额，计入当期损益。（    ）

5. 将债务转为资本，债务人应当将债权人放弃债权而享有股份的面值总额确认为股本（或者实收资本），股份的公允价值总额与股本（或者实收资本）之间的差额确认为资本公积；重组债务的账面价值与股份的公允价值总额之间的差额，计入当期损益。（    ）

6. 以修改其他债务条件进行债务重组的，修改后的债务条款如涉及或有应付金额，且该或有应付金额符合或有事项有关预计负债确认条件的，债务人应当将该或有应付金额确认为预计负债。（    ）

7. 以修改其他债务条件进行债务重组的，修改后的债务条款如涉及或有应收金额的，债权人不应当确认或有应收金额，不得将其计入重组后债权的账面价值。（    ）

8. 或有应付（或应收）金额，是指需要根据未来某种事项的出现而发生的应付（或应收）金额，而且该未来事项的出现具有不确定性。（    ）

9. 以非现金资产偿还债务，非现金资产为存货的，应当视同销售处理，按非现金资产的账面价值确认销售商品的收入，同时按照非现金资金的账面价值结转相应的成本。（    ）

10. 以无形资产抵偿债务的，影响债务人营业外收入的金额为抵债资产公允价值与抵偿债务账面价值的差额。（    ）

## 四、计算分析题

1. 甲公司因购买原材料于 2016 年 5 月 1 日产生应付乙公司账款 200 万元，贷款偿还期限为 3 个月。2016 年 8 月 1 日，甲公司发生财务困难，无法偿还到期债务，经与乙公司协商进行债务重组。双方经协商达成如下意见：以甲公司的四辆汽车抵偿应付乙公司债务。这四辆汽车原值为 200 万元，已提折旧 40 万元，净值为 160 万元，因汽车近几年不断降价，目前这四辆汽车的公允价值为 100 万元。假定上述资产均未计提减值准备，不考虑相关税费。

要求：对债务人和债权人分别作出相关的会计处理。

2. 甲公司于 2016 年 7 月 1 日销售给乙公司一批产品，含增值税价值为 90 万元，乙公司于 2016 年 7 月 1 日开出 6 个月承兑的商业汇票。乙公司到 2016 年 12 月 31 日尚未支付货款。由于乙公司财务发生困难，短期内不能支付货款。经与甲公司协商，甲公司同意乙公司以其所拥有的某公司股票偿还债务，且乙公司将该股票以公允价值计量、公允价值变动计入当期损益。该股票的账面价值为80万元，公允价值为76万元，乙公司作为可供出售的金融资产。假定甲公司为该项应收账款提取了坏账准备8万元。用于抵债的股票已于2017年1月30日办理了相关转让手续；甲公司将取得的该公司股票作为以公允价值计量、公允价值变动计入当期损益的金融资产。甲公司已将该项应收票据转入应收账款；乙公司已将应付票据转入应付账款。

要求：

（1）判断债务重组日的日期。

（2）作出上述事项的会计处理。

3. 甲公司2016年12月31日应收乙公司票据的账面余额为65400元，其中，5400元为累计未付的利息，票面年利率4%。由于乙公司连年亏损，资金周转困难，不能偿付应于2016年12月31日前支付的应付票据。经双方协商，于2017年1月5日进行债务重组。甲公司同意将债务本金减至50000元；免去债务人所欠的全部利息；将利率从4%降低到2%（等于实际利率），并将债务到期日延至2018年12月31日，利息按年支付。该项债务重组协议从协议签订日起开始实施。甲公司、乙公司已将应收票据、应付票据转入应收账款、应付账款。甲公司已为该项应收款项计提了5000元坏账准备。

要求：对债务人和债权人分别作出相关的会计处理。

4. 甲公司为增值税一般纳税人，适用的增值税税率为17%。2017年1月1日，甲公司销售一批产品给乙公司，含税价130万元。2017年7月1日，乙公司发生财务困难，无法按合同规定偿还债务，经双方协商，甲公司同意乙公司用产品抵偿该应收账款。该产品市价100万元，产品成本90万元。至债务重组日，乙公司为转让产品计提存货跌价准备2万元，甲公司为该债权计提了坏账准备10万元。假定不考虑其他税费。

要求：

（1）对债务人和债权人分别作出相关的会计处理。

（2）计算乙公司该项债务重组影响的利润总额。

# 第十一章

# 所有者权益

📖 章首案例

## 劲嘉股份 2014 年的分红方案[①]

深圳劲嘉彩印集团股份有限公司（以下简称劲嘉股份）成立于 1996 年，是以包装材料及印刷材料技术设计和研发为主营业务的轻工制造企业。2007 年 12 月，劲嘉股份在深交所中小板 A 股成功上市，证券代码 002191，已上市流通 A 股 64200 万股。劲嘉股份上市以来经营状况和财务状况良好，总资产与净资产逐年稳步增长，并多次进行现金分红，成为投资者持股的追逐者，其中，2011～2013 年累计分红 4.815 亿元。2015 年 4 月 11 日公司公告了 2014 年分红方案：10 送 4 转 6 派现 1.5 元（含税），以资本公积金向全体股东每 10 股转增 6 股，在接下来的交易日企业股价便迅速涨停。截至 2014 年 12 月 31 日，劲嘉股份的股本为 6.57 亿元，资本公积 7.22 亿元，盈余公积 3.11 亿元，未分配利润 15.05 亿元，劲嘉股份的分红方案将减少公司的股东权益总额近 1 亿元，并改变股东权益的内部结构。

通过对本章内容的学习，我们将对所有者权益的构成部分有全面的认识，并进一步加深对劲嘉股份此次分红方案的理解。

所有者权益也称为净权益、净资本，是指所有者在企业资产中享有的经济利益，其金额为资产减去负债后的余额。所有者权益的基本特征是企业的剩余利益，即资产减去负债后的剩余部分。所有者权益包括实收资本、资本公积、盈余公积和未分配利润四个组成部分，实收资本和资本公积 – 资本溢价（或股本溢价）可合称为投入资本，盈余公积、未分配利润和因利得及损失形成的资本公积 – 其他资本公积可合称为留存收益或滋生资本。

# 第一节　实收资本

企业组织形式主要是指企业的债务责任形式，它决定了企业所有者对企业所承担的义务、风险及其享有的利益。按照企业组织形式，可将企业分为独资、合伙和公司三类，公

---

① 资料来源：劲嘉股份 2014 年度权益分派实施公告。

司又分为有限责任公司和股份有限公司。在不同的企业组织形式下，实收资本的核算也不同。由于公司制企业是目前主要的企业组织形式，因此，本章主要介绍有限责任公司和股份有限公司的实收资本或股本的会计问题。

## 一、有限责任公司的实收资本

有限责任公司（简称有限公司）是指由 50 个以下股东共同出资，每个股东以其所认缴的出资额对公司承担有限责任，公司以其全部资产对其债务承担责任的企业法人。

有限责任公司的实收资本是指投资人投入企业的注册资本。有限责任公司的注册资本为企业在工商部门登记的全体股东认缴的出资额。公司全体股东的首次出资额不得低于注册资本的 20%，也不得低于法定的注册资本最低限额，其余部分由股东自公司成立之日起两年内缴足，其中投资公司可以在 5 年内缴足。有限责任公司注册资本的最低限额为人民币 3 万元。法律、行政法规对有限责任公司注册资本的最低限额有较高规定的，从其规定。

股东既可以用货币出资，也可以用实物、知识产权、土地使用权等能用货币估价并可以依法转让的非货币财产作价出资；股东不得以劳务、信用、自然人姓名、商誉、特许经营权或者设定担保的财产作价出资。对作为出资的非货币财产应当评估作价，核实财产，不得高估或者低估作价。法律、行政法规对评估作价有规定的，从其规定。全体股东的货币出资金额不得低于有限责任公司注册资本的 30%。

除股份有限公司外的其他类型企业，在企业创立时，投资者认缴的出资额与注册资本一致，一般不会产生资本溢价，企业的实收资本应等于注册资本。在企业增资扩股时，新介入的投资者缴纳的出资额大于其按约定比例计算的其在注册资本中所占的份额部分，作为资本公积。股东之间可以互相转让股权，但若向股东以外的人转让出资，应经其他股东的过半数同意；其他股东半数以上不同意转让的，不同意转让的股东应当购买该转让的股权，否则视为同意转让。经股东同意转让的股权，在同等条件下，其他股东有优先购买权。公司章程对股权转让另有规定的，从其规定。

投资者对有限责任公司的投资方式主要有两种：现金投资和非现金投资。企业收到投资者以现金投资的，按实际收到或者存入企业开户银行的金额登记入账；当企业收到投资者以外币投入的资本时，如采用人民币为记账本位币的，应当采用交易发生日即期汇率折算，不得采用合同约定汇率或即期汇率的近似汇率折算。投资者以非现金资产投入资本的，如以房屋、建筑物、机器设备、原材料、低值易耗品及无形资产对企业投资的，应当按照投资合同或协议约定的价值计价，但合同或协议约定价值不公允的除外；合同或者协议未约定价值的，按公允价值计价。

企业应设置"实收资本"科目，有限责任公司初建时，各投资者投入企业的资本应全部记入"实收资本"科目，"实收资本"是所有者权益科目，用以核算企业接受投资者投入的实收资本。企业接受投资者投入的资本时，记入贷方；企业按法定程序报经批准减少注册资本时，记入借方；期末余额在贷方，表示企业实收资本总额。实收资本应按投资者进行明细分类核算。

**1. 现金投资的核算**

企业在设立时收到投资者投入现金存入银行时，借记"银行存款"科目；贷记"实收资本"科目。企业在设立时收到投资者投入的外币，应当采用交易发生日即期汇率折算。

**【例11-1】** 某企业收到国家投入的资本500000元，收到其他法人单位投入的资本300000元，收到个人投入的资本100000元，均存入银行，该企业作分录如下：

| | | |
|---|---|---|
| 借：银行存款 | | 900000 |
| 　贷：实收资本——国家资本金 | | 500000 |
| 　　　法人资本金 | | 300000 |
| 　　　个人资本金 | | 100000 |

**【例11-2】** 某中外合资企业收到外方投资的100000美元，存入银行，当天美元的中间汇率为6.80元，作分录如下：

| | | |
|---|---|---|
| 借：银行存款——美元户 | 680000 (100000×6.80) | |
| 　贷：实收资本——外商资本金 | | 680000 |

企业在设立以后，接受新投资者投资时，由于新投资者将与原投资者享有同等的经济利益，这就要求新投资者付出大于原投资者的出资额。届时，根据新投资者投入的现金，借记"银行存款"科目；根据新投资者投入的资金在企业注册资本中所占的份额，贷记"实收资本"科目；根据出资额与注册资本中所占份额的差额，贷记"资本公积"科目。

**2. 非现金资产投资的核算**

投资者以房屋、建筑物、机器设备、原材料等非现金资产对企业进行投资时，按照投资合同或协议约定的价值，借记"固定资产""原材料""应交税费"等科目；按投资的固定资产在注册资本中所占的份额部分，贷记"实收资本"科目；以两者之间的差额贷记"资本公积"科目。

**【例11-3】** 甲公司收到新投资者A公司投入厂房一栋，该房屋账面原价为5000000元，已提折旧为400000元，投资合同约定以房屋的账面净值入账，投入的资金占企业注册资本80000000元的5%，作分录如下：

| | |
|---|---|
| 借：固定资产 | 460000 |
| 　贷：实收资本 | 4000000 |
| 　　　资本公积——资本溢价 | 600000 |

当投资者投入原材料、低值易耗品等实物时，应根据投资合同或协议约定的价值，借记"原材料""周转材料"等科目，根据应缴纳的增值税额，借记"应交税费"科目；根据投入的资金占企业注册资本的份额部分，贷记"实收资本"科目，借贷方相抵后的差额，贷记"资本公积"科目。

**【例11-4】** 新甲公司收到新投资者C厂投入钢材一批，投资各方确认货款为500000元，应缴纳增值税为85000元，钢材已验收入库。钢材和增值税税额投入的资金占企业全部注册资本 4000000 元的 12%，作分录如下：

借：原材料 　　　　　　　　　　　　　　　　　　　　500000
　　应交税费——应交增值税（进项税额） 　　　　　　 85000
　贷：实收资本 　　　　　　　　　　　　　　　　　　 480000
　　　资本公积 　　　　　　　　　　　　　　　　　　 105000

## 二、股份有限公司的实收资本

股份有限公司（简称股份公司）是指全部资本由等额股份构成并通过发行股票筹集资本，股东以其所持股份对公司承担有限责任，公司以其全部资产对公司债务承担责任的企业法人。股票是股份有限公司发给股东的股份凭证，它代表着企业所有者（股东）对企业的所有权。

**1. 企业根据不同的设立方式，选择不同的会计处理方法**

股份公司的设立有发起式和募集式两种设立方式。前者的特点是公司的股份全部由发起人认购，而后者则可以向发起人之外的其他法人或自然人发行股票。设立方式不同，公司所有者权益的会计处理方法也不同，其主要区别如下。

（1）筹集资本的费用处理不同。采用发起式筹集资本，因股东是固定的，无须聘请证券商（如证券公司）向社会广泛募集。一般情况下，其筹集费用很低，如发生一些诸如股权证明印刷费等少量费用，可以直接计入开办费或管理费用。而采用向社会发行股票的方式来募集资本，需要由企业发起人聘请证券商发行股票，由于社会募集式设立的公司，发起人认购的股份不得少于公司发行股份总数的 35%，其余部分可向社会公开募集，因而发行的股票数量大，印刷费用高，另外从广大投资者认购到实际出缴资金，需要进行大量的工作。所以，支付给证券商的发行费用一般较高，在会计上应进行特别的处理。采用溢价发行股票的，其应付证券商的费用可以从溢价收入中支付；采用面值发行股票的，其支付给证券商的费用列作开办费，计入开业后的损益。

（2）筹集资本的风险不同。发起式设立公司，其所需资本由发起人一次认足，一般不会发生设立公司失败的情况，因此，其筹资风险小。社会募集股份，其筹资对象是广泛的，在资本市场不景气或股票发行价格不恰当的情况下，有发行失败（即股票未被全部认购）的可能，因此，其筹资风险大。按照有关规定，发行失败损失由发起人负担，包括承担筹建费用，承担公司筹建过程中的债务，承担对认股人已缴纳的股款支付银行同期存款利息等责任。

**2. 设置"股本"科目进行核算**

股份有限公司的实收资本称为股本，"股本"科目核算股东投入企业的股本，企业应将核定的股本总额、股份总数、每股面值，在股本账户中作备查记录。为提供企业股份的构成情况，企业应在"股本"科目下，按普通股和优先股及股东单位或姓名设置明细账。企业的股本应在核定的股本总额范围内，通过发行股票取得。但值得注意的是，企业发行股票取得的收入与股本总额往往不一致，公司发行股票取得的收入大于股本总额的，称为溢价发行；小于股本总额的，称为折价发行；等于股本总额的，称为面值发行。我国不允许企业折价发行股票。在采用溢价发行股票的情况下，企业应将相当于股票面值的部分记入"股本"科目，其余部分在扣除发行手续费、佣金等发行费用后记入"资本公积"科目。

【例11-5】某股份有限公司通过证券公司发行普通股1000000股，每股面值为1元，发行价为5元，双方约定，按发行收入的6‰支付证券公司发行费，并从发行收入中扣除。股票已发行完毕，股款已划入银行存款账户。根据有关原始凭证，该公司应编制会计分录如下：

公司支付股票的发行费 = 1000000 × 5 × 6‰ = 30000（元）

实际收到的股票款 = 1000000 × 5 - 30000 = 4970000（元）

借：银行存款           4970000

  贷：股本——普通股        1000000

    资本公积——股本溢价     3970000

## 三、公司日常经营期间实收资本（股本）增减的核算

### 1. 实收资本（股本）增加的核算

一般企业增加资本的途径主要有三条：一是将资本公积转为实收资本（股本）。会计上应借记"资本公积"科目，贷记"实收资本（股本）"科目。二是将盈余公积转为实收资本（股本）。在会计上应借记"盈余公积"科目，贷记"实收资本（股本）"科目。注意的是，资本公积和盈余公积均属所有者权益，转为实收资本（股本）时，如为股份公司或有限责任公司，应按原投资者所持股份同比例增加各股东的股权，股份公司具体可以采取发放新股的办法。三是所有者（包括原企业所有者和新投资者）投入。企业应在收到投资者投入的资金时，借记"银行存款""固定资产""原材料"等科目，贷记"实收资本（股本）"等科目。

股份公司可以通过发放股票股利的方式实现增资。投资者在会计上一般只需要作备注说明，不必编制会计分录。被投资方宣告股票股利时不进行处理，实际发放股票股利时才须进行会计处理，借记"利润分配"，贷记"实收资本（股本）""资本公积"等科目。在发放股票股利时，是按照股东原来持有的股数分配，如股东所持股份按比例分配的股利不足一股时，应采用恰当的方法处理。例如，股东会决议按股票面额的10%发放股票股利时（假如新股发行价格及面额与原股相同），对于所持股票不足10股的股东，将会发生不能领取一股的情况。在这种情况下，有两种方法可供选择：一是将不足一股的股票股利改为现金股利，用现金支付；二是由股东相互转让，凑为整股。无论采用哪种方法，都将改变企业的股权结构，但公司的所有者权益总额不变。

### 2. 实收资本（股本）减少的核算

企业实收资本减少的原因大体有两种：一是资本过剩；二是企业发生重大亏损而需要

减少实收资本。企业因资本过剩而减资，一般要发还股款。有限责任公司和一般企业发还的投资比较简单，按发还投资的数额，借记"实收资本"科目，贷记"银行存款"等科目。

股份有限公司由于采用的是发行股票的方式筹集股本，发还股款时，则要收购发行的股票，发行股票的价格与股票面值可能不同，收回股票的价格也可能与发行价格不同，会计核算较复杂。由于"股本"科目是按股票的面值登记的，收购本企业股票时，亦应按面值注销股本。超出面值付出的价格，可区别情况处理：收购的股票凡属溢价发行的，则首先冲销溢价收入（即资本公积）；不足部分，凡提有盈余公积的，冲销盈余公积；如盈余公积仍不足以支付收购款的，冲销未分配利润。凡属面值发行的，直接冲销盈余公积，未分配利润。

# 第二节　资本公积

资本公积是指由投资者投入但不能构成实收资本，或从其他来源取得、由所有者享有的资金，它属于所有者权益的范畴。资本公积由全体股东享有，资本公积在转增资本时，按各个股东在实收资本中所占的投资比例计算的金额，分别转增各个股东的投资金额。资本公积与盈余公积不同，盈余公积是从净利润中取得的，而资本公积的形成有其特定的来源，与企业的净利润无关。

资本公积与实收资本虽然都属于所有者权益，但两者又有区别。实收资本是投资者对企业的投入，并通过资本的投入谋求一定的经济利益；而资本公积有特定来源，由所有投资者共同享有。企业应设置"资本公积"科目，用来核算资本公积的增减变动及结余情况。该账户性质属于所有者权益类，其贷方登记资本公积的增加，借方登记资本公积的减少，余额在贷方，反映企业实有的资本公积。在"资本公积"科目下，还应设置"资本（或股本）溢价""其他资本公积"明细科目，进行明细分类核算。

## 一、资本溢价或股本溢价

### 1. 资本溢价

两个以上的投资者合资经营的企业（不含股份有限公司），投资者依其出资份额对企业经营决策享有表决权；依其所认缴的出资额对企业承担有限责任。明确记录投资者认缴的出资额，真实地反映各投资者对企业享有权利与承担的义务，是会计核算应注意的问题。为此，会计上应设置"实收资本"科目，核算企业投资者按照公司章程所规定的出资比例实际缴付的出资额。

在企业创立时，出资者认缴的出资额全部记入"实收资本"科目。在企业重组并有新的投资者加入时，为了维护原有投资者的权益，新加入的投资者的出资额，并不一定全部作为实收资本处理。这是因为，在企业正常经营过程中投入的资金即使与企业创立时投入的资金在数量上一致，但其获利能力却不一致。企业创立时，要经过筹建、试生产经营、为产品寻找市场、开辟市场等过程，从投入资金到取得投资回报，这中间需要许多时间，并且这种投资具有风险性，在这个过程中资本利润率很低。而企业进行正常生产经营后，在正常情况下，资本利润率要高于企业初创阶段。而这高于初创阶段的资本利润率是以初创时必要的垫支资本带来的，企业创办者并为此付出了代价。因此，相同数量的投资，由于出资时间不同，其对企业的影响程度不同，由此而带给投资者的权力也不同，往往前者大于后者。所以，新加入的投资者要付出大于原有投资者的出资额，才能取得与投资者相同的投资比例。

另外，不仅原投资者原有投资从质量上发生了变化，就是从数量上也可能发生变化，因为企业经营过程中实现利润的一部分留在企业形成留存收益，而留存收益也属于投资者权益，但其未转入实收资本。新加入的投资者如与原投资者共享这部分留存收益，也要求其付出大于原投资者的出资额，才能取得与原有投资者相同的投资比例。

投资者投入的资本中按其投资比例计算的出资额部分，应计入"实收资本"科目，超过部分应计入"资本公积"科目。

**【例 11 -6】** 某有限责任公司由甲、乙、丙三位股东各自出资 100 万元而设立。设立时的实收资本为 300 万元。经过三年的经营，该企业留存收益为 150 万元。这时又有丁投资者有意参加该企业，并表示愿意出资 180 万元而仅占该企业股份的 25%。

在本例中，应将丁股东投入资金中的 100 万元计入"实收资本"科目，其余 80 万元计入"资本公积"科目。

借：银行存款　　　　　　　　　　　　　　　　　　　1800000
　　贷：实收资本　　　　　　　　　　　　　　　　　　　　1000000
　　　　资本公积　　　　　　　　　　　　　　　　　　　　　800000

**2. 股本溢价**

股份有限公司是以发行股票的方式筹集股本，股票是企业签发的证明股东按其所持股份享有权利和承担义务的书面证明。由于股东按其所持企业股份享有权利和承担义务，为了反映和便于计算各股东所持股份占企业全部股本的比例，企业的股本总额应按股票的面值与股份总数的乘积计算。国家规定，实收股本总额应与注册资本相等。因此，为提供企业股本总额及其构成和注册资本等信息，在采用与股票面值相同的价格发行股票的情况下，企业发行股票取得的收入，应全部计入"股本"科目；在采用溢价发行股票的情况下，企业发行股票取得的收入，相当于股票面值部分计入"股本"科目，超出股票面值的溢价收入计入"资本公积"科目。注意，委托证券商代理发行股票而支付的手续费、佣金等，应从溢价发行收入中扣除，企业应按扣除手续费、佣金后的数额计入"资本公积"科目。在采用面值发行的情况下，企业没有溢价收入，应将发行收入全部计入"股本"科目，支付的发行股票费用则应作为开办费或递延费用处理。

**【例 11 -7】** 某公司委托××证券公司代理发行普通股 200000 股，每股面值 1 元，按每股 1.2 元的价格发行。公司与受托单位约定，按发行收入 3% 收取手续费，从发行收入中扣除。假如收到的股款已存入银行。根据资料，企业应作如下会计处理：

公司收到受托发行单位交来现金 = 200000 × 1.2 × （1 − 3%）= 232800（元）

应记入"资本公积"科目的金额 = 232800 − 200000 = 32800（元）

借：银行存款         232800

  贷：股本         200000

    资本公积——股本溢价    32800

## 二、其他资本公积

其他资本公积是指除资本溢价（或股本溢价）项目以外形成的资本公积，其中主要是直接计入所有者权益的利得和损失。

**1. 企业的长期股权投资采用权益法核算时产生的资本公积**

企业的长期股权投资采用权益法核算的，在持股比例不变的情况下，被投资单位除净损益以外所有者权益的其他变动，企业应按持股比例计算应享有的份额，借记或贷记"长期股权投资——其他权益变动"科目，贷记或借记"资本公积——其他资本公积"科目；待处置该项长期股权投资时，应将计入"资本公积——其他资本公积"科目的余额结转"投资收益"科目。

**2. 投资性房地产产生的资本公积**

自用房地产或存货转换为采用公允价值模式计量的投资性房地产，公允价值与账面价值的借方差额作为"公允价值变动损益"，计入当期损益；贷方差额作为"资本公积——其他资本公积"计入所有者权益。

**3. 企业将持有至到期投资重分类为可供出售的金融资产时产生的资本公积**

企业将持有至到期投资重分类为可供出售的金融资产时，应按其公允价值借记"可供出售金融资产"科目；按其账面价值贷记"持有至到期投资"科目；将两者之间的差额列入"资本公积——其他资本公积"科目。企业将可供出售金融资产重分类为持有至到期投资时，应按其公允价值借记"持有至到期投资"科目；按其账面价值贷记"可供出售金融资产"科目；将两者之间的差额列入"投资收益"科目。同时将可供出售金融资产因增值或减值而列入"资本公积"科目的金额转入"投资收益"科目。

**4. 企业持有的可供出售金融资产期末产生的资本公积**

企业持有的可供出售金融资产期末的公允价值，若高于其账面余额的，借记"可供出售金融资产——公允价值变动"科目，贷记"资本公积——其他资本公积"科目；反之，若低于其账面余额的，则借记"资本公积——其他资本公积"科目，贷记"可供出售金融资产——公允价值变动"科目。

**5. 企业接受外币投资时产生的资本公积**

企业接受外币投资时，收到的外币资产应作为资产登记入账，同时，对接受的外币资产投资应作为投资者的投入，增加实收资本。在我国，一般企业以人民币为记账本位币，在收到外币资产时需要将外币资产价值折合为人民币记账。在将外币资产折合为人民币记账时，其折合汇率按以下原则确定：对于各项外币资产账户，一律按收到出资额当日的市场汇率折合；对于实收资本账户，合同约定汇率的，按合同约定的汇率折合，合同没有约定汇率的，按收到出资额当日的市场汇率折合。

由于有关资产账户与实收资本账户所采用的折合汇率不同而产生的人民币差额，作资本公积处理。企业收到投资者投入的外币资产，按收到出资额当日汇率折合的人民币金额，借记有关资产科目，按合同约定汇率或按收到出资额当日汇率折合的人民币金额，贷记"实收资本"科目，按收到出资额当日汇率折合的人民币金额与按合同约定汇率折合的人民币金额之间差额，借记或贷记"资本公积——外币资本折算差额"科目。

# 第三节　留存收益

留存收益是指从企业历年实现的净利润中提取或留存的内部积累，它包括盈余公积和未分配利润。

## 一、盈余公积

盈余公积是指公司提取的法定盈余公积和任意盈余公积。公司可按净利润 10% 的比例提取法定盈余公积，当提取的法定盈余公积达到注册资本 50% 时，可不再提取。股份有限公司在提取法定盈余公积后，经股东大会决议，可以提取任意公积金。它与法定盈余公积的区别在于提取比例由企业权力机构自行确定。

公司提取盈余公积主要用于以下几个方面：

### 1. 弥补亏损

企业发生亏损时，应由企业自行弥补。弥补亏损的渠道主要有三条：一是用以后年度税前利润弥补。按照现行制度规定，企业发生亏损时，可以用以后 5 年内实现的税前利润弥补，即税前利润弥补亏损的期间为 5 年。二是用以后年度税后利润弥补。企业发生的亏损经过 5 年期间未弥补足额的，未弥补亏损应由所得税后的利润弥补。三是以盈余公积弥补亏损。企业以提取的盈余公积弥补亏损时，应当由公司董事会提议，并经股东大会批准。

### 2. 转增资本

企业将盈余公积转增资本时，必须经股东大会或类似机构决议批准。在实际将盈余公积转增资本时，要按股东原有持股比例结转。盈余公积转增资本时，转增后留存的盈余公积的数额不得少于注册资本的 25%。

盈余公积的提取实际上是企业当期实现的净利润向投资者分配利润的一种限制。提取盈余公积本身就属于利润分配的一部分，提取盈余公积相对应的资金，一经提取形成盈余公积后，在一般情况下不得用于向投资者分配利润或股利。盈余公积的用途，并不是指其实际占用形态，提取盈余公积也并不是单独将这部分资金从企业资金周转过程中抽出。企业提取的盈余公积，无论是用于弥补亏损，还是用于转增资本，只不过是在企业所有者权益内部结构的转换，如企业以盈余公积弥补亏损时，实际上是减少盈余公积留存的数额，以此抵补未弥补亏损的数额，并不引起企业所有者权益总额的变动；企业以盈余公积转增资本时，也只是减少盈余公积结存的数额，但同时增加企业实收资本或股本的结存数，也并不引起所有者权益总额的变动。至于企业盈余公积的结存数，实际只表现企业所有者权益的组成部分，表明企业生产经营资金的一个来源而已。其形成的资金既可能表现为一定的货币资金，也可能表现为一定的实物资产，如存货和固定资产等，随同企业的其他来源所形成的资金进行循环周转。

为了核算反映盈余公积形成及使用情况，企业应设置"盈余公积"科目。并分别按"法定盈余公积"和"任意盈余公积"进行明细核算。企业提取盈余公积时，借记"利润分配"科目，贷记"盈余公积——法定盈余公积、盈余公积——任意盈余公积"科目。

企业将盈余公积转增资本时，应当按照转增资本前的实收资本结构比例，将盈余公积转增资本的数额计入"实收资本（或股本）"科目下各所有者的明细账，相应增加各所有者对企业的资本投资。

【例11-8】某企业2016年进行利润分配时，提取法定盈余公积150000元，提取任意盈余30000元，并将"利润分配"科目的余额全部结转至"利润分配——未分配利润"科目下。

（1）借：利润分配——提取法定盈余公积 150000
     ——提取任意盈余公积 30000
  贷：盈余公积——法定盈余公积 150000
     ——任意盈余公积 30000
（2）借：利润分配——未分配利润 180000
  贷：利润分配——提取法定盈余公积 150000
     ——提取任意盈余公积 30000

**3. 发放现金股利或利润**

经股东大会决议，企业可按规定用盈余公积发放现金股利或利润。企业若无供分配的利润，原则上不得分配股利，但为了维护公司股票信誉等原因，经过股东大会特别决议，也可用盈余公积来分配利润。分配利润后，法定盈余公积不得低于注册资本的25%。

## 二、利润分配和未分配利润

下面介绍公司利润分配的流程及其账务处理。

**1. 利润分配的程序**

公司实现的税后利润即净利润一般应当按照如下顺序进行分配：弥补以前年度亏损；

提取法定盈余公积；支付优先股股利；提取任意公积金；向投资者分配利润或股利。

**2. 利润分配的核算**

（1）利润分配的科目设置。为了反映利润分配的过程和结果，企业应设置"利润分配"科目，并在该科目下设置"提取法定盈余公积""提取任意盈余公积""应付现金股利或利润""转作资本（或股本）的股利""盈余公积补亏""未分配利润"等明细科目，进行明细核算。年度终了，企业应将全年实现的净利润自"本年利润"账户转入"利润分配——未分配利润"科目，同时，将"利润分配"科目所属的其他明细科目余额也转入"利润分配"科目的"未分配利润"明细科目。结转后，"利润分配——未分配利润"科目如为贷方余额，表示累积未分配的利润数额；如为借方余额，则表示累积未弥补的亏损数额。

未分配利润是企业留待以后年度进行分配的结存利润，也是企业所有者权益的组成部分。相对于所有者权益的其他部分来说，企业对于未分配利润的使用分配有较大的自主权。从数量上来说，未分配利润是期初未分配利润加上本期实现的税后利润，减去提取的各种盈余公积和分出利润后的余额。未分配利润有两层含义：一是留待以后年度处理的利润；二是未指定特定用途的利润。

（2）利润分配的会计处理。

1）提取盈余公积。企业按规定从净利润中提取盈余公积（法定盈余公积和任意盈余公积）时，应编制如下分录：

借：利润分配——提取法定盈余公积

　　　　　　——提取任意盈余公积

　　贷：盈余公积——法定盈余公积

　　　　　　——任意盈余公积

2）向投资者分配现金股利或利润。企业在分配利润的宣告日应编制如下分录：

借：利润分配——应付现金股利或利润

　　贷：应付股利

3）盈余公积补亏。若企业本年度发生亏损，用以前年度提取的盈余公积补亏，应编制如下分录：

借：盈余公积

　　贷：利润分配——盈余公积补亏

4）企业按股东大会或类似机构批准的应分配股票股利或应转增的资本金额增资。在办理增资手续后，应编制如下分录：

借：利润分配——转作股本的股利

　　贷：实收资本（或股本）

如实际发放的股票股利的金额与股票票面金额不一致，应按其差额，贷记"资本公积——股本溢价"科目。

5）结转"利润分配"科目的明细科目时，分录如下：

年度终了，应将"利润分配"科目下的其他明细科目，转入"未分配利润"明细科目。

借：利润分配——未分配利润
　　贷：利润分配——提取法定盈余公积
　　　　　　　　——提取任意盈余公积
　　　　　　　　——应付现金股利或利润
　　　　　　　　——转作股本的股利
借：利润分配——盈余公积补亏
　　贷：利润分配——未分配利润

结转后，除"未分配利润"明细科目外，"利润分配"科目的其他明细科目均应无余额。"利润分配——未分配利润"科目的贷方余额即为企业累计未分配利润，如为借方余额即为企业累计未弥补亏损。

## 三、亏损弥补的核算

企业在生产经营过程中既可能发生盈利，也有可能出现亏损。企业在当年发生亏损的情况下，与实现利润的情况相同，应当将本年发生的亏损自"本年利润"科目转入"利润分配——未分配利润"科目，借记"利润分配——未分配利润"科目，贷记"本年利润"科目，结转后"利润分配"科目的借方余额，即为未弥补亏损的数额。然后通过"利润分配"科目核算有关亏损的弥补情况。

企业发生的亏损可以从次年开始在5年内以税前利润弥补，5年后以税后利润即净利润弥补。在以次年实现的税前利润弥补以前年度亏损的情况下，企业当年实现的利润自"本年利润"科目，转入"利润分配——未分配利润"科目。结转后，"利润分配——未分配利润"科目贷方发生额与其借方余额自然抵补。因此，以当年实现净利润弥补以前年度结转的未弥补亏损时，不需要进行专门的账务处理。

由于未弥补亏损形成的时间长短不同等原因，以前年度未弥补亏损有的可以以当年实现的税前利润弥补，有的则须用税后利润弥补。无论是以税前利润弥补亏损还是以税后利润弥补亏损，其会计处理方法相同，所不同的只是两者计算缴纳所得税时的处理不同而已。在以税前利润弥补亏损的情况下，其弥补的数额可以抵减当期企业应纳税所得额，而以税后利润弥补的数额，则不能抵减当期应纳税所得额。

【例11-9】某企业2016年发生亏损1200000元。在年度终了时，企业应当结转本年发生的亏损，即编制如下会计分录：

借：利润分配——未分配利润　　　　　　　　　　　　　　　　　1200000
　　贷：本年利润　　　　　　　　　　　　　　　　　　　　　　　　　1200000

假设2017～2021年，该企业每年均实现利润200000元，按照现行制度规定，企业在发生亏损以后的5年内可以用税前利润弥补亏损。该企业在2017～2021年的每年度终了时，均应编制如下会计分录：

借：本年利润　　　　　　　　　　　　　　　　　　　　　　　　200000
　　贷：利润分配——未分配利润　　　　　　　　　　　　　　　　　　200000

2017～2021年各年度终了，按照上述会计分录的结果，2013年"利润分配——未分配利润"账户期末借方余额为200000元，即2021年年度终了时未弥补亏损200000元。

假设该企业 2022 年实现税前利润 400000 元，按现行制度规定，该企业只能用税后利润弥补以前年度亏损。在 2022 年度终了时，该企业首先应当按照当年实现的税前利润计算缴纳当年应负担的所得税，其次再将当期扣除计算缴纳的所得税后的净利润，转入利润分配账户。

在本例中，假设该企业适用的所得税税率为 25%，该企业在 2022 年度计算缴纳所得税时，其纳税所得额为 400000 元，当年应缴纳的所得税为 $400000 \times 25\% = 100000$（元）。此时，该企业应编制如下会计分录：

（1）计算缴纳所得税。

借：所得税费用      100000

    贷：应交税费——应交所得税      100000

借：本年利润      100000

    贷：所得税费用      100000

（2）结转本年利润，弥补以前年度亏损。

借：本年利润      300000

    贷：利润分配——未分配利润      300000

（3）上述核算的结果，该企业 2014 年"利润分配——未分配利润"科目的期末贷方余额为 100000（$-200000 + 300000 = 100000$）元。

# 习 题

## 一、单选题

1. 当有限责任公司投资者的投入资本超过注册资本时，超过部分应当计入公司的（    ）。

A. 实收资本      B. 资本公积      C. 盈余公积      D. 营业外收入

2. 下列各项中，不属于所有者权益的是（    ）。

A. 递延收益      B. 盈余公积      C. 未分配利润      D. 资本公积

3. 企业将盈余公积转增资本时，转增后留存的盈余公积数额不得少于注册资本的（    ）。

A. 20%      B. 25%      C. 40%      D. 50%

4. 下列项目中，不属于资本公积核算内容的是（    ）。

A. 企业收到投资者出资额超出其在注册资本或股本中所占份额的部分

B. 直接计入所有者权益的利得

C. 直接计入所有者权益的损失

D. 企业收到投资者的出资额

5. 资本公积的主要用途是（    ）。

A. 转增资本　　　　　　　　　　　　　　B. 弥补亏损

C. 向股东支付股利　　　　　　　　　　　D. 向其他单位捐赠资产

6. 某企业 2016 年初未分配利润为借方余额 12000 元（该亏损为超过 5 年的未弥补亏损），当年净利润为 210000 元，按 10% 的比例提取盈余公积。不考虑其他事项，该企业 2016 年末未分配利润为（　　　）元。

A. 178200　　　　　　B. 198000　　　　　　C. 209100　　　　　　D. 201000

7. 某公司"盈余公积"科目的年初余额为 900 万元，本期提取盈余公积 1112.5 万元，用盈余公积转增资本 500 万元。该公司"盈余公积"科目的年末余额为（　　　）万元。

A. 712.5　　　　　　B. 1512.5　　　　　　C. 1312.5　　　　　　D. 1762.5

8. 某企业 2009 年初未分配利润的贷方余额为 300 万元，本年度实现的净利润为 100 万元，分别按 10% 和 5% 提取法定盈余公积和任意盈余公积。假定不考虑其他因素，该企业 2009 年度可供分配利润为（　　　）万元。

A. 285　　　　　　B. 290　　　　　　C. 300　　　　　　D. 400

9. 下列各项中，影响所有者权益总额的是（　　　）。

A. 用盈余公积弥补亏损　　　　　　　　　B. 用盈余公积转增资本

C. 股东大会宣告分配现金股利　　　　　　D. 实际分配股票股利

10. 下列各项中，能够导致企业留存收益减少的是（　　　）。

A. 股东大会宣告派发现金股利　　　　　　B. 以资本公积转增资本

C. 提取盈余公积　　　　　　　　　　　　D. 以盈余公积弥补亏损

## 二、多选题

1. 下列各项，不增加企业资本公积的有（　　　）。

A. 划转无法支付的应付账款　　　　　　　B. 接受捐赠的固定资产

C. 股本溢价　　　　　　　　　　　　　　D. 盘盈的固定资产

2. 股份有限公司委托其他单位发行股票支付的手续费或佣金等相关费用的金额，可冲减的科目有（　　　）。

A. 资本公积　　　　B. 管理费用　　　　C. 盈余公积　　　　D. 未分配利润

3. 企业吸收投资者出资时，下列会计科目的余额不会发生变化的有（　　　）。

A. 营业外收入　　　B. 实收资本　　　　C. 递延收益　　　　D. 资本公积

4. 下列各项中，能够引起企业留存收益总额发生变动的有（　　　）。

A. 本年度实现的净利润　　　　　　　　　B. 提取法定盈余公积

C. 向投资者宣告分配现金股利　　　　　　D. 用盈余公积转增资本

5. 下列各项中，不会引起留存收益变动的有（　　　）。

A. 盈余公积补亏　　　　　　　　　　　　B. 计提法定盈余公积

C. 盈余公积转增资本　　　　　　　　　　D. 计提任意盈余公积

6. 企业发生亏损时，下列各项中（　　　）是弥补亏损的渠道。

A. 以盈余公积弥补亏损　　　　　　　　　B. 以资本公积弥补亏损

C. 用以后 5 年税前利润弥补              D. 用 5 年后的税后利润弥补

7. 下列各项中，不会引起所有者权益总额发生增减变动的有（      ）。

A. 宣告发放股票股利                    B. 资本公积转增资本

C. 盈余公积转增资本                    D. 接受投资者追加投资

8. 关于企业所有者权益，下列说法中正确的有（      ）。

A. 资本公积可以弥补企业亏损            B. 盈余公积可以按照规定转增资本

C. 未分配利润可以弥补亏损              D. 资本公积可以按照规定转增资本

9. 企业实收资本增加的途径有（      ）。

A. 企业盈利                            B. 所有者投入

C. 资本公积转增资本                    D. 盈余公积转增资本

10. 下列各项中，不会引起所有者权益发生增减变动的有（      ）。

A. 收到应收账款      B. 提取坏账准备      C. 偿还所欠债务      D. 支付职工工资

## 三、判断题

1. 企业不能用盈余公积分配现金股利。（      ）

2. 年度终了，除"未分配利润"明细科目外，"利润分配"科目下的其他明细科目应当无余额。（      ）

3. 支付已宣告的现金股利时所有者权益减少。（      ）

4. 企业计提法定盈余公积的基数是当年实现的净利润和企业年初未分配利润之和。（      ）

5. 企业增资扩股时，投资者实际缴纳的出资额大于其按约定比例计算的其在注册资本中所占的份额部分，也应该计入"实收资本"科目。（      ）

6. 企业接受投资者以非现金资产投资时，应按该资产的账面价值入账。（      ）

7. 企业用当年实现的利润弥补亏损时，应单独作出相应的会计处理。（      ）

8. 企业以盈余公积向投资者分配现金股利，不会引起留存收益总额的变动。（      ）

9. 尽管所有者权益和负债都是对企业资产的要求权，但它们的性质是不一样的。（      ）

10. 企业将公积金转增资本并不引起所有者权益总数的增加，而只是引起企业所有者权益结构的变化。（      ）

## 四、计算分析题

1. 企业发行普通股 500 万股，每股面值 1 元，每股发行价 1.5 元。该企业与证券公司约定，按发行收入的 2% 支付手续费，从发行收入中扣除，假定股款已收存银行。

要求：编制相关的会计分录。

2. 甲公司成立于 2011 年，公司当年年末的未分配利润为 5 万元，2012 年末发生亏损 1500 万元，2013～2017 年每年实现税前利润都为 250 万元，2018 年实现税前利润为 400 万元。公司无其他纳税调整事项，所得税税率为 25%。

要求：计算甲公司 2018 年末未分配利润。

3. 甲、乙两个投资者向某有限责任公司投资，甲投资者投入自产产品一批，双方确认价值为 180 万元（假设是公允的），税务部门认定增值税为 30.6 万元，并开具了增值税专用发票。乙投资者投入货币资金 9 万元和一项专利技术，货币资金已经存入开户银行，该专利技术原账面价值为 128 万元，预计使用寿命为 16 年，已摊销 40 万元，计提减值准备 10 万元，双方确认的价值为 80 万元（假设是公允的）。假定甲、乙两位投资者投资时均不产生资本公积。两年后，丙投资者向该公司追加投资，其缴付该公司的出资额为人民币 176 万元，协议约定丙投资者享有的注册资本金额为 130 万元。

要求：根据上述资料，分别编制被投资公司接受甲、乙、丙投资的有关会计分录。

4. 东方公司 2017 年发生有关经济业务如下：

（1）按照规定办理增资手续后，将资本公积 45 万元转增注册资本，其中 A、B、C 三家公司各占 1/3。

（2）用盈余公积 37.5 万元弥补以前年度亏损。

（3）从税后利润中提取法定盈余公积 19 万元。

（4）接受 D 公司加入联营，经投资各方协议，D 公司实际出资额中 500 万元作为新增注册资本，使投资各方在注册资本总额中均占 1/4。D 公司以银行存款 550 万元缴付出资额。

要求：根据上述经济业务（1）～（4）编制东方公司的相关会计分录（不要求编制将利润分配各明细科目余额结转到"利润分配——未分配利润"科目中的分录）。

# 第十二章

# 损　益

📖 章首案例

　　甲公司为增值税一般纳税人，适用的增值税税率为17%。甲公司2016年度发生了以下有关事项：

　　【业务1】2016年5月1日，甲公司将其生产的一批商品销售给同为一般纳税人的乙公司，售价为300万元（不含增值税税额），商品销售成本为200万元，商品已经发出且货款已收到。按照双方协议，甲公司将该批商品销售给乙公司，一年后以320万元的价格购回所售商品。

　　【业务2】2016年10月29日，甲公司接受一项产品安装任务，安装期为4个月，合同总收入为100万元，至2016年底已经预收款项50万元，实际发生成本28万元，估计还会发生成本42万元。

　　【业务3】2016年12月1日，甲公司向丙公司销售一批商品，销售价格为200万元，成本为130万元，商品已经发出，丙公司已预付全部款项。丙公司收到商品的当天，发现商品质量未达到合同规定的要求，立即根据合同的退货条款与甲公司协商，要求甲公司在价格上给予减让，否则将予以退货。截至2016年底，双方尚未达成一致意见，甲公司也未采取任何补救措施。

　　【业务4】2016年1月开始计提折旧的一项固定资产，成本为1500万元，使用年限为10年，净残值为0，会计处理按双倍余额递减法计提折旧，税收处理按直线法计提折旧。假定税法规定的使用年限及净残值与会计规定相同。

　　对于以上业务，甲公司应当怎样进行会计处理？【业务1】中甲公司应当确认销售商品的收入并结转有关成本吗？【业务2】应当确认多少劳务收入？企业收入包括哪些具体内容？【业务3】中甲公司的销售收入符合确认条件吗？【业务4】使得甲公司形成了递延所得税资产还是递延所得税负债？甲公司2016年度的损益是多少，是盈利还是亏损？通过本章的学习，我们将能够对这些问题做出解答。

　　损益，也称财务成果、企业的利润或亏损。是企业一定时期经营成果的反映，按照配比原则核算，包括收入的实现、费用的发生以及结转、利润的形成的核算等。通过对当期损益的核算，不仅可以反映出企业生产经营活动和管理工作的质量，而且可以评价企业的盈利能力，是广大投资者作出正确判断和决策的重要依据。

# 第一节　收　入

　　企业在经营过程中，以各项收入减去各项支出后形成了损益。本节主要对收入进行详细介绍。收入是指企业在销售商品、提供劳务及他人使用本企业资产等日常活动中形成的经济利益的总流入，包括商品销售收入、劳务收入、使用费收入、租金收入、股利收入等。但收入不包括为第三方或客户代收的款项。收入是企业利润的来源，企业只有通过获得收入来补偿其生产经营过程中所发生的各种成本费用支出，以获得一定的盈余。本节所指的收入是营业收入。

## 一、收入的分类

　　根据不同的标准可以对收入进行不同的分类。

　　**1. 按收入形成的原因分类**

　　按收入形成的原因可分为商品销售收入、提供劳务收入和让渡资产使用权收入等。商品销售收入是企业收入的基本内容，如工业企业销售自行生产的产品、商品流通企业销售商品等。此外，企业销售的其他存货，如原材料、包装物等也应视同商品销售，但此类商品销售在企业经营中一般处于相对次要的地位。而企业以自产、委托加工或外购的商品进行投资、捐赠及自用等，会计上不作为销售处理，在税法上根据具体规定视同销售处理。

　　提供劳务收入是服务性企业收入的基本内容，包括饮食、广告、理发、照相、旅游、运输、洗涤、咨询、代理、培训、产品安装等收入，还有一些特殊形式的收入，如申请入会费和会员费收入、入场费收入、特许权费收入等。

　　让渡资产使用权收入主要有使用费收入、利息收入、资产租金收入等。使用费收入是指因他人使用本企业的无形资产，如商标权、专利权、版权等应由企业收取的费用；利息收入是指因他人使用本企业现金而收取的利息，主要指金融企业存款、贷款形成的利息收入及同业之间发生往来形成的利息收入；资产租金收入是指因他人使用本企业的固定资产取得的租金收入。

　　**2. 按企业经营业务的主次分类**

　　按企业经营业务的主次可分为主营业务收入和其他业务收入。主营业务收入是指企业在主要日常活动中所获得的收入，不同行业其主营业务收入所包括的内容有所不同。工业性企业的主营业务收入主要包括销售商品、自制半成品、代制品、代修品以及提供工业性劳务等取得的收入；商品流通企业的主营业务收入主要包括销售商品所取得的收入；旅游企业的主营业务收入主要包括客房收入、餐饮收入；商业银行的主营业务收入主要包括贷款利息收入、办理结算的手续费等。

　　其他业务收入是指企业从事主营业务以外的其他日常活动所取得的收入，如工业企业对外销售材料、提供非工业性劳务等所取得的收入就是该类企业的其他业务收入。

主营业务收入和其他业务收入的划分并不是确定的，对于不同的行业、不同的经营阶段主营业务收入和其他业务收入是可以相互转化的。

## 二、销售商品收入

### 1. 销售商品收入的确认条件

按我国会计准则的规定，企业销售商品时，同时符合以下五个条件的确认为收入：

条件1：企业已将商品所有权上的主要风险和报酬转移给买方。商品所有权上的风险，主要指商品所有者承担该商品价值发生损失的可能性。如商品发生贬值、毁损、报废而带来的损失。商品所有权上的报酬，主要指商品所有者预期可获得的商品中包含的未来经济利益。如商品价值的升值以及商品的使用所形成的经济利益等。当一项商品发生的任何损失由买方承担，带来的经济利益也归买方所有，则意味着该商品所有权上的全部风险和报酬已转移给买方。

判断商品所有权上的主要风险和报酬是否转移，需要关注的是每项交易的实质，而不只是形式。通常分三种情况：

第一种，商品所有权凭证转移或实物交付后，商品所有权上的主要风险和报酬也随之转移，如大多数零售交易。

第二种，商品所有权凭证转移或实物交付后，商品所有权上的主要风险和报酬并未随之转移。例如：①企业销售的商品在质量、品种、规格等方面不符合合同规定的要求又未根据正常的保证条款予以弥补，因而仍负有责任。②企业销售商品的收入是否能够取得，取决于买方销售其商品的收入是否能够取得。③企业尚未完成售出商品的安装或检验工作，且此项安装或检验任务是销售合同的重要组成部分。④销售合同中规定了由于特定原因买方有权退货的条款，而企业又不能确定退货的可能性。

第三种，企业已将商品所有权上的主要风险和报酬转移给买方，但实物尚未交付。这时应在所有权上的主要风险和报酬转移时确认收入，而不管实物是否交付。

条件2：企业既没有保留通常与所有权相联系的继续管理权，也没有对已售出的商品实施有效控制。企业将商品所有权上的主要风险和报酬转移给买方后，如仍然保留与商品所有权相联系的继续管理权或仍然对售出的商品实施控制，则说明此项销售商品交易没有完成，销售不成立，不能确认收入。当然，如企业对售出的商品保留了与所有权无关的管理权，则不受此条件的限制。

条件3：收入的金额能够可靠地计量。收入能否可靠地计量，是确认收入的基本前提。企业在销售商品时，售价通常已经确定，但销售过程中由于某种不确定因素，也有可能出现售价变动的情况，则新的售价未确定前不应确认收入。

条件4：相关的经济利益能够流入企业。经济利益是指直接或间接流入企业的现金或现金等价物。在销售商品的交易中，与交易相关的经济利益即为销售商品的价款。销售商品的价款能否有把握收回，是收入确认的一个重要条件。企业在销售商品时，如估计价款收回的可能性不大，即使收入确认的其他条件均已满足，也不应当确认收入。

企业在判断价款收回的可能性时，应进行定性分析，当确定价款收回的可能性大于不能收回的可能性时，即认为价款能够收回。一般情况下，企业售出的商品符合合同或协议规定的要求，并已将发票账单交付买方，买方也承诺付款，即表明销售商品的价款能够收回。如企业判断价款不能收回，应提供可靠的证据。

条件5：相关的已发生或将发生的成本能够可靠地计量。不仅收入要能够可靠地计量，与收入相配比的成本也要能够可靠地计量，如果成本不能可靠计量，则收入也不能确认。

以上五个条件在一项商品销售业务中必须同时具备，才能确认收入的实现，缺乏任何一个条件，即使收到货款，也不能确认收入。

### 2. 特殊方式销售商品收入的确认

在实务中，企业可能采用某些特殊方式进行商品销售，对于这些特殊的商品交易业务，其收入可以按以下原则确认：

（1）需要安装和检验的商品销售。在这种销售方式下，由于售出的商品需要安装、检验等，故购买方在接受交货以及安装和检验完毕前一般不应确认收入。但是，如果安装的程序比较简单或检验是为最终确定合同价格而必须进行的程序，则可以在商品发出时或商品装运时确认收入。

（2）附有销售退回条件的商品销售。在这种销售方式下，购买方依照有关协议或合同的规定有权退货。如果企业能够按照以往的经验对退货的可能性作出合理估计的，应在发出商品时，将估计不会发生退货的部分确认收入，估计可能发生退货部分不确认收入。如果企业不能合理地确定退货的可能性，则在售出商品的退货期满时确认收入。

（3）代销商品业务。代销商品的业务有两种方式：

第一种，视同买断。即由委托方和受托方签订协议，委托方按协议价收取所代销的货款，实际售价可由受托方自定，实际售价与协议价之间的差额归受托方所有。视同买断又包括两种情况，即主要风险和报酬转移给受托方与主要风险和报酬未转移给受托方。区分的关键在于代销协议是否约定受托方在取得代销商品后，无论是否能够卖出或是否获利，均与委托方无关。若协议约定受托方在取得代销商品后，无论是否能够卖出均与委托方无关，此时与委托方将商品直接销售给受托方没有实质区别，风险和报酬已经完全转移，委托方在交付商品时应当确认相关的收入，受托方应当作为购进商品处理，受托方在销售出代销商品时，确认收入。

若协议约定受托方如果没有将商品售出，可以将商品退回给委托方，或者受托方因代销商品出现亏损时可以要求委托方补偿。在这种情况下，代销商品的主要风险和报酬并未转移给受托方，因此委托方在交付商品时不确认收入，受托方也不作为购进商品处理。受托方将商品销售后，应按实际售价确认为销售收入，并向委托方开具代销清单。委托方收到代销清单，再确认收入，本书主要讨论此种情况。

第二种，收取手续费。即受托方根据所代销的商品数量向委托方收手续费，这种方式对受托方来说实际上是一种劳务收入，在这种代销方式下，受托方通常应按委托方规定的价格销售，不得自行改变售价，委托方应在受托方将商品销售后，并向委托方开具代销清单，确认收入，受托方在商品销售后，按应收取的手续费确认收入。

（4）分期收款销售。指商品已经交付，货款分期收回的一种销售方式。在这种销售方式下，企业应按合同约定的收款日期分期确认收入。

（5）售后回购。是指卖方售出商品后又将其购回的交易。多数情况下是一种融资行为，并不是真正的销售行为，故一般不应确认收入。但如果卖方有回购选择权，并且回购价以回购当日的市场价为基础确定，在回购可能性很小的情况下，也可在售出商品时确认为收入的实现。

（6）房地产销售。指房地产经营商自行开发房地产，并在市场上进行销售。房地产销售应与一般的销售商品类似，按销售商品确认收入的原则确认实现销售收入，如果房地产经营商事先与买方签订合同，按合同要求开发房地产的，应作为建造合同，按建造合同的原则处理。

在房地产销售中，房地产的法定所有权转移给买方，通常表明其所有权上的主要风险和报酬也已转移，企业应确认销售收入。但也有可能出现以下法定所有权转移后所有权上的风险和报酬尚未转移的情况：

其一，卖方根据合同规定，仍有责任实施重大行动，例如工程尚未完工。在这种情况下，企业应在所实施的重大行动完成时确认收入。

其二，合同存在重大不确定因素，如买方有退货选择权的销售。企业应在这些不确定因素消失后确认收入。

其三，房地产销售后，卖方仍有某种程度的继续涉入，如销售回购协议，卖方保证买方在特定时期内获得投资报酬的协议等。在这些情况下，企业应分析交易的实质，确定是作销售处理还是作为筹资、租赁或利润分成处理。如作销售处理，卖方在继续涉入的期间内不应确认收入。

在确认收入时，还应考虑价款收回的可能性，估计价款不能收回的，不确认收入；已经收回部分价款的，只将收回的部分确认为收入。

（7）以旧换新销售。指销售方在销售商品的同时回收与所售商品相同的旧商品。在这种销售方式下，销售的商品按照商品销售的方法确认收入，回收的商品作为购进商品处理。

### 3. 销售商品收入的计量

商品销售收入的计量是指确定商品销售收入的入账价值。《企业会计准则》规定："企业应当按照从购货方已收或应收的合同或协议价款确定商品销售收入金额，但已收或应收的合同或协议价款不公允的除外。"在某些情况下，合同或协议明确规定销售商品需要按期收取价款，如分期收款销售商品，实质上具有融资性质的，应当按照应收的合同或协议价款的公允价值确定销售商品收入金额。应收的合同或协议价款与其公允价值之间的差额，应当在合同或协议期间内采用实际利率法进行摊销，计入当期损益。

销售商品时，经常会遇到现金折扣、商业折扣和销售折让等问题。销售商品涉及现金折扣的，应当按照扣除现金折扣前的金额确定销售商品收入金额。现金折扣在实际发生时计入财务费用；销售商品涉及商业折扣的，应当按照扣除商业折扣后的金额确定销售商品收入金额；企业已经确认销售商品收入的售出商品发生销售折让的，应当在发生时冲减当期销售商品收入；企业已经确认销售商品收入的售出商品，发生销货退回应当在发生时冲减当期销售收入。

**4. 销售商品收入核算应设置的主要账户**

（1）"主营业务收入"。"主营业务收入"账户用来核算企业确认的销售商品、提供劳务等主营业务收入。该账户贷方登记企业确认的已实现的销售收入，借方登记冲减的收入，期末应将该账户的余额转入"本年利润"账户，结转后该账户无余额。该账户可按主营业务的种类进行明细核算。

（2）"主营业务成本"。"主营业务成本"账户用来核算企业确认销售商品、提供劳务等主营业务收入时应结转的成本。该账户借方登记本期销售商品、提供劳务等的实际成本，贷方登记销货退回的成本，期末将该账户的余额转入"本年利润"账户，结转后该账户应无余额。该账户可按主营业务的种类进行明细核算。

（3）"其他业务收入"。"其他业务收入"账户核算企业根据收入准则确认的除主营业务以外的其他经营活动实现的收入。企业实现的其他业务收入，应按实际发生额借记"现金""银行存款"等科目，贷记本科目。期末，应将本科目余额转入"本年利润"科目，结转后本科目无余额。该科目应按其他业务的种类设置明细账。

（4）"其他业务成本"。"其他业务成本"账户核算企业除主营业务活动以外的其他经营活动所发生的支出，包括销售材料的成本、出租固定资产的累计折旧、出租无形资产的累计摊销、出租包装物的成本或摊销额、采用成本模式计量的投资房地产的累计折旧或累计摊销等。企业发生其他业务成本时，借记本科目，贷记"原材料""周转材料""累计折旧""累计摊销""应付职工薪酬"等科目。期末，应将本科目余额转入"本年利润"科目，结转后本科目无余额。本科目应按其他业务的种类设置明细科目。

（5）"库存商品"。"库存商品"账户用来核算企业库存的各种商品实际成本或计划成本，包括库存产成品、外购商品、存放在门市部准备出售的商品、用于展览的商品以及寄存在外的商品等。接受来料加工制造的和为外单位加工修理的代修品，在制造和修理完成验收入库后，视同企业的产成品，也通过该账户核算。该账户借方登记不同情况取得验收入库的商品的成本，贷方登记已实现销售的、其他原因减少或短缺、毁损的商品的成本，期末借方余额反映企业库存商品的实际成本或计划成本。该账户可按库存商品的种类、品种和规格等进行明细核算。

（6）"发出商品"。"发出商品"账户用来核算企业未满足收入确认条件但已发出商品的实际成本或计划成本。采用支付手续费方式委托其他单位代销的商品，也可以单独设置"委托代销商品"账户。该账户借方登记未满足收入确认条件的发出商品的成本，贷方登记满足收入确认条件应结转的销售成本以及退回的发出商品成本，期末借方余额反映企业发出商品的实际成本或计划成本。该账户可按购货单位、商品类别和品种进行明细核算。

**5. 销售商品收入的账务处理**

（1）一般销售商品的账务处理。对于销售商品收入的核算，企业应设置"主营业务收入"和"其他业务收入"科目，分别核算企业作为主营业务收入或其他业务收入的商品销售收入。"主营业务收入"和"其他业务收入"均属于收入类账户，贷方登记营业收入的确认，借方登记营业收入的结转或冲销，月末无余额。企业在确认商品销售收入时，按确定的收入金额与应收取的增值税，借记"应收账款""应收票据""银行存款"等科目，按应收取的增值税，贷记"应交税费——应交增值税（销项税额）"科目，按确定的收入金额，贷记"主营业务收入"或"其他业务收入"科目。与收入相配比，在确认收入的同时或会计期末（通常是月末）结转销售商品的成本，借记"主营业务成本"或"其他业务成本"科目，贷记"库存商品"等科目。

【例12-1】某企业销售一批商品，增值税专用发票上注明售价80000元，增值税额13600元，款项已收存银行，商品成本为70000元，其会计分录如下：

| | |
|---|---|
| 借：银行存款 | 93600 |
| 　贷：主营业务收入 | 80000 |
| 　　应交税费——应交增值税（销项税额） | 13600 |
| 借：主营业务成本 | 70000 |
| 　贷：库存商品 | 70000 |

【例12-2】某企业随同商品销售包装物，包装物单独计价，开出增值税专用发票价1000元，增值税额170元，收到现金1170元，包装物的成本为800元，其会计分录如下：

| | |
|---|---|
| 借：现金 | 1170 |
| 　贷：其他业务收入 | 1000 |
| 　　应交税费——应交增值税（销项税额） | 170 |
| 借：其他业务成本 | 800 |
| 　贷：周转材料——包装物 | 800 |

（2）具有融资性质的分期收款销售商品的账务处理。企业销售商品，有时会采取分期收款的方式，如分期收款发出商品，即商品已经交付，货款分期收回。如果延期收取的货款具有融资性质，其实质是企业向购货方提供信贷时，企业应当按照应收的合同或协议价款的公允价值确定收入金额。应收的合同或协议价款的公允价值，通常应当按照其未来现金流量现值或商品的现销价格计算确定。

应收的合同或协议价款与其公允价值之间的差额，应当在合同或协议期间内，按照应收款项的摊余成本和实际利率计算确定的金额进行摊销，冲减财务费用。

【例12-3】2016年1月1日，甲公司采用分期收款方式向乙公司销售一套大型设备，合同约定的销售价格为2000万元，分五次于每年12月31日等额收取。该大型设备成本为1560万元。在现销方式下，该大型设备的销售价格为1600万元。假定甲公司发出商品时开出增值税专用发票，注明的增值税额为340万元，并于当天收到增值税额340万元。

根据本例的资料，甲公司应当确认的销售商品收入金额为1600万元，根据下列公式：

未来5年收款额的现值＝现销方式下应收款项金额。可以得出：

$400 \times (P/A, r, 5) + 340 = 1600 + 340 = 1940$（万元）

可在多次测试的基础上，用插值法计算折现率。

当r＝7%时，$400 \times 4.1002 + 340 = 1980.08 > 1940$

当r＝8%时，$400 \times 3.9927 + 340 = 1937.08 < 1940$

因此，7% ＜ r ＜ 8%。用插值法计算如下：

| 现值 | 利率 |
|------|------|
| 1980.08 | 7% |
| 1940 | r |
| 1937.08 | 8% |

$$\frac{1980.08 - 1940}{1980.08 - 1937.08} = \frac{7\% - r}{7\% - 8\%}$$

r = 7.93%

每期计入财务费用的金额如表12-1所示。

表 12-1 未实现融资收益摊销表　　　　　　　　　　　　单位：万元

| 日期 | 未收本金 (1) 上期①－上期④ | 财务费用 (2) ①×7.93% | 收现总额 (3) | 已收本金 (4) = (3) - (2) |
|------|------|------|------|------|
| 2016 年 1 月 1 日 | 1600.00 | | | |
| 2016 年 12 月 31 日 | 1600.00 | 126.88 | 400 | 273.12 |
| 2017 年 12 月 31 日 | 1326.88 | 105.22 | 400 | 294.78 |
| 2018 年 12 月 31 日 | 1032.10 | 81.85 | 400 | 318.15 |
| 2019 年 12 月 31 日 | 713.95 | 56.62 | 400 | 343.38 |
| 2020 年 12 月 31 日 | 370.57 | 29.43 * | 400 | 370.57 |
| 总额 | | 400.00 | 2000 | 1600.00 |

注：*表示尾数调整。

根据表12-1的计算结果，甲公司各期的账务处理如下：

（1）2016年1月1日销售实现时。

| | |
|------|------|
| 借：长期应收款 | 20000000 |
| 　银行存款 | 3400000 |
| 　贷：主营业务收入 | 16000000 |
| 　　应交税费——应交增值税（销项税额） | 3400000 |
| 　　未实现融资收益 | 4000000 |
| 借：主营业务成本 | 15600000 |
| 　贷：库存商品 | 15600000 |

（2）2016年12月31日收取货款时。

| | |
|------|------|
| 借：银行存款 | 4000000 |
| 　贷：长期应收款 | 4000000 |
| 借：未实现融资收益 | 1268800 |
| 　贷：财务费用 | 1268800 |

（3）2017年12月31日收取货款时。

| | |
|------|------|
| 借：银行存款 | 4000000 |
| 　贷：长期应收款 | 4000000 |

借：未实现融资收益                1052200
　　贷：财务费用                      1052200

（4）2018 年 12 月 31 日收取货款时。

借：银行存款                      4000000
　　贷：长期应收款                    4000000

借：未实现融资收益                 818500
　　贷：财务费用                       818500

（5）2019 年 12 月 31 日收取货款时。

借：银行存款                      4000000
　　贷：长期应收款                    4000000

借：未实现融资收益                 566200
　　贷：财务费用                       566200

（6）2020 年 12 月 31 日收取货款和增值税额时。

借：银行存款                      4000000
　　贷：长期应收款                    4000000

借：未实现融资收益                 294300
　　贷：财务费用                       294300

（3）销售商品涉及现金折扣、商业折扣、销售折让、销售退回的账务处理。企业销售商品有时也会遇到现金折扣、商业折扣、销售折让等问题，应当分不同情况进行账务处理。

1）现金折扣。现金折扣是指销售方在赊销后为鼓励购买方在规定的期限内付款而给予购买方的货款折扣，通常表示为 2/10（10 天内付款优惠 2%）、1/20（11～20 天付款优惠 1%）、n/30（21～30 天付款无折扣）。在现金折扣条件下，商品销售收入仍以全额入账，实际发生折扣时，将给予对方的价款优惠计入"财务费用"科目，而不影响商品销售收入的计量。

2）商业折扣。商业折扣是指企业为促进商品销售而在商品标价上给予的价格优惠。在商业折扣条件下，商品销售收入以双方最终商定的价款金额为入账金额，即等于标价减去商业折扣后的余额。

3）销售折让。销售折让是指售出商品因质量、规格等不符合双方合同的要求，买卖双方同意不退回商品而降低售价处理的销售业务。在这种情况下，确认销售收入时，仍按合同或协议等的规定，确定商品销售收入的金额，发生折让时，按折让的金额直接冲减销售收入。对于销售折让，企业应分别不同情况进行处理：①已确认收入的售出商品发生销售折让的，通常应当在发生时冲减当期销售商品收入；②已确认收入的销售折让属于资产负债表日后事项的，应当按照有关资产负债表日后事项的相关规定进行处理。

4）销售退回。销货退回是指售出商品因质量、规格、品种不合等各种原因，购货方退回商品，销货方退回价款的业务。发生销货退回时应按退回价款冲减当期销售收入，并按收到购买方退还的增值税专用发票或按税法有关规定开具红字专用发票的，可冲减当期的增值税销项税额。

【例12-4】5月1日，某企业销售一些商品，开出增值税专用发票，价款98000元，增值税额16660元，付款条件为"3/10、2/20、n/30"，假定计算折扣时不考虑增值税。

（1）5月1日，确认销售收入，其会计分录如下：

借：应收账款　　　　　　　　　　　　　　　　　　　　　　114660
　　贷：主营业务收入　　　　　　　　　　　　　　　　　　　　98000
　　　　应交税费——应交增值税（销项税额）　　　　　　　　　16660

（2）若购买方在5月10日以前（含5月10日）付款，则只需按售价的97%支付价款，享受2940元的现金折扣，销售方实际收到的款项为111720元（114660-2940），其会计分录如下：

借：银行存款　　　　　　　　　　　　　　　　　　　　　　111720
　　财务费用　　　　　　　　　　　　　　　　　　　　　　　2940
　　贷：应收账款　　　　　　　　　　　　　　　　　　　　　114660

（3）若购买方在5月10日至5月20日（含5月20日）付款，则只需按售价的98%支付价款，享受1960元的现金折扣。销售方实际收到的款项为112700元（114660-1960），其会计分录如下：

借：银行存款　　　　　　　　　　　　　　　　　　　　　　112700
　　财务费用　　　　　　　　　　　　　　　　　　　　　　　1960
　　贷：应收账款　　　　　　　　　　　　　　　　　　　　　114660

（4）若购买方在5月20日以后5月30日以前付款，则需按全价支付，销售方收到货款114660元，其会计分录如下：

借：银行存款　　　　　　　　　　　　　　　　　　　　　　114660
　　贷：应收账款　　　　　　　　　　　　　　　　　　　　　114660

如果现金折扣额是按价税合计数计算的，按《增值税若干问题的规定》，销售额和折扣额同在一张发票上分别注明的，其折扣的增值税部分可冲减企业的销项税额，否则，只能列入财务费用。

【例12-5】某公司销售甲产品100件，售价200元/件，销售该批产品时发生商业折扣10%，实际售价为18000元，增值税额为3060元。购货方验收产品时，发现有30件产品与购销合同不符，经购销双方协商，销货方对与合同不符产品按实际售价的20%给予折让。则有关账务处理如下：

（1）销售产品时。

借：应收账款　　　　　　　　　　　　　　　　　　　　　　21060
　　贷：主营业务收入　　　　　　　　　　　　　　　　　　　18000
　　　　应交税费——应交增值税（销项税额）　　　　　　　　　3060

（2）发生折让时。

借：主营业务收入　　　　　　　　　　　　　　　　　　　　3600
　　应交税费——应交增值税（销项税额）　　　　　　　　　　612
　　贷：应收账款　　　　　　　　　　　　　　　　　　　　　4212

（3）实际收到货款时。

借：银行存款　　　　　　　　　　　　　　　　　　　　　　16848

贷：应收账款　　　　　　　　　　　　　　　　　　　　　16848

【例12-6】甲公司在2016年6月1日向乙公司销售一批商品，开出的增值税专用发票上注明的销售价格为800000元，增值税额为136000元，款项尚未收到；该批商品成本为640000元。乙公司在验收过程中发现商品外观上存在瑕疵，基本上不影响使用，要求甲公司在价格上（不含增值税额）给予5%的折让。假定甲公司已确认销售收入，与销售折让有关的增值税额税务机关允许冲减，销售折让不属于资产负债表日后事项。甲公司的账务处理如下：

（1）2016年销售实现时。

借：应收账款　　　　　　　　　　　　　　　　　　　　　936000
　　贷：主营业务收入　　　　　　　　　　　　　　　　　　800000
　　　　应交税费——应交增值税（销项税额）　　　　　　　136000
借：主营业务成本　　　　　　　　　　　　　　　　　　　640000
　　贷：库存商品　　　　　　　　　　　　　　　　　　　　640000

（2）发生销售折让时。

借：主营业务收入　　　　　　　　　　　　　　　　　　　40000
　　应交税费——应交增值税（销项税额）　　　　　　　　　6800
　　贷：应收账款　　　　　　　　　　　　　　　　　　　　46800

（3）实际收到款项时。

借：银行存款　　　　　　　　　　　　　　　　　　　　　889200
　　贷：应收账款　　　　　　　　　　　　　　　　　　　　889200

【例12-7】某公司于2016年12月销售A产品100件，单价15元/件，单位销售成本为10元，因质量原因该批产品于2017年6月被退回20件，货款已退给购货方。该企业2017年6月销售A产品200件，单位销售成本为12元/件，增值税税率为17%，销售应退回的增值税已取得有关证明。有关分录如下：

（1）销售退回时。

借：主营业务收入　　　　　　　　　　　　　　　　　　　300
　　应交税费——应交增值税（销项税额）　　　　　　　　　51
　　贷：银行存款　　　　　　　　　　　　　　　　　　　　351

（2）结转退回产品成本时可以采用以下两种账务处理方法。

第一种，从当月销售数量中扣除退回产品数量，再按扣除后的数量计算当月产品销售成本，按此方法，6月份应编制的销售成本结转分录如下：

借：主营业务成本　　　　　　　　　　　　　　　　　　　2160
　　贷：库存商品　　　　　　　　　　　　　　　　　　　　2160

第二种，退回产品的成本单独计算时。

借：库存商品　　　　　　　　　　　　　　　　　　　　　240
　　贷：主营业务成本　　　　　　　　　　　　　　　　　　240

6月份的销售成本结转分录如下：

借：主营业务成本　　　　　　　　　　　　　　　　　　　2400
　　贷：库存商品　　　　　　　　　　　　　　　　　　　　2400

对于退回产品成本的计算，若当月没有同类或同种产品销售，也可按退回月份该产品的实际生产成本计算。

（4）委托代销的账务处理。委托代销有两种方式：一是视同买断；二是收取代销手续费。两者的区别在于前者受托方可以自行确定商品销售价格，后者受托方按委托方固定价格销售。无论何种代销方式，在会计上最关键的是委托代销商品时，是否标志着销售成立而确认收入。只要风险和报酬未转移就不能确认为收入。委托方收到受托方的代销商品清单时方可确认收入，而受托方在收到委托方交付的商品时不应当作购买商品处理。受托单位可开设"受托代销商品"和"受托代销商品款"账户来核算受托代销商品，并按委托单位设置明细账。

**【例12－8】** 甲企业与乙企业签订代销合同，规定由乙企业代销甲企业的商品，甲企业按100元/件价格（不含增值税）向乙企业收取价款，实际售价由乙企业自行确定。

（1）甲企业的会计处理。

1）10月5日，甲企业交付给乙企业该商品200件，单位成本80元/件，其会计分录：

借：委托代销商品 16000
 贷：库存商品 16000

2）10月20日，甲企业收到乙企业传递的代销清单，该商品已售出80件，甲企业向乙企业开出增值税专用发票，价款为8000元，增值税税额为1360元，其会计分录如下：

借：应收账款——乙企业 9360
 贷：主营业务收入 8000
  应交税费——应交增值税（销项税额） 1360

3）10月25日，甲企业收到乙企业汇来的货款93600元，会计分录如下：

借：银行存款 9360
 贷：应收账款——乙企业 9360

4）此外，甲企业应在确认收入的10月20日或月末确定销售商品的成本，其会计分录如下：

借：主营业务成本 6400
 贷：委托代销商品 6400

（2）乙企业的会计处理。

1）10月5日，乙企业收到甲企业交付的商品200件，其会计分录如下：

借：受托代销商品 20000
 贷：代销商品款 20000

2）10月20日，乙企业销售商品80件，售价110元/件，价款及税款已收存银行，并向买方开出增值税专用发票，其会计分录如下：

借：银行存款 10296
 贷：主营业务收入 8800
  应交税费——应交增值税（销项税额） 1496

3）10月20日，乙企业向甲企业递交代销清单，并取得甲企业开具的增值税专用发票，价款8000元，增值税税额1360元，其会计分录如下：

借：代销商品款 8000
应交税费——应交增值税（进项税额） 1360
贷：应付账款——甲企业 9360

4）10月25日，乙企业将款项9360元汇给甲企业，其会计分录如下：

借：应付账款——甲企业 9360
贷：银行存款 9360

5）此外，乙企业应在确认收入的10月20日或月末确定销售商品的成本，其会计分录如下：

借：主营业务成本 8000
贷：受托代销商品 8000

【例12-9】在【例12-8】中，乙企业的实际售价仍为100元/件，乙企业只是按售价的5%收取手续费。则会计处理有些不同。

（1）甲企业的会计处理。

1）10月5日，交付商品处理同【例12-7】。

2）10月20日，销售收入处理同【例12-7】，但在确认收入的同时还必须计提应支付给乙企业的代销手续费，作为销售费用，其会计分录如下：

借：销售费用 400
贷：应收账款——乙企业 400

3）10月25日，甲企业收到乙企业汇来的净额8960（9360-400）元，其会计分录如下：

借：银行存款 8960
贷：应收账款——乙企业 8960

4）营业成本的确定同【例12-7】。

（2）乙企业的会计处理。

1）10月5日，收到商品处理同【例12-7】。

2）10月20日，乙企业销售商品80件，售价100元/件，向买方开出增值税专用发票，价8000元，税1360元，款已收存银行，其会计分录如下：

借：银行存款 9360
贷：应付账款——甲企业 8000
应交税费——应交增值税（销项税额） 1360
借：代销商品款 8000
贷：受托代销商品 8000

3）10月20日，乙企业向甲企业传递代销清单，收到甲企业开具的增值税专用发票，价款8000元，增值税税额1360元，其会计分录如下：

借：应交税费——应交增值税（进项税额） 1360
贷：应付账款——甲企业 1360

4）10月25日，乙企业将净额8960元汇给甲企业，并计算手续费收入，其会计分录如下：

借：应付账款——甲企业　　　　　　　　　　　　　　　　9360
　　贷：银行存款　　　　　　　　　　　　　　　　　　　　8960
　　　　主营业务收入（或其他业务收入）　　　　　　　　　　400

（5）售后回购的账务处理。售后回购一般有三种情况：①卖方在销售商品后的一定时间内必须回购。②卖方有回购选择权。③买方有要求卖方回购的选择权。售后回购是否确认收入以及按收入作账务处理必须对各种情况进行具体分析：如果符合收入的确认条件则按收入进行账务处理，此种情况不再举例。如果不符合收入的确认条件；售后回购实质上是一种融资行为，按融资业务进行账务处理。

【例12－10】某房地产企业 A 将开发完成的一栋房屋销售给 B 企业，售价为120万元。合同规定，两年后 A 企业以144万元重新购回。

分析：在此例中，这是一项销售回购交易，根据双方合同的规定该交易质上是一种融资业务，是 A 企业以房产为抵押向 B 企业借款。借款期限为两年，应支付利息24（144－120）万元。

（1）A 企业将房产售给 B 企业时，其会计分录如下：

借：银行存款　　　　　　　　　　　　　　　　　　　1200000
　　贷：长期应付款——B 企业　　　　　　　　　　　　　1200000

（2）A 企业在这两年内每月计提利息费用24÷（2×12）＝1（万元），其会计分录如下：

借：财务费用　　　　　　　　　　　　　　　　　　　　10000
　　贷：长期应付款——B 企业　　　　　　　　　　　　　　10000

（3）两年到期，A 企业以144万元购回房产，其会计分录如下：

借：长期应付款——B 企业　　　　　　　　　　　　　1440000
　　贷：银行存款　　　　　　　　　　　　　　　　　　1440000

## 三、提供劳务收入

### 1. 提供劳务收入的确认

按照企业会计准则的规定，提供劳务收入的确认要分三种情况：

（1）在同一会计年度内开始并完成的劳务，应在完成劳务时确认收入。

（2）如劳务的开始和完成分属不同的会计年度，在提供劳务交易的结果能够可靠估计的情况下，企业应在资产负债表日按完工百分比法确认相当的劳务收入。

1）判断交易的结果能否可靠估计，依据以下四个条件进行：①收入的金额能够可靠地计量。②与交易相关的经济利益很可能流入企业。③交易的完工程度能够可靠地确定。④交易中已发生和将发生的成本能够可靠地计量。

2）劳务收入和劳务成本可以采用完工百分比法计量。完工百分比法是指按照劳务的完成程度确认收入和费用的方法，完工百分比（完工程度）的确定可以采用多种方法：①已完工作的测量，是由专业测量人员对已完成的工作或工程进行测量，并按一定的方法计算劳务的完成程度。②已经提供的劳务占应提供劳务总量的比例，这种方法主要以劳务量为标准，确定劳务的完成程度。③已经发生的成本占估计总成本的比例。

（3）在提供劳务交易的结果不能可靠估计的情况下，企业应在资产负债表日按已经发生并预计能够得到补偿的劳务成本金额确认收入，并按相同金额结转成本；如预计已经发生的劳务成本不能得到补偿，则不应确认收入，但应将已经发生的成本确认为当期费用。

**2. 提供劳务收入的计量**

提供劳务的总收入应按企业与接受劳务方签订的合同或协议的金额确定。现金折扣应在实际发生时确认为当期费用。在完工百分比法下，收入和相关的费用应按下列公式计算：

本年确认的收入 = 劳务总收入 × 本年末止劳务的完成程度 − 以前年度已确认的收入

本年确认的费用 = 劳务总成本 × 本年末止劳务的完成程度 − 以前年度已确认的费用

**3. 提供劳务收入的账务处理**

提供劳务收入在确认时，应借记"银行存款""应收账款"等科目，贷记"主营业务收入"或"其他业务收入"科目；发生成本费用时，借记"主营业务成本"或"其他业务成本"科目，贷记有关科目。按确认的成本结转，借记"本年利润"科目，贷记"主营业务成本"或"其他业务成本"科目。企业年终"主营业务成本"科目出现的余额应并入年度资产负债表"存货"项目反映。

**【例 12 − 11】** 某工业企业为客户提供加工业务，加工期从 2016 年 6 月 1 日至 10 月 31 日，加工费 50000 元（不含税）完成时一次支付，该企业在 10 月 31 日按时加工完毕，取得银行存款 58500 元，开出增值税专用发票，价款为 50000 元，增值税税额为 8500 元，加工成本为 40000 元。

（1）发生加工成本时，会计分录如下：

| | |
|---|---|
| 借：其他业务成本 | 40000 |
|     贷：原材料（或应付职工薪酬等） | 40000 |

（2）收到加工费确认收入，同时结转成本。会计分录如下：

| | |
|---|---|
| 借：银行存款 | 58500 |
|     贷：其他业务收入 | 50000 |
|         应交税费——应交增值税（销项税额） | 8500 |
| 借：本年利润 | 40000 |
|     贷：其他业务成本 | 40000 |

**【例 12 − 12】** 某广告策划公司承接一客户的广告策划业务，期限为 1 年，从 2016 年 3 月 1 日至 2017 年 2 月 28 日，广告费总收入 30 万元。至 2016 年 12 月 31 日已发生成本 12 万元，估计还会发生成本 8 万元，该客户已预付账款 10 万元。

（1）发生成本时，其会计分录如下：

| | |
|---|---|
| 借：主营业务成本 | 120000 |
|     贷：银行存款等 | 120000 |

（2）收到对方预付账款 10 万元，其会计分录如下：

借：银行存款            100000

  贷：预收账款           100000

（3）年底按完工百分比确认收入，结转成本为：

2016 年完工百分比 = 12/（12 + 8）= 60%

2016 年确认收入 = 30 × 60% − 0 = 18（万元）

2016 年确认成本 = （12 + 8）× 60% − 0 = 12（万元），其会计分录如下：

借：预收账款            100000

  应收账款            80000

  贷：主营业务收入         180000

借：本年利润            120000

  贷：主营业务成本         120000

## 四、让渡资产使用权收入

### 1. 让渡资产使用权收入的确认

让渡资产使用权收入包括利息收入和使用费收入。利息收入是指因他人使用本企业现金而收取的利息收入。主要有金融企业存款、贷款形成的利息收入及同业之间发生往来形成的利息收入等。

使用费收入是因他人使用本企业的无形资产等而形成的使用费收入。此项收入确认的原则：一是与交易相关的经济利益很可能流入企业；二是收入的金额能够可靠地计量。

### 2. 让渡资产使用权收入的计量

企业利息收入按他人使用本企业现金的金额、时间以及适当的利率计算。使用费收入按有关合同或协议规定的收费时间和金额计算确定。

### 3. 让渡资产使用权收入的账务处理

企业在每个会计期末确认利息收入时，借记"应收利息"科目，贷记"利息收入""金融企业往来收入"等科目，使用费收入在确认时，按确定的收入金额借记"银行存款""应收账款"等科目，贷记"主营业务收入"或"其他业务收入"等科目。

【例 12 – 13】A 企业向 B 企业转让某产品商标的使用权，使用期为两年，一次性收取使用费 100 万元，其会计分录如下：

借：银行存款            1000000

  贷：其他业务收入         1000000

【例 12 – 14】承【例 12 – 13】，假设不采取一次付费方式，而是 A 企业每年末按 B 企业年销售收入的 10% 收取使用费，B 企业这两年的年销售收入分别为 5000000 元、7000000 元。

（1）第一年末应确认的收入 = 5000000 × 10% = 500000（元），其会计分录如下：

借：银行存款    500000

    贷：其他业务收入    500000

（2）第二年末应确认的收入 = 7000000 × 10% = 700000（元），其会计分录如下：

借：银行存款    700000

    贷：其他业务收入    700000

## 五、建设经营移交方式（BOT）参与公共基础设施建设业务

**1. 与 BOT 业务相关收入的确认**

（1）建造期间，项目公司对于所提供的建造服务应当按照《企业会计准则第 15 号——建造合同》确认相关的收入和费用。基础设施建成后，项目公司应当按照《企业会计准则第 14 号——收入》确认与后续经营服务相关的收入和费用。

建造合同收入应当按照收取或应收对价的公允价值计量，并视情况在确认收入的同时，分别确认金融资产或无形资产。

（2）项目公司未提供实际建造服务，将基础设施建造发包给其他方的，不应确认建造服务收入，应当按照建造过程中支付的工程价款等考虑合同规定，分别确认为金融资产或无形资产。

**2. BOT 收入的计量**

提供的建造服务，按建造合同确认收入，金额可确定的，确认收入的同时确认一项金融资产，金额不确定的，确认收入同时确认一项无形资产。未提供实际建造服务的，不确认建造服务收入，按建造中支付工程款确认金融资产或无形资产。

**3. BOT 收入的账务处理**

建造合同收入应当按照收取或应收对价的公允价值计量，并视以下情况在确认收入的同时，分别确认金融资产或无形资产。

（1）合同规定基础设施建成后的一定时间内，项目公司可以无条件地自合同授予方收取确定金额的货币资金或其他金融资产，或在项目公司提供经营服务的收费低于某一限定金额的情况下，合同授予方按照合同规定负责将有关差价补偿给项目公司的，应当在确认收入的同时确认金融资产。按照已收取或应收取对价的公允价值，借记"银行存款""应收账款"等科目，贷记"工程结算"科目。

（2）合同规定项目公司在有关基础设施建成后，从事经营的一定期间内有权向获取服务的对象收取费用，但收费金额不确定的，项目公司应当在确认收入的同时确认无形资产。按照收取对价的公允价值，借记"无形资产"，贷记"工程结算"。

**【例 12 - 15】** 甲公司采用"BOT"参与公共基础设施建设，决定投资兴建 W 污水处理厂。于 2017 年初开始建设，预计 2018 年底完工，2019 年 1 月开始运行生产。假定该厂

总规模为月处理污水 1000 万吨，并生产中水每月 900 万吨。该厂建设总投资 10800 万元，W 污水处理厂工程由甲公司投资、建设和经营，特许经营期为 20 年。经营期间，当地政府按处理每吨污水付给 0.8 元运营费，特许经营期满后，该污水处理厂将无偿移交给政府。

2017 年建造期间，甲公司实际发生合同费用 6480 万元（假定原材料费用为 50%，人工成本为 30%，用银行存款支付其他费用 20%），预计完成该项目还将发生成本 4320 万元；2018 年实际发生合同费用 4320 万元（假定原材料费用为 50%，人工成本为 30%，用银行存款支付其他费用 20%）。

2019 年初 W 污水处理厂投产，假定每月实际平均处理污水 900 万吨，每月发生处理污水费用及生产中水费用每吨 1.2 元（不包括特许权摊销费用）。每月销售中水 800 万吨，每吨售价 1.6 元。

假定合同完工进度按照累计实际发生的合同成本占合同预计总成本的比例确定，建设期间按实际发生的合同费用确认合同收入，不考虑相关税费。

要求：

（1）计算甲公司 2017 年应确认的合同收入、费用和合同毛利，并编制相关会计分录。

（2）计算甲公司 2018 年应确认的合同收入、费用和合同毛利，并编制相关会计分录。

（1）2015 年完工百分比 = 6480/（6480 + 4320）= 60%

  确认合同收入 = 10800 × 60% = 6480（万元）

  确认合同费用 =（6480 + 4320）× 60% = 6480（万元）

  确认合同毛利 = 0

 借：工程施工——合同成本              6480

  贷：原材料                3240

    应付职工薪酬             1944

    银行存款               1296

 借：主营业务成本               6480

  贷：主营业务收入             6480

（2）确认合同收入 = 10800 - 6480 = 4320（万元）

  确认合同费用 = 10800 - 6480 = 4320（万元）

  确认合同毛利 = 0

 借：工程施工——合同成本              4320

  贷：原材料                2160

    应付职工薪酬             1296

    银行存款               864

 借：主营业务成本               4320

  贷：主营业务收入             4320

 借：无形资产                10800

  贷：工程计算              10800

借：工程结算                   10800

  贷：工程施工——合同成本           10800

# 第二节 费 用

费用有广义与狭义之分，广义的费用泛指企业在日常经营活动中发生的所有的耗费。狭义的费用是指企业为取得营业收入而发生的耗费，即与收入相配比的那部分耗费。本节所讨论的费用是指狭义的费用，主要包括费用的内容、确认、计量及账务处理。

## 一、费用的内容

费用的一般内容包括营业成本、期间费用、营业税金及附加、所得税四个部分。

### 1. 营业成本

营业成本是指直接与一定营业收入相联系的，为取得营业收入而发生的物化劳动和活劳动的耗费。如销售商品的成本、销售原材料的材料成本及相应的流转税及附加税等税金支出。

### 2. 期间费用

期间费用是指与一定的会计期间相联系的，其发生额与营业收入不直接相关的经营组织管理及营销等方面的支出。期间费用包括管理费用、销售费用和财务费用。

### 3. 营业税金及附加

营业税金及附加是指企业按国家税法的规定以实现的营业收入为依据计算缴纳的营业税、消费税（增值税是价外税，故不列作费用）等流转税以及流转税附加税支出。

### 4. 所得税

所得税是按国家税法规定对企业的所得计算缴纳的税种。

## 二、费用的确认

费用根据不同的内容采取不同的方法确认。营业成本是与一定营业收入有直接联系的，故应按配比原则，在确认营业收入的同时或会计期末，确认相应的营业成本。期间费用是与一定的会计期间相联系的，应根据权责发生制原则，在发生时予以及时确认并按会计期间进行归集。营业税金及附加通常是与营业收入相联系的，在确认营业收入的同时或会计期末予以确认。

### 三、费用的计量

企业销售商品、材料按销售商品、材料的实际成本计量，其他收入按取得营业收入过程中的耗费计量。期间费用按实际发生额（采用预提、摊销的费用按权责发生制计算分配）计量。营业税金及附加按税法规定计提的税额计量。

### 四、费用的账务处理

#### 1. 营业成本

营业成本的核算，企业应设置"主营业务成本"和"其他业务成本"科目，借方登记营业成本的发生，贷方登记营业成本结转，月末无余额。具体账务处理见本章【例12-1】至【例12-6】。

#### 2. 期间费用

（1）管理费用。管理费用是指企业行政管理部门在组织和管理经营活动的过程中所发生的各项费用。具体包括公司经费、工会经费、职工教育经费、劳动保险费、待业保险费、董事会会费、咨询费、诉讼费、税金、土地使用费、土地损失补偿费、技术转让费、无形资产摊销、业务招待费、开办费摊销、坏账损失以及其他费用。

企业应设置"管理费用"科目对企业发生的管理费用进行归集。借方登记发生的各项管理费用，贷方登记管理费用的结转，月末无余额。"管理费用"科目按费用项目设置明细。

【例12-16】某企业以现金购入办公用品，共支付2000元，其会计分录如下：

借：管理费用 2000
　　贷：现金 2000

【例12-17】某企业以银行存款预付下半年办公楼的保险费7200元。

（1）预付时，会计分录如下：

借：待摊费用——保险费 7200
　　贷：银行存款 7200

（2）每月摊销时，会计分录如下：

借：管理费用 1200
　　贷：待摊费用——保险费 1200

同样，管理费用的核算还可采用预提形式。

（2）销售费用。销售费用是指企业在销售商品、提供劳务等过程中发生的各项费用以及专设销售机构的各项经费。具体包括运输费、包装费、装卸费、保险费、广告费、租赁费（不包括融资租赁费）以及专设销售机构人员的工资、福利费等各项经费，商品流通企业在购进商品过程中发生的运输费、装卸费、包装费、运输途中的合理损耗以及入库前的挑选整理费用，也属于销售费用。企业应设置"销售费用"科目，对发生的销售费用进行归集。借方登记发生的销售费用，贷方登记销售费用的结转，月末无余额。"销售费用"科目按费用项目设置明细。

【例12-18】某企业以银行存款20000元支付广告费，其会计分录如下：

借：销售费用                           20000

    贷：银行存款                       20000

对于跨期的销售费用，可通过"预提费用"或"待摊费用"科目进行核算。

（3）财务费用。财务费用是企业在筹资过程中所发生的各种费用。具体包括利息支出（减利息收入）、汇兑损失（减汇兑收益）以及相关的手续费等。

企业应设置"财务费用"科目，借方登记发生的财务费用，贷记财务费用的结转，月末无余额。"财务费用"科目应按费用项目设置明细。

【例12-19】某企业本月计提长期借款利息1500元，其会计分录如下：

借：财务费用                           1500

    贷：长期借款——利息              1500

【例12-20】某企业以银行存款25元支付委托收款手续费，其会计分录如下：

借：财务费用                           25

    贷：银行存款                       25

**3. 营业税金及附加**

营业税金及附加包括根据企业主营业务收入计算缴纳的营业税、消费税、资源税、关税以及按流转税计算缴纳的城市维护建设税（简称城建税）、教育费附加等。

企业应设置"营业税金及附加"科目，借方登记计提的营业税金及附加，贷方登记营业税金及附加的结转，月末无余额。"营业税金及附加"科目可按商品（或劳务）的类别设置明细。

【例12-21】某企业月末计提营业税10000元，城建税700元，教育费附加300元，其会计分录如下：

借：营业税金及附加                   11000

    贷：应交税费——应交营业税        10000

                ——应交城建税          700

      其他应交款——应交教育费附加      300

# 第三节　利　润

企业作为独立的经济实体，应当以其营业收入抵补其成本费用，并且实现盈利。企业盈利大小在一定程度上反映了企业生产经营的经济效益，表明企业在一定会计期间内的最终经营成果。下面主要对利润的构成、计算过程及其账务处理进行介绍。

## 一、利润的构成

利润是企业在一定时期内实现的经营成果，它往往通过营业利润、利润总额、净利润三步计算得出。本节主要介绍净利润的计算过程和该过程的账务处理，有关利润分配的流程及账务处理详见第十一章所有者权益的第三节留存收益。

### 1. 营业利润

营业利润是指企业在经营活动中所取得的营业收入，扣除营业成本、费用、税金及附加以后的余额，是利润总额的重要组成部分。其计算公式为：

营业利润＝营业收入－营业成本－营业税金及附加－管理费用－销售费用－财务费用－资产减值损失＋公允价值变动收益（－公允价值变动损失）＋投资收益（－投资损失）

### 2. 利润总额

利润总额又称税前会计利润，是企业在一定会计期间全部的营业利润和营业外收支之和。利润总额的计算公式为：

利润总额＝营业利润＋营业外收入－营业外支出

### 3. 净利润

净利润也称税后利润，反映企业在一定会计期间的最终经营成果，其金额为利润总额扣除所得税后的净额。净利润的计算公式为：

净利润＝利润总额－所得税费用

## 二、营业外收支净额

营业外收支净额是指营业外收入扣除营业外支出后的净额。营业外收支与生产经营没有直接联系，但对企业的整体盈利水平产生影响，是企业利润组成的一部分。

### 1. 营业外收入

营业外收入是指企业所取得的与生产经营没有直接联系的各项收入，具体包括固定资产盘盈、处理固定资产的净收益、债务重组收益、罚款收入、确实无法支付的应付款项、教育费附加返还款等。

固定资产盘盈是指企业在财产清查中发现的账面固定资产小于实存固定资产而出现的盈余。由"待处理财产损溢"转入，详见"固定资产"一章。

处理固定资产的净收益是指出售、报废、毁损固定资产的净收益，由"固定资产清理"账户转入。

债务重组收益是指在债务重组时，按会计有关制度规定应计入营业外收入的重组收益。

确实无法支付的应付款项是指因各种原因债权人已不存在（如放弃债权、死亡等）而无法支付的应付款项。

教育费附加返还款是指企业收到的有关方面返还的教育费附加。

### 2. 营业外支出

营业外支出是指与企业生产经营无直接关系所发生的各项支出。具体包括固定资产盘亏、处理固定资产的净损失、罚款支出、捐赠支出、债务重组损失、非常损失等。

非常损失指不可抗力原因给企业造成的损失，如地震、火灾、水灾等造成的损失。

### 3. 账务处理

营业外收支发生后，分别在"营业外收入"的贷方和"营业外支出"的借方进行登记，期末从"营业外收入"借方和"营业外支出"贷方结转入"本年利润"。

（1）营业外收入发生时。

借：有关科目

  贷：营业外收入

（2）营业外支出发生时。

借：营业外支出

  贷：有关科目

## 三、利润形成的账务处理

企业在年度内实现的利润，应设置"本年利润"账户进行核算。"本年利润"账户借方登记各种成本、费用的转入，贷方登记各种收入的转入。期末贷方余额反映年度内累计实现的净利润，期末借方余额反映年度内累计的亏损额。年末应将"本年利润"账户的余额转入"利润分配——未分配利润"账户，故"本年利润"账户年末无余额。

【例12-22】某企业1~11月累计实现净利润140000元，12月各损益类账户的发生额如下：

| 科目名称： | 借方 | 贷方 |
| --- | --- | --- |
| 主营业务收入 | | 1000000 |
| 主营业务成本 | 800000 | |
| 营业税金及附加 | 85000 | |
| 销售费用 | 24000 | |
| 管理费用 | 57000 | |
| 财务费用 | 11000 | |
| 其他业务收入 | | 65000 |
| 其他业务成本 | 61000 | |
| 投资收益 | 3000 | 6000 |
| 营业外收入 | | 5000 |

| 营业外支出 | 1000 |
| 所得税费用 | 11220 |

（1）结转收入类账户，其会计分录如下：

借：主营业务收入　　　　　　　　　　　　　　　　　　　1000000

　　其他业务收入　　　　　　　　　　　　　　　　　　　　65000

　　投资收益　　　　　　　　　　　　　　　　　　　　　　3000

　　营业外收入　　　　　　　　　　　　　　　　　　　　　5000

　　　贷：本年利润　　　　　　　　　　　　　　　　　　1073000

（2）结转支出类账户，其会计分录如下：

借：本年利润　　　　　　　　　　　　　　　　　　　　1050220

　　　贷：主营业务成本　　　　　　　　　　　　　　　　800000

　　　　营业税金及附加　　　　　　　　　　　　　　　　85000

　　　　销售费用　　　　　　　　　　　　　　　　　　　24000

　　　　管理费用　　　　　　　　　　　　　　　　　　　57000

　　　　财务费用　　　　　　　　　　　　　　　　　　　11000

　　　　其他业务成本　　　　　　　　　　　　　　　　　61000

　　　　营业外支出　　　　　　　　　　　　　　　　　　1000

　　　　所得税费用　　　　　　　　　　　　　　　　　　11220

（3）年末结转全年净利润：140000 +（1073000 – 1050220）= 162780（元）

其会计分录如下：

借：本年利润　　　　　　　　　　　　　　　　　　　　162780

　　　贷：利润分配——未分配利润　　　　　　　　　　　162780

# 第四节　所得税

根据《企业会计准则第18号——所得税》（以下简称所得税准则）的要求，企业对所得税的会计核算应采用资产负债表债务法。资产负债表债务法是指从资产负债表出发，通过比较资产负债表上列示的资产、负债，按照会计准则规定确定的账面价值与按照税法规定确定的计税基础，对于两者之间的差异分别应纳税暂时性差异与可抵扣暂时性差异，确认相关的递延所得税负债与递延所得税资产，并在此基础上确定每一会计期间利润表中的所得税费用的一种所得税的核算方法。

## 一、资产负债表债务法下所得税的核算流程

采用资产负债表债务法核算所得税的情况下，企业一般应于每一资产负债表日进行所得税的核算，但当发生特殊交易或事项时，如企业合并，在确认因交易或事项取得的资产、负债时即应确认相关的所得税影响。企业进行所得税核算一般应遵循以下程序：

第一，按照适用的税法规定计算确定当期应纳税所得额，将应纳税所得额与适用的所得税税率计算的结果确认为当期应交所得税，作为利润表中应予确认的所得税费用的其中一个组成部分即当期所得税。

第二，按照相关会计准则规定确定资产负债表中除递延所得税资产和递延所得税负债以外的其他资产和负债项目的账面价值。其中资产、负债的账面价值，是指企业按照相关会计准则的规定进行核算后在资产负债表中列示的金额。例如，企业持有存货的账面余额为5000万元，企业对存货计提了700万元的坏账准备，其账面价值为4300万元，为存货在资产负债表中的列示金额。

第三，按照准则中对于资产和负债计税基础的确定方法，以适用的税收法规为基础，确定资产负债表中有关资产、负债项目的计税基础。

第四，比较资产、负债的账面价值与其计税基础，对于两者之间存在差异的，分析其性质，除准则中规定的特殊情况外，分别应纳税暂时性差异与可抵扣暂时性差异并乘以适用的所得税税率，确定资产负债表日递延所得税负债和递延所得税资产的应有金额，并与期初递延所得税负债和递延所得税资产的余额相比，确定当期应予进一步确认的递延所得税资产和递延所得税负债金额或应予转销的金额，作为构成利润表中所得税费用的另外一个组成部分即递延所得税。

第五，确定利润表中的所得税费用。利润表中的所得税费用包括当期所得税和递延所得税两个组成部分，企业在计算确定了当期所得税和递延所得税后，两者之和（或之差），即为利润表中的所得税费用。

## 二、资产和负债的计税基础

### 1. 资产的计税基础

资产的计税基础是指企业收回资产账面价值过程中，计算应纳税所得额时按照税法规定可以自应税经济利益中抵扣的金额，即某一项资产在未来期间计税时按照税法规定可以税前扣除的金额。

资产在初始确认时，其计税基础一般为取得成本，即企业为取得某项资产支付的成本在未来期间准予税前扣除。在资产持续持有的过程中，其计税基础是指资产的取得成本减去以前期间按照税法规定已经税前扣除金额后的余额，该余额代表的是按照税法规定，就涉及的资产在未来期间计税时仍然可以税前扣除的金额。如固定资产、无形资产等长期资产在某一资产负债表日的计税基础是指其成本扣除按照税法规定已在以前期间税前扣除的累计折旧额或累计摊销额后的金额。具体可以将资产的计税基础理解为截止到资产负债表日某一资产按税法规定计算的账面价值。

【例12-23】某企业一台设备，原价为100000元，使用年限为10年，会计处理时按照直线法计提折旧。假设税收规定允许加速折旧，企业在计税时对该项资产按双倍余额递减法计提折旧费，净残值为0。两年后的会计期末，企业对该项固定资产计提了8000元的固定资产减值准备。

按照会计准则规定，资产的可变现净值或可收回金额低于其账面价值时，应当计提相关的减值准备；税法规定，企业提取的减值准备一般不能税前抵扣，只有在资产发生实质性损失时才允许税前扣除。

  会计：各年折旧额 = 100000 ÷ 10 = 10000（元）

  税法：第一年折旧额 = 100000 × 2 ÷ 10 = 20000（元）

     第二年折旧额 = （100000 - 20000）× 2 ÷ 10 = 16000（元）

  两年后的会计期末该设备账面价值 = 100000 - 10000 - 10000 - 8000

                = 72000（元）

  两年后的会计期末该设备计税基础 = 100000 - 20000 - 16000

                = 64000（元）

**【例12 - 24】** 某企业支付 8000000 元取得一项交易性金融资产，当期期末市价为 8500000 元。

按照会计准则规定，会计期末该交易性金融资产以公允价值计量，公允价值变动计入当期损益，因此该交易性金融资产账面价值为 8500000 元；税法规定，会计期末按该资产的成本按 8000000 元计量，也就是在未来交易过程中可以抵扣应税经济利益的成本是 8000000 元，即该交易性金融资产的计税基础为 8000000 元。

**2. 负债的计税基础**

负债的计税基础是指负债的账面价值减去未来期间计算应纳税所得额时按照税法规定可予抵扣的金额。用公式表示为：

  负债的计税基础 = 账面价值 - 未来期间按照税法规定可予税前扣除的金额

负债的确认与偿还一般不会影响企业的损益，也不会影响其应纳税所得额，未来期间计算应纳税所得额时按照税法规定可予抵扣的金额为 0，计税基础即为账面价值。但是，在某些情况下，负债的确认可能会影响企业的损益，进而影响不同期间的应纳税所得额，使其计税基础与账面价值之间产生差额，如按照会计规定确认的某些预计负债等。

**【例12 - 25】** 甲公司 2016 年因销售产品承诺提供 3 年的保修服务，在当年度利润表中确认了 600 万元的销售费用，同时确认为预计负债，当年度无保修支出发生。

该项预计负债在甲企业 2016 年 12 月 31 日资产负债表中的账面价值为 600 万元。因税法规定与产品保修相关的支出在未来期间实际发生时允许税前扣除，则该项负债的计税基础 = 账面价值 - 未来期间计算应纳税所得额时按照税法规定可予抵扣的金额，未来期间计算应纳税所得额时按照税法规定可予抵扣的金额为 600 万元，该项负债的计税基础 = 600 - 600 = 0。

## 三、暂时性差异及递延所得税资产和递延所得税负债

按照暂时性差异对未来期间应纳税所得额的影响，可将暂时性差异分为应纳税暂时性差异和可抵扣暂时性差异两类：

第一类，可抵扣暂时性差异是指在确定未来收回资产或清偿负债期间的应纳税所得额

时，将导致产生未来可抵扣金额的暂时性差异。资产的账面价值小于其计税基础或负债的账面价值大于其计税基础，会产生可抵扣暂时性差异。可抵扣暂时性差异与所得税税率的乘积即为递延所得税资产。

递延所得税资产的确认应以未来期间很可能取得的、可以用来抵扣未来可抵扣暂时性差异的应纳税所得额为限。如企业预计在可抵扣暂时性差异转回的未来期间内无法产生足够的应纳税所得额，则不应确认递延所得税资产。

第二类，应纳税暂时性差异是指在确定未来收回资产或清偿负债期间的应纳税所得额时，将导致产生未来应税金额的暂时性差异。资产的账面价值大于其计税基础或负债的账面价值小于其计税基础，会产生应纳税暂时性差异。应纳税暂时性差异与所得税税率的乘积即为递延所得税负债。

除所得税准则中明确规定可不确认递延所得税负债的情况以外，企业对于所有的应纳税暂时性差异均应确认相关的递延所得税负债。

暂时性差异是通过分析比较资产、负债的账面价值与计税基础确定的。资产与负债的账面价值可以通过会计核算资料直接取得，而其计税基础则需要根据会计人员的职业判断，通过合理的分析和计算予以确定。

在资产负债表债务法下的所得税会计核算，关键是要确定递延所得税资产和递延所得税负债；而要确定递延所得税资产和递延所得税负债，关键是要确定暂时性差异；而要确定暂时性差异关键是要确定资产的计税基础和负债的计税基础。

## 四、所得税费用的计算

所得税核算的目的主要是为了确定当期应缴纳的所得税以及确定利润表中的所得税费用。在资产负债表债务法核算所得税的情况下，利润表中的所得税费用由当期所得税和递延所得税两部分组成。

### 1. 当期所得税

当期所得税是指企业按照税法规定计算确定的当期应缴纳的所得税金额，即应交所得税。

当期所得税 = 当期应纳税所得额 × 所得税税率

当期应纳税所得额 = 当期税前利润 + 按照会计准则规定计入利润表但计税时不允许税前扣除的费用 ± 计入利润表的费用与按照税法规定可予税前抵扣的费用金额之间的差额 ± 计入利润表的收入与按照税法规定应计入应纳税所得额的收入之间的差额 − 税法规定的不征税收入 ± 其他需要调整的因素

### 2. 递延所得税

递延所得税是指按照所得税准则规定应予确认的递延所得税资产和递延所得税负债在期末应有的金额相对于原已确认金额之间的差额，即递延所得税资产及递延所得税负债当期发生额的综合结果。用公式表示为：

递延所得税 = (期末递延所得税负债 − 期初递延所得税负债) − (期末递延所得税资

产 – 期初递延所得税资产）

**3. 所得税费用**

计算确定了当期所得税及递延所得税以后，利润表中应予确认的所得税费用为两者之和，即所得税费用 = 当期所得税 + 递延所得税。

## 五、资产负债表债务法下所得税核算举例

【**例 12 – 26**】A 公司 2016 年度利润表中利润总额为 3000 万元，该公司适用的所得税税率为 25%。递延所得税资产及递延所得税负债不存在期初余额。与所得税核算有关的情况如下：

（1）在 2016 年发生的有关交易和事项中，会计处理与税收处理存在差别如下：

1）2016 年 1 月开始计提折旧的一项固定资产，成本为 1500 万元，使用年限为 10 年，净残值为 0，会计处理按双倍余额递减法计提折旧，税收处理按直线法计提折旧。假定税法规定的使用年限及净残值与会计规定相同。

2）向关联企业捐赠现金 500 万元。假定按照税法规定，企业向关联方的捐赠不允许税前扣除。

3）当年发生研究开发支出 1250 万元，其中 750 万元资本化计入无形资产成本。税法规定企业发生的研究开发支出可按实际发生额的 150% 加计扣除。假定所开发无形资产于期末达到预定使用状态。

4）违反环保法规定应支付罚款 250 万元。

5）期末对持有的存货计提了 75 万元的存货跌价准备。

（2）2017 年沿用上年中有关资料，假定 A 公司 2017 年当期应交所得税为 1155 万元。2017 年资产负债表中有关资产、负债的账面价值与其计税基础相关资料：存货产生 200 元可抵扣暂时性差异，固定资产产生 290 万元可抵扣暂时性差异，预计负债产生 250 万元可抵扣暂时性差异，无形资产产生 675 万元应纳税暂时性差异。除所列项目外，其他资产、负债项目不存在会计和税收的差异。

要求：编制 2016 年和 2017 年计提所得税会计分录。

2016 年 A 公司的有关计算及会计分录如下：

1）当期应交所得税。

应纳税所得额 = 3000 + 150 + 500 – 1375 + 250 + 75 = 2600（万元）

应交所得税 = 2600 × 33% = 858（万元）

2）递延所得税。

递延所得税资产 = 225 × 33% = 74.25（万元）

递延所得税负债 = 750 × 33% = 247.50（万元）

递延所得税 = 247.5 – 74.25 = 173.25（万元）

3）利润表中应确认的所得税费用。

所得税费用 = 858 + 173.25 = 1031.25（万元），确认所得税费用的账务处理如下：

借：所得税费用                                          10312500

|  |  |
|---|---|
| 递延所得税资产 | 742500 |
| 贷：应交税费——应交所得税 | 8580000 |
| 递延所得税负债 | 2475000 |

该公司 2016 年资产负债表相关项目金额及其计税基础如表 12 - 2 所示。

表 12 - 2  2016 年资产负债表相关项目金额及其计税基础    单位：万元

| 项目 | 账面价值 | 计税基础 | 差异 | |
|---|---|---|---|---|
|  |  |  | 应纳税暂时性差异 | 可抵扣暂时性差异 |
| 存货 | 2000 | 2075 |  | 75 |
| 固定资产 |  |  |  |  |
| 固定资产原价 | 1500 | 1500 |  |  |
| 减：累计折旧 | 300 | 150 |  |  |
| 减：固定资产减值准备 | 0 | 0 |  |  |
| 固定资产账面价值 | 1200 | 1350 |  | 150 |
| 无形资产 | 750 | 0 | 750 |  |
| 其他应付款 | 250 | 250 |  |  |
| 总计 |  |  | 750 | 225 |

2017 年 A 公司的有关计算及会计分录如下：

1）当期所得税。

当期应交所得税 = 1155 （万元）

2）递延所得税。

|  |  |
|---|---|
| A. 期末递延所得税负债 | （675 × 33%） 222.75 |
| 期初递延所得税负债 | 247.50 |
| 递延所得税负债减少 | 24.75 |
| B. 期末递延所得税资产 | （740 × 33%） 244.20 |
| 期初递延所得税资产 | 74.25 |
| 递延所得税资产增加 | 169.95 |

递延所得税 = - 24.75 - 169.95 = - 194.70 （万元）（收益）

3）确认所得税费用。

所得税费用 = 1155 - 194.70 = 960.30 （万元），确认所得税费用的账务处理如下：

|  |  |
|---|---|
| 借：所得税费用 | 9603000 |
| 递延所得税资产 | 1699500 |
| 递延所得税负债 | 247500 |
| 贷：应交税费——应交所得税 | 11550000 |

# 习 题

## 一、单选题

1. 下列各项中，不应计入营业外支出的是（    ）。

A. 支付的合同违约金

B. 发生的债务重组损失

C. 向慈善机构支付的捐赠款

D. 在建工程建设期间发生的工程物资盘亏损失

2. 下列各项关于现金折扣会计处理的表述中，正确的是（    ）。

A. 现金折扣在实际发生时计入财务费用

B. 现金折扣在实际发生时计入销售费用

C. 现金折扣在确认销售收入时计入财务费用

D. 现金折扣在确认销售收入时计入销售费用

3. 下列有关收入确认的表述中，正确的是（    ）。

A. 采用售后租回方式销售商品时，在发出商品时确认收入

B. 包括在商品售价中可区分的售后服务费，在商品销售时确认收入

C. 提供初始及后续服务费的特许权费，通常在提供服务时确认收入

D. 以旧换新销售商品时，通常应按商品的售价扣除回收商品价格后的金额确认收入

4. 2015 年 12 月 1 日，甲公司（广告公司）和乙公司签订合同，甲公司为乙公司制作一个广告片，合同总收入为 1000 万元，约定广告公司应在 2016 年 2 月 10 日制作完成，2016 年 2 月 15 日交予电视台。2015 年 12 月 5 日，甲公司开始制作广告，至 2015 年 12 月 31 日完成制作任务的 40%。下列说法正确的是（    ）。

A. 甲公司 2016 年不应确认收入

B. 甲公司 2015 年应确认收入 1000 万元

C. 甲公司 2016 年应确认收入 400 万元

D. 甲公司 2016 年应确认收入 1000 万元

5. 2016 年 10 月 10 日甲公司与乙公司签订一件特定商品销售合同。合同规定，该商品需单独设计制造，总价款为 532.50 万元，自合同签订日起两个月内交货。乙公司已预付全部价款。至当月末，该件商品尚未完工，已发生生产成本 232.50 万元（其中，生产人员薪酬 7.5 万元，原材料 225 万元）。甲公司 2016 年 10 月应确认收入（    ）万元。

A. 232.5　　　　　　B. 532.5　　　　　　C. 0　　　　　　D. 300

## 二、多选题

1. 下列各项中，表明已售商品所有权的主要风险和报酬尚未转移给购货方的有（　　）。
   A. 销售商品的同时，约定日后将以融资租赁方式租回
   B. 销售商品的同时，约定日后将以高于原售价的固定价格回购
   C. 已售商品附有无条件退货条款，但不能合理估计退货的可能性
   D. 向购货方发出商品后，发现商品质量与合同不符，很可能遭受退货

2. 主营业务税金及附加包括（　　）。
   A. 消费税　　　　　　B. 增值税　　　　　C. 教育费附加　　　　D. 城市维护建设税

3. 下列各项，按规定应计入企业营业外支出的有（　　）。
   A. 债务重组损失　　　　　　　　　　B. 捐赠支出
   C. 固定资产盘亏净损失　　　　　　　D. 计提坏账准备

4. 下列各项中，应计入销售费用的有（　　）。
   A. 销售商品发生的商业折扣
   B. 采用一次摊销法结转首次出借新包装物成本
   C. 结转随同产品出售不单独计价的包装物成本
   D. 结转随同产品出售并单独计价的包装物成本

5. 下列各项中，会导致企业当期营业利润减少的有（　　）。
   A. 出售无形资产发生的净损失
   B. 办理银行承兑汇票支付的手续费
   C. 出售交易性金融资产发生的净损失
   D. 收到增值税税费返还

## 三、判断题

1. 在不同的成交方式下，商品所有权上的风险和报酬转移的时间是不同的，确认收入的时点也不一致。（　　）

2. 在采用预收货款方式销售产品情况下，应当在收到货款时确认收入的实现。（　　）

## 四、计算分析题

甲公司为增值税一般纳税人，适用增值税税率为17%，以下事项中销售价格均不含增值税。甲公司2017年发生如下经济业务：

1. 1月1日，甲公司与乙公司（增值税一般纳税人）签订协议，向乙公司销售商品，成本为90万元，增值税专用发票上注明销售价格为110万元、增值税税额为18.7万元。协议规定，甲公司应在当年5月31日将所售商品购回，回购价为120万元，另需支付增

值税税额 20.4 万元。货款已实际收付，不考虑其他相关税费。

2. 1 月 2 日，甲公司与丙公司签订分期收款销售合同，向丙公司销售产品 50 件，单位成本 0.072 万元，单位售价 0.1 万元。根据合同规定：丙公司可享受 20% 的商业折扣；丙公司应在甲公司向其交付产品时，首期支付 20% 的款项，其余款项分两个月（包括购货当月）于每月末等额支付。甲公司发出产品并按全额开具增值税专用发票一张，丙公司如约支付首期货款和以后各期货款。

3. 1 月 5 日，甲公司向丁公司赊销商品 200 件。单位售价为 0.03 万元，单位成本为 0.026 万元。当日甲公司发出商品并开具增值税专用发票。根据协议约定，赊销期为 1 个月，6 个月内丁公司有权将未售出的商品退回甲公司，甲公司根据实际退货数量，给丁公司开具红字增值税专用发票并退还相应的货款。甲公司根据以往的经验，合理估计退货率为 20%。7 月 5 日退货期满，丁公司实际退回商品 50 件。

4. 1 月 10 日，甲公司向戊公司销售商品 150 件，单位售价为 0.068 万元，单位成本为 0.052 万元。甲公司在销售时已获悉戊公司面临资金周转困难，近期内很难收回货款，但考虑到戊公司的财务困难只是暂时性的，将来仍有可能收回货款，为了扩大销售，避免存货积压，甲公司仍将产品发运给了戊公司。戊公司经过一段时间的积极运作，资金周转困难逐渐得以缓解，于 2017 年 6 月 1 日向甲公司开出一张面值 11.934 万元、为期 6 个月的银行承兑汇票。

假设不考虑甲公司发生的其他经济业务以及除增值税以外的相关税费。

要求：

（1）判断甲公司向乙公司销售商品是否应确认收入并说明理由，编制甲公司 1 月份向乙公司销售商品有关的会计分录。

（2）编制甲公司 1 月份向丙公司销售商品有关的会计分录。

（3）编制甲公司 2017 年度向丁公司销售商品的会计分录。

（4）计算甲公司 2017 年 1 月份应确认主营业务收入。

（5）计算上述经济业务影响甲公司 2017 年度的利润总额。

# 第十三章

# 财务会计报告

## 章首案例

某股份有限公司（简称某公司）是一家以中药材的种植加工和葡萄种植、酿酒为主的企业。20世纪90年代末，某公司开发了利用超临界二氧化碳萃取技术对农副产品进行精深加工业务，使经营业绩迅速得到了提升，一时间公司被笼罩在炫目的"高科技生物技术"的光环下。该公司在20××年再创"奇迹"，年度财务报告披露，全年实现净利润4.18亿元，比上年增加2.9亿元，增长226.56%。在总股本扩张1倍的情况下，每股收益达到0.827元，比上年增长超过60%。该公司如此的快速成长，即刻在证券市场上引起了高度关注。以下是从该公司年度财务报告和相关信息中摘取的有关资料。

### 1. 相关业绩

表13-1 某公司2016年度利润表的部分数据及相关财务指标

| 项目 | 2016年 | 2015年 | 2016年比2015年增加或减少 | |
|---|---|---|---|---|
| 主营业务收入（亿元） | 9.09 | 3.84 | 5.25 | 136.72% |
| 主营业务利润（亿元） | 5.78 | 1.79 | 3.99 | 22.3% |
| 净利润（亿元） | 4.18 | 1.28 | 2.9 | 226.56% |
| 每股收益（元） | 0.827 | 0.51 | 0.317 | 62.12% |
| 净资产收益率（%） | 34.56 | 13.56 | | 154.87% |

表13-2 某公司2016年末资产负债表部分数据

| 项目 | 2016年末 | 比2015年同期增加或减少 | |
|---|---|---|---|
| 应收账款（亿元） | 5.44 | 2.79 | 105.28% |
| 货币资金（亿元） | 5.55 | 2.27 | 69.39% |
| 短期借款（亿元） | 9.31 | 5.86 | 169.86% |

### 2. 有待深思的同步增长

（1）公司2016年末应收账款的金额占当年主营业务收入的59.85%，且应收账款与主营业务收入保持了大体一致的快速增长幅度。

（2）公司2016年末应收账款和货币资金的合计比2015年同期增加5.06亿元，而短期借款也比2015年增加了5.86亿元。

**3. 现金流量表上存在的问题**

公司在会计报表附注中对公司 2016 年末货币资金比 2015 年同期增加 2.27 亿元，增加 69.39% 的原因，解释为"公司本年度的销售增加，且回笼现金较多导致"。而公司的现金流量表中显示 2000 年现金流量净增加额 2.27 亿元，其构成：来自经营活动的现金净流量额为 1.24 亿元（经营活动产生的现金净流量与营业利润的比值为 0.277），来自筹资活动的现金净流量额为 -2.56 亿元，因汇率变动对现金影响的增加额为 0.14 亿元。特别引人注目的是现金流入中借款高达 7.85 亿元。

**4. 税金上的困惑**

公司 2016 年末应交增值税余额为负数，而在公司的现金流量中可以看到 2016 年度实际缴纳的增值税额仅为 52602.31 元，与公司当年高达 8.27 亿元的工业企业性销售收入极不匹配。如果是因产品外销退税，实际退税情况也应得到重点的特别披露，但在年报中未见有令人信服的详细的披露。

【思考】

（1）你认为该公司应收账款与收入同比例增长，可能隐含的事实是什么？

（2）可以从哪些方面来核实该公司的收入是否是可信的？

（3）该公司 2016 年大幅度增长的货币资金主要来自哪些方面？对以后期间的现流量会产生什么影响？

通过对本章财务会计报告的学习，将对以上的问题进行解答，更深入地了解企业的生产经营状况及成果。

财务会计报告是指企业提供的反映企业某一特定日期财务状况和某一会计期间经营成果、库存现金流量和所有者权益变动情况的文件，财务会计报告应当能够全面地反映企业生产经营的状况及成果，是企业内部特别是企业外部各种利益相关者获得企业财务信息的重要渠道。

# 第一节 财务会计报告概述

本节将重点介绍财务会计报告的作用、财务会计报告的分类及构成以及编制财务会计报告的要求。通过对以上内容的介绍，对财务会计报告形成一个基本认识。

## 一、财务会计报告的作用

**1. 为投资者提供信息**

使投资者能够了解和掌握企业资本的经营及增值的情况。投资者将资金投资于企业，是为追求资本的增值，以获得投资收益。现代企业实行所有权与经营权的分离，投资者不能直接参与企业的生产经营活动，只能通过企业对外公布和报送的财务会计报告所提供的信息，对企业的经营情况进行监督，以保证投入资本的安全性和增值性。

**2. 为债权人提供信息**

使债权人能够取得有关企业偿债能力的情况。债权人为企业提供债务资金后，最关心的就是债务人是否能够到期足额偿付本息。企业偿债能力的变化是债权人必须随时关注的，有关信息的取得也只能依赖于企业提供的财务会计报告。

**3. 为有关政府管理机构提供信息**

使有关政府管理机构（如财政、税收、证券管理部门）可以了解和掌握企业经营过程的有关情况。在市场经济条件下，国家对企业主要通过宏观调控进行管理，有关政府管理机构要按照国家相关的政策、法律、法规监督和管理企业的生产经营活动，指导企业的经营行为，这种监督与管理也是依赖于企业提供的财务会计报告所提供的信息来加以分析和考核的。

**4. 为企业内部各部门提供信息**

使企业内部各部门能正确评价工作业绩及存在的问题，以便做出正确的决策。企业内部各部门的生产经营活动都是按照预测、决策、计划、控制、分析、考核的程序来进行的，无论是哪一个环节，都离不开对相关财务会计信息的需求。财务会计报告所传递的信息是他（她）们进行正确决策必不可少的依据。

## 二、财务会计报告的分类及构成

**1. 财务会计报告的分类**

（1）按报送的时间，可分为中期报告和年度报告。中期报告可以是半年度、季度和月度财务会计报告。企业应当于年度终了时编制年度财务会计报告。国家统一的会计制度规定企业应当编报半年度、季度和月度财务会计报告的，从其规定。年度、半年度财务会计报告应当包括会计报表、会计报表附注、财务情况说明书。季度、月度财务会计报告通常仅指会计报表。国家统一的会计制度规定季度、月度财务会计报告需编制会计报表附注的，从其规定。

（2）按报告的编制单位，可分为单独财务会计报告和合并财务会计报告。单独财务会计报告是指独立核算的企业根据本单位的日常核算资料独立编制的财务会计报告，反映的是本单位的财务状况、经营成果及库存现金流量情况。合并财务会计报表是以母公司和子公司单独编制的财务会计报告为基础由母公司编制的综合反映企业集团财务状况、经营成果及库存现金流量的财务会计报告。

（3）按报告反映的内容不同，可以分为静态财务会计报告和动态财务会计报告。静态会计报告是指综合反映资产、负债和所有者权益的报告，如资产负债表是反映一定日期企业资产总额和权益总额的报表；动态会计报告是指反映一定时期内资金耗费和资金收回的报告，如利润表是反映企业一定时期内经营成果的报表。

**2. 财务会计报告的构成**

财务会计报告由会计报表、会计报表附注两部分构成，会计报表应当包括资产负债表、利润表、现金流量表和所有者权益变动表及相关附表。其构成如图 13 – 1 所示。

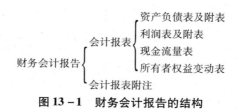

财务会计报告 { 会计报表 { 资产负债表及附表 / 利润表及附表 / 现金流量表 / 所有者权益变动表 } / 会计报表附注 }

**图 13 – 1 财务会计报告的结构**

## 三、编制财务会计报告的要求

编制财务会计报告的目的是为各方面提供经济信息，以便能帮助他们进行正确的决策。因此，编制财务会计报告应符合以下基本要求：

**1. 数字真实可靠**

财务会计报告各项目数字必须根据实际发生的经济活动的真实数据资料，核对无误后填报，不得弄虚作假，真实可靠地反映企业的实际财务状况、经营成果及库存现金流量。

**2. 方法前后一致**

企业的财务会计报告的编制方法，应保持前后会计期间的一致性，不能随意变动，以保证不同会计期间财务会计报告资料的可比性。若特殊情况下需要变更编制方法的必须加以说明。

**3. 内容全面完整**

企业编制财务会计报告，应当根据真实的会计资料全面完整地反映企业财务状况经营成果及库存现金流量，按照有关会计制度填报，不得漏报或者任意取舍。

**4. 报送及时**

企业的财务会计报告应在规定的时期内及时报送。我国目前规定的报送时间：月报应于月份终了后 6 天内报出；年报应于年度终了后 35 天内报出；需报送的季报、半年报也应按有关法律、法规规定的期限内报送。

**5. 说明清楚**

按照会计有关法律、法规的规定，企业编制财务会计报告除了填报数字以外，还需附上一些有关企业财务状况、经营状况文字说明，说明必须清晰明了，不能模棱两可，以保证所传递的信息清楚明了。

# 第二节　资产负债表

资产负债表是财务会计报告的重要构成部分。本节将重点介绍资产负债表的概念及作用、资产负债表的结构、资产负债表的编制方法，并通过案例来学习如何编制资产负债表。

## 一、资产负债表的概念及作用

资产负债表是反映企业在某一特定日期的财务状况的会计报表。资产负债表主要提供有关企业财务状况方面的信息，即反映某一特定日期企业资产、负债、所有者权益及其相互关系的信息。

资产负债表可以提供某一日期资产的总额及其结构，表明企业拥有或控制的资源及其分布情况，使用者可以一目了然地从资产负债表上了解企业在某一特定日期所拥有的资产总量及其结构；资产负债表可以提供某一日期的负债总额及其结构，表明企业未来需要用多少资产或劳务清偿债务以及清偿时间；资产负债表可以反映所有者所拥有的权益，据以判断资本保值、增值的情况以及对负债的保障程度。

## 二、资产负债表的结构

资产负债表是反映企业在某一特定日期财务状况的报表。资产负债表应当按照资产、负债和所有者权益分类分项列示。资产是指过去的交易、事项形成并由企业拥有或者控制的资源。负债是指过去的交易、事项形成的现时义务，履行该义务预期会导致经济利益流出企业。所有者权益是指所有者在企业资产中享有的经济利益，其金额为资产减去负债后的余额。

资产负债的基本格式有账户式和报告式两种，我国资产负债表采用账户式。所谓账户式就是将资产负债表分为左、右两方，左方列示资产各项目，右方列示负债和所有者权益各项目。资产按流动性分类分项列示，包括流动资产、非流动资产。负债按偿还期限分类分项列示。所有者权益按照实收资本（或股本）、资本公积、盈余公积、未分配利润等项目分项列示。

## 三、资产负债表的编制方法

### 1. 资产负债表编制的基本方法

资产负债表反映的是企业一定时点上的财务状况，是静态报表，其表内各项目数据都直接或间接来源于会计核算的账户余额，经分析、归集、整理填列。数据来源主要通过以下几种方式取得：

（1）根据总账科目余额直接填列。资产负债表上大多数项目的数据，都是根据相同科目总账余额直接填列。

（2）根据总账科目余额计算填列。资产负债表上某些项目的数据，需要根据若干总账科目的余额计算填列。

（3）根据明细科目余额计算填列。资产负债表上某些项目的数据，需要根据有关科目所属的相关明细科目的期末余额计算填列。

（4）根据总账科目和明细科目余额分析计算填列。资产负债表上某些项目的数据，需要根据总账科目和明细科目余额分析计算填列。

**2. 资产负债表各项目的具体填列方法**

资产负债表的"年初余额"栏目各项目数字，应根据上年末资产负债表"期末余额"栏内所列数字填列。如果本年度资产负债表规定的各个项目的名称和内容同上年度不相一致，应对上年末资产负债表各项目的名称和数字按照本年度的规定进行调整，填入报表的"年初余额"栏内。资产负债表的"期末余额"是指某一会计期末的数字，即月末、季末、半年末或年末的数字。资产负债表的"期末余额"各项目的具体填列方法如下：

（1）"货币资金"项目，根据"库存现金""备用金""银行存款"和"其他货币资金"科目期末余额合计数填列。

（2）"交易性金融资产"项目，根据"交易性金融资产"科目的期末余额填列。

（3）"应收票据"项目，根据"应收票据"科目的期末余额填列。已向银行贴现和已背书转让的应收票据不包括在本项目内，其中已贴现的商业承兑汇票应在会计报表附注中单独披露。

（4）"应收股利"项目，根据"应收股利"科目的期末余额填列。

（5）"应收利息"项目，根据"应收利息"科目的期末余额填列。企业购入到期还本付息债券应收的利息不包括在本项目内。

（6）"应收账款"项目，根据"应收账款"科目所属各明细分类账户的期末借方余额合计数，减去"坏账准备——应收账款"明细科目期末余额后的差额填列。如"预收账款"科目所属有关明细科目有借方余额的，也应包括在本项目内。

（7）"其他应收款"项目，根据"其他应收款"科目期末余额，减去"坏账准备——其他应收款"明细科目期末余额后的差额填列。

（8）"预付款项"项目，根据"预付账款"科目所属各明细科目的期末借方余额合计数填列。如"应付账款"账户所属有关明细科目有借方余额的，也应包括在本项目内。

（9）"存货"项目，根据"材料采购"或"在途物资""原材料""材料成本差异""库存商品""发出商品""商品进销差价""委托加工物资""委托代销商品""受托代销商品""代销商品款""包装物""低值易耗品""生产成本""存货跌价准备"等科目的期末借贷方余额相抵后的差额填列。

（10）"一年内到期的非流动资产"项目，根据"持有至到期投资""长期应收款"和"长期待摊费用"科目所属有关明细科目的期末余额分析填列。

（11）"其他流动资产"项目，反映企业除以上流动资产项目外的其他流动资产。如可以根据"待摊费用"科目以及其他有关科目的期末余额填列。

（12）"可供出售金融资产"项目，根据"可供出售金融资产"科目的期末余额，减去"可供出售金融资产减值准备"科目的期末余额填列。

（13）"持有至到期投资"项目，根据"持有至到期投资"科目的期末余额减去"持有至到期减值准备"科目期末余额和一年内到期的持有至到期投资数额后的差额填列。

（14）"长期应收款"项目，根据"长期应收款"科目的期末余额减去相应的"未实现融资收益"科目的期末余额，再减去相应的长期应收款减值准备后的金额填列。

（15）"长期股权投资"项目，根据"长期股权投资"科目的期末余额减去"长期股权投资减值准备"科目期末余额后的差额填列。

（16）"投资性房地产"项目，根据"投资性房地产"科目的期末余额减去"投资性房地产累计折旧"和"投资性房地产减值准备"科目期末余额后的差额填列。

（17）"固定资产"项目，根据"固定资产"科目期末余额减去"累计折旧"和"固定资产减值准备"科目期末余额后的差额填列。

（18）"在建工程"项目，根据"在建工程"科目的期末余额减去"在建工程减值准备"科目期末余额后的差额填列。

（19）"工程物资"，根据"工程物资"科目期末余额填列。

（20）"固定资产清理"项目，根据"固定资产清理"科目的期末借方余额填列，"固定资产清理"科目期末如为贷方余额，以"－"号列示。

（21）"生产性生物资产"项目，根据"生产性生物资产"科目的期末余额减去"生产性生物资产累计折旧"科目期末余额后的差额填列。

（22）"油气资产"项目，根据"油气资产"科目的期末余额减去"累计折耗"科目的期末余额后的差额填列。

（23）"无形资产"项目，根据"无形资产"科目的期末余额减去"累计摊销"和"无形资产减值准备"科目期末余额后的差额填列。

（24）"开发支出"项目，根据"开发支出"科目期末余额填列。

（25）"商誉"项目，根据"商誉"科目期末余额填列。

（26）"长期待摊费用"项目，根据"长期待摊费用"科目的期末余额减去一年内（含一年）摊销的数额后的差额填列。

（27）"递延所得税资产"项目，根据"递延所得税资产"科目期末借方余额填列。

（28）"其他非流动资产"项目，反映企业除以上流动资产以外的其他流动资产。如其他流动资产价值较大的，应在会计报表附注中披露其内容及金额。

（29）"短期借款"项目，根据"短期借款"科目期末余额填列。

（30）"应付账款"项目，根据"应付账款"科目所属各有关明细科目的期末贷方余额合计数填列。如"预付账款"科目所属明细科目有贷方余额的，也应包括在本项目内。

（31）"预收款项"项目，根据"预收账款"科目所属有关明细科目的期末贷方余额合计数填列。如"应收账款"账户所属明细科目有贷方余额的，也应包括在本项目内。

（32）"应付职工薪酬"项目，反映按有关规定应付给职工的各种薪酬。外商投资企业按规定从净利润中提取的职工奖励及福利基金，也在本项目反映。如"应付职工薪酬"

科目期末为借方余额，以"－"号填列。

（33）"交易性金融负债"项目，根据"交易性金融负债"科目的期末贷方余额填列。

（34）"应付股利"项目，根据"应付股利"科目的期末余额填列。

（35）"应交税费"项目，根据"应交税费"科目的期末贷方余额填列。如"应交税费"科目期末为借方余额，以"－"号填列。

（36）"其他应付款"项目，根据"其他应付款"科目的期末余额填列。

（37）"预计负债"项目，根据"预计负债"科目的期末余额填列。

（38）"一年内到期的非流动负债"科目，根据"长期借款""应付债券""长期应付款""专项应付款"等非流动负债账户的期末余额分析填列。

（39）"其他流动负债"项目，反映企业除以上流动负债项目外的其他流动负债。如可以根据"预提费用"科目的期末余额以及其他有关账户的期末余额填列。

（40）"长期借款"项目，根据"长期借款"科目的期末余额减去一年内到期的长期借款数额后的差额填列。

（41）"应付债券"项目，根据"应付债券"科目的期末余额减去一年内到期的应付债券数额后的差额填列。

（42）"长期应付款"项目，根据"长期应付款"科目的期末余额减去"未确认融资费用"科目期末余额，再减去一年内到期的长期应付款数额后的差额填列。

（43）"专项应付款"项目，根据"专项应付款"科目的期末余额减去一年内到期的专项应付款数额后的差额填列。

（44）"递延所得税负债"项目，根据"递延所得税负债"科目的期末贷方余额填列。

（45）"实收资本（或股本）"项目，根据"实收资本"（或股本）科目的期末余额填列。

（46）"库存股"项目，根据"库存股"科目的期末借方余额填列。

（47）"资本公积"项目，根据"资本公积"科目的期末余额填列。

（48）"盈余公积"项目，根据"盈余公积"科目的期末余额填列。

（49）"未分配利润"项目，根据"本年利润"科目和"利润分配"科目的余额计算填列。未弥补的亏损，在本项目内以"－"号填列。

## 四、资产负债表编制举例

【例13－1】某企业为增值税一般纳税人，适用的增值税税率为17%，企业所得税税率为25%，2016年1月初有关账户的余额如表13－3所示。

（1）企业2016年全年发生以下经济业务（不考虑增值税转型）。

1）购入原材料一批，价款100000元，增值税税额17000元，货款以银行存款支付，材料未到。

2）收到原材料一批，成本30000元，货款已于上月支付。

3）销售产品一批，开出增值税专用发票，价款1500000元，增值税税额255000元，

表 13 - 3　科目余额表　　　　　　　　　　　　　　　　单位：元

| 科目名称 | 借方余额 | 科目名称 | 贷方余额 |
|---|---|---|---|
| 现金 | 3000 | 短期借款 | 100000 |
| 银行存款 | 800000 | 应付账款 | 200000 |
| 交易性金融资产 | 100000 | 其他应付款 | 40000 |
| 应收账款 | 120000 | 应付职工薪酬 | 70000 |
| 坏账准备 | -3000 | | |
| 其他应收款 | 5000 | 应交税费 | 6000 |
| 材料采购 | 30000 | | |
| 原材料 | 250000 | 应付利息 | 4000 |
| 库存商品 | 400000 | 长期借款 | 300000 |
| 待摊费用 | 15000 | 其中：一年内到期的非流动负债 | 20000 |
| 固定资产 | 1240000 | 实收资本 | 1800000 |
| 累计折旧 | -120000 | 资本公积 | 200000 |
| 无形资产 | 30000 | 盈余公积 | 100000 |
| | | 利润分配 | 50000 |
| 合计 | 2870000 | 合计 | 2870000 |

款未收到，货已发出。

　　4）企业将短期投资 100000 元收回，收到本金 100000 元，股票溢价收益 13000 元，款已存入银行。

　　5）购入不需安装设备一台，以银行存款支付价款和运费共计 100000 元，设备已交付使用。

　　6）销售产品一批，开出增值税专用发票，价款 80000 元，增值税税额 13600 元，货款已收存银行，货已发出。

　　7）收到货款 1755000 元，存入银行。

　　8）归还短期借款本金 100000 元，并支付利息 6000 元，已预提 4000 元。

　　9）购入一批原材料，价款 1200000 元，增值税税额 204000 元，货款以银行存款支付，货已入库。

　　10）收到应收账款 100000 元（不含增值税），存入银行。

　　11）收到业务 1）所购材料，成本 100000 元。

　　12）以银行存款支付所欠货款 150000 元。

　　13）销售产品一批，价款 300000 元，增值税税额 51000 元，款已收存银行，货已发出。

　　14）提取库存现金 50000 元，备发工资。

　　15）以库存现金 50000 元，发放工资。

　　16）以库存现金支付办公用品费 1000 元。

　　17）计提职工工资 228000 元，其中，生产工人工资 182400 元，车间管理人员工资

17100 元，行政管理人员工资 28500 元。

18）计提长期借款利息 18000 元。

19）偿还到期长期借款本金 20000 元。

20）生产领用原材料，成本为 1400000 元。

21）摊销待摊费用（保险费）15000 元。

22）摊销无形资产价值 10000 元。

23）计提固定资产折旧 99000 元，其中，生产用固定资产折旧 90000 元，管理用固定资产折旧 9000 元。

24）冲销坏账准备 2500 元。

25）以银行存款支付广告费 30000 元。

26）以银行存款支付赞助费 10000 元。

27）结转制造费用 107100 元。

28）结转完工产品成本 1689500 元。

29）计提本期应缴纳的城建税 6902 元，教育费附加 2958 元。

30）以银行存款缴纳增值税 90000 元，城建税 6902 元，教育费附加 2958 元。

31）结转本期产品销售成本 1500000 元。

32）计提全年所得税费用 89806.20 元。

33）结转收支类账户，并计算结转本年净利润。

34）提取法定盈余公积金 1723338 元，应付利润 100000 元。

35）将利润分配各明细账目的余额结转入"未分配利润"明细账。

（2）要求根据上述资料编制会计分录和资产负债表。

1）编制会计分录。

①借：材料采购                                100000

    应交税费——应交增值税（进项税额）      17000

      贷：银行存款                         117000

②借：原材料                                 30000

      贷：材料采购                         30000

③借：应收账款                             1755000

      贷：主营业务收入                   1500000

         应交税费——应交增值税（销项税额）   255000

④借：银行存款                            113000

      贷：交易性金融资产                  100000

         投资收益                      13000

⑤借：固定资产                             100000

      贷：银行存款                        100000

⑥借：银行存款                            93600

      贷：主营业务收入                    80000

         应交税费——应交增值税（销项税额）   13600

⑦借：银行存款                           1755000

<pre>
          贷：应收账款                                1755000
⑧借：短期借款                                      100000
    应付利息                                          4000
    财务费用                                          2000
        贷：银行存款                                106000
⑨借：原材料                                      1200000
    应交税费——应交增值税（进项税额）              204000
        贷：银行存款                               1404000
⑩借：银行存款                                     100000
        贷：应收账款                                100000
⑪借：原材料                                       100000
        贷：材料采购                                100000
⑫借：应付账款                                     150000
        贷：银行存款                                150000
⑬借：银行存款                                     351000
        贷：主营业务收入                            300000
            应交税费——应交增值税（销项税额）        51000
⑭借：库存现金                                      50000
        贷：银行存款                                 50000
⑮借：应付职工薪酬                                  50000
        贷：库存现金                                 50000
⑯借：管理费用                                       1000
        贷：库存现金                                  1000
⑰借：生产成本                                     182400
    制造费用                                         17100
    管理费用                                         28500
        贷：应付职工薪酬                            228000
⑱借：财务费用                                      18000
        贷：长期借款                                 18000
⑲借：长期借款                                      20000
        贷：银行存款                                 20000
⑳借：生产成本                                    1400000
        贷：原材料                                 1400000
㉑借：管理费用                                      15000
        贷：待摊费用                                 15000
㉒借：管理费用                                      10000
        贷：无形资产                                 10000
㉓借：制造费用                                      90000
    管理费用                                          9000
</pre>

　　　　　　　贷：累计折旧　　　　　　　　　　　　　　　　　　99000

㉔借：坏账准备　　　　　　　　　　　　　　　　　　　　2500

　　　　贷：管理费用　　　　　　　　　　　　　　　　　　　2500

㉕借：销售费用　　　　　　　　　　　　　　　　　　　30000

　　　　贷：银行存款　　　　　　　　　　　　　　　　　　30000

㉖借：营业外支出　　　　　　　　　　　　　　　　　　10000

　　　　贷：银行存款　　　　　　　　　　　　　　　　　　10000

㉗借：生产成本　　　　　　　　　　　　　　　　　　107100

　　　　贷：制造费用　　　　　　　　　　　　　　　　　107100

㉘借：库存商品　　　　　　　　　　　　　　　　　　1689500

　　　　贷：生产成本　　　　　　　　　　　　　　　　1689500

㉙借：营业税金及附加　　　　　　　　　　　　　　　　9860

　　　　贷：应交税费——应交城建税　　　　　　　　　　　6902

　　　　　　　　　　——应交教育费附加　　　　　　　　　2958

㉚借：应交税费——应交增值税（已交税金）　　　　　90000

　　　　　　　　——应交城建税　　　　　　　　　　　　6902

　　　　　　　　——应交教育费附加　　　　　　　　　　2958

　　　　贷：银行存款　　　　　　　　　　　　　　　　　99860

㉛借：主营业务成本　　　　　　　　　　　　　　　1500000

　　　　贷：库存商品　　　　　　　　　　　　　　　　1500000

㉜借：所得税费用　　　　　　　　　　　　　　　　89806.20

　　　　贷：应交税费——应交所得税　　　　　　　　89806.20

㉝借：主营业务收入　　　　　　　　　　　　　　　1880000

　　　投资收益　　　　　　　　　　　　　　　　　　13000

　　　　贷：本年利润　　　　　　　　　　　　　　　1893000

　借：本年利润　　　　　　　　　　　　　　　1720666.20

　　　　贷：主营业务成本　　　　　　　　　　　　　1500000

　　　　营业税金及附加　　　　　　　　　　　　　　　9860

　　　　销售费用　　　　　　　　　　　　　　　　　30000

　　　　财务费用　　　　　　　　　　　　　　　　　20000

　　　　管理费用　　　　　　　　　　　　　　　　　61000

　　　　营业外支出　　　　　　　　　　　　　　　　10000

　　　　所得税费用　　　　　　　　　　　　　　　89806.20

　借：本年利润　　　　　　　　　　　　　　　172333.80

　　　　贷：利润分配——未分配利润　　　　　　　　172333.80

㉞借：利润分配——计提盈余公积　　　　　　　　17233.38

　　　　　　　　——应付利润　　　　　　　　　　100000

　　　　贷：盈余公积——法定盈余公积　　　　　　　17233.38

　　　　　　　　——应付利润　　　　　　　　　　100000

㉟借：利润分配——未分配利润         117233.38

    贷：利润分配——计提盈余公积         17233.38

            ——应付利润             100000

2）根据上述会计分录，过丁字账户，2016 年 12 月 31 日各科目余额如表 13 - 4 所示。

3）编制资产负债表，见表 13 - 5。

表 13 - 4   科目余额表            单位：元

| 科目名称 | 借方余额 | 科目名称 | 贷方余额 |
|---|---|---|---|
| 库存现金 | 2000 | 短期借款 | |
| 银行存款 | 1125740 | 应付账款 | 50000 |
| 交易性金融资产 | | 其他应付款 | 40000 |
| 坏账准备 | - 500 | 应付职工薪酬 | 248000 |
| 其他应收款 | 5000 | 应交税费 | 104406.20 |
| 材料采购 | | | |
| 原材料 | 180000 | 应付利润 | 100000 |
| 库存商品 | 589500 | 应付利息 | |
| 待摊费用 | | 长期借款 | 298000 |
| 固定资产 | 1340000 | 实收资本 | 1800000 |
| 累计折旧 | - 219000 | 资本公积 | 200000 |
| 无形资产 | 20000 | 盈余公积 | 117233.38 |
| | | 利润分配 | 105100.42 |
| 合计 | 3062740 | 合计 | 3062740 |

表 13 - 5   资产负债表            会企 01 表

编制单位：A 公司        2016 年 12 月 31 日            单位：元

| 资产 | 期末余额 | 年初余额 | 负债和所有者权益（或股东权益） | 期末余额 | 年初余额 |
|---|---|---|---|---|---|
| 流动资产： | | | 流动负债： | | |
| 货币资金 | 1127740 | 803000 | 短期借款 | | 100000 |
| 交易性金融资产 | | 100000 | 交易性金融负债 | | |
| 应收票据 | | | 应付票据 | | |
| 应收账款 | 19500 | 117000 | 应付账款 | 50000 | 200000 |
| 预付款项 | | | 预收款项 | | |
| 应收利息 | | | 应付职工薪酬 | 248000 | 70000 |
| 应收股利 | | | 应交税费 | 104406.20 | 6000 |
| 其他应收款 | 5000 | 5000 | 应付利息 | | |

| 资产 | 期末余额 | 年初余额 | 负债和所有者权益（或股东权益） | 期末余额 | 年初余额 |
|---|---|---|---|---|---|
| 存货 | 769500 | 680000 | 应付股利 | 100000 | |
| 一年内到期的非流动资产 | | | 其他应付款 | 40000 | 40000 |
| 其他流动资产 | | 15000 | 一年内到期的非流动负债 | | 20000 |
| 流动资产合计 | 1921740 | 1720000 | 其他流动负债 | | 4000 |
| 非流动资产： | | | 流动负债合计 | 542406.20 | 440000 |
| 可供出售金融资产 | | | 非流动负债： | | |
| 持有至到期投资 | | | 长期借款 | 298000 | 280000 |
| 长期应收款 | | | 应付债券 | | |
| 长期股权投资 | | | 长期应付款 | | |
| 投资性房地产 | | | 专项应付款 | | |
| 固定资产 | 1121000 | 1120000 | 预计负债 | | |
| 在建工程 | | | 递延所得税费用负债 | | |
| 工程物资 | | | 其他非流动负债 | | |
| 固定资产清理 | | | 非流动负债合计 | 298000 | 280000 |
| 生产性生物资产 | | | 负债合计 | 840406.20 | 720000 |
| 油气资产 | | | 所有者权益（或股东权益）： | | |
| 无形资产 | 20000 | 30000 | 实收资本（或股本） | 1800000 | 1800000 |
| 开发支出 | | | 资本公积 | 200000 | 200000 |
| 商誉 | | | 减：库存股 | | |
| 长期待摊费用 | | | 盈余公积 | 117233.38 | 100000 |
| 递延所得税费用资产 | | | 未分配利润 | 105100.42 | 50000 |
| 其他非流动资产 | | | 所有者权益（或股东权益）合计 | 2222333.80 | 2150000 |
| 非流动资产合计 | 1141000 | 1150000 | | | |
| 资产总计 | 3062740 | 2870000 | 负债和所有者权益（或股东权益）总计 | 3062740 | 2870000 |

# 第三节 利润表

　　利润表是反映企业在某一会计期间的经营成果的会计报表。它反映了企业的各项收入和各项成本费用的构成及净利润或净亏损的形成。本节将重点介绍利润表的作用、利润表的结构以及利润表的编制方法，并结合资产负债表的案例来学习如何编制利润表。

## 一、利润表的概念及作用

利润表是反映企业在某一会计期间的经营成果的会计报表。它反映了企业的各项收入和各项成本费用的构成及净利润或净亏损的形成。

利润表可以反映企业一定会计期间收入的实现情况；可以反映一定会计期间费用的耗费情况，如耗费的营业成本、营业税金及附加及销售费用、管理费用、财务费用、营业外支出的支出情况等；可以反映企业生产经营活动的成果，即净利润的实现情况；利润表还有助于使用者判断净利润的质量及其风险，有助于使用者预测净利润的持续性，从而做出正确的决策。

## 二、利润表的结构

利润表是反映企业在一定会计期间经营成果的报表。利润表不仅反映了一定时期的收入、费用以及构成利润的各个项目的情况，还同时反映了收入、费用及构成利润的各项目的本年累计数，为进行指标的对比分析提供了条件。通过利润表可以对企业的经营绩效盈利能力进行评价，并能为预测企业今后的利润发展趋势提供依据，在会计报表体系中具有重要作用。

利润表应当按照各项收入、费用以及构成利润的各个项目分类分项列示。在利润表上，收入应当按照重要性分项列示；费用应当按照性质分项列示；利润应当按照营业利润、利润总额和净利润等利润的构成分类分项列示。

利润表可采用多步式和单步式两种格式填制，我国一般采用多步式利润表。其格式见表 13 - 6。

利润表中主要反映以下几部分内容：一是营业利润，用营业收入扣减营业成本、营业税金及附加、管理费用、财务费用、销售费用、资产减值损失等以后的余额。二是利润总额，在营业利润基础上，加上营业外收入，减去营业外支出后的余额。三是净利润，在利润总额的基础上，减去所得税费用后的余额。

## 三、利润表的编制方法

### 1. 利润表的设置

利润表各项目设"本期金额"和"上期金额"两栏。"本期金额"栏反映各项目本报告期的实际发生额。"上期金额"反映各项目上年同期金额。如编制半年报（中报）时，填列上年同期累计实际发生额；编制年度报表时，填列上年全年累计实际发生额。

### 2. 利润表具体项目的填列方法

（1）"营业收入"项目，根据"主营业务收入"和"其他业务收入"科目本期净发生额合计填列。

（2）"营业成本"项目，根据"主营业务成本"和"其他业务成本"科目本期净发生额合计填列。

（3）"营业税金及附加"项目，根据"营业税金及附加"科目本期净发生额填列。

（4）"销售费用""管理费用""财务费用"和"资产减值损失"项目，分别根据"销售费用""管理费用""财务费用"和"资产减值损失"科目的本期净发生额填列。

（5）"公允价值变动收益"和"投资收益"项目，分别根据"公允价值变动损益"和"投资收益"科目的本期净收益填列，如为净损失，则以"－"填列。

（6）"营业利润"项目，根据"营业收入"减去"营业成本""营业税金及附加""销售费用""管理费用""财务费用"和"资产减值损失"加上"公允价值变动收益"和"投资收益"科目的金额填列。

（7）"营业外收入"和"营业外支出"项目，分别根据"营业外收入"和"营业外支出"科目的本期净发生额填列。

（8）"利润总额"项目，根据该表"营业利润"加上"营业外收入"科目的金额，减去"营业外支出"科目的金额填列。

（9）"所得税费用"项目，根据"所得税费用"科目的本期净发生额填列。

（10）"净利润"项目，根据"利润总额"减去"所得税费用"后的差额填列。

（11）"基本每股收益"项目，根据该表"净利润"科目的金额除以该公司普通股的股数的商填列。

（12）"稀释每股收益"项目，根据该表"净利润"科目的金额除以该公司普通股与潜在普通股之和而取得的商填列。潜在普通股主要包括可转换公司债券、认购权证等。

## 四、利润表编制举例

【例13－2】承【例13－1】资料，编制该企业2009年利润表，如表13－6所示。

表13－6　利润表 会企02表

编制单位：　　　　　　　　　　　2016年度　　　　　　　　　　　单位：元

| 项目 | 本期金额 | 上期金额 |
| --- | --- | --- |
| 一、营业收入 | 1880000 | |
| 减：营业成本 | 1500000 | |
| 营业税金及附加 | 9860 | |
| 销售费用 | 30000 | |
| 管理费用 | 61000 | |
| 财务费用 | 20000 | |
| 资产减值损失 | | |
| 加：公允价值变动收益（损失以"－"号填列） | | |
| 投资收益（损失以"－"号填列） | | |
| 其中：对联营企业和合营企业的投资收益 | | |

| 项目 | 本期金额 | 上期金额 |
|------|---------|---------|
| 二、营业利润（亏损以"－"号填列） | 259140 | |
| 加：营业外收入 | 13000 | |
| 减：营业外支出 | 10000 | |
| 其中：非流动资产处置损失 | | |
| 三、利润总额（亏损总额以"－"号填列） | 262140 | |
| 减：所得税费用 | 89806.20 | |
| 四、净利润（净亏损以"－"号填列） | 172333.80 | |
| 五、每股收益 | | |
| （一）基本每股收益 | | |
| （二）稀释每股收益 | | |

# 第四节　现金流量表

现金流量表是反映企业一定会计期间现金和现金等价物流入和流出的报表。本节将重点介绍现金流量表的作用、现金流量表的编制基础、现金流量表的内容以及现金流量表的编制方法，并结合资产负债表和利润表的案例来学习如何编制现金流量表。

## 一、现金流量表的概念及作用

现金流量表是反映企业一定会计期间现金和现金等价物流入和流出的报表。编制现金流量表的目的，是为会计报表使用者提供企业一定会计期间内现金和现金等价物流入和流出的信息，以便于报表使用者了解和评价企业获取现金和现金等价物的能力，并据以预测企业未来现金流量。

现金流量表有助于评价企业支付能力、偿债能力和周转能力；有助于分析企业收益质量及影响现金净流量的因素；掌握企业经营活动、投资活动和筹资活动的现金流量，有助于从现金流量的角度了解企业净利润的质量，为分析和判断企业的财务前景提供信息；有助于预测企业未来现金流量。

## 二、现金流量表的编制基础

现金流量表以现金及现金等价物为基础编制，划分为经营活动、投资活动和筹资活动现金流量三大类，按照收付实现制原则编制，将权责发生制下的盈利信息调整为收付实现制下的现金流量信息。

### 1. 库存现金

库存现金是指企业持有可随时用于支付的现金，与"库存现金"科目的核算内容一致。

### 2. 银行存款

银行存款是指企业存入金融机构、可以随时用于支取的存款，与"银行存款"科目核算内容基本一致，但不包括不能随时用于支付的存款。例如，不能随时支取的定期存款等不应作为现金；提前通知金融机构便可支取的定期存款则应包括在现金范围内。

### 3. 其他货币资金

其他货币资金是指存放在金融机构的外埠存款、银行汇票存款、银行本票存款、信用卡存款、信用证保证金存款和存出投资款等，与"其他货币资金"科目核算内容一致。

### 4. 现金等价物

现金等价物是指企业持有的期限短、流动性强、易于转换为已知金额现金、价值变动风险很小的投资。现金等价物虽然不是现金，但其支付能力与现金的差别不大，可视为现金。依据现金等价物的概念，一项投资是否属于现金等价物必须同时满足四个条件：期限短；流动性强；易于转换为已知金额的现金；价值变动风险很小。现金等价物通常指购买在 3 个月或更短的时间内到期或可转换为现金的投资。如企业于 2009 年 12 月 1 日购入 2007 年 1 月 1 日发行的期限为 3 年的国债，购买时还有 1 个月到期，则这项短期投资可视为现金等价物；又如企业 2009 年 12 月 1 日购入期限为 6 个月的企业债券，则不能作为现金等价物。

## 三、现金流量表的内容

现金流量指企业现金及现金等价物的流入和流出。在现金流量表中，现金及现金等价物被视为一个整体，企业现金（含现金等价物，下同）形式的转换不会产生现金的流入和流出。例如，企业从银行提取现金，是企业现金存放形式的转换，并未流出企业，不构成现金流量。同样，现金与现金等价物之间的转换也不属于现金流量，如企业用现金购买 3 个月内到期的国债。

现金流量表正表部分的内容有三大类：经营活动现金流量、投资活动现金流量和筹资活动现金流量。补充资料部分也有三部分：将净利润调节为经营活动现金流量、不涉及现金收支的重大投资和筹资活动和现金及现金等价物净变动情况。按财务报表列报准则要求，现金流量表补充资料列报在会计报表附注中。

### 1. 现金流量表正表的内容

（1）经营活动产生的现金流量。经营活动是指企业投资活动和筹资活动以外的所有交易和事项。各类企业由于行业特点不同，对经营活动的认定存在一定差异。对于工商企业而言，经营活动主要包括销售商品、提供劳务、购买商品、接受劳务、支付税费等。对于保险公司而言，经营活动主要包括原保险业务和再保险业务等。对于商业银行而言，经营活动主要包括吸收存款、发放贷款、同业存放、同业拆借等。对于证券公司而言，经营活动主要包括自营证券、代理承销证券、代理兑付证券、代理买卖证券等。

1）"销售商品、提供劳务收到的现金"项目，反映企业销售商品、提供劳务实际收到的现金，包括销售收入和应向购买者收取的增值税销项税额，具体包括本期销售商品、提供劳务收到的现金以及前期销售商品、提供劳务本期收到的现金和本期预收的款项，减去本期销售本期退回的商品和前期销售本期退回的商品支付的现金。企业销售材料和代购代销业务收到的现金，也在本项目反映。

2）"收到的税费返还"项目，反映企业收到返还的各种税费，如收到的增值税、营业税、所得税、消费税、关税和教育费附加返还款等。

3）"收到的其他与经营活动有关的现金"项目，反映企业除上述各项目外，收到的其他与经营活动有关的现金，如罚款收入、投资性房地产收到的租金收入、经营租赁固定资产收到的现金、流动资产损失中由个人赔偿的现金收入、除税费返还外的其他政府补助收入等。其他与经营活动有关的现金，如果价值较大的，应单列项目反映。

4）"购买商品、接受劳务支付的现金"项目，反映企业购买材料、商品、接受劳务实际支付的现金，包括支付的货款以及与货款一并支付的增值税进项税额，具体包括本期购买商品、接受劳务支付的现金以及本期支付前期购买商品、接受劳务的未付款项和本期预付款项，减去本期发生的购货退回收到的现金。为购置存货而发生的借款利息资本化部分，应在"分配股利、利润或偿付利息支付的现金"项目中反映。

5）"支付给职工以及为职工支付的现金"项目，反映企业实际支付给职工的现金以及为职工支付的现金，包括企业为获得职工提供的服务，本期实际给予各种形式的报酬以及其他相关支出，如支付给职工的工资、奖金、各种津贴和补贴以及为职工支付的其他费用，不包括支付给在建工程人员的工资。支付的在建工程人员的工资在"购建固定资产、无形资产和其他长期资产所支付的现金"项目中反映。企业为职工支付的医疗、养老、失业、工伤、生育等社会保险基金、补充养老保险、住房公积金，企业为职工交纳的商业保险金，因解除与职工劳动关系给予的补偿，现金结算的股份支付以及企业支付给职工或为职工支付的其他福利费用等，应根据职工的工作性质和服务对象，分别在"购建固定资产、无形资产和其他长期资产所支付的现金"和"支付给职工以及为职工支付的现金"项目中反映。

6）"支付的各项税费"项目，反映企业按规定支付的各项税费，包括本期发生并支付的税费以及本期支付以前各期发生的税费和预交的税金，如支付的营业税、所得税、增值税、教育费附加、印花税、房产税、土地增值税、车船使用税等。不包括本期退回的增值税、所得税。本期退回的增值税、所得税等，在"收到的税费返还"项目中反映。

7）"支付的其他与经营活动有关的现金"项目，反映企业除上述各项目外，支付的其他与经营活动有关的现金，如罚款支出、支付的差旅费、业务招待费、保险费、经营租赁支付的现金等。其他与经营活动有关的现金，如果金额较大的，应单列项目反映。

（2）投资活动产生的现金流量。投资活动是指企业长期资产的购建和不包括在现金等价物范围内的投资及其处置活动。这里所指的长期投资是指固定资产、在建工程、无形资产、其他资产等持有期限在一年或一个营业周期以上的资产。投资活动主要包括投资取得和收回投资、购建和处置固定资产、无形资产及其他长期资产等。投资活动既包括实物资产投资，也包括金融资产投资。这里之所以将"包括在现金等价物范围内的投资"排除在投资活动之外，是因为已经将包括在现金等价物范围的投资视同现金。不同企业由于行业特点不同，对投资活动的认定也存在差异。

1）"收回投资收到的现金"项目，反映企业出售、转让或到期收回除现金等价物以外的交易性金融资产、持有至到期投资、可供出售金融资产、长期股权投资等而收到的现金。不包括债权性投资收回的利息、收回的非现金资产以及处置子公司及其他营业单位收到的现金净额。债权性投资收回的本金在本项目反映，债权性投资收回的利息不在本项目中反映，而在"取得投资收益所收到的现金"项目中反映。处置子公司及其他营业单位收到的现金净额单设项目反映。

2）"取得投资收益收到的现金"项目，反映企业因股权性投资而分得的现金股利，因债权性投资而取得的现金利息收入。股票股利由于不产生现金流量，不在本项目中反映。包括在现金等价物范围内的债券性投资，其利息收入在本项目中反映。

3）"处置固定资产、无形资产和其他长期资产收回的现金净额"项目，反映企业出售固定资产、无形资产和其他长期资产（如投资性房地产）所取得的现金，减去为处置这些资产而支付的有关税费后的净额。处置固定资产、无形资产和其他长期资产所收到的现金，与处置活动支付的现金，两者在时间上比较接近，以净额反映更能准确反映处置活动对现金流量的影响。由于自然灾害等原因所造成的固定资产等长期资产报废、毁损而收到的保险赔偿收入，在本项目中反映。如处置固定资产、无形资产和其他长期资产所收回的现金净额为负数，应作为投资活动产生的现金流量，在"支付的其他与投资活动有关的现金"项目中反映。

4）"处置子公司及其他营业单位收到的现金净额"项目，反映企业处置子公司及其他营业单位所取得的现金减去子公司或其他营业单位持有的现金和现金等价物以及相关处置费用后的净额。

5）"收到的其他与投资活动有关的现金"项目，反映企业除上述各项目外，收到的其他与投资活动有关的现金。其他与投资活动有关的现金，如果价值较大的应单列项目反映。

6）"购建固定资产、无形资产和其他长期资产支付的现金"项目，反映企业购买、建造固定资产，取得无形资产和其他长期资产（如投资性房地产）支付的现金，包括购买机器设备所支付的现金、建造工程支付的现金、在建工程人员的工资支付的现金等，不包括为购建固定资产、无形资产和其他长期资产而发生的借款利息资本化部分以及融资租入固定资产所支付的租赁费。为购建固定资产、无形资产和其他长期资产而发生的借款利息资本化部分，在"分配股利、利润或偿付利息支付的现金"项目中反映；融资租入固定资产所支付的租赁费，在"支付其他与筹资活动有关的现金"项目中反映。

7）"投资支付的现金"项目，反映企业进行权益性投资和债权性投资所支付的现金，包括企业取得的除现金等价物以外的交易性金融资产、持有至到期投资、可供出售金融资产而支付的现金，以及支付的佣金、手续费等交易费用。

企业购买股票和债券时，实际支付的价款中包含的已宣告但尚未领取的现金股利或已到付息期但尚未领取的债券利息，应在"支付其他与投资活动有关的现金"项目中反映；收回购买股票和债券时支付的已宣告但尚未领取的现金股利或已到付息期但尚未领取的债券利息，应在"收到其他与投资活动有关的现金"项目中反映。

8）"取得子公司及其他营业单位支付的现金净额"项目，反映企业取得子公司及其他营业单位购买出价中以现金支付的部分，减去子公司或其他营业单位持有的现金和现金等价物后的净额。

9）"支付的其他与投资活动有关的现金"项目，反映企业除上述各项目外，支付的其他与投资活动有关的现金。其他与投资活动有关的现金，如果价值较大的应单列项目反映。

（3）筹资活动产生的现金流量。筹资活动是指导致企业权益资本、债务资本规模和构成发生变化的活动。它是与资本有关的现金流入和流出项目，包括吸收投资、发行股票、分配利润等。

1）"吸收投资收到的现金"项目，反映企业以发行股票等方式筹集资金实际收到的款项净额（发行收入减去支付的佣金等发行费用后的净额）。以发行股票等方式筹集资金而由企业直接支付的审计、咨询等费用，在"支付其他与筹资活动有关的现金"项目中反映。

2）"借款收到的现金"项目，反映企业举借各种短期、长期借款而收到的现金以及发行债券实际收到的款项净额（发行收入减去直接支付的佣金等发行费用后的净额）。

3）"收到的其他与筹资活动有关的现金"项目，反映企业除上述各项目外，收到的其他与筹资活动有关的现金。其他与筹资活动有关的现金，如果价值较大的应单列项目反映。

4）"偿还债务所支付的现金"项目，反映企业以现金偿还债务的本金，包括归还金融企业的借款本金、偿付企业到期的债券本金等。企业偿还的借款利息、债券利息，在"分配股利、利润或偿付利息所支付的现金"项目中反映。

5）"分配股利、利润或偿付利息支付的现金"项目，反映企业实际支付的现金股利、支付给其他投资单位的利润或用现金支付的借款利息、债券利息。不同用途的借款，其利息的开支渠道不一样，如在建工程、财务费用等均在本项目中反映。

6）"支付的其他与筹资活动有关的现金"项目，反映企业除上述各项目外，支付的其他与筹资活动有关的现金，如以发行股票、债券等方式筹集资金而由企业直接支付的审计、咨询等费用，融资租赁各期支付的现金、以分期付款方式购建固定资产、无形资产等各期支付的现金等。其他与筹资活动有关的现金，如果价值较大的应单列项目反映。

对于企业日常活动之外特殊的、不经常发生的特殊项目，如自然灾害损失、保险赔款、捐赠等，应当归并到相关类别中，并单独反映。对于自然灾害损失和保险赔款，如果能够确认属于流动资产损失的，应当列入经营活动产生的现金流量；属于固定资产损失的，应当列入投资活动产生的现金流量。如果不能确认，则可以列入经营活动产生的现金流量。捐赠收入和支出，可以列入经营活动的现金流量。

现金流量表中"汇率变动对现金的影响"项目是指企业外币现金流量及境外子公司的现金流量折算成记账本位币时，所采用的是现金流量发生日的汇率或即期汇率近似的汇率，而现金流量表"现金及现金等价物净增加额"项目中外币现金净增加额是按资产负债表日的即期汇率折算。这两者的差额即为汇率变动对现金的影响。

**2. 现金流量表补充资料的内容**

（1）资产减值准备。这里所指的资产减值准备是当期计提扣除转回的减值准备，包括坏账准备、存货跌价准备、投资性房地产减值准备、长期股权投资减值准备、持有至到期投资减值准备、固定资产减值准备、在建工程减值准备、工程物资减值准备、生物性资产减值准备、无形资产减值准备、商誉减值准备等。企业当期计提和按规定转回的各项资产减值准备包括在利润表中，属于利润的减除项目，但没有发生现金流出。所以，在将净利润调节为经营活动现金流量时，需要加回。本项目可根据"资产减值损失"科目的记录分析填列。

（2）固定资产折旧、油气资产折耗、生产性生物资产折旧。企业计提的固定资产折旧，有的包括在管理费用中，有的包括在制造费用中。计入管理费用中的部分，作为期间费用在计算净利润时从中扣除，但没有发生现金流出，在将净利润调节为经营活动现金流量时，需要予以加回。计入制造费用中已经变现的部分，在计算净利润时通过销售成本予以扣除，但没有发生现金流出；计入制造费用中的没有变现的部分，既不涉及现金收支，也不影响企业当期净利润。由于在调节存货时，已经从中扣除，在此处将净利润调节为经营活动现金流量时，需要予以加回。同理，企业计提的油气资产折耗、生产性生物资产折旧，也需要予以加回。本项目可根据"累计折旧""累计折耗""生产性生物资产折旧"科目的贷方发生额分析填列。

（3）无形资产摊销和长期待摊费用摊销。企业对使用寿命有限的无形资产计提摊销时，计入管理费用或制造费用。长期待摊费用摊销时，有的计入管理费用，有的计入销售费用，有的计入制造费用。计入管理费用等期间费用和计入制造费用中的已变现部分，在计算净利润时已从中扣除，但没有发生现金流出；计入制造费用中没有变现的部分，在调节存货时已经从中扣除，但不涉及现金收支，所以，在此处将净利润调节为经营活动现金流量时，需要予以加回。这个项目可根据"累计摊销""长期待摊费用"科目的贷方发生额分析填列。

（4）处置固定资产、无形资产和其他长期资产的损失（减：收益）。企业处置固定资产、无形资产和其他长期资产发生的损益，属于投资活动产生的损益，不属于经营活动产生的损益，所以，在将净利润调节为经营活动现金流量时，需要予以剔除。如为损失，在将净利润调节为经营活动现金流量时，应当加回；如为收益，在将净利润调节为经营活动现金流量时，应当扣除。本项目可根据"营业外收入""营业外支出"等科目所属有关明细科目的记录分析填列；如为净收益，以"－"号填列。

（5）固定资产报废损失。企业发生的固定资产报废损益，属于投资活动产生的损益，不属于经营活动产生的损益，所以，在将净利润调节为经营活动现金流量时，需要予以剔除。如为净损失，在将净利润调节为经营活动现金流量时，应当加回；如为净收益，在将净利润调节为经营活动现金流量时，应当扣除。本项目可根据"营业外支出""营业外收入"等科目所属有关明细科目的记录分析填列。

（6）公允价值变动损失。公允价值变动损失反映企业交易性金融资产、投资性房地产等公允价值变动形成的应计入当期损益的利得或损失。企业发生的公允价值变动损益，通常与企业的投资活动或筹资活动有关，而且并不影响企业当期的现金流量。为此，应当将其从净利润中剔除。本项目可以根据"公允价值变动损益"科目的发生额分析填列。如为持有损失，在将净利润调节为经营活动现金流量时，应当加回；如为持有利得，在将净利润调节为经营活动现金流量时，应当扣除。

（7）财务费用。企业发生的财务费用中不属于经营活动的部分，应当在将净利润调节为经营活动现金流量时将其加回。本项目可根据"财务费用"科目的本期借方发生额分析填列；如为收益，以"－"号填列。

（8）投资损失（减：收益）。企业发生的投资损益，属于投资活动产生的损益，不属于经营活动产生的损益，所以，在将净利润调节为经营活动现金流量时，需要予以剔除。如为净损失，在将净利润调节为经营活动现金流量时，应当加回；如为净收益，在将净利润调节为经营活动现金流量时，应当扣除。本项目可根据利润表中"投资收益"项目的数字填列；如为投资收益，以"－"号填列。

（9）递延所得税资产减少（减：增加）。递延所得税资产减少使计入所得税费用的金额大于当期应交的所得税金额，其差额没有发生现金流出，但在计算净利润时已经扣除，在将净利润调节为经营活动现金流量时，应当加回。递延所得税资产增加使计入所得税费用的金额小于当期应交的所得税金额，二者之间的差额并没有发生现金流入，但在计算净利润时已经包括在内，在将净利润调节为经营活动现金流量时，应当扣除。本项目可以根据资产负债表"递延所得税资产"项目期初、期末余额分析填列。

（10）递延所得税负债增加（减：减少）。递延所得税负债增加使计入所得税费用的金额大于当期应交的所得税金额，其差额没有发生现金流出，但在计算净利润时已经扣除，在将净利润调节为经营活动现金流量时，应当加回。递延所得税负债减少使计入当期所得税费用的金额小于当期应交的所得税金额，其差额并没有发生现金流入，但在计算净利润时已经包括在内，在将净利润调节为经营活动现金流量时，应当扣除。本项目可以根据资产负债表"递延所得税负债"项目期初、期末余额分析填列。

（11）存货的减少（减：增加）。期末存货比期初存货减少，说明本期生产经营过程耗用的存货有一部分是期初的存货，耗用这部分存货并没有发生现金流出，但在计算净利润时已经扣除，所以，在将净利润调节为经营活动现金流量时，应当加回。期末存货比期初存货增加，说明当期购入的存货除耗用外，还剩余一部分，这部分存货也发生了现金流出，但在计算净利润时没有包括在内，所以，在将净利润调节为经营活动现金流量时，需要扣除。当然，存货的增减变化过程还涉及应付项目，这一因素在"经营性应付项目的增加（减：减少）"中考虑。本项目可根据资产负债表中"存货"项目的期初数、期末数之间的差额填列；期末数大于期初数的差额，以"－"号填列。如果存货的增减变化过程属于投资活动，如在建工程领用存货，应当将这一因素剔除。

（12）经营性应收项目的减少（减：增加）。经营性应收项目包括应收票据、应收账款、预付账款、长期应收款和其他应收款中，与经营活动有关的部分以及应收的增值税销项税额等。经营性应收项目期末余额小于经营性应收项目期初余额，说明本期收回的现金大于利润表中所确认的销售收入，所以，在将净利润调节为经营活动现金流量时，需要加回。经营性应收项目期末余额大于经营性应收项目期初余额，说明本期销售收入中有一部分没有收回现金，但是，在计算净利润时这部分销售收入已包括在内，所以，在将净利润调节为经营活动现金流量时，需要扣除。本项目应当根据有关科目的期初、期末余额分析填列；如为增加，以"－"号填列。

（13）经营性应付项目的增加（减：减少）。经营性应付项目包括应付票据、应付账款、预收账款、应付职工薪酬、应交税费、应付利息、长期应付款、其他应付款中与经营活动有关的部分以及应付的增值税进项税额等。经营性应付项目期末余额大于经营性应付项目期初余额，说明本期购入的存货中有一部分没有支付现金，但是，在计算净利润时却通过销售成本包括在内，在将净利润调节为经营活动现金流量时，需要加回；经营性应付项目期末余额小于经营性应付项目期初余额，说明本期支付的现金大于利润表中所确认的销售成本，在将净利润调节为经营活动产生的现金流量时，需要扣除。本项目应当根据有关科目的期初、期末余额分析填列；如为减少，以"－"号填列。

（14）不涉及现金收支的重大投资和筹资活动。不涉及现金收支的重大投资和筹资活动，反映企业一定期间内影响资产或负债但不形成该期现金收支的所有投资和筹资活动的信息。这些投资和筹资活动虽然不涉及当期现金收支，但对以后各期的现金流量有重大影响。例如，企业融资租入设备，将形成的负债计入"长期应付款"账户，当期并不支付设备款及租金，但以后各期必须为此支付现金，从而在一定期间内形成了一项固定的现金支出。

因此，现金流量表准则规定，企业应当在附注中披露不涉及当期现金收支但影响企业财务状况或在未来可能影响企业现金流量的重大投资和筹资活动，主要包括：债务转为资本，反映企业本期转为资本的债务金额；一年内到期的可转换公司债券，反映企业一年内到期的可转换公司债券的本息；融资租入固定资产，反映企业本期融资租入的固定资产。

## 四、现金流量表的编制

现金流量表分为两部分，第一部分为正表，第二部分为补充资料，正表有六项内容，补充资料有三项内容，具体格式见表13－7。

### 1. 经营活动产生的现金流量的列报方法

经营活动产生的现金流量有两种列报方法：一种是直接法，另一种是间接法。直接法是通过现金收入和支出的主要类别反映来自企业经营活动的现金流量，一般是以利润表中的营业收入为起算点，调整与经营活动有关的项目的增减变动，然后计算出经营活动的现金流量；间接法是以本期净利润为起算点，调整不涉及现金的收入、费用、营业外收支及有关项目的增减变化，据此计算出经营活动的现金流量。

根据我国《企业会计准则》的规定，经营活动产生的现金流量要求采用直接法列报，同时要求在现金流量表补充资料中披露将净利润调节为经营活动的现金流量。

**2. 现金流量表的编制方法**

现金流量表的编制方法很多，有工作底稿法、T型账户法和公式计算法等。

（1）工作底稿法。采用工作底稿法编制现金流量表，就是以工作底稿为手段，以利润表和资产负债表数据为基础，对每一项目进行分析并编制调整分录，从而编制出现金流量表。

整个工作底稿纵向分成三段：第一段是资产负债表项目，其中又分为借方项目和贷方项目两部分；第二段是利润表项目；第三段是现金流量表项目。工作底稿横向分为五栏，在资产负债表部分，第一栏是项目栏，填列资产负债表各项目名称；第二栏是期初数，用来填列资产负债表项目的期初数；第三栏是调整分录的借方；第四栏是调整分录的贷方；第五栏是期末数，用来填列资产负债表项目的期末数。在利润表和现金流量表部分，第一栏也是项目栏，用来填列利润表和现金流量表项目名称；第二栏空置不填；第三、第四栏分别是调整分录的借方和贷方；第五栏是本期数，利润表部分这一栏数字应和本期利润表数字核对相符，现金流量表部分这一栏的数字可直接用来编制正式的现金流量表。采用工作底稿法编制现金流量表的程序如下：

第一步，将资产负债表的期初数和期末数过入工作底稿的期初数栏和期末数栏。

第二步，对当期业务进行分析并编制调整分录。调整分录大体有这样几类：第一类涉及利润表中的收入、成本和费用项目以及资产负债表中的资产、负债及所有者权益项目，通过调整，将权责发生制下的收入费用转换为现金基础；第二类是涉及资产负债表和现金流量表中的投资、筹资项目，反映投资和筹资活动的现金流量；第三类是涉及利润表和现金流量表中的投资和筹资项目，目的是将利润表中有关投资和筹资方面的收入和费用列入现金流量表投资、筹资现金流量中去。此外，还有一些调整分录并不涉及现金收支，只是为了核对资产负债表项目的期末期初变动。

在调整分录中，有关现金和现金等价物的事项，并不直接借记或贷记现金，而是分别记入"经营活动产生的现金流量""投资活动产生的现金流量""筹资活动产生的现金流量"有关项目，借记表明现金流入，贷记表明现金流出。

第三步，将调整分录过入工作底稿中的相应部分。

第四步，核对调整分录，借贷合计应当相等，资产负债表项目期初数加减调整分录中的借贷金额以后，应当等于期末数。

第五步，根据工作底稿中的现金流量表项目部分编制正式的现金流量表。

（2）T型账户法。采用T型账户法，就是以T型账户为手段，以利润表和资产负债表数据为基础，对每一项目进行分析并编制调整分录，从而编制出现金流量表。采用T型账户法编制现金流量表的程序如下：

第一步，为所有的非现金项目（包括资产负债表项目和利润表项目）分别开设T型账户，并将各自的期末、期初变动数过入各账户。

第二步，开设一个大的"现金及现金等价物"T型账户，每边分为经营活动、投资活动和筹资活动三个部分，左边记现金流入，右边记现金流出。与其他账户一样，过入期末、期初变动数。

第三步，以利润表项目为基础，结合资产负债表分析每一个非现金项目的增减变动，并据此编制调整分录。在 T 型账户法下可省去不涉及现金的调整分录。

第四步，将调整分录过入各 T 型账户，并进行核对，该账户借贷相抵后的余额与原先过入的期末期初变动数应当一致。

第五步，根据大的"现金及现金等价物" T 型账户编制正式的现金流量表。

（3）公式计算法。采用公式计算法就是根据现金流量表指标分项计算的方法。

**3. 现金流量表编制举例**

下面以工资底稿法为例介绍现金流量表的编制。

【**例 13－3**】据【例 13－1】【例 13－2】资料，采用工作底稿法编制现金流量表如下。

第一步，将资产负债表的期初数和期末数过入工作底稿的期初数栏和期末数栏。

第二步，对当期业务进行分析并编制调整分录。

（1）分析调整收入，计算销售商品、提供劳务收到的现金。

借：经营活动现金流量——销售商品收到现金      1980000
　　贷：主营业务收入      1880000
　　　　应收账款      100000

（2）分析调整应交税费，计算收到的增值税销项税额。

借：经营活动现金流量——收到增值税销项税额      319600
　　贷：应交税费      319600

（3）分析调整成本，计算购买商品、提供劳务支付的现金。

借：主营业务成本      1500000
　　应付账款      150000
　　存货      89500
　　贷：经营活动现金流量——购买商品支付的现金      1739500

借：经营活动现金流量——购买商品支付的现金      289500
　　贷：应付职工薪酬      199500
　　　　累计折旧      90000

（4）分析调整应付职工薪酬，计算支付给职工的现金。

借：应付职工薪酬      50000
　　贷：经营活动现金流量——支付给职工工资      50000

（5）分析调整应交税费，计算实际缴纳的增值税税款。

借：应交税费      311000
　　贷：经营活动现金流量——实际缴纳增值税      311000

（6）分析调整所得税费用。

借：所得税费用      89806.20
　　贷：应交税费      89806.20

（7）分析调整应交税费，计算支付的除增值税、所得税费用以外的其他税费。

借：营业税金及附加      9860

贷：经营活动现金流量——支付除增值税、所得税费用以外的其他税费　9860

（8）分析调整管理费用、销售费用、营业外支出、待摊费用、递延资产等，计算支付的其他与经营活动有关的现金。

借：销售费用　　　　　　　　　　　　　　　　　　　　　30000

营业外支出　　　　　　　　　　　　　　　　　　　　10000

　　贷：经营活动现金流量——支付其他与经营活动有关的现金　　40000

借：管理费用　　　　　　　　　　　　　　　　　　　　　61000

坏账准备　　　　　　　　　　　　　　　　　　　　　2500

　　贷：经营活动现金流量——支付其他与经营活动有关的现金　　1000

无形资产　　　　　　　　　　　　　　　　　　　10000

累计折旧　　　　　　　　　　　　　　　　　　　9000

待摊费用　　　　　　　　　　　　　　　　　　　15000

应付职工薪酬　　　　　　　　　　　　　　　　　28500

（9）分析调整短期投资，计算收回投资所收到的现金。

借：投资活动现金流量——收回投资收到的现金　　　　　　113000

　　贷：短期投资　　　　　　　　　　　　　　　　　　　100000

投资收益　　　　　　　　　　　　　　　　　　　13000

（10）分析调整固定资产，计算购建固定资产支付的现金。

借：固定资产　　　　　　　　　　　　　　　　　　　　　100000

　　贷：投资活动现金流量——购建固定资产支付的现金　　　　100000

（11）分析调整长期借款、短期借款，计算偿还债务支付的现金。

借：长期借款　　　　　　　　　　　　　　　　　　　　　20000

短期借款　　　　　　　　　　　　　　　　　　　　　100000

　　贷：筹资活动现金流量——偿还债务所支付的现金　　　　　120000

（12）分析调整财务费用、预提费用、长期借款，计算偿付利息所支付的现金。

借：财务费用　　　　　　　　　　　　　　　　　　　　　20000

预提费用　　　　　　　　　　　　　　　　　　　　　4000

　　贷：筹资活动现金流量——偿付利息所支付的现金　　　　　6000

长期借款　　　　　　　　　　　　　　　　　　　18000

（13）结转净利润。

借：净利润　　　　　　　　　　　　　　　　　　　　　　172333.80

　　贷：未分配利润　　　　　　　　　　　　　　　　　　　172333.80

（14）调整未分配利润。

借：未分配利润　　　　　　　　　　　　　　　　　　　　125850

　　贷：盈余公积　　　　　　　　　　　　　　　　　　　　25850

应付利润　　　　　　　　　　　　　　　　　　　100000

（15）调整现金净变化额。

借：现金　　　　　　　　　　　　　　　　　　　　　　　324740

　　贷：现金净增加额　　　　　　　　　　　　　　　　　　324740

第三步，将调整分录过入工作底稿，见表13-7。

表 13-7  现金流量表工作底稿

单位：元

| 项　目 | 期初数 | 调整分录 借方 | 调整分录 贷方 | 期末数 |
|---|---|---|---|---|
| 一、资产负债表项目 | | | | |
| 借方项目 | | | | |
| 货币资金 | 803000 | (12) 324740 | | 1127740 |
| 交易性金融资产 | 100000 | | (6) 100000 | |
| 应收账款 | 120000 | | (1) 100000 | 20000 |
| 其他应收款 | 5000 | | | 5000 |
| 存货 | 680000 | (2) 89500 | | 769500 |
| 待摊费用 | 15000 | | (5) 15000 | |
| 固定资产原价 | 1240000 | (7) 100000 | | 1340000 |
| 无形资产 | 30000 | | (5) 10000 | 20000 |
| 借方项目合计 | 2993000 | | | 3282240 |
| 贷方项目 | | | | |
| 坏账准备 | 3000 | (5) 2500 | | 500 |
| 累计折旧 | 120000 | | (2) 90000<br>(5) 9000 | 219000 |
| 短期借款 | 100000 | (8) 100000 | | |
| 应付账款 | 200000 | (2) 150000 | | 50000 |
| 应付职工薪酬 | 70000 | (3) 50000 | (2) 199500<br>(5) 28500 | 248000 |
| 应付股利 | | | (11) 100000 | 100000 |
| 应交税费 | 6000 | (2) 221000<br>(4) 90000 | (1) 319600<br>(4) 89806.20 | 104406.20 |
| 其他应付款 | 40000 | | | 400000 |
| 应付利润 | 4000 | (9) 4000 | | |
| 长期借款 | 300000 | (8) 20000 | (9) 18000 | 298000 |
| 实收资本 | 1800000 | | | 1800000 |
| 资本公积 | 200000 | | | 200000 |
| 盈余公积 | 100000 | (11) 25850.07 | | 125850.07 |
| 未分配利润 | 50000 | (11) 125850.07 | (10) 172333.80 | 96483.73 |
| 贷方项目合计 | 2993000 | | | 3282240 |
| 二、利润表项目 | | | | 本期数 |
| 主营业务收入 | | | (1) 1880000 | 1880000 |
| 主营业务成本 | | (2) 1500000 | | 1500000 |

续表

| 项　目 | 期初数 | 调整分录 借方 | 调整分录 贷方 | 期末数 |
|---|---|---|---|---|
| 营业税金及附加 | | （4）9860 | | 9860 |
| 销售费用 | | （5）30000 | | 30000 |
| 管理费用 | | （5）61000 | | 61000 |
| 财务费用 | | （10）20000 | | 20000 |
| 投资收益 | | | （6）13000 | 13000 |
| 营业外支出 | | （5）10000 | | 10000 |
| 所得税费用 | | （4）89806.20 | | 89806.20 |
| 净利润 | | （10）172333.80 | | 172333.80 |
| 三、现金流量表项目 | | | | |
| （一）经营活动产生的现金流量销售商品，提供劳务收到的现金 | | （1）2299600 | | 2299600 |
| 现金收入小计 | | | | 2299600 |
| 购买商品，接受劳务支付的现金 | | （2）289500 | （2）1960500 | 1671000 |
| 支付给职工以及为职工支付的现金 | | | （4）50000 | 50000 |
| 支付的各种税费 | | | （4）99860 | 99860 |
| 支付其他与经营活动有关的现金 | | | （5）40000 （5）1000 | 41000 |
| 现金支出小计 | | | | 1861860 |
| 经营活动产生现金流量净额 | | | | 437740 |
| （二）投资活动产生的现金流量 | | | | |
| 收回投资收到的现金 | | | （6）100000 | 100000 |
| 取得投资收益所收到的现金 | | | （6）13000 | 13000 |
| 现金收入小计 | | | | 113000 |
| 购建固定资产支付的现金 | | | （7）100000 | 100000 |
| 现金支出小计 | | | | 100000 |
| 投资活动产生的现金流量净额 | | | | 13000 |

续表

| 项　目 | 期初数 | 调整分录 | | 期末数 |
|---|---|---|---|---|
| | | 借方 | 贷方 | |
| （三）筹资活动产生的现金流量 | | | | |
| 偿还债务支付的现金 | | | （8）120000 | 120000 |
| 偿还利息支付的现金 | | | （9）6000 | 6000 |
| 现金支出小计 | | | | 126000 |
| 筹资活动产生的现金流量净额 | | | | -126000 |
| （四）现金及现金等价物净增加额 | | | （12）324740 | 324740 |
| 调整分录借贷合计 | | 5872690.07 | 5872690.07 | |

第四步，核对调整分录，借方、贷方合计数均已经相等，资产负债表项目期初减调整分录中的借贷金额以后，也等于期末数。

第五步，根据工作底稿中的现金流量表项目部分编制正式的现金流量表。如表 13 - 8 所示。

表 13 - 8　现金流量表

编制单位：　　　　　　　　　　　2009 年度　　　　　　　　　　会企 03 表
单位：元

| 项目 | 本期金额 | 上期金额 |
|---|---|---|
| 一、经营活动产生的现金流量： | | |
| 销售商品、提供劳务收到的现金 | 2299600 | |
| 收到的税费返还 | | |
| 收到其他与经营活动有关的现金 | | |
| 经营活动现金流入小计 | 2299600 | |
| 购买商品、接受劳务支付的现金 | 1671000 | |
| 支付给职工以及为职工支付的现金 | 50000 | |
| 支付的各项税费 | 99860 | |
| 支付其他与经营活动有关的现金 | 41000 | |
| 经营活动现金流出小计 | 1861860 | |
| 经营活动产生的现金流量净额 | 437740 | |
| 二、投资活动产生的现金流量： | | |
| 收回投资收到的现金 | 100000 | |
| 取得投资收益收到的现金 | 13000 | |
| 处置固定资产、无形资产和其他长期资产收回的现金净额 | | |
| 处置子公司及其他营业单位收到的现金净额 | | |
| 收到其他与投资活动有关的现金 | | |
| 投资活动现金流入小计 | 113000 | |

续表

| 项目 | 本期金额 | 上期金额 |
|---|---|---|
| 购建固定资产、无形资产和其他长期资产支付的现金 | 100000 | |
| 投资支付的现金 | | |
| 取得子公司及其他营业单位支付的现金净额 | | |
| 支付其他与投资活动有关的现金 | | |
| 　　投资活动现金流出小计 | 100000 | |
| 投资活动产生的现金流量净额 | 13000 | |
| 三、筹资活动产生的现金流量： | | |
| 　吸收投资收到的现金 | | |
| 　取得借款收到的现金 | | |
| 　收到其他与筹资活动有关的现金 | | |
| 　　筹资活动现金流入小计 | | |
| 偿还债务支付的现金 | 120000 | |
| 分配股利、利润或偿付利息支付的现金 | 6000 | |
| 支付其他与筹资活动有关的现金 | | |
| 　　筹资活动现金流出小计 | 126000 | |
| 筹资活动产生的现金流量净额 | −126000 | |
| 四、汇率变动对现金及现金等价物的影响 | | |
| 五、现金及现金等价物净增加额 | 324740 | |
| 　加：期初现金及现金等价物余额 | 803000 | |
| 六、期末现金及现金等价物余额 | 1127740 | |

附表

编制单位：　　　　　　　　　　　2016 年度　　　　　　　　　　　单位：元

| 补　充　资　料 | 本期金额 | 上期金额 |
|---|---|---|
| 1. 将净利润调节为经营活动现金流量： | | |
| 净利润 | 172333.80 | |
| 加：资产减值准备 | −2500 | |
| 固定资产折旧、油气资产折耗、生产性生物资产折旧 | 99000 | |
| 无形资产摊销 | 10000 | |
| 长期待摊费用摊销 | 15000 | |
| 处置固定资产、无形资产和其他长期资产的损失（收益以"−"号填列） | | |
| 固定资产报废损失（收益以"−"号填列） | | |
| 公允价值变动损失（收益以"−"号填列） | | |
| 财务费用（收益以"−"号填列） | 20000 | |
| 投资损失（收益以"−"号填列） | −13000 | |
| 递延所得税资产减少（增加以"−"号填列） | | |

续表

| 补　充　资　料 | 本期金额 | 上期金额 |
|---|---|---|
| 递延所得税负债增加（减少以"－"号填列） | | |
| 存货的减少（增加以"－"号填列） | －89500 | |
| 经营性应收项目的减少（增加以"－"号填列） | 100000 | |
| 经营性应付项目的增加（减少以"－"号填列） | 126406.20 | |
| 其他 | | |
| 经营活动产生的现金流量净额 | 437740 | |
| 2. 不涉及现金收支的重大投资和筹资活动： | | |
| 债务转为资本 | | |
| 一年内到期的可转换公司债券 | | |
| 融资租入固定资产 | | |
| 3. 现金及现金等价物净变动情况： | | |
| 现金的期末余额 | 1127740 | |
| 减：现金的期初余额 | 803000 | |
| 加：现金等价物的期末余额 | | |
| 减：现金等价物的期初余额 | | |
| 现金及现金等价物净增加额 | 324740 | |

# 第五节　所有者权益变动表

本节将重点介绍所有者权益变动表的内容、所有者权益变动表的结构以及所有者权益变动表的编制方法。

## 一、所有者权益变动表的内容

所有者权益变动表应当反映构成所有者权益的各组成部分当期的增减变动情况。当期损益、直接计入所有者权益的利得和损失以及与所有者（或股东，下同）的资本交易导致的所有者权益的变动，应当分别列示。根据财务报表列报准则要求，所有者权益变动表至少应当单独列示下列信息：净利润；直接计入所有者权益的利得和损失项目及其总额；会计政策变更和差错更正的累积影响金额；所有者投入资本和向所有者分配利润等；按照规定提取的盈余公积；实收资本（或股本）、资本公积、盈余公积、未分配利润的期初和期末余额及其调节情况。

## 二、所有者权益变动表的结构

所有者权益变动表纵向分为四个部分：第一部分是"上年年末余额"；第二部分是"本年年初余额"，它等于"上年年末余额"加上"会计政策变更"和"前期差错更正"；第三部分是本年增减变动金额，它由"净利润""直接计入所有者权益的利得和损失""所有者投入和减少资本""利润分配"和"所有者权益内部结转"五小部分组成；第四部分是"本年年末余额"，它是本年年初余额，加上或减去本年变动金额后的数额。

所有者权益变动表横向金额栏分为"本年金额"和"上年金额"两个部分。"本年金额"栏和"上年金额"栏均采用多栏式，分别为"实收资本（或股本）""资本公积""库存股""盈余公积""未分配利润"和"所有者权益合计"六栏。格式见表13－9。

## 三、所有者权益变动表的编制

**1. "上年年末余额"项目**

反映企业上年资产负债表中实收资本（或股本）、资本公积、盈余公积、未分配利润的年末余额。

**2. "会计政策变更"和"前期差错更正"项目**

分别反映企业采用追溯调整法处理的会计政策变更的累积影响金额和采用追溯重述法处理的会计差错更正的累积影响金额。为了体现会计政策变更和前期差错更正的影响，企业应当在上期期末所有者权益余额的基础上进行调整得出本期期初所有者权益，根据"盈余公积""利润分配""以前年度损益调整"等科目的发生额分析填列。

**3. "净利润"项目**

反映企业当年实现的净利润（或净亏损）金额，并对应列在"未分配利润"栏。

**4. "直接计入所有者权益的利得和损失"项目**

反映企业当年直接计入所有者权益的利得和损失金额。其中，"可供出售金融资产公允价值变动净额"项目，反映企业持有的可供出售金融资产当年公允价值变动的金额，并对应列在"资本公积"栏。"权益法下被投资单位其他所有者权益变动的影响"项目，反映企业对按照权益法核算的长期股权投资，在被投资单位除当年实现的净损益以外其他所有者权益当年变动中应享有的份额，并对应列在"资本公积"栏。"与计入所有者权益项目相关的所得税影响"项目，反映企业根据《企业会计准则第18号——所得税》规定应计入所有者权益项目的当年所得税影响金额，并对应列在"资本公积"栏。

**5. "净利润"和"直接计入所有者权益的利得和损失"小计项目**

反映企业当年实现的净利润（或净亏损）金额和当年直接计入所有者权益的利得和

会企 04 表

单位：元

## 表 13 - 9　所有者权益变动表

____年度

编制单位：

| 项　目 | 本年金额 | | | | | | 上年金额 | | | | | |
|---|---|---|---|---|---|---|---|---|---|---|---|---|
| | 实收资本（或股本） | 资本公积 | 减：库存股 | 盈余公积 | 未分配利润 | 所有者权益合计 | 实收资本（或股本） | 资本公积 | 减：库存股 | 盈余公积 | 未分配利润 | 所有者权益合计 |
| 一、上年末余额 | | | | | | | | | | | | |
| 　加：会计政策变更 | | | | | | | | | | | | |
| 　　前期差错更正 | | | | | | | | | | | | |
| 二、本年年初余额 | | | | | | | | | | | | |
| 三、本年增减变动金额（减少以"-"号填列） | | | | | | | | | | | | |
| （一）净利润 | | | | | | | | | | | | |
| （二）直接计入所有者权益的利得和损失 | | | | | | | | | | | | |
| 1. 可供出售金额资产公允价值变动净额 | | | | | | | | | | | | |
| 2. 权益法下被投资单位其他所有者权益变动的影响 | | | | | | | | | | | | |
| 3. 与计入所有者权益项目相关的所得税影响 | | | | | | | | | | | | |
| 4. 其他 | | | | | | | | | | | | |
| 上述（一）和（二）小计 | | | | | | | | | | | | |

续表

| 项　目 | 本年金额 | | | | | | 上年金额 | | | | | |
|---|---|---|---|---|---|---|---|---|---|---|---|---|
| | 实收资本（或股本） | 资本公积 | 减：库存股 | 盈余公积 | 未分配利润 | 所有者权益合计 | 实收资本（或股本） | 资本公积 | 减：库存股 | 盈余公积 | 未分配利润 | 所有者权益合计 |
| （三）所有者投入和减少资本 | | | | | | | | | | | | |
| 1. 所有者投入资本 | | | | | | | | | | | | |
| 2. 股份支付计入所有者权益的金额 | | | | | | | | | | | | |
| 3. 其他 | | | | | | | | | | | | |
| （四）利润分配 | | | | | | | | | | | | |
| 1. 提取盈余公积 | | | | | | | | | | | | |
| 2. 对所有者（或股东）的分配 | | | | | | | | | | | | |
| 3. 其他 | | | | | | | | | | | | |
| （五）所有者权益内部结转 | | | | | | | | | | | | |
| 1. 资本公积转增资本（或股本） | | | | | | | | | | | | |
| 2. 盈余公积转增资本（或股本） | | | | | | | | | | | | |
| 3. 盈余公积弥补亏损 | | | | | | | | | | | | |
| 4. 其他 | | | | | | | | | | | | |
| 四、本年年末余额 | | | | | | | | | | | | |

损失金额的合计额。

**6. "所有者投入和减少资本"项目**

反映企业当年所有者投入的资本和减少的资本。其中,"所有者投入资本"项目,反映企业接受投资者投入形成的实收资本(或股本)和资本溢价或股本溢价,并对应列在"实收资本"和"资本公积"栏。"股份支付计入所有者权益的金额"项目,反映企业处于等待期中的权益结算的股份支付当年计入资本公积的金额,并对应列在"资本公积"栏。

**7. "利润分配"中的三个明细项目**

反映当年对所有者(或股东)分配的利润(或股利)金额和按照规定提取的盈余公积金额,并对应列在"未分配利润"和"盈余公积"栏。其中,"提取盈余公积"项目,反映企业按照规定提取的盈余公积。"对所有者(或股东)的分配"项目,反映对所有者(或股东)分配的利润(或股利)金额。

**8. "所有者权益内部结转"中的四个明细项目**

反映不影响当年所有者权益总额的所有者权益各组成部分之间当年的增减变动,包括资本公积转增资本(或股本)、盈余公积转增资本(或股本)、盈余公积弥补亏损等项金额。为了全面反映所有者权益各组成部分的增减变动情况,所有者权益内部结转也是所有者权益变动表的重要组成部分,主要指不影响所有者权益总额、所有者权益的各组成部分当期的增减变动。其中,"资本公积转增资本(或股本)"项目,反映企业以资本公积转增资本或股本的金额。"盈余公积转增资本(或股本)"项目,反映企业以盈余公积转增资本或股本的金额。"盈余公积弥补亏损"项目,反映企业以盈余公积弥补亏损的金额。

**9. "上年金额"栏的列报**

所有者权益变动表"上年金额"栏内各项数字,应根据上年度所有者权益变动表"本年金额"栏内所列数字填列。如果上年度所有者权益变动表规定的各个项目的名称和内容同本年度不相一致,应对上年度所有者权益变动表各项目的名称和数字按本年度的规定进行调整,填入所有者权益变动表"上年金额"栏内。

**10. "本年金额"栏的列报**

所有者权益变动表"本年金额"栏内各项数字一般应根据"实收资本(或股本)""资本公积""盈余公积""利润分配""库存股""以前年度损益调整"等科目的发生额分析填列。企业的净利润及其分配情况作为所有者权益变动的组成部分,不需要单独设置利润分配表列示。

# 第六节　会计报表附注

会计报表附注是财务报告的重要组成部分。本节将重点介绍会计报表附注的概念以及附注披露的内容。

## 一、附注的概念

附注是对在资产负债表、利润表、现金流量表和所有者权益变动表等报表中列示项目的文字描述或明细资料，以及对未能在这些报表中列示项目的说明等。附注与资产负债表、利润表、现金流量表、所有者权益变动表等报表同等重要，是财务报告的重要组成部分。

## 二、附注披露的内容

附注应当按照如下顺序披露有关内容：

### 1. 企业的基本情况

企业注册地、组织形式和总部地址。

企业的业务性质和主要经营活动，如企业所处的行业、所提供的主要产品或服务、客户的性质、销售策略、监管环境的性质等。

母公司以及集团最终母公司的名称。

财务报告的批准报出者和财务报告批准报出日。

### 2. 财务报表的编制基础

会计报表编制基础主要包括以下内容：

（1）会计年度。会计年度是以年度为单位进行会计核算的时间区间，是反映单位财务状况、核算经营成果的时间界限。通常情况下，一个单位的经营和业务活动总是连续不断进行的，如果等到单位的经营和业务活动全部结束后，才核算财务状况和经营成果，既不利于单位外部利益关系方了解单位的经营情况，也不能满足企业自身经营管理的需要。因此，会计上就将连续不断的经营过程人为地划分为若干相等的时段，分段进行结算，分段编制财务会计报告，分段反映单位的财务状况和经营成果。这种分段进行会计核算的时间区间，公计上称为会计期间。

（2）记账本位币。记账本位币是指用于日常登记账簿时用以表示计量的货币。《中华人民共和国会计法》规定，会计核算以人民币为记账本位币。业务收支以人民币以外的货币为主的单位，可以选定其中一种货币作为记账本位币，但是编报的财务会计报告应当折算为人民币。在一般情况下，企业采用的记账本位币都是企业所在国使用的货币，记账本位币是与外币相对而言的，凡是记账本位币以外的货币都是外币。

（3）会计计量所运用的计量属性。根据 2006 年版《企业会计准则》的描述，会计计量属性主要包括历史成本、重置成本、可变现净值、现值和公允价值。

（4）现金和现金等价物的构成。现金等价物是指企业持有的期限短、流动性强、易于转换为已知金额现金、价值变动风险很小的投资。现金等价物虽然不是现金，但其支付能力与现金的差别不可视为现金。如企业为保证支付能力，手持必要的现金，为了不使现金闲置，可以购买短期债券，在需要现金时，随时可以变现。

**3. 遵循企业会计准则的声明**

企业应当声明编制的财务报表符合《企业会计准则》的要求，真实、完整地反映了企业的财务状况、经营成果和现金流量等有关信息。以此明确企业编制财务报表所依据的制度基础。如果企业编制的财务报表只是部分地遵循了《企业会计准则》，附注中不得做出这种表述。

**4. 重要会计政策和会计估计**

根据财务报表列报准则的规定，企业应当披露采用的重要会计政策和会计估计，不重要的会计政策和会计估计可以不披露。

（1）重要会计政策的说明。企业在发生某项交易或事项选择不同的会计处理方法时，应当根据准则的规定从允许的会计处理方法中选择适合本企业特点的会计政策。为了有助于报表使用者理解，有必要对会计政策加以披露，企业说明会计政策时还需要披露两项内容：一是财务报表项目的计量基础。会计计量属性包括历史成本、重置成本、可变现净值、现值和公允价值，这直接显著影响报表使用者的分析，这项披露要求便于使用者了解企业财务报表中的项目是按何种计量基础予以计量的。二是会计政策的确定依据，主要是指企业在运用会计政策过程中所作的对报表中确认的项目金额最具影响的判断。

（2）重要会计估计的说明。企业应当披露会计估计中所采用的关键假设和不确定因素的确定依据，这些关键假设和不确定因素在下一会计期间内很可能导致对资产、负债账面价值进行重大调整。在确定报表中确认的资产和负债的账面金额过程中，企业有时需要对不确定的未来事项在资产负债表日对这些资产和负债的影响加以估计。

**5. 会计政策和会计估计变更以及差错更正的说明**

企业应当按照《企业会计准则第 28 号——会计政策、会计估计变更和差错更正》及其应用指南的规定，披露会计政策和会计估计变更以及差错更正的有关情况。

**6. 报表重要项目的说明**

企业应当以文字和数字描述相结合、尽可能以列表形式披露报表重要项目的构成或当期增减变动情况，并且报表重要项目的明细金额合计，应当与报表项目金额相衔接。在披露顺序上，一般应当按照资产负债表、利润表、现金流量表、所有者权益变动表的顺序及其项目列示的顺序。

### 7. 或有事项

或有事项是过去的交易或事项形成的一种状况，其结果须由未来不确定事件的发生或不发生加以证实。常见的或有事项有：商业票据背书转让或贴现、未决诉讼、未决仲裁、产品质量保证等。或有事项可分为或有负债和或有资产；或有负债若确认为负债，则需确认支出，不确认为负债时只需做相关说明；或有资产不记入收益。但是或有负债确认为负债时，所确认支出仅是估计值，不确认为负债时不必披露金额，投资者需对或有事项发生的可能性及金额予以估计。

### 8. 资产负债表日后事项的说明

企业应当在附注中披露与资产负债表日后事项有关的下列信息：

（1）财务报告的批准报出者和财务报告批准报出日。按照有关法律、行政法规等规定，企业所有者或其他方面有权对报出的财务报告进行修改的，应当披露这一情况。

（2）每项重要的资产负债表日后非调整事项的性质、内容，及其对财务状况和经营成果的影响。无法做出估计的，应当说明原因。

### 9. 关联方关系及其交易的披露的说明

关联方关系及其交易的披露主要应说明以下内容：

（1）在存在控制关系的情况下，关联方如为企业时，不论他们之间有无交易，都应说明如下事项：企业经济性质或类型、名称、法定代表人、注册地、注册资本及其变化；企业的主营业务；所持股份或权益及其变化。

（2）在企业与关联方发生交易的情况下，企业应说明关联方关系的性质、交易类型及其交易要素，这些要素一般包括以下内容：交易的金额或相应比例；未结算项目的金额或相应比例；定价政策（包括没有金额或只有象征性金额的交易）。

（3）类型相同的关联方交易，在不影响会计报表使用者正确理解的情况下可以合并说明。

（4）对于关联方交易价格的确定如果高于或低于一般交易价格的，应说明其价格的公允性。

# 习　题

## 一、单选题

1. 资产负债表中，"应收账款"项目应根据（　　）填列。

A. "应收账款"总分类账户的期末余额

B. "应收账款"总分类账户所属各明细分类账户期末借方余额合计数

C. "应收账款" 总分类账户所属各明细分类账户期末贷方余额合计数

D. "应收账款" 和 "预收账款" 总分类账户所属各明细分类账户期末借方余额合计数

2. 某公司经营第一年末时，应收账款账面余额为 500000 元，当年计提的坏账准备共计 80000 元，则年末资产负债表上所列示的 "应收账款" 为（　　）元。

A. 500000　　　　B. 440000　　　　C. 600000　　　　D. 420000

3. 企业对外提供反映企业某一特定日期财务状况和某一会计期间经营成果等情况的书面文件是指（　　）。

A. 资产负债表　　　B. 利润表　　　　C. 财务会计报告　　D. 现金流量表

4. 以下说法不正确的是（　　）。

A. 通过资产负债表项目金额及其相关比率的分析，可以帮助报表使用者全面了解企业的资产状况、盈利能力，分析企业的债务偿还能力，从而为未来的经济决策提供参考信息

B. 负债一般分为流动负债和长期负债

C. 账户式资产负债表分为左右两方，左方为资产项目

D. 账户式资产负债表分为左右两方，右方为资产项目

## 二、多选题

1. 现金流量表在结构上将企业一定期间产生的现金流量分为（　　）。

A. 经营活动现金流量　　　　　　　　B. 投资活动的现金流量

C. 筹资活动的现金流量　　　　　　　D. 金融资产运作产生的现金流量

2. 资产负债表的 "存货" 项目应根据下列总账科目的合计数填列的有（　　）。

A. 发出商品　　　B. 自制半成品　　　C. 在建工程　　　D. 周转材料

3. 利润表提供的信息包括（　　）。

A. 实现的营业收入　　　　　　　　　B. 发生的营业成本

C. 资产减值损失　　　　　　　　　　D. 利润或亏损总额

4. 下列各项中，属于财务会计报告编制要求的有（　　）。

A. 全面完整　　　B. 编报及时　　　C. 真实可靠　　　D. 便于理解

## 三、判断题

1. 利润表是反映企业一定日期经营状况的会计报表。（　　）

2. 现金流量表的编制基础为收付实现制。（　　）

3. 目前国际上比较普遍的利润表格式主要有多步式利润表和单步式利润表两种。为了简便明细起见，我国企业采用的是单步式利润表格式。（　　）

4. 资产负债表是总括反映企业特定日期资产、负债和所有者权益情况的静态报表，通过它可以了解企业的资产分布、资金来源和承担的债务以及资金的流动性和偿债能力。（　　）

# 参考文献

［1］企业会计准则编审委员会.《企业会计准则》，立信会计出版社，2017 年。

［2］企业会计准则编审委员会.《企业会计准则应用指南》，立信会计出版社，2017 年。

［3］企业会计准则编审委员会.《企业会计准则讲解》，立信会计出版社，2017 年。

［4］财政部会计司编写组.《企业会计准则讲解 2008》，人民出版社，2008 年。

［5］中国注册会计师协会.《会计》，中国财政经济出版社，2016 年。

［6］财政部会计资格评价中心.《中级会计实务》，经济科学出版社，2016 年。